乐游全球
跟团游系列······②

英国
Great Britain

实业之日本社海外版编辑部◎编著

陈燕生　徐珊珊　任二青◎译

北京·旅游教育出版社

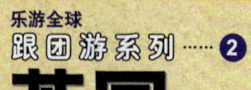

乐游全球
跟团游系列……❷
英国
目录 CONTENTS
Great Britain

🏛 **文化小知识**

伦敦人离不开的钟声…54／伦敦城独立自主的象征…55／
伦敦夏季的精彩活动…64／贵族名门学院…68／诺曼征
服者…89／18世纪繁荣的温泉社交场…98／《大宪
章》…101／《爱丽丝梦游仙境》就诞生在牛津…112／
科茨沃尔德的魅力…115／天才剧作家——莎士比亚…122／
侠盗罗宾汉…132／探究学院城市之前的剑桥风貌…135／
披头士乐队的圣地…141／勃朗特三姐妹…144／约
克是美味甜点的诞生地…146／华兹华斯——歌颂湖区
美景的诗人…153／哈德良长城…157／世界上名字
最长的村庄…169／冰河移动造成了奇异的地形…177／
夏日里的节日之城…181／爱丁堡的忠犬鲍比…182／
霍利鲁德宫殿…183／踏入柯南道尔的故乡，追寻作
家的足迹…186／圣安德鲁斯——高尔夫运动的发源
地…191／历代传颂的民族英雄威廉·华莱士…193／谜
一般的尼斯湖水怪传说…200

加享 **ShortTrip** 之旅

伊斯特本…89／朴次茅斯…93／巨石阵…101／布莱
尼姆宫…116／切尔滕纳姆…118／沃里克城堡…123／
铁桥峡谷…128／英格兰东部小镇…136／霍华德城
堡…147／达勒姆…158／布雷肯山国家公园…164／斯
诺多尼亚国家公园…169／斯康宫殿&珀斯…193／
罗蒙德湖…196／考德城堡…200／高地西部…202

主题 **Column** 推荐

英式下午茶…73／走进伦敦的小酒吧…74／在伦敦
淘古董…78／尽享休闲娱乐生活…82／维尼熊的森
林…95／阿加莎的神秘世界…106／庄园酒店…117／
英国陶瓷器珍品——骨瓷…126／体验真正的曼联
主场…142／彼得兔的诞生地——湖区…155／凯
尔特王国…170／威士忌品酒之旅…201

如何使用本书

● 关于本书提供的数据

本书中关于价格、营业时间、定期休息时间、电话号码、交通工具的出发及到达时间等各种数据，最初是在英国当地取材的基础上进行确认后所得的，后又经过不断的修正。

但因为这些数据有可能随时间发生变动，在此事先告知。

就一些重要的数据信息，建议使用前最好先向酒店或旅游信息服务中心进行电话核实确认。

● 关于本书中的地图

● 地图标记

H…酒店	⊠…学校
R…餐厅	✈…飞机场
S…商店	✚…医院
N…夜生活场所	✝…基督教堂
☎…邮电局	卍…佛教寺院
✗…警察局	☪…伊斯兰教堂
⊖…地铁站	ℹ…旅游信息服务中心
☒…火车站	⛳…高尔夫球场
	▲…山

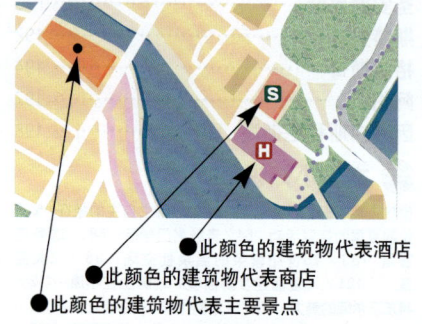

● 此颜色的建筑物代表酒店
● 此颜色的建筑物代表商店
● 此颜色的建筑物代表主要景点

英国旅行基本信息

● 英国基本信息

国名： 大不列颠及北爱尔兰联合王国（由英格兰、威尔士、苏格兰和北爱尔兰4部分组成）

首都： 伦敦

面积： 244 880平方公里

人口： 6180万人（其中英格兰约5180万人，首都伦敦约775万人）

元首： 政体为君主立宪制，是将立宪君主作为国家元首的议会内阁制国家。现国王是伊丽莎白二世，首相是保守党领袖戴维·卡梅伦（2010年至今）。

语言： 官方和通用语言为英语。此外，威尔士地区有威尔士语，苏格兰及北爱尔兰的一些地区还使用盖尔语。

● 货币

货币单位是英镑（£），辅助货币便士（P）。
1英镑=100便士≈10元人民币（2013年1月）

● 小费

如何付小费并没有严格规定，当服务费已包含到费用中时就全凭个人决定了。重要的是当得到满意服务时最好给一些小费。在餐厅用餐时，如果服务费没有包含在餐费中，可支付相当于餐费10%的小费。

● 物价

英国的物价在欧洲诸国中是最高的。尤其伦敦的物价甚至超过北京。虽说酒吧一杯酒的价钱是全国统一价，但是地方城市还是多少会便宜一些。

● 气候

英国所处的纬度比中国更靠北，但因受暖流的影响并不是很寒冷。与北京相比，伦敦四季温差较小，夏季凉爽，冬季温暖，但近年来，夏天常常会超过30℃。降雨量不算多，但雨伞是出门必备物品之一。

4

景点 *Sightseeing*

Inverness Castle
因弗内斯城堡

②②② ← 必读图标

地图 p.199

● 从旅游信息服务中心步行1分钟

　　因弗内斯城堡的历史可追溯到12世纪，作为苏格兰高地重要的边防要塞，经历数次毁坏和重建。1746年在卡洛登战役中战败的苏格兰詹姆斯党人为了不让城堡落入敌手，亲自将城堡毁坏。如今的因弗内斯城堡是1863年重建的。城堡地处高地，是俯瞰尼斯河美景的绝佳位置。在城堡前面矗立着弗洛拉·麦克唐纳（Flora MacDonald）的雕像，她曾经帮助卡洛登战役中战败的美王子查理·爱德华逃亡至法国。

美王子查理·爱德华

（1720~1788），他是在光荣革命中被驱逐的詹姆斯二世的孙子。为了夺回王位，1745年从流亡地秘密回国，并一度收复了整个苏格兰，终因不敌强大的英格兰政府军的反击而失败。从此他流亡法国，后贫困潦倒客死罗马。

历史拾遗

文中出现的红字所突出的字句将会在"历史拾遗"栏中进行详细解说。

②②②
②②
②

必读图标：在介绍的景点中，如果有特别推荐的地方会注上②图标，图标数越多代表推荐度越高。
（②、②②、②②②三个等级）

世界遗产 被列入世界遗产名录的地方也会附上这个标志。此外，格林尼治、巴斯、利物浦、爱丁堡等整座城市或者城市的一部分属于世界遗产的，也会附上这个标志。

●其他特别事项

※在英国，除了生活必需品、书籍以外其他商品的价格里几乎都已加上了增值税。

※用餐预算为1人份的正餐（前菜+主菜+餐后点心）标准，不包括饮品。

※标明"无休"的店铺和景点，在12月25日前后以及1月1日期间基本上休息。另外，复活节也会根据年份不同发生变动，敬请留意。

※在酒店信息介绍中标明的房价，均为1间标准间的价格。另外，酒店房价也会随着季节的不同有所变动，敬请留意。

内文图标一览表

交	……交通
✉	……地址
☎	……电话号码
FAX	……传真号码
开	……开业时间
营	……营业时间
休	……休息日
£	……预算
HP	……网页/主页网址（如果是连锁酒店，网页的首页名有可能使用集团名）
⊖	……地铁
£	……酒店的住宿费用（S为单人间，T为标准双人间，D为大床标准间）
室	……酒店公示的可入住客房数
★★★	……酒店名旁边的★标志代表酒店的等级标准。有1~5五个等级。3颗星代表标准级（B级），4颗星代表高级（A级），5颗星代表最高级（S级）。

5

如何使用本书

6

英 国

p.197
Aberdeen

北 海
North Sea

F

E

苏格兰
Scotland
因弗内斯
格拉斯哥
爱丁堡
卡莱尔
英格兰北部
Northern England
邓弗里斯
贝尔法斯特
英格兰中部
Central England
约克
利物浦
剑桥
伦敦
牛津
巴斯
威尔士
Wales
加的夫
英格兰南部
Southern England
埃克塞特
北爱尔兰
Northern Ireland
都柏林

B

N

100m
0

A

大 西 洋
Atlantic Ocean

奥克尼群岛
Orkney Islands

约翰奥格罗茨
John O' Groat's

德内斯
Durness

赫姆斯代尔
Helmsdale

哈里斯岛
Habost

阿勒浦
Ullapool

斯凯岛
Isle of Skye

外赫布里底群岛
Outer Hebrides

因弗内斯 p.198
Inverness

尼斯湖 p.199
Loch Ness

奥古斯都堡 p.200
Fort Augustus

p.202 威廉堡
Fort William

p.202 伊莲豆纳城堡（禾娜堡）

本尼维斯山 p.202
Ben Nevis ▲1343

阿伯丁
p.197
Aberdeen

圣安德鲁斯 p.190
St. Andrews

珀斯 p.193
Perth

斯特灵 p.192
Stirling

爱丁堡 p.176
Edinburgh

马尔岛
Isle of Mull

奥本 p.202 奥伯坎科
Oban

朱拉岛
Jura

罗蒙湖 p.196
Loch Lomond

格拉斯哥 p.194
Glasgow

阿宾顿
Abington

苏格兰
Scotland

p.157
诺森伯兰国家公园

p.157
哈德良长城

凯斯威克 p.153

湖区 p.149

卡莱尔
Carlisle

卡莱尔 p.156

艾雷岛
Islay

波摩
Bowmore

阿伦岛
Arran

艾尔
Ayr

坎贝尔敦
Campbeltown

斯特兰拉尔
Stranraer

贝尔法斯特
Belfast

北爱尔兰
Northern Ireland

伦敦德里
Londonderry

霍利岛 p.158

阿尼克
Alnwick

纽卡斯尔
Newcastle-upon-Tyne

达勒姆 p.158
Durham

D

比利时
BELGIQUE
布鲁塞尔 Brusel
根特 Gent
安特卫普 Antwerpen
里尔 Lille
法国
FRANCE
奥斯坦德 Oostende
加莱 Calais
欧洲隧道 p.94
多佛尔 p.95

荷兰
NEDERLAND
海牙 Den Haag p.145
鹿特丹 Rotterdam

坎特伯雷 p.86 Canterbury
罗彻斯特 p.94 Rochester
拉伊 p.94 Rye
黑斯廷斯 p.88 Hastings
伊斯特本 p.89 Eastbourne
布莱顿 p.90 Brighton
朴次茅斯 p.95 阿伦德尔 p.95

伦敦 p.21 London
剑桥 p.120 Cambridge
斯特拉特福德镇 p.120 Stratford-upon-Avon
牛津 p.110 Oxford
温彻斯特 p.92 Winchester
索尔兹伯里 p.93 Salisbury
怀特岛 Isle of Wight
小朴次茅斯 p.93
小温尼王国 p.96

诺里奇 p.136 Norwich
伊普斯维奇 p.136 Ipswich
纽马基特 p.136 Newmarket
金斯林 p.136 King's Lynn
伊利 p.133 Ely

英格兰 England

约克 p.145 York
利兹 p.148 Leeds
唐克斯特 Doncaster
哈罗盖特 p.131 纽斯特德修道院 p.132
诺丁汉 Nottingham
斯托克河畔特伦特克 p.125 Stoke-on-Trent
特伦特河畔斯托克 p.127 峰区 国家公园
什鲁斯伯里 Shrewsbury
铁桥 p.128 Ironbridge
伯明翰 p.123 Birmingham
天鹅绒城堡 p.114
科茨沃尔德 p.114 Cotswolds
切尔滕纳姆 p.118 Cheltenham
巴斯 p.96 Bath
布里斯托尔海湾 Bristol Channel
布里斯托尔 p.99 Bristol
韦尔斯 p.100 Wells
格拉斯顿伯里 p.101 Glastonbury

哈沃斯 p.143 Haworth
曼彻斯特 p.142 Manchester
利物浦 p.140 Liverpool
切斯特 p.129 Chester
威尔士 Wales
康威 p.168
斯诺多尼亚国家公园 p.169

卡迪根 Cardigan p.168 兰迪德诺
p.169 博马里斯 Beaumaris
p.169 安格尔西岛
p.167 卡那封 Caernarfon
p.168 班戈 Bangor

卡迪根湾 Cardigan Bay

布雷肯山 国家公园 p.164 Brecon Beacons
斯旺西 p.165 Swansea
曼布尔斯 p.166 The Mumbles
加的夫 p.162 Cardiff
曼布尔斯 p.166

p.166 曼布尔斯 The Mumbles
卡迪根 Cardigan
p.166 至戴维兹 St. David's

IRELAND
都柏林 Dublin
韦克斯福德 Wexford

埃克塞特 p.102 Exeter
达特穆尔国家公园 p.105
普利茅斯 p.105 Plymouth
p.106 伯岛
圣迈克尔山 p.105
兰兹角 Land's End
圣艾夫斯 St. Ives
彭赞斯 p.105 Penzance

托基 p.104
佩恩顿 p.104 Paignton
布里克瑟姆 p.104
达特茅斯 p.106

大 西 洋
Atlantic Ocean

英吉利海峡
English Channel

布里斯托尔海湾
Bristol Channel

充满神秘色彩的联合王国

U.K.「英国」概观

白金汉宫的维多利亚女王像

英国国旗"米字旗"

英国是个神奇的国家。虽然只是一个小小的岛国，但世界议会制度、铁路及邮政体系均发源于这个君主立宪制的国家。在世界很受欢迎的体育运动像足球、网球以及高尔夫等均来自这个国度。在英国既有喜爱园艺和红茶的绅士，他们儒雅而内敛，同时也有许多像披头士那样的震撼全球的摇滚乐队。

总之，英国这个国家总是会带给人们各种各样的惊喜。近年来，由于"雅皮"这样的"新新人类"的出现，给伦敦市区和泰晤士河畔带来了巨大变化。更有趣的是，在巨大的变革中，皇家、贵族们依然活跃着，他

充满英伦风情的礼品

们不会因经济拮据而放弃优雅的马球、狩猎等贵族运动。英国就是这样一个不可思议的国家，当你越熟悉它时，就越能感觉到它的与众不同。

联合王国的组成

英格兰于14世纪和18世纪相继吞并了威尔士和苏格兰，接着又合并了从爱尔兰分离出来的北爱尔兰。1921年才最终成为了现在的"英国"。如今，我们常常称它为"英国"，但它并不是一个单一的国家，它的真正身份

近卫骑兵

是大不列颠岛上的英格兰、苏格兰、威尔士和北爱尔兰所组成的联合王国。

英国基本信息

● **国名和国旗：** 大不列颠及北爱尔兰联合王国，英国国旗俗称"米字旗"，具体组成是在代表苏格兰的圣安德鲁白色交叉十字旗上，重叠代表北爱尔兰的圣帕特里克红色交叉十字，然后再加上代表英格兰的圣乔治红色正十字。

● **国土面积：** 244 880平方公里。

● **人口：** 6180万人。其中英格兰约5180万人，首都伦敦约775万人。地方城市规模较小，超过100万人的只有曼彻斯特和伯明翰两个城市。

● **宗教：** 16世纪亨利八世推翻了罗马教皇建立了英国国教，在英国，英国国教的信徒约占了半数。此外，英国天主教信徒约占10%，基督教新教徒的人数也不少。在英国，每个人都享有宗教自由。因此，英国各中心地区也分别出现了不同宗教蓬勃发展的局面。

● **语言：** 官方和通用语言为英语。此外，威尔士地区使用威尔士语，苏格兰及北爱尔兰的一些地区还使用盖尔语。

● **元首和政体：** 英国是将立宪君主作为国家元首的议会内阁制国家。政体为君主立宪制。现国王为伊丽莎白二世。国王是英联邦的元首，在形式上有召集、停止和解散议会及统管英国国教会的权力。英国的国会为两院制，由上院和下院组成。皇室、贵族以及神职人员组成上院。在普通选举中选出的议员组成下院。主要政党有保守党和工党。目前执政党是保守党，首相是戴维·卡梅伦（2010年5月至今）。

● **货币：** 货币单位是英镑（£）。1英镑约等于10元人民币（2013年1月）。

苏格兰圣安德鲁旗

守护着本土传统和文化
苏格兰
Scotland

　　苏格兰位于大不列颠岛北部，首府爱丁堡建立于中世纪。险峻的山川、冰山作用下的神秘湖泊，以及印刻着历史悠远而又悲伤的古堡，都是它的标志。苏格兰独特的魅力就孕育在这神奇的自然和深刻的历史之中。苏格兰于1707年被英格兰合并，但为了保护其格子花纹、苏格兰短裙等独特的文化，苏格兰人做出了许多努力。此外，苏格兰人在恶劣的自然环境中坚强生存的精神也被完美地传承下来。

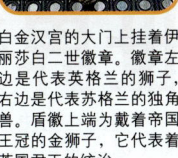

白金汉宫的大门上挂伊丽莎白二世徽章。徽章左边是代表英格兰的狮子，右边是代表苏格兰的独角兽。盾徽上端为戴着帝国王冠的金狮子，它代表着英国君王的统治。

地图标注
因弗内斯
苏格兰
Scotland
格拉斯哥
爱丁堡
北爱尔兰
Northern Ireland
卡莱尔
贝尔法斯特
湖区
英格兰北部
Northern England
约克
利物浦
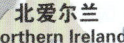
威尔士
Wales
英格兰中部
Central England
都柏林
剑桥
加的夫
牛津
巴斯
伦敦
英格兰南部
Southern England
布莱顿
埃克赛特

威尔士红龙旗

延续了凯尔特文化，自然景观丰富
威尔士
Wales

　　威尔士位于海拔200米的丘陵地带，首府加的夫所在的南岸地区有恬静的海边风光，北部拥有坐落在茂密的森林和溪谷之中的英格兰王室的古堡群。威尔士与英格兰合并已有700多年，但当地居民仍然保存着对传统文化的喜爱，这里完好地保存着被称作凯尔特文化的朴素传统和风俗习惯。

红——威尔士色

英格兰圣乔治旗

古老而现代的大都市

炽烈的历史孕育出的多彩文化
英格兰
England

　　英格兰在屡次来自欧洲大陆的侵略中生存下来，最终成为统一各岛的霸主。虽然它的历史跌宕起伏，但就是在这种冲突和融合中酝酿出了英格兰民族、语言和文化。这是一块充满神奇色彩的土地，在这里有阳光明媚的南部地区，更有承载厚重历史和传统文化的都市，还有以大湖区的秀丽风景和以科茨沃尔德为代表的田园风光。踏上这片土地，会感受到它绽放出的别样光彩。

　　※英国的英文国名缩写为"U.K."（联合王国），国内一般不常用，因此，本书使用"英国"这个名称。另外，在介绍英格兰的篇章中，会将其分成南部、中部、北部三部分进行介绍。

U.K.

The History of United Kingdom

解读英国历史的
世界遗产

英国在历史上不断遭到来自欧洲大陆的入侵，此后它开始对欧洲各地区展开军事扩张，但后来又逐渐失去了对这些地区的控制权，就是在这样分分合合的过程中英国实现了立国。虽是个小小岛国，但英国

至今仍完好地保留着诸多历史遗迹。丰富的自然遗迹和代表各个时代的历史文化遗产，有许多为世人所知，它们不仅展现了英国各民族文化的融合过程，同时也展示了英国的发展历史。

公元前B.C.				公元 A.D.								
约4000～2500	约3000	约700	约50	122～126	243	450	645	794	1065	1066	1072

❶ 巨石阵

凯尔特人迁入

罗马人开始入侵

❷ 哈德良长城

盎格鲁-撒克逊人的入侵和本土化

威斯敏斯特大教堂 ❸

诺曼征服（诺曼人征服英

达勒姆城堡和大 ❹

伊伯利亚人入侵

神秘的巨石圈
❶ 巨石阵

位于英格兰南部，是建于公元前约3000～公元前约1500年的巨石阵石圈。让人难以置信的是这些巨石竟然是从40公里以外搬运而来的。建造巨石阵的目的至今仍是个谜，不过最有力的解释是巨石阵很可能是古代太阳崇拜的祭祀场所。

罗马人建造的北部防御工事
❷ 哈德良长城

和巴斯城一样，哈德良长城也是由罗马人建造的。它是为了防御凯尔特人入侵而在苏格兰边境上建造的防御工事。当时全长118公里，但罗马人撤退后，有多处被毁坏并消失了。

历代帝王举行加冕礼的场所
❸ 威斯敏斯特大教堂

自征服者威廉一世在此举行加冕典礼后，威斯敏斯特大教堂就成了历代国王举行加冕典礼的场所。与其相连的威斯敏斯特宫装饰讲究，是英国哥特式建筑的代表（其中一部分目前已成为英国国会所在地）。威斯敏斯特大教堂、威斯敏斯特宫以及圣玛格丽特教堂已一起被认定为世界遗产。

1192	1215	1283～1330	1284	1339～1453	1455～1485	1492	1534	1588	1600	160

约翰国王被迫签署《大宪章》

威尔士统一

❼ 威尔士古堡群

英法百年战争

玫瑰战争

哥伦布发现新大陆

设立东印度公司

击败西班牙无敌舰队

亨利八世创立英国教会

英格兰统一威尔士的象征
❼ 威尔士古堡群
（爱德华一世时期的城堡和城镇）

1284年，爱德华一世在合并威尔士后为了控制这片土地，陆续建造了这些城堡。在十多所爱德华时期建造的城堡中，康威城堡、博马里斯城堡、卡那封城堡以及哈里奇城堡已成为世界遗产。它们与城镇及周边自然环境完美融合。

"双面"的苏格兰首府
❽ 爱丁堡的旧城区和新城区

自从凯尔特人于1124年建立了爱丁堡，它就是苏格兰的都城。它因艺术而闻名，在这里有许多博物馆和美术馆，来到这里能感受到它独特的艺术气息。分旧城区和新城区，旧城区集中了许多被英格兰合并之前的中世纪建筑遗迹，新城区则是在被合并后开辟的带有乔治风格的街区。两个城区的风格对比鲜明。

优雅的园林经典之作
❾ 布莱尼姆宫

为了嘉奖在1704年布莱尼姆战役中大败法军的约翰·邱吉尔将军，国王赐给了他府第，并命名为布莱尼姆宫。它不仅是巴洛克风格建筑的代表作，还是园林建筑（位于田园区的贵族府第）的经典之作。目前是第11代马尔伯勒公爵的府第。

防御北方入侵建立的国境小镇
④达勒姆城堡和大教堂

为了防御来自北方的入侵，11世纪后半期到12世纪初建成了这个北方小城。小城中的名胜首推大教堂，它是英国最典型的诺曼底式教堂，此外还有著名的达勒姆城堡，它成为了达勒姆的主体。值得一提的是，达勒姆在中世纪曾长期作为主教所在地。

| '78 | 1124 | 1130 | 1130年代 | 1190 |

格兰都城
至爱丁堡

⑥
坎特伯雷大教堂

⑭方廷斯修道院

十字军第3次远征

敦塔

坚固的要塞和王权的象征
⑤伦敦塔

伦敦塔是由征服者威廉一世于1078年开始动工兴建的。当初，迁都至城西威斯敏斯特，为了保卫东城区而建的要塞，但是后来在很长一段时间里，成为镇压反叛者的监狱和行刑场。

⑬贾恩茨考斯韦与考斯韦海岸　位于北爱尔兰北端的海岸地带。这里有无数呈正六角形的突起石柱，并由陆地向海上延伸。

⑭斯塔德利皇家公园和喷泉修道院遗址　喷泉修道院的历史可追溯到1132年，但在宗教革命中亨利八世与教皇决裂后，这里成了一片废墟。以废墟为中心建造了典型的英式园林。

⑮圣基尔达群岛　是位于苏格兰西北部的无人群岛，多种稀有海鸟和野山羊在此繁殖。

⑯奥克尼群岛的新石器时代遗址　群岛位于苏格兰的北部。公元前4000年就有人在此居住，因此岛上留下了许多新石器时代的遗址。

英国最大的基督教圣地
⑥坎特伯雷大教堂

自公元597年，传教士圣奥古斯丁受教皇委派，从罗马赴英国传教以来，坎特伯雷城就成了英国基督教圣地。大教堂于1130年建成的哥特式建筑杰作，也是英国最古老的哥特式建筑。一起被列入世界遗产的还包括由圣奥古斯丁所建的修道院遗址和奥古斯丁传教之前就已存在的圣马丁教堂。

⑰布莱纳文工业景观　这里的煤炭和矿石采掘场、煅烧窑以及初期的铁路，呈现了19世纪工业革命时期的场景。

⑱新拉纳克　建于1785年的小村庄，它的前身是一个整体工业区。

⑲索尔泰尔　是维多利亚时期工业城镇的典范，至今仍保存完好。

⑳德文特河流域工厂群　工厂群很好地融入到周边的景观中。保存完好的工厂建筑以及工业文化都具有珍贵的历史价值。

㉑多塞特和东德文海岸　是侏罗纪岩层裸露的海岸。

㉒旁特斯沃泰水道桥与运河　该运河是工业革命土木工程技艺的典范，完成于19世纪初。被誉为天才的创意经典作品。

※除了上述世界遗址之外，基尤皇家植物园、利物浦海上商城、西敏文的矿区景观相继在2003年、2004年、2006年被列为世界遗产，另外在本土之外的英国领地上还有3处世界遗产。

| 42~1649 | 1688 | 1705 | 1707 | 1727~1775 | 1765 | 1775~1783 | 1779 | 1830 | 1867 | 1884 |

光荣革命

统一苏格兰

工业革命

美国独立战争

第一辆火车投入使用
（运送旅客和货物）

⑫
格林尼治天文台

徒革命
称为英国内战，
资产阶级革命）

⑨布莱尼姆宫建成

⑩改造巴斯市区

⑪铁桥建成

贵族社交场和疗养地
⑩巴斯市区

罗马人在这里发现了温泉，并陆续建造了许多温泉浴场。18世纪后，人们发现并认可了温泉疗养的效用，就渐渐把这里作为了温泉疗养地。如今，罗马温泉浴场就成了巴斯的标志性景观。此外，小镇上壮丽高雅的建筑群，均出自建筑师约翰·伍德父子的设计。

工业革命开始的标志
⑪铁桥峡谷

这个峡谷是工业革命的发源地。1779年在此建成的世界上第一座铁桥则是它的标志。它对于世界科技和建筑领域的发展都有很大的影响，是18世纪英国工业革命的象征。铁桥峡谷整个区域已被收录入世界文化遗产。博物馆再现了"世界工厂"时期的铁桥峡谷。

大英帝国海上霸权的荣耀
⑫河港小镇格林尼治

格林尼治是泰晤士河河口附近的河港城市。在这里，人们可以领略到大英帝国17世纪海上霸主的威风。计算世界准确时间的天文台、皇室宫殿以及秀丽的风景凸显了格林尼治的独特魅力。

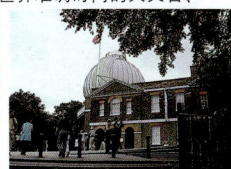

英伦之旅 观光路线图抢先看

有充满悠久历史的大街、古堡、朝圣者的圣地，悠闲自在的田园小村庄，还有风光秀丽的湖泊森林……人们闲自在的田园中长河中创造的多彩魅力都凝聚在这个多民族共存的国度里。它是个万花筒，每当你踏上这片土地，都为你呈现不一样的表情，它就是英国。用你的眼睛去捕捉它的精彩，品味它的魅力吧。

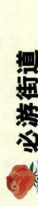

必游街道
将用下面两种图标的数量来评价各个街道的魅力指数。

必游区域

历史魅力
大教堂、古堡等历史遗迹丰富
文学、音乐等艺术气息浓厚

自然之美
田园风光特有的美
利物浦公园

尼斯湖

爱丁堡城的卫兵

悲剧古城和神秘湖泊
因弗内斯和尼斯湖 *p.198*

苏格兰首府
爱丁堡 *p.176*

高尔夫发祥地
圣安德鲁斯 *p.190*

威尔河和哈珀大教堂

大教堂矗立的古老小镇
达勒姆 *p.158*

SCOTLAND

彼得兔的故乡

充满活力的现代化大都会
格拉斯哥 *p.194*
格拉斯哥科技中心

秀丽的湖泊风光
湖区 *p.149*

英国足球

NORTHERN IRELAND

披头士乐队在这里诞生
利物浦 *p.140*

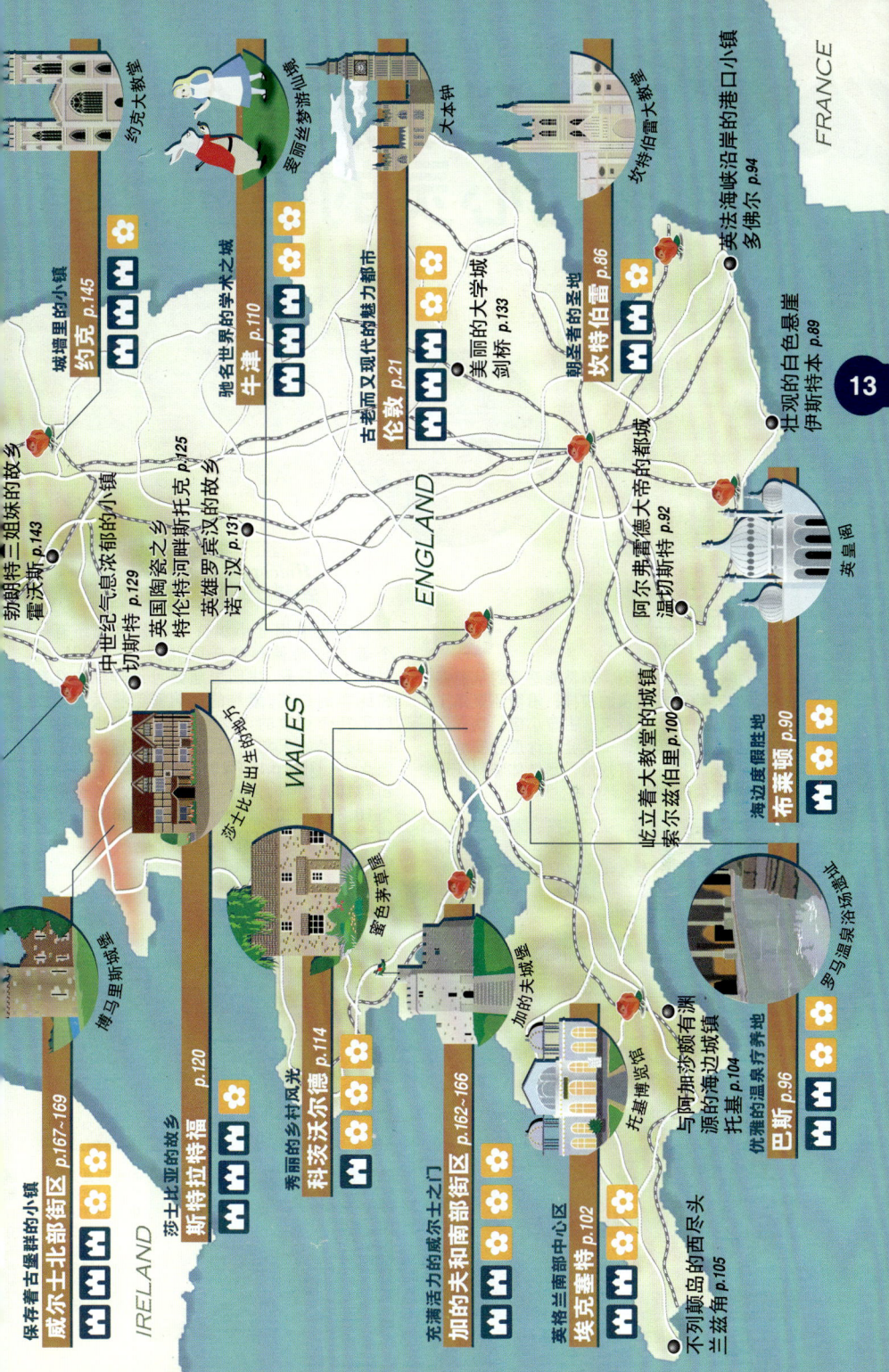

坎特伯雷大教堂

约克大教堂

菲丽丝梦游仙境

大本钟

英法海峡沿岸的港口小镇 多佛尔 p.94

城墙里的小镇 约克 p.145

驰名世界的学术之城 牛津 p.110

古老而又现代的魅力都市 伦敦 p.21

美丽的大学城 剑桥 p.133

朝圣者的圣地 坎特伯雷 p.86

壮观的白色悬崖 伊斯特本 p.89

13

勃朗特三姐妹的故乡 霍沃斯 p.143

中世纪气息浓郁的小镇 切斯特 p.129

英国陶瓷之乡 特伦特河畔斯托克 p.125

英雄罗宾汉的故乡 诺丁汉 p.131

ENGLAND

WALES

莎士比亚出生的地方

英皇阁

阿尔弗雷德大帝的都城 温切斯特 p.92

屹立着大教堂的城镇 索尔兹伯里 p.100

海边度假胜地 布莱顿 p.90

博马里斯城堡

蜜色茅草屋

加的夫城堡

罗马温泉浴汤遗址

保存着古堡群的小镇 威尔士北部街区 p.167~169

IRELAND

莎士比亚的故乡 斯特拉特福 p.120

秀丽的乡村风光 科茨沃尔德 p.114

充满活力的威尔士之门 加的夫南部街区 p.162~166

英格兰南部中心区 埃克塞特 p.102

不列颠岛的西尽头 兰兹角 p.105

与阿加莎颇有渊源的海边城镇 托基 p.104

托基博览馆

优雅的温泉旅行胜地 巴斯 p.96

FRANCE

踏访科茨沃尔德
体味净化心灵的田园之旅

科茨沃尔德是喜欢田园风光游客的首选地，来到这里不禁会被这里美丽的小镇所吸引，充满魅力的田园风光点缀在连绵起伏的恬静牧场上，构成了一幅唯美图画。当你走进整齐排列的蜜色农家，或漫步小镇，或坐下来享受安静的下午茶时光时，你会忘记城市的喧嚣。如果你是一位专业园艺师，不妨走访周边有名的花园，一定会有所收获。让我们走进科茨沃尔德园林风光中，细细品味园艺的魅力。

北科茨沃尔德的宿驿小镇
Chipping Campden & Broadway
奇平卡姆登&
百老汇小镇
`P.116`

漫步在这里的街道，依然能感受到从前富商建造的安静森林小镇的模样。沿街还聚集了许多英国传统酒店、茶室、古董小店。徜徉在小镇上的各个花园中，一定会让你度过安静而充实的一天，抛开所有烦恼，尽情体味科茨沃尔德带给你的心灵净化之旅吧。

奇平卡姆登小镇的主要大街上汇集了许多酒店

百老汇小镇的街道上整齐地排列着咖啡店和小商店

20世纪英国花园的代表
Hidcote Manor Garden
希德科特庄园花园

奇平卡姆登小镇往北12公里处还有一个著名的希德科特庄园花园，它在20世纪时就大放异彩，庄园里随处可见鲜艳的红花和纯净的白花。素雅的矮树篱笆将大庄园围成了几个别致的小花园，因而这里也被称为田园艺术的天堂，并且是园艺家们必游的花园之一。MAP p.15 ☎ 01386-43-8333 开3月中旬到10月中旬，周四、周五不开放，其余时间为10:30~18:00（10月上旬、下旬到17:00，11~12月中旬为11:00~16:00）。

如果想更深入地了解庄园，那么一定不能错过园内的茶餐厅。餐厅内最受欢迎的有加上浓缩奶油的英国松饼和鲜美果酱，此外值得推荐的还有英国田园风味的红茶

埃文河畔斯特拉特福

奇福茨盖特庄园花园
希德科特庄园花园

百老汇　　　奇平卡姆登

班伯里

莫顿因马什

斯托昂泽沃尔德
上斯洛特
切尔滕纳姆　下斯洛特
水上博尔顿

布莱尼姆宫

伯福德

牛津

拜伯里

赛伦塞斯特　　威廉·凯姆斯科特庄园

N

COTSWOLDS

世外桃源般的拜伯里小村庄

科茨沃尔德美丽的南部小村庄
Bibury & Burford ....
拜伯里&伯福德

P.117

　　科恩河畔的拜伯里小村庄被威廉·莫里斯誉为"英格兰最美丽的村庄"，大马哈鱼在清澈的池里悠闲地游者，池边整齐地排列着朴实的小屋，一切都是那么恬静美好。此外，相邻的伯福德则是热闹的羊毛交易小镇，同时紧邻牛津，是重要的交通枢纽之一。在这里您可

以畅游科茨沃尔德南部小村庄，欣赏点缀在村庄里的魅力花园。

街道的尽头就是风景宜人的牧场

女主人精心呵护下的玫瑰花园
Kiftsgate Court Gardens
奇福茨盖特庄园花园

　　这座三代女人精心培育起来的私家庭园因"Kiftsgate"白玫瑰而闻名。温馨又充满魅力的园林，总能带给你自然和谐的感受。在这里远眺科茨沃尔德缓缓起伏的原野也别有一番风味。紧挨着玫瑰园的便是著名的威廉·凯姆斯科特庄园，这里同样会让您不虚此行。MAP p.15 ☎ 01386-43-8777 £ £7.00 开周四、周五不开放，其余时间为12:00~18:00（8月为14:00），4~9月的周一、三、日为14:00~18:00，10~3月休园

威廉·莫里斯钟爱的家庭庄园
Kelmscott Manor
威廉·凯姆斯科特庄园

　　活跃于19世后期的美术工艺大师威廉·莫里斯称它为"人间天堂"，并在这里度过终生。如今，威廉故居和庄园被完好地保存着。伊丽莎白时代风格的石筑故居以及母菊和雏菊等鲜花装饰的温馨庭园，完美地结合在一起，再加上静静流淌着的泰晤士河，这一切都如同油画一般让人难忘。MAP p.15 ☎ 01362-25-2468 £ £9.00 开4~10月的周三、周四的11:00~17:00

清香怡人的红茶搭配美味的糕点，伴你度过惬意的假日时光

三代女主人精心呵护下的玫瑰花园

威廉·凯姆斯科特庄园

环游湖区
尽享独具魅力的湖畔度假生活

走进湖区仿佛进入另一个世界，绵延的山峦、茂密的森林还有那点缀在深林中的湖泊构成了英国著名的自然风景及度假休闲胜地。每当夏日来临，这里就成了热闹的避暑胜地。同时，它的美景激发了许多作家和诗人的创作灵感，毕翠克丝·波特和华兹华斯等都曾在此写下美丽的诗篇和文章。入住湖畔的酒店后，卸下行囊投身大自然中，或漫步在湖畔，或逛逛镇上的小商店，抑或坐下来喝上一杯红茶……尽情享受假日时光吧。

"毕翠克丝·波特的世界"及展览馆所在的庭院

游 *Sightseeing*

游览温德米尔湖

欣赏温德米尔湖最好的方式就是坐船游览了。而且，可以绕湖一周或半周，乘坐游船和蒸汽机车的组合游览尤受欢迎。此外，选择连接安布尔赛德景区和鲍内斯小镇的游轮，以及到对岸尼尔索里农庄的轮渡也不错。湖畔的风景同样不能错过，美丽的湖滨小镇，高高耸立在起伏山冈上的古堡等，人与自然的和谐让人陶醉。

游轮

环湖游名胜

英国经典童话彼得兔之家"毕翠克丝·波特的世界"（p.150）、湖畔诗人华兹华斯的故居"鸽舍"和"莱德山庄"（p.152），以及波特女士的故居山顶农庄（p.151）等富有魅力的名胜就点缀在湖畔。巡游名胜的同时漫步于恬静的农庄之间是一个很值得推荐的出游计划。

如今，著名的波特女士故居山顶农庄仍完好保存着

在湖区的大自然中散步

每年有许多游客来湖区徒步登山游玩，为此湖区开辟了许多公共散步道，供游客们散步游玩。其中，最值得推荐的是格拉斯米尔村的"华兹华斯散步道"。单程2.8公里，需45分钟，途中莱德尔湖的美丽风景尽收眼底。

湖畔风景

湖区美丽的山丘景色吸引着大批游客

食 *Restaurant*

在独具风情的小酒吧里品尝传统乡土美食

波特女士故居山顶农庄附近有一家叫作"塔库武器"的酒吧。在这里可以品尝到著名的煮羔羊和湖区名产等。除这家酒吧外，湖区的各个街道上都可以看到各具特色的酒吧，游玩时可在这里歇脚或享用午餐，十分便利。

酒吧室内

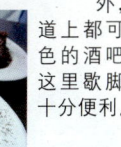

特色美食坎布里亚郡香肠

在湖区最具人气的茶餐厅品味下午茶

说到安布尔赛德镇（p.153），就不能不提到Rucy's，它是一家大受当地人喜爱的茶餐厅。在下午茶时间，这家店会准备手工制作的精致糕点和浓郁的红茶。此外，午餐和晚餐也不用担心，这里会准备丰富的美食菜单任你挑选。停下旅行的脚步，在这里休息并品味当让人回味无穷、传统而朴素的美食。

Rucy's茶餐厅的室外也摆上了餐桌

Rucy's餐厅提供的午餐特色美食

在美食闻名的酒店里享受豪华套餐

湖区作为英国屈指可数的美食胜地吸引了许多来自世界各地的美食家们。湖区内的每一家酒店餐厅都不逊色，但其中最值得推荐的要数位于鲍内斯小镇（p.150）森林中的吉尔平·洛奇乡村别墅酒店（p.155）。位于树林深处的这家酒店，注重对食材的高品质制作，让吃饭也成为一种享受。

设在森林深处庭园内的豪华套餐，从前菜开始就带给您回味无穷的享受

宿 *Hotel*

独具魅力的湖畔酒店

散布在富有当地风情的湖区街道和村庄、各具特色的酒店也构成了一道美丽的风景线。不论是古典装饰风格的酒店，还是在湖畔搭设有高台的酒店，都让游客感到度假休闲的惬意。其中最理想的下榻之地是位于温德米尔湖畔的洛伍德酒店（p.155），从客房可眺望湖区的美景，可为你的湖区之游增添更多的乐趣。

洛伍德酒店。酒店附近就有公交车站，出行便利

买 *Shopping*

锁定园艺装饰用品和日用杂货

湖区不仅仅是度假胜地，在这里还有许多销售园艺装饰用品、厨房用品的时尚杂货小店。无论是当礼物，还是自己使用，相信在这里一定可以买到您想要的东西。

湖区名产之一包括印有"绵羊聚会"的马克杯以及花和蔬菜装饰的精致小物品

霍克斯海德小镇上的Peppi商店汇集了各式色彩鲜艳的厨房用品，极具人气的时尚品牌凯思·金德斯顿（Cath Kid-ston）的厨房用具也可以在这里买到

利用当地食材制作的美味食品

位于安布尔赛德的餐馆Rucy's的手工熟食在当地拥有很高的人气。位于霍克斯海德镇的（p.151）食品店Relish为客人提供了果酱、西式泡菜、寿司等品种丰富的特色美食。温德米尔附近还有一个大型超市，购物十分便利。

Relish食品店店内

寻味美食

享受自然、健康、细腻的各式菜肴

18

相比法国和意大利两个世界闻名的美食大国，不那么注重味道和烹饪工艺的英国菜肴就显得逊色多了。但是，英国人很善于运用食材，制作的菜肴很有自然的味道。英国畜牧业十分发达，用新鲜肉类和奶酪等制作的美食是它的一大特色。此外，作为岛国，海产美食自然不可缺少。最近，细腻且做法考究的"现代不列颠"英国菜肴开始在以伦敦市区为中心的地区流行起来。在英国，除了传统和流行美食之外，不可错过的还有各式各样的乡土饮食。所以，一定要尝一尝英式美食。

金灿灿、脆生生的炸鱼薯条是英国人最为熟悉的美食

炸鱼薯条 — *Fish and Chips*

如果说烤牛肉是英国人的周末正餐，那么炸鱼薯条就是英国人的首选午餐了。金灿灿、脆生生的炸鱼再配上一大份土豆就是美味的炸鱼薯条了。炸鱼一般选用鲽鱼或鳕鱼。享用时还可以要一碟咖喱来调味。以前英国人习惯吃炸鱼薯条时蘸点盐或者醋，但是近年来越来越多的人开始喜欢吃美式薯条了。

烤牛肉 — *Roast Beef*

烤牛肉是典型的英国菜，将大块上乘的新鲜牛肉放入烤箱烤制而成，同煎牛排一样肉香味美。品尝时，可将适中偏生的牛肉块切成薄薄的肉片，配上肉汁，再蘸上西式芥末酱。约克郡布丁是有名的辅菜，吃烤牛肉时不可缺少。另外，主食中还有一种由面粉加上牛肉和肉汁烤制而成的面包，类似于派。

English Breakfast
这是英国最高级的菜肴?!
英国人的早餐

很久以前英国人就对早餐非常讲究。早餐十分丰富，包括新鲜的果汁、吐司、麦粥和薄片类，再加上一大盘炒鸡蛋或煎鸡蛋、火腿、腊肉、腊肠以及煎番茄或洋蘑菇、煮黄豆等。此外，热腾腾的咖啡或奶茶是必不可少的。"一日之计在于晨"，在英国旅行期间当然要好好享受一下丰富的英式早餐了。

一盘盘丰富的早餐，一定会让你胃口大开

传统料理名店茹尔斯的烤牛肉

Modern British

英国菜不再"朴素"了
新派英式菜

新派英式菜是英国最近流行的菜式。它是在传统菜肴、食材的基础上，糅合了欧洲美食大国如意大利、法国以及亚洲、非洲等各个国家的烹饪方法而创造的新式菜肴。新派英式菜的精英师傅云集在伦敦等大城市，他们通过钻研和相互交流创造了这种菜式。可以这么说它发源于伦敦一带，如今它的影响越来越大。

具有亚洲风味的新派英式美食

英国传统美食——肉派　　*Pie*

肉派也是英国传统菜肴之一，它的做法很简单，就是将炖好的蔬菜和肉裹在馅饼里。把炖好的牛腰子加入馅饼中的牛腰子派(Kidney Pie)是英国人特别喜爱的一种肉派。另外，牧羊人派(Shepherd's Pie)是将土豆泥加在肉馅上，然后放入烤炉中制成的馅饼，与传统的派有很大不同，其实还不能称为"肉派"。

英国酒吧小吃——菜肉派

杰克土豆　　*Jacket Potato*

在英国你会发现所点的菜肴都离不开薯条，可见英国人多么喜欢土豆。杰克土豆，也是一道经典菜肴。它是将带着皮的整个土豆烤熟之后，配着奶酪或是炖好的黄豆、金枪鱼等一起吃的一道美食。

热乎乎的烤土豆会是一道不错的午餐

三明治　　*Sandwich*

三明治起源于英国，可以说是英国最普遍的食物之一了。两片面包夹上奶酪、几片火腿和蔬菜等就可制作完成，简便且味美。熏鲑鱼三明治、热三明治以及夹着多汁肉饼的汉堡也是很值得推荐的。另外，在英国还有许多自己选材让店员现场制作的三明治专卖店。

三明治的量很大，能够顶上一顿午饭

英国传统甜品　　*Traditional Sweets*

说到英国的甜品就不得不提英国酥饼（与曲奇有所不同）和布丁。味道独特的苏格兰脆饼则是酥饼的代表。人们通常把约克郡布丁当作主食，普通布丁则是地道的甜味茶点。另外，由葡萄干等干果和黑啤调制而成的圣诞布丁则是圣诞节不容错过的茶点。

圣诞节不可缺少的百果馅饼(左)与香甜布丁

Local Dishes

用当地特色食材制作的乡土菜肴
地方美食

地方传统美食的代表当属英格兰中部及北部地区的鳟鱼菜。另外，南部德文郡地区的浓缩奶油和香浓奶酪也享有盛名。在威尔士，除了安格尔西岛鸡蛋和格拉摩根香肠（p.170）外，还盛产葡萄酒。到了苏格兰一定要尝一尝这里的熏鲑鱼、羊杂碎布丁、哈吉斯肠，然后再品一品著名的苏格兰威士忌。

英国珍贵的国产葡萄酒。右图是威尔士产的葡萄酒

Event Calendar
英 伦 四 季
五彩缤纷的重大活动及庆典

着春的气息传递店门前挂的花篮

春 天气渐渐转暖，水仙花的盛开预告着春的到来。温暖的阳光静静地洒在店门前的花篮上。

3月 — March
- 克鲁夫茨狗展——世界最大规模的狗展
- 切尔滕纳姆金杯赛——王室成员会亲临赛马节
- 古董展览会（伦敦）——英国古董经销商协会主办
- 牛津vs剑桥划船对抗赛

4月 — April
- 全国障碍赛马大会——英国最大的障碍赛马锦标赛
- 伦敦马拉松比赛

5月 — May
- 布莱顿国际艺术节——英国最大的艺术节
- 世界杯决赛（FA Cup Final）
- 切尔西花卉展（伦敦）
- 世界舞蹈锦标赛（布莱克浦）

划船赛而变得热闹非凡牛津郡的泰晤士河段因

夏 随着气温渐渐上升，人们纷纷走出家门到公园或海边活动。这时的苏格兰也正沐浴在明媚的阳光中。

6月 — June
- 德比马赛（德比郡）
- 皇家军队阅兵仪式（每年六月的第二个星期六）——为庆祝女王的生日举行盛大的官方庆典
- 皇家阿斯科特赛马会（阿斯科特）
- 温布尔登网球公开赛
- 亨利皇家赛舟比赛（牛津郡的泰晤士河段）——划船赛

7月 — July
- 约克古典音乐节
- 汉普顿宫花卉展
- F1英国冠军赛（举办地每年都会变动）
- 英国高尔夫公开选拔赛
- 爱丁堡国际爵士乐&布鲁斯音乐节

8月 — August
- 英国啤酒节（伦敦）
- 爱丁堡国际音乐节（世界最大规模的音乐节）
- 披头士音乐节（利物浦）
- 诺丁山狂欢节（伦敦）

不过这样的美景总是匆匆而过公园里，金色的林荫道让人陶醉，

秋 在英国，8月末就可以感到阵阵秋意了，而且日照时间也变短了。大部分地区9月就开始供暖，苏格兰这时已开始准备过冬了。

9月 — September
- 布雷马皇家高地集会（苏格兰传统运动会）
- 切尔西古董展（伦敦）

10月 — October
- 切尔滕纳姆文学节
- 坎特伯雷艺术节

圣诞节期间街头的彩灯

冬 短暂的秋天转瞬即逝，冰雨、大雪随之而来。在英国，到了11月末，为了迎接圣诞节，大街小巷被装饰一新，让人早早地感受到节日的气氛。

11月 — November
- 盖伊·福克斯之夜——每年11月5日，全国举国同庆，有烟火表演
- 老爷车大赛（伦敦到布莱顿举行）
- 伦敦市长游行（伦敦/十一月的第二个星期六）——伦敦市长就职游行

12月 — December
- 特拉法加广场的圣诞树点灯仪式（伦敦）
- 苏格兰新年狂欢夜（12月末至1月2日）——新年节日活动

1月 — January
- 伦敦新年游行

2月 — February
- 中国春节庆祝活动（农历初一）——位于伦敦的唐人街
- 约克维京节（约克）

※ 庆典活动日期并不是固定的，每年会有些变化，具体可登录英国政府旅游网进行查询。

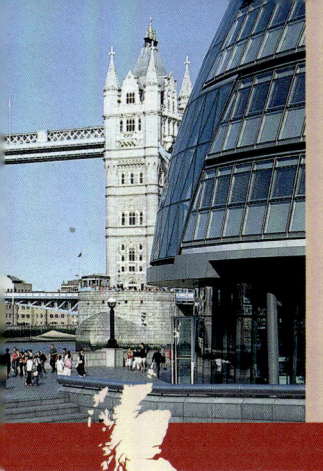

伦敦

London

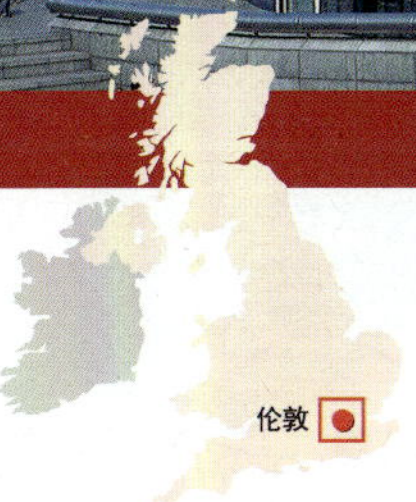
伦敦

交通

●从中国飞往伦敦

从北京首都机场直达伦敦需约11小时

从上海浦东机场直达伦敦需约12小时

●从英国其他主要城市到伦敦的交通

从布莱顿出发乘列车需约50分钟

从牛津出发乘列车需约1小时

从湖区出发乘列车需约3小时30～40分钟

从加的夫出发乘列车需约2小时

从爱丁堡出发乘飞机需约1小时20分钟

乘特快列车需约4小时15～45分钟

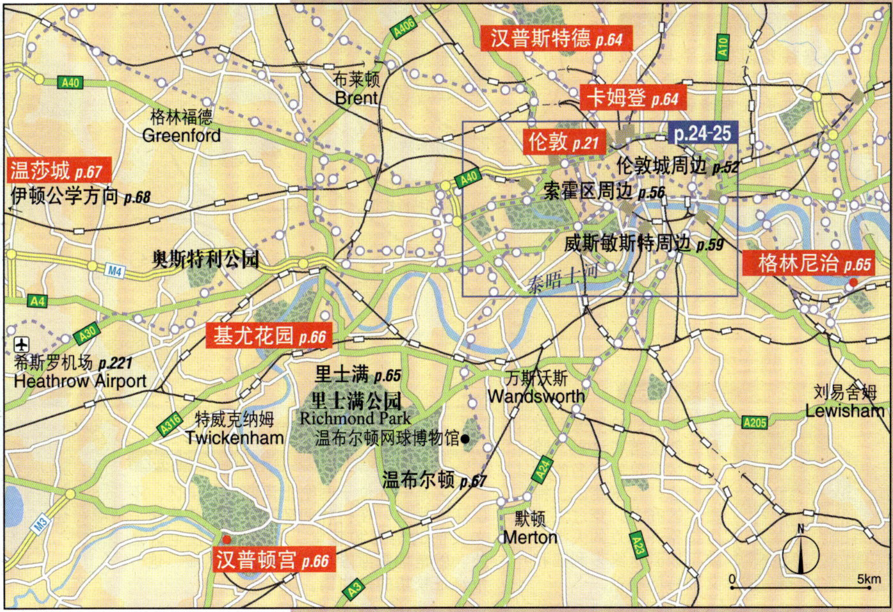
汉普斯特德 p.64
卡姆登 p.64
布莱顿
Brent
格林福德
Greenford
伦敦 p.21
p.24-25
温莎城 p.67
伊顿公学方向 p.68
伦敦城周边 p.52
索霍区周边 p.56
威斯敏斯特周边 p.59
奥斯特利公园
格林尼治 p.65
泰晤士河
基尤花园 p.66
希斯罗机场 p.221
Heathrow Airport
里士满 p.65
里士满公园
Richmond Park
万斯沃斯
Wandsworth
刘易舍姆
Lewisham
特威克纳姆
Twickenham
温布尔顿网球博物馆
温布尔顿 p.67
默顿
Merton
汉普顿宫 p.66
A40
A406
A10
M4
A4
A30
A316
A205
A24
A23
M3
A3
N
0
5km

伦敦

体验多姿伦敦
感受魅力英国

伦敦整个区域被称作"大伦敦"，足见它面积广阔。相比之下，集中了很多旅游景点和购物中心的伦敦市中心区域则被称作"伦敦城"。从西面的白金汉宫步行至东面的伦敦塔只需要1小时30分钟即到。而且，基本花一天时间就可以逛完伦敦的主要景点。来伦敦，不仅能看到这个城市的众多历史文物古迹，还能领略到这个欧洲最大都市的现代魅力。它是一个多民族、多文化融合的都市，一定要停下旅行的脚步慢慢体验！

贝克街
Baker Street　p.63

著名的杜莎夫人蜡像馆和福尔摩斯博物馆就位于这条街上。街的北侧就是伦敦最大的公园——摄政公园。值得推荐的是公园中玫瑰园的园艺展。

贝斯沃特
Bayswater　p.63

贝斯沃特是许多移民聚集之地，从这里到西邻的诺丁山一带汇集了许多深受伦敦年轻人喜爱的街道。每周末都开放的波多贝罗古董市场是古董爱好者必游的集市。

肯辛顿
Kensington　p.63

肯辛顿花园是一个与已故的戴安娜王妃颇有渊源的公园。王妃生前在肯辛顿宫度过了最后一段时光，这个宫殿就在花园里。花园的周边是伦敦最高级的住宅区，其中还有一条安静的购物街，在这里会看到不少装潢奢华的名品店和高级古董店。

骑士桥
Knightsbridge　p.62

著名的哈罗德百货商店就坐落在这里。骑士桥区是伦敦有名的购物中心，与索霍区、梅费尔区齐名。穿过老式店铺整齐林立的大街，就可以到达维多利亚和艾伯特博物馆。

卡姆登

摄政公园

贝克街　Baker St.站

Paddington站

Oxford Circus站

Marble Arch站

贝斯沃特~诺丁山
Queensway站

肯辛顿花园

Green Park站

肯辛顿

海德公园

绿金公园

High St.Kensington站

Knightsbridge站
骑士桥　哈罗德

白金汉宫

维多利亚和
艾伯特博物馆

Victor站

South Kensington站

Sloane Sq.站

切尔西

切尔西
Chelsea　p.62

这是一片位于泰晤士河畔的住宅区。不仅环境优美，在树林间还可以看到植物园、文人们的宅第和教堂。在安静的住宅区之外，就是地铁斯隆广场站到河畔区域，这一带也是繁华的购物街。

卡姆登
Camden Town p.64

卡姆登是伦敦朋克文化的发源地。另外，这里还因二手服装以及古董市场而闻名。

天使区

Angel站

天使区
Angel p.64

这里是喜爱古董的朋友必游的区域。运河从街后流过，而街道两旁则云集了许多雅致的高级餐厅。

伦敦城～萨瑟克
City~Southwark p.52

曾攻打到大不列颠岛的罗马人在泰晤士河畔修建了城墙，这就是伦敦城的起源。之后，这里逐渐成了伦敦的中心地带。随着经济的发展，如今这里高楼林立，已成了充满活力的现代街区。以伦敦塔为代表的许多历史景点会让我们看到伦敦城充满历史韵味的一面。泰晤士河对岸的萨瑟克区，也不容错过。

大英博物馆
Holborn站

霍～柯芬园

萨默赛特宫

cadilly
cus站
豪美术馆

圣保罗
大教堂

Bank站

Cannon St.站 **伦敦城**

Tower Hill站

泰特现代美术馆 **萨瑟克**

伦敦塔

塔桥

London Bridge站

斯公园

英航伦敦眼

Waterloo站

国会大厦

西敏寺

兰贝斯宫

敏斯特区周边

索霍～柯芬园
Soho~Covent Garden p.56

以查令十字街为中心的索霍一带是伦敦最繁华的区域。不论是百货商店还是名品店都是不可错过的去处。想找个吃喝之地，这里也绝对是首选，各国风味的餐厅云集于此。位于街北的布鲁姆伯利街是极具学术氛围的大英博物馆所在地区。南边是特拉法加广场，东侧则与戏剧街柯芬园相邻。这一带观光景点不算多，却是一个活力四射的魅力街区。

威斯敏斯特周边
Westminster p.59

这一带集中了伦敦具有代表性的观光景点，如白金汉宫、西敏寺以及大本钟和威斯敏斯特历史遗迹等。在泰晤士河对岸，经过再开发的南岸区也恢复了往日的热闹，这里聚集了众多剧场和演唱会场馆。还有著名的伦敦眼，一度是世界上最大的观景轮。来到这里，可以徜徉于公园的林荫道，畅游秀丽的泰晤士河，这是伦敦最经典的游览区。

N

N 埃尔赛勒姆 N   圣约翰门
Clerkenwell Rd.
圣巴泰勒米医科大学 文
查特豪斯 ●

巴比堪
Barbican

法灵顿地铁站
Farringdon Sta.

巴比堪地铁站
Barbican Sta.

巴比堪中心
巴比堪艺术美术馆

莱瑟巷市场 ●
Long Lane
Beech St.

A   史密斯菲尔德中心市场
West Smithfield

B 圣吉尔斯大教堂

巴比堪大厅 /
巴比堪剧场

钱斯瑞巷地铁站
Chancery Lane Sta.

N Olde Mitre 茶餐厅

圣巴塞洛缪教堂 ♜

约克旧城墙

斯特普尔酒吧 ●

p.51 伦敦博物馆
Museum of London

London

Wall

伦敦城
City

市政厅图书馆 /
手表博物馆 /
市政厅美术馆

公文书馆 ●

警察局

St. Bartholomew's
Hospital

p.55 市政厅

约翰逊博士之家 p.58
Dr. Johnson's House

中央刑事法庭
Newgate St.

证券交易所

圣保罗地铁站
St. Paul's Sta.

Gresham

亨利王子
的小屋 p.58
Prince Henry's
Room

城市快铁站
City Thameslink Sta.

Farringdon St.

佩特诺斯特广场

切普赛德街
Cheapside

圣殿酒吧
Temple Bar
Memorial

圣殿教堂
Temple Church
p.58 圣殿教堂

老柴郡
N 乳酪酒馆 p.74

Fleet St.

佛利特街

N 考克茶餐厅

Ludgate Hill

圣保罗大教堂 p.54
St. Paul's Cathedral

威廉姆逊斯餐

New Bridge St.

p.52 伦敦城旅游信息服务中心 ℹ

p.54 圣玛丽
勒·波教堂
St. Mary leBow Church

坦普尔 p.58
The Temple

内殿花园
（ Inner Temple Garden ）

Tudor   St.

黑衣修士 N

密特拉寺院遗址

芒雄豪斯地铁
Mansion
House Sta.

Queen Victoria St.

黑衣修士火车站
Blackfriars Sta.

Upper   Thames

E

F

p.71 牛津塔餐厅 R

牛津塔
Oxo Tower

p.54 千禧桥

黑衣修士桥
Blackfriars Bridge

泰晤士河
River Thames

萨瑟克桥
Southwark Bridge

Doggett's餐厅 N

千禧之哩

p.55 莎士比亚环球剧场

N Founders Arms夜店

p.55 伦敦维诺波利斯酒城
Vinopolis

Bernie Spain Gardens

（ Bankside ）班克塞德美术馆
Bankside Gallery

安可之家酒店 N

IBM大楼 ●

加百利沃夫
Gabriel's Wharf

泰特现代美术馆
p.50, 55
Tate Modern

Park St.

玫瑰剧场遗址 p.55

Blackfriars   Rd.

Hopton St.

Holland St.

Stamford   St.

Sumner   St.

Upper Ground

萨瑟克
Southwark

I

J

滑铁卢东火车站
Waterloo East Sta.

Roupell St.

Southwark   St.

滑铁卢地铁站
Waterloo Sta.

萨瑟克地铁站
Southwark
Sta.

Union   St.

Great

Waterloo   Rd.

The   Cut

Ufford   St.

Pocock   St.

Loman St.

Suffolk   St.

Southwark

Bridge   Rd.

Marshalsea Rd.

罗华马什市场

Pocock   St.

博罗地铁站
Borough Sta.

26

Brick Lane市场

Folgate St.

Primrose St.

Lamb St.

Hanbury St.

S 斯毕塔菲尔德
古董市场 p.78

利物浦街火车站
Liverpool St. Sta.

Brushfield St.

Fashion St.

斯毕塔菲尔德区

Spitalfields

i 旅游信息服务中心 p.52

✕警察局

Petticoat Lane市场

Wentworth St.

白教堂美术馆

H 大东方

Liverpool St.

Houndsditch

travelodge london city酒店

地铁站
orgate Sta.

Finsbury Circus

Bloomfield St.

Old Broad St.

圣海伦教堂
St. Helen's Church

白教堂美术馆

东阿尔德
盖特地铁站
Aldgate East Sta.

N 人种研究学会

英格兰银行博物馆
英格兰银行 p.53

Threadneedle St.

旧皇家交易所 p.53
S R 皇家市场 p.53

瑞士再保险总部大楼
（小黄瓜）p.53

阿尔德盖特站
Aldgate Sta.

Braham St.

Leman St.

Mansell St.

St. Andrew Undershaft
布鲁斯海德 N

白色教堂

Cornhill

金融街地铁站
Bank Sta.

Gracechurch St.

Leadenhall St.

劳埃德大楼 p.53
Lloyd's

朗姆茶餐厅
Leadenhall市场
Leadenhall Market

N Ship茶餐厅

Whitechapel

雄豪斯 p.53
Mansion House

King William St.

Lombard St.

Fenchurch St.

芬彻奇街火车站
Fenchurch St. Sta.

码头区轻轨
Docklands Light Railway (D.L.R.)

大火纪念碑地铁站
Monument Sta.

Cannon St.

Great Tower St.

伦敦塔入口地铁站
Tower Gateway Sta.

D.L.R.

街火车站
nnon St. Sta.

伦敦大火纪念碑 p.54
The Monument

塔山地铁站
Tower Hill Sta.

Lower Thames St.

ALL HALLOWS BY
THE TOWER教堂

税务局

伦敦塔 p.53
Tower of London

R 伦敦塔卫兵

White Tower

去往伦敦船坞和格林尼治

伦敦桥
London Bridge

Tower Pier

林科监狱博物馆
nk Prison Museum

圣凯瑟琳船坞
St. Katharine's Docks

老塔姆塞德酒店

p.74 狄更斯小酒吧 N

德雷克的金鹿号旗舰 p.55
Drake's Golden Hinde

London Bridge
City Pier

"贝尔法斯特"号军舰 p.55
H. M. S. Belfast

H 陶尔酒店 p.81

萨瑟克大教堂 p.55
Southwark Cathedral

海斯商场
Hay's Galleria

塔桥体验馆
Tower Bridge Exhibition

伦敦塔桥 p.53
Tower Bridge

餐厅

伦敦桥地铁站
London Bridge Sta.

伦敦地牢 p.55
London Dungeon

城市大厅
City Hall

伦敦桥火车站
London Bridge Sta.

William Curtis
Ecological Park

博罗市场 p.78
Borough Market

Bermondsey

Thomas St.

Weston St.

巴特勒码头
Butler's Wharf

盖伊医院
Guy's Hospital

N 乔治小酒吧 p.74

Snowsfields St.

设计博物馆
Design Museum
p.71 蓝图咖啡屋 R

Druid St.

Tooley St.

马里波恩
BBC
Marylebone
All Souls
p.79 伦敦 H
朗廷酒店

Cavendish Sq.

Mortimer St.

Margaret St.

Wells St.

Newman St.

Percy St.

Charlotte St.

布鲁斯贝利
自主酒店

Bedford Sq.
The Montague On The Gardens

大英博物馆 *p.44, p.5*

班布 *p.72*

雷迪森・凯尼尔・
沃森酒店

雷迪森・爱德华 H
布鲁斯姆伯里酒店

Russell

伯纳斯 H

牛津广场地铁站
Oxford Circus
Sta.

S Bhs
S 约翰刘易斯

S 广场购物中心
S HMV

牛津大街
Oxford St.

托特纳姆路地铁站
Tottenham Court Rd.

意大利

St. Giles High St.

索霍
Soho
Soho Sq.

Noel St.

Wardour St.

Berwick St.

Dean St.

Frith St.

Greek St.

Charing Cross Rd.

奥兰・凯利 *p.76*
拉丁森芒特
巴腾

摄影师画廊

Hanover Sq.

28

New Bond St. *p.57*

S 芬尼克
S 玛百莉
p.75
p.76 史密森 S

梅费尔
Mayfair
Berkeley Sq.

巴宝莉 *p.75*

p.75 达克斯

p.77 普瑞思塔特巧克力店
p.73 圣詹姆斯餐厅 R
p.77 福特纳姆&梅森

切斯特费尔德
美菲尔酒店

华盛顿 H

S 利伯提百货 *p.77*
莎士比亚
的头 *p.74*

当家小酒馆 *p.71*

明恩家韩餐厅 *p.72*

哈姆雷斯

巴宝莉 S
p.57 布鲁尔大街

p.72 亮面吧 R

雅格狮丹 S

p.80 皮卡迪利大街
艾美酒店

皇家艺术学院
p.57 圣詹姆斯教堂

p.80 卡文迪什酒店 H

阿布塔斯 R *p.70*

p.73 波尔托之家 R

瓦莱丽甜品店 *p.73*

依次 R *p.71*

萨摩日本
料理店 *p.72*

麦拉提 R *p.71*

泉亭居 *p.72*

皮卡迪利广场地铁站
Piccadilly
Circus Sta.

肖像美术馆& 酒吧 *p.70*

皮卡迪利广场 *p.56*

p.50 国家肖像美术馆

p.81 蓟花特拉
法尔加广场酒店

国家美术馆 *p.48*

Earlham St.

p.71 比利时
中央酒店

唐人街 *p.57*

中国城 *p.71*

莱斯特广场
Leicester

莱斯特广场 *p.82*

索尔

杰明街 *p.57*

派可斯顿&威特
菲德奶酪店 *p.41*

佛罗瑞斯 *p.77*

祭日本料理店 *p.72*

三越餐厅 *p.72* R

Regent St.

查令十字街地
Charing Cross

福尔摩斯酒吧 *p.*

海军门
Admiralty Arch

利兹
p.79 伦敦假日酒店

绿地公园地铁站
Green Park Sta.

H 弗莱明梅费尔酒店 *p.80*

H Garson Plaza酒店

滕博阿瑟 *p.75*

克里斯蒂
圣詹姆斯广场
St. James's Sq.

Pall Mall

特拉法尔加
广场 *p.57*

旧海军部

Horse Guards Rd.

皇家骑兵卫队 *p.61*
Horse Guards

Banqueting H *p.61*

首相官邸
NO. 10

唐宁街
Downing St.

法洛斯户外
用品店 *p.76*

p.56 英国&伦敦游客中心
Britain & London Visiter Centre

Piccadilly *p.57*

斯宾塞邸宅

绿地公园
Green Park

兰开斯特宫

克拉伦斯王府

The Mall

Guards Rd.

自助餐厅

外交部・英联邦部

King Chales St.

圣詹姆斯公园 *p.60*
St. James's Park

St. James's
Park Lake

p.60 内阁战争室
Cabinet War Rooms

财务部

维多利亚女王纪念碑
Queen Victoria Memorial

白金汉宫 *p.59*

白金汉宫花园
Buckingham
Palace
Gdns.

白金汉宫售票处

威灵顿营地

女王美术馆 *p.59*
Queens Gallery

近卫兵博物馆
Guards Museum

卫队教堂
Guards Chapel

Birdcage Walk

圣詹姆斯公园地铁站
St. James's Park Sta.

Tothill St.

议会广场
Parliament Square

丘吉尔像

Great George St.

圣玛格丽特教堂

西敏寺 *p.60*

Petty France

布鲁姆斯伯里
Bloomsbury

霍尔本
Holborn

萨瑟克
Southwark

泰晤士河
River Thames

皮革巷市场
格雷斯酒吧
约克城 Ⓝ
钱斯瑞巷地铁站
Chancery Lane Sta.
斯特普尔酒吧
霍尔本地铁站
Holborn Sta.
约翰博物馆
Sir John Soane's Museum
林肯因河广场
林肯因河
公文书馆
The Moughan Library
约翰逊博士之家 p.58
Dr. Johnson's House
亨利王子的小屋 p.58
Prince Henry's Room p.58
老柴郡乳酪酒馆 p.74
佛利特街
Ludgate Hill
皇家法庭
Royal Courts
of Justice
考克茶餐厅 Ⓝ
圣殿酒吧纪念碑
圣布莱德印刷博物馆
St. Bride Printing Library
Peacock
柯芬园 p.57
潘海利根 p.77 Ⓢ
索夫拉 p.72 Ⓡ
p.58 坦普尔
The Temple
圣殿教堂 p.58
Temple Church
Tudor St.
黑衣修士 Ⓝ
家歌剧院
p.57
沃尔多夫希尔顿酒店 p.79 Ⓗ
伦敦交通博物馆
圣殿莱门特丹麦
New Bridge St.
芬园地铁站
vent
arden
a.
狂欢集市和 Ⓢ
活诱饵餐厅 p.69 Ⓡ
罗餐厅 p.73 苹果集市 p.78
滨河王宫饭店 Ⓗ
萨默塞特宫 p.58
内殿花园
茹乐思餐厅 p.69
波特斯 p.71
拉塔斯卡 p.70 Ⓡ
坦普尔地铁站
Temple Sta.
黑衣修士桥
Blackfriars Bridge
p.79 沙威酒店 Ⓗ
考陶尔德学院美术馆 p.40
Courtauld Institute Gallery
辛普森滨河餐厅 p.69 Ⓡ
马丁教堂
. Martin-in-the Fields
克利奥帕特拉方尖碑
Cleopatra's Needle
Waterloo Bridge
p.71 牛津塔餐厅 Ⓡ
牛津塔
Oxo Tower
海食披萨公司 Ⓡ
Bernie Spain Gardens
Gabriel's Wharf
IBM大楼
Sea Containers
House酒店
十字酒店 p.80
堤岸港口
堤岸地铁站
Embankment Sta.
Upper
Ground
Stamford St.
Blackfriars Rd.
国家剧院
国家电影院
十字
站
aring
ss Sta.
卓格福德桥步行桥
Hungerford Bridge
ne Whitehall
ace 白厅中心
萨瑟克
Southwark
海华德画廊
皇家节日音乐厅
Cornwall Rd.
Roupell St.
部
istry of Defence
英航伦敦眼 p.61
(大摩天轮)
Jubilee
Gardens
Belvedere Rd.
MAX剧院
BFI London
IMAX Cinema
York Rd.
滑铁卢东火车站
Waterloo East Sta.
The Cut
libebait餐厅 Ⓡ
英航伦敦
眼售票处
滑铁卢码头
威斯敏斯特码头 p.37
斯敏斯特地铁站
estminster Sta.
idge St.
滑铁卢地铁站
Waterloo Sta.
旧伦敦市政厅 p.61
Old County Hall
伦敦水族馆
万豪酒店
万豪 Ⓗ
本钟 p.60
Westminster Bridge
水上巴士售票处
南丁格尔博物馆
敏斯特厅 p.60
tminster Hall
会大厦 p.60
圣托马斯医院
去往福克斯通

摄政公园
Regent's Park
P.28 29 柯芬园
Covent Garden
P.26 27
海德公园
Hyde Park
塔桥
tower bridge
西敏寺
Westminster Abbey
P.30·31

200m

梅费尔
Mayfair

p.57 皇家艺术学院
Royal Academy
🅗 布朗
🅗 艾美—考若斯大礼堂
p.75 达克斯 🅢
圣詹姆斯教堂
杰明街
🅗 托马斯·古德 p.76
拉丁森酒店 🅗
华盛顿 🅗
p.77 福特纳姆&梅森 🅢
佛罗里🅗
多尔切斯特
伦敦假日酒店 🅗
p.73 圣詹姆斯餐厅 🅢
祭日本料理 p.72 🅢
Curzon
🅗 Garson Plaza 酒店
利兹酒店 🅗
普瑞思塔特巧 🅢
克力店 p.77
p.80 弗莱明斯梅费尔 🅗
绿地公园地铁站
Green Park Sta. p.57
滕博阿瑟 p.75 🅢
p.80 公园路公寓酒店 🅗
皮卡迪利大街 p.57
p.80 卡文迪什酒店 🅗
p.79 伦敦公园路希尔顿酒店 🅗
Piccadilly
斯宾塞邸宅
🔵
音乐堂
El Pirata 餐厅 🅡
王后教堂
四季酒店 🅗
雅典娜神庙
🅗 喜来登公园
伊丽莎白女王门
伦敦公园路洲际酒店 p.79 🅗
圣詹姆斯宫
罗斯公园
🅗 威灵顿博物馆
绿地公园
Green Park
WC
海德公园角地铁站
Hyde Park Corner Sta.
Knightsbridge
🅗 莱恩斯伯勒
威灵顿凯旋门
Constitution Hill
圣詹姆斯公园
St. James's Par
🔵
Wellington Arch
维多利亚女王纪念碑
Queen Victoria Memorial
🅗 巴克利
（ Apsley House ）阿普斯利邸宅
卫
白金汉宫花园
Buckingham
Palace Gardens
白金汉宫 p.59
哈尔金
白金汉宫售票处
近卫兵博物馆
威灵顿营房
Belgrave
Square
p.59 女王美术馆
Queen's Gallery
p.59 皇家马厩
Royal Mews
Crowne Plaza London St James
皇冠广场·圣詹姆斯酒店
韩国大使馆
阿尔伯特
🅗 刘易斯威斯敏斯特
🅗 喜来登贝尔格雷瓦亚酒店（ Sheraton belgravia ）
Victoria
Eaton Square
维多利亚地铁站
Victoria Sta.
旅游信息服务中心 p.59
威斯敏斯特大教堂
贝尔格莱维亚区
Belgravia
🅗 格罗夫纳·维多利亚酒店
维多利亚火车站
Victoria Sta.
St. Michael's
Church
波依斯代尔 🅡 p.69
🅗 Hesperia London Victoria 酒店
Gatwick Express London Terminal
🅡 植物学家餐厅 p.73
绿线中心车站
Green Line Coach Sta.
斯隆广场地铁站
Sloane
Square Sta.
维多利亚长途巴士车站
Ebury
Square
警察局
Pimlico
皮姆利科
Pimlico
假日快捷酒店

●路线名称

Bakerloo / 贝克卢线		Metropolitan / 大都会线	
Central / 中心线		Northern / 北线	
Circle / 环线		Piccadilly / 皮卡迪利线	
District / 地区线		Victoria / 维多利亚线	
Hammersmith&City / 哈默史密斯和城市线		Docklands Light Railway / 码头区轻轨	
Jubilee / 朱必利线		London Overground / 伦敦铁路	
Waterloo&City / 滑铁卢和城市线			

□ 换乘站   🚆 英国铁路换乘站   备注：虚线区间代表只在高峰时期运行

34

四通八达的地铁是出行的最佳选择

地铁 *Underground*

DATA

每次 £4.30
从1区出发的列车统一
收费 £4

一日旅游卡
(One Day Travelcard)
Zones 1-2 £7.00

伦敦市内交通发达，地铁是最便捷的交通工具。除了白金汉宫离地铁稍远一些，需要步行十分钟，其余景点基本上就分布在地铁站附近，只要"地铁+步行"就可以自由穿梭于各个景点。另外，皮卡迪利广场和柯芬园一带的繁华街区也分布在地铁沿线，走几步就可轻松找到地铁站。如果买了一日旅游卡的话还可以在一天内任意乘坐地铁和巴士，自由自在地逛伦敦。

伦敦地铁乘坐指南

在伦敦人们称地铁为"Tube"。目前伦敦地铁已建成13条线路，虽然有的老化严重，常出故障，但仍是伦敦公共交通网络的核心。伦敦地铁线路四通八达，只要拿上路线图就可轻松畅游伦敦。线路主要划分为9个区，包括景点集中的市中心1区。1~6区分布在市中心到希斯罗机场之间，7~9区则分布在机场等周边地区。在同一区或在1~3区乘坐地铁，单程票价均为£4.30。从1区到4、5、6区票价为£5.30，在2~4区乘坐地铁票价为£4.30，其他区根据区间分段计价。

若想乘地铁畅游伦敦，可以购买在右页中介绍的一日旅游卡，在一天内乘坐两次地铁就够本儿了，相当实惠。但要注意的是，如果坐过站的话必须付一定的罚金。从1区和2区出发去3区和4区时，不会精算罚金，统一上交£50。此外，打算到伦敦更偏远的地方，需要事先到地铁售票窗口购买相应路段的地铁票。

1.购票

可利用自动购票机或直接到售票窗口购票。伦敦的自动购票机有以下两种。

● 触屏式自动售票机

这是一种只需轻轻在屏幕上触碰按键就可以操作的机器。售票机里还设有多种语言的操作指南，在屏幕上选择中文就可轻松按照说明步骤操作，十分方便。此外，还可一次性购买多张车票和旅游卡，即使没有带现金也不用担心，可以使用银行卡购票。操作方法也很简单，先在首页上选择语言种类，后在画面中点击购票按钮并选择车票类型和票数，接下来按照屏幕上显示的金额付款取票就可以了。

● 普通自动售票机

先在售票机上选择单程还是往返，是成人票还是儿童票，之后售票机会显示票价，接着投入硬币，机器会自动"吐"出票和零钱。操作简单，但要注意的是这种售票机只能投入硬币。

2.通过检票口

车票是名片大小的纸质卡片。将车票插入自动检票机内，然后通过检票通道即可，千万别忘了取回检过的车票。另外，旅游卡可以反复使用，要注意保存好以免丢失或损坏。

3. 去往站台

　　尤其是在多条路线交叉的车站，要特别注意是否坐错路线。在地铁内可按颜色找寻自己要乘坐的路线，然后搭乘电梯通往地下站台。另外，地铁内都有路线图，可事先查清搭乘路线。最后，还要注意搭乘的方向是否对。

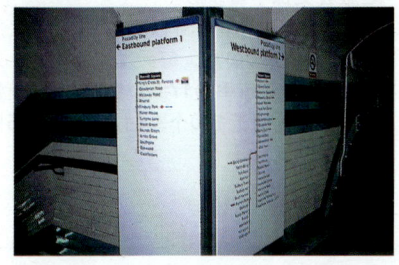

4. 乘车

　　英国地铁车厢内的设置基本与国内相同。座椅是统一的颜色，也设有优先席。地铁门大多为自动门，有的是上车下车时需要客人自己按开门按钮的，因此有的车厢会标有"Push to Open"字样的按钮。

5. 出口

　　到达目的地车站后，按照黄色的"出口"（Way Out）标志找出站检票口。一般只有一个，很容易找到。再把车票插入检票机就可以出站了。如果使用的是往返车票或旅游卡别忘了把卡取回来。

出游好伙伴　旅游卡 Travelcard

　　旅游卡是畅游伦敦的好伙伴。在这里向喜欢搭地铁或公交车游伦敦的人强力推荐一日旅游卡和一周旅游卡。使用旅游卡不仅可搭乘地铁，还可以自由搭乘同区的公交车及国铁，而且不用每次购票，既方便又实惠。如果打算在伦敦游玩几天，建议买张旅游卡。若想在市中心逛可购买1～2区旅游卡，想到基尤花园等郊外走走的话，可购买1～4区旅游卡。需特别提醒的是，周一到周五9:30前是高峰时段，这时购买旅游卡要贵一些。各地的旅游信息服务中心和火车站内都出售旅游卡。

各种旅游卡票价

● 一日旅游卡(One Day Travelcard)
1～2区£7.00　1～6区£8.50
※以上票价为9:30后非高峰期时段使用的优惠价格。可到地铁站内售票窗口或使用自动售票机购票。

● 一周旅游卡(7 Days Travelcard)
1～2区£29.20　1～3区£34.20
1～4区£41.80　1～6区£53.40

※牡蛎卡是在费用金额范围内，乘坐地铁或巴士可享受优惠的IC卡。这两种卡都可以在车站窗口购买到。

带你去地铁到不了的地方

公交车 *Bus*

DATA
每次£2.30　一周旅游卡£18.80

走　在伦敦街头可以看到各式各样的公交车，除了最具特色的红色双层公交车外，还有小型公交车和双节车厢公交车。目前，除只在一部分路线上运行的发动机罩型公交车配有乘务员外，大部分是无人售票公交车。伦敦公交路线分布很广，有些主要线路还是日夜运行。在伦敦，只需一张公交路线图，就可以轻松搭乘公交车。详细的路线图可以在地铁站的观光咨询窗口免费领取。

　　伦敦公交车不按距离计费，而是统一收费£2.30，公交车站一般都设有售票机，乘车前可以先买票，如果公交车站没有售票机，也可上车再买票。有旅游卡就更方便了，乘车时只需刷卡即可。

※一周旅游卡是内含IC芯片的优惠卡"牡蛎卡"，一周过后只要到指定窗口充值就可以继续使用。

带你自由自在游伦敦主要景点

观光巴士
Hop-on Hop-off Tour

DATA
一日旅游卡约£25
每个运输公司的行车路线会有所不同

观光巴士会让你的伦敦之行既便捷又充满乐趣。在伦敦公共汽车交通工具中最令游客跃跃欲试的是红色双层观光巴士，感觉没有什么比乘巴士旅游更令人惬意的了。伦敦每个公司运行的观光路线都不尽相同，但大致都以市中心以及稍远一些的旅游景点为主要路线。乘着双层敞篷观光巴士，一边听着语音导览，一边欣赏着沿路风景。若看到想参观的景点，可以中途下车，参观完后只要找到同一公司的停车站，等候下一趟巴士即可，相当自由方便。使用观光巴士车票还能乘船游览泰晤士河，如果充分利用的话，相信伦敦之旅会更加丰富多彩。

观光巴士车票可以在有些酒店大厅或是公交车站购买。每天发车为8:30，末车为18:00（冬季是17:00），10~15分钟一班。市内有近100个车站，除12月25日外全年无休。

●观光巴士路线图

亲切、实用、快捷的交通工具

出租车 *Taxi*

DATA
起价费£2.20

穿梭在伦敦街头的黑色出租车给人印象深刻。司机都很负责任，只要告诉要去的地方，都能送到目的地。如果不能用英语交流，可以拿上地图或者把地址写在纸上出示给司机。在伦敦乘出租车很方便，一般酒店门前就有出租车等候，路上也不少。出租车顶上"TAXI"字样的灯亮着就代表是空车。车内十分宽敞，旧式出租车可以载5人，新式的可载6人。但要注意，不要见出租车就上。要先通过副驾驶座位的车窗告知司机要去的地方，等得到同意后再上车。下车时按计费器付车费，建议给一些小费。

伦敦出租的起价费是£2.20。晚8点以后或节假日车费会有所增加，不过此时不用付大件行李的运费。

轻松预约中文导游

Chinese OK !

游览规划范例

参加观光巴士旅游团是很受游客欢迎的出游方式，同时也是打发空闲时间的好方法。在伦敦，中国的有些旅行社也组织巴士旅游团。英国当地的旅行社也提供中文导游服务，但相比之下中国的旅行社既可以用中文轻松交流，而且更为中国游客着想，推出了各种受欢迎的观光路线。不仅如此，费用方面也比英国当地旅行社优惠，对英语不自信的游客不妨选择这类旅行社。

推荐游览路线

游览内容	服务时间	费用	接待时间	出发和所需时间	出行方式
伦敦市内上午半日游	每天	40英镑左右	截止到前一天的12：00	9：00出发需3小时	专用巴士
科茨沃尔德一日游	周一・周四	6英镑左右	截止到前一天的12：00	8：00出发需10小时	专用巴士
温莎城堡下午半日游	4~9月，周一・周三 10~3月，周五	70英镑左右	截止到前一天的12：00	13：30出发需4小时	专用巴士
大英博物馆专线游	每天	30英镑左右	截止到前一天的12：00	10：00出发 15：00出发需2小时30分	专用巴士

搭火车游伦敦郊外最方便

火车 *British Rail*

DATA

牛津一日游往返优惠票价￡21.50（正常单程票价￡21.40）

英国铁路十分发达，仅伦敦市内就有八个主要火车站，想出城到郊外走走的话，火车是最佳出行交通方式。在市区北部的圣潘克拉斯车站搭乘欧洲之星高速列车可轻松往返于英法之间，若想去温莎或牛津走走则可以从帕丁顿站出发。要注意的是，火车分上行和下行方向，因此在乘车前需要确认车次和发车方向。购买车票也很方便，可直接在车站的售票窗口购买。往返车票会比单程票价便宜很多，打算进行一日游的话，建议购买往返票。

游览泰晤士沿岸风光非此莫属

水上巴士 *Riverboat*

DATA

从威斯敏斯特码头到伦敦塔单程票价￡9.50，往返票价￡12.50

如果时间允许的话一定要乘坐水上巴士游览一下泰晤士沿岸的美丽风光。与地面巴士一样，河岸边也有车站——停船的小码头。去往伦敦塔、格林尼治的水上巴士每小时有1~2班，到更远的基尤花园或汉普顿宫的水上巴士也不少。建议到大本钟附近的威斯敏斯特码头搭乘开往伦敦塔的水上巴士，这是一条经典的水上线路，全程需45分钟，单程票价是￡9.50。水上巴士有两种，一种是提供午餐和晚餐的观光游览船，一种是可以到站上下船的水上巴士。在水上悠闲自在地欣赏泰晤士河沿岸风景，会是一个更加难忘的伦敦之旅。

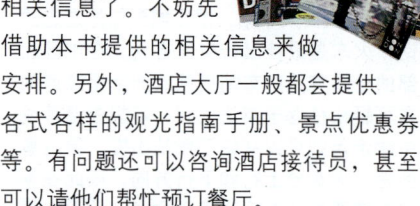

畅享自由之行
Enjoy Freetime

所需时间 4~5小时

搭乘观光巴士，进行伦敦市内半日游是很好的游览方式，可舒舒服服、自由自在地漫步于街头巷尾。除此之外，充分利用方便的地铁、公交车、出租车也可以舒适悠然地打发闲暇时间。伦敦市中心并不大，带上一幅地图就可以随心所欲地穿梭于各个景点之间。

轻松畅游伦敦的三大法宝

Point 1
制订出行计划

不论是购物、观光或参观博物馆、美术馆，都建议事先制订一个大体计划。第一步，出发前先确定出行目的地，在地图上找到相应的位置，然后确定主要线路和出行交通工具等。

若想购物，建议锁定在皮卡迪利广场到柯芬园一带，以及骑士桥地铁站周边、国王路附近。伦敦主要观光景点都汇集在市中心，基本"地铁+步行"就可到达，十分方便。但需要注意的是，逛街也不是一件轻松的事，要量力而行，根据身体状况来制订出行计划。

请 注意‼ 过人行道要小心

伦敦的人行道与国内一样是黑白相间的斑马线，但是让人感到意外的是这里的交通信号

灯格外的少。信号灯一般设置在主干道上，很多小街道没有设信号灯。而没有设信号灯的街道，只要有斑马线都是以行人优先。但是，有的人行横道甚至没有斑马线只有标志牌，在过这样的人行道前要先看看左右的车况。另外，有些伦敦当地人常常忽略信号灯，凭感觉行事，最好不要盲目跟风。

请 注意‼ 注意小偷

在人流较多的地方可能会出现小偷和掉包的。挤在人群中观看白金汉宫卫兵交接仪式，或是排队买票时，尤其需要注意。在餐厅用餐时也要确保贵重物品不离身。在街头、车站等公共场所尽量不要拿出钱包，以免成为小偷的"猎物"。

Point 2
收集整理信息

确定好目的地和出行路线后，下一步就是收集整理相关信息了。不妨先借助本书提供的相关信息来做安排。另外，酒店大厅一般都会提供各式各样的观光指南手册、景点优惠券等。有问题还可以咨询酒店接待员，甚至可以请他们帮忙预订餐厅。

如果想更详细地了解景点信息可咨询附近的旅游信息服务中心。这里不仅

提供观光手册，还代售观光巴士的车票。

地图标注：
- 杜莎夫人蜡像馆
- Baker St.站
- 伦敦博物馆
- 市政厅
- 大英博物馆
- Tottenham Court Rd站
- Holborn站
- Bond st.站
- Oxford Circus站
- Covent Garden站
- 柯芬园
- 皇家法庭
- 圣保罗大教堂
- Bank站
- Marble Arch站
- Piccadilly Circus站
- Cannon St站
- Tower Hill站
- 国家美术馆
- 萨默赛特宫
- 伦敦塔
- Green Park站
- 海军门
- 特拉法加广场
- 泰特现代美术馆
- 塔桥
- 海德公园
- 绿地公园
- 圣詹姆斯公园
- 伦敦眼
- London Bridge站
- 设计博物馆
- Knightsbridge站
- 白金汉宫
- 威斯敏斯特站
- Waterloo站
- 哈罗斯亚和艾伯特博物馆
- 西敏寺
- 国会大厦
- Victoria站
- 兰贝斯宫
- 帝国战争博物馆
- Sloane Square.站
- 泰特桥

图例：
- ○ 购物中心
- ● 旅游信息服务中心
- ┉ 公交车主要线路

Point 3

准备逛街必备品

逛街必备物品首先是市区地图和地铁路线图。在伦敦，几乎没有地铁到不了的地方，所以不用担心迷路问题。若想逛逛伦敦小巷，可以到报刊亭购买更加详细的街区地图。报刊亭出售的地图有单篇图册和折叠型两种，上面详尽地标记了伦敦每条街巷。只要按图索骥再加问路就可以到达目的地。

此外，逛街必备品还包括方便实惠的交通旅游卡。有了这张卡不仅可以省去买车票的麻烦，还会节省一笔不少的交通费用。

请 注意!! 选对地铁出站口

伦敦很多地铁站都设有多个出口，出站时可以看看楼梯边墙上的地图，再做判断。另外，地铁站内窗口会免费提供介绍地铁站周边环境的地图，拿着它对照看就不用担心走错出站口了。

Double-Decker

乘坐双层公交游市中心

对于"路痴"来说搭乘公交车可能是件比较复杂的事情，但如能充分利用的话轻松游伦敦绝对没问题。"一定要坐一坐伦敦公交车"的游客，可以到主要地铁站的站内窗口领取伦敦市中心公交路线图（Central London Bus Map），出行时对照地图和路线图，就可自如搭乘公交车。

如果想到城市的东西两头去看看，可以搭乘从市中心开往东（西）区的15号线公交车。这是一条贯穿伦敦东西的公交线路，西起帕丁顿地铁站东到布莱克沃尔，从始发站到终点站要花1小时30分钟。

想在路上看更多新奇景点的话，可以从西端的帕丁顿地铁站或邦德街地铁站附近的公交车站出发。这条线路的公交车会穿过名店林立的牛津街和伦敦最奢华的摄政街，接着南下到达特拉法加广场。再往东走，就会来到著名的法律之街——霍尔本，然后穿过圣保罗大教堂驶向伦敦塔。若是在途中遇到想参观的景点，可以随时下车。乘公交观光应选择第二层，视野更宽阔。单程票价是￡2.30，更方便实惠的是使用公交一日旅游卡，售价为￡4.20，在一天之内可多次乘车。

畅享自由之行

Enjoy Freetime

所需时间 **4** 小时

推荐人气出游计划①

尽情享受
逛街购物的乐趣

在伦敦，尽情购物是个打发空闲时间的好方法。这里汇集了许多英国独有的绝世珍品、古董、美食以及精美餐具等，只要细心寻找就能挖掘出具有伦敦魅力的宝贝。不妨尽情享受一天伦敦购物休闲的美妙时光吧！

START

牛津广场地铁站
Oxford Circus Sta. ▶地图p.28-A

在这条大街上整齐地排列着塞尔福里奇百货公司等老字号名店

摄政街
Regent Street ▶ p.56

出地铁站后，可沿着著名的摄政街南下。不远就会看到摄政街繁华的街景，老字号名店、各国名牌专卖店都聚集在这里。而且更惊喜的是，街的南端紧邻着皮卡迪利广场。

可让人放慢脚步享受购物乐趣的摄政街

①利伯提百货
(▶p.77) 这是一家独特的老牌百货公司，都铎式风格的建筑很吸引人，再加上店堂里别具一格的装修让人流连忘返。还有，店内独有的小物品很适合作小礼品。

邦德街
Bond Street ▶ p.57

从利伯提百货出来后，穿过摄政街就到世界名店和传统英式名店整齐排列的邦德街了。

②玛百莉
(▶p.75) 著名的玛百莉商店以销售皮包、旅行箱为主，此外它那独具田园风格的女士服饰一直都受到女性的喜爱。

杰明街
Jermyn Street

穿过普瑞斯塔特巧克力店所在的公主市场街，就到杰明街了，在这里会看到另一番景色，安静、闲适，同样汇集了许多英国老牌名店。

皮卡迪利大街
Picadilly ▶ p.57

穿过伯灵顿市场街就来到了著名的皮卡迪利大街，这条大街上有中国人也十分熟悉的著名特别红茶名店福特纳姆和梅森百货商店。

⑤福特纳姆和梅森百货商店
福特纳姆和梅森百货商店内的大型食品卖场十分有名，不容错过！除了大家最熟悉的专用罐茶之外，还出售各式各样独有的精美特卖产品。

伯灵顿市场街
Burlington Arcade

伯灵顿市场街聚集了开司米专卖店、老牌文具店以及英国传统高级名牌店。

④巴宝莉
(▶p.75) 这是一家传统英式服装老店，在中国也很受欢迎。在这里可以买到相伴一生的Trenchcoat风衣。

③史密森
(▶p.76) 是深受英国皇室喜爱的高级文具店，创立于1887年。店里的经典款要数被称作"史密森蓝"的组合文具。

托特纳姆法院路

START

牛津广场地铁站

牛津广场地铁站

邦德街地铁站

❶ 利伯提百货公司

❷ 玛百莉

❸ 史密森

❹ 巴宝莉

摄政街

邦德街

皮卡迪利
广场地铁站

皮卡迪利大街

伯灵顿市场街

❺ ❻ ❼ ❽

福特纳姆和梅森百货商店

杰明街

佛罗瑞斯

普瑞斯塔特巧克力店

❾ 唐人街

尼尔街

GOAL

柯芬园地铁站

凯思·金德斯顿 ❿

柯芬园

莱斯特广场地铁站

⓫

苹果&朱碧丽市场

英国和伦敦游客中心

派可斯顿&威特菲德奶酪店

Shopping

伦敦

41

畅享自由之行

❻普瑞斯塔特巧克力店
(▶p.77) 这是一家得到王
室喜爱的皇家御用巧克力名店。

❼佛罗瑞斯
(▶p.77) 它是一家创
立于1730年的香水名店。
店中特制的香水淡雅宜人。

❽派可斯顿&威特菲德奶酪店
这是一家英国最古老的奶酪专卖店。英国自产奶
酪以及来自世界各地的各种奶酪都可以在这里买到。

GOAL
柯芬园地铁站

⓫苹果&朱碧丽市场
苹果&朱碧丽市场是柯芬园长年
开业的集市，在这个市场里可以淘到古
董、手工艺品、二手衣物和鞋子等，深
受游客的喜爱。

❿凯思·金德斯顿
英国著名品牌凯思·金德斯顿，以
其乡村田园风格和鲜艳色彩而闻名，在
国内也深受追捧。

柯芬园
Covent Garden ▶ p.57

皮卡迪利广场一直向北延伸
到尼尔街，来到这里就会看到著名的杂货店凯
思·金德斯顿，它也是年轻人常光顾的地方。来到
地铁站的南边会看到一个大广场，这就是柯芬园了，
远远望去有两栋砖砌的别致建筑，走近时还会惊喜
地发现这儿还聚集了几十家品牌名店。

皮卡迪利广场
Piccadilly Circus ▶ p.56

著名的皮卡迪利广场是一个
几条主要购物街交会的大广场。
向东可通往汇集了众多剧场的繁
华大街，大街的北侧就是目前欧
洲最大的唐人街所在地了。

❾唐人街

伦敦唐人街位于威斯敏斯特的黄金地段——索霍区，其中主要有中国餐馆、中国商品店和纪念品店。从
这里还可以步行去看白金汉宫的皇家卫队交接仪式，到特拉法加广场边的英国国家美术馆看展览，还能顺路
看看威斯敏斯特教堂和大本钟，也可以去牛津街购物。

畅享自由之行
Enjoy Freetime

所需时间 **5** 小时

徒步&搭乘水上巴士 游览伦敦美景

观看完白金汉宫广场的卫兵交接仪式后，就可直奔西敏寺和大本钟。接着再转乘水上巴士顺着泰晤士河往东端的伦敦塔方向驶去。这是一条经典路线，非常适合初次游览伦敦的人。

START

绿地公园 Green Park ▶地图p.28-E
从绿地公园地铁站出来即可到达。穿过恬静的公园就来到白金汉宫前面的广场了。

徒步15分钟

白金汉宫
Buckingham Palace ▶p.59
白金汉宫前的皇家卫兵交接仪式在11:00~12:00举行。建议找个最佳拍摄位置，拍下这华丽而庄严的场面。夏天，宫殿的一部分还会对外开放，另外紧挨着皇宫的皇家马厩、女王美术馆，也不容错过。

徒步2分钟

圣詹姆斯公园
St.James's Park ▶p.60
沿着野鸟嬉戏的公园小湖，一路往南走就到了大街上，再向左拐就会看到由西敏寺和国会大厦环绕的议会广场。

徒步15分钟

西敏寺
Westminster Abbey ▶p.60
这座雄伟的皇家教堂值得驻足观看。建筑内部的装饰以及纪念碑都极具特色，不妨仔细参观一下。

徒步2分钟

国会大厦/大本钟
Houses of Parliament/Big Ben ▶p.60
大本钟是国会大厦两个钟塔中的一个。国会大厦常年对外开放，是伦敦著名景点之一，不可错过。

徒步2分钟

威斯敏斯特码头 Westminster Pier
码头河岸上设有水上巴士售票点和搭乘站。从这里乘水上巴士顺着泰晤士河往伦敦塔方向走，可以体验一下水上观景的乐趣。

乘船约45分钟

Point
想参观白金汉宫的话，可以从地铁维多利亚站或海德公园角站出来步行前往，这两站步行时间差不多。不过最惬意的路线还是从绿地公园站出来穿过绿意盎然的公园到达这里。

圣保罗大教堂下午四点闭馆，如果时间赶不上的话建议改变线路，过塔桥到对岸走走，也是不错的选择。

GOAL
圣保罗地铁站

徒步3分钟

圣保罗大教堂
St.Paul's Cathedral ▶p.54
在塔山地铁站前搭乘15号或25号线路公交车可以到达大教堂。这里与威斯敏斯特教堂一样深受游客欢迎，时间允许的话建议入内仔细参观，一定收获不少。

乘公交15分钟

伦敦塔
Tower of London ▶p.53
水上巴士穿过塔桥就到达伦敦塔码头了。船上是欣赏塔桥的最佳角度之一。雄伟的伦敦塔需要花2小时才能参观完。之后，可以去圣保罗大教堂看看，不过为了节省时间，建议先参观主景点。

畅享自由之行
Enjoy Freetime

所需时间 **5** 小时

推荐人气出游计划③

漫游充满艺术风情的泰晤士河畔

伦敦博物馆和美术馆不仅数量多而且质量也高，为这个城市增添了不少魅力。其中，大英博物馆是必看景点，此外其他各具特色的博物馆也可选择性地参观。不妨沿着泰晤士河畔开始伦敦艺术之旅吧。

START

特拉法尔加广场
Trafalgar Sq. ○p.57

从查令十字地铁站出发。

▼ 徒步5分钟

国家美术馆
National Gallery ○p.48

穿过鸽子广场就来到了国家美术馆。美术馆里陈列着各个时代的欧洲各国名画。紧挨着美术馆的是专门展示肖像画的肖像美术馆，这里也值得一看。

▼ 徒步10分钟

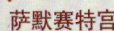

萨默赛特宫
Somerset House ○p.58

从查令十字地铁站前面的斯特兰德大街往东走就来到雄伟壮观的萨默赛特宫。它的北面是以印象派作品而闻名的考陶尔德学院美术馆。南面则是吉尔伯特收藏馆。这两个景点都值得驻足参观，尤其是考陶尔德学院美术馆。

GOAL

伦敦桥地铁站
London Bridge Sta.

从中世纪风格的萨瑟克大教堂出来就会看到地铁站。在地铁站附近逛完后，如果还有时间，可以到设计博物馆去看看，这里是欣赏伦敦塔和塔桥的最佳地点之一，值得一游。

▲ 徒步15分钟

泰特现代美术馆
Tate Modern ○p.50

这是一家展示现代艺术品的大型美术馆。从美术馆远眺窗外景色让人心旷神怡。走过千禧桥就是美术馆对岸的圣保罗大教堂，除此之外不能错过的还有莎士比亚风格的剧场、戏院和博物馆。

▲ 徒步20分钟

千禧之哩 Millennium Mile

走过勃特勒桥就来到南岸。在泰晤士河沿岸的河滨路——千禧之哩一边散步，一边欣赏沿岸风景也是很好的休闲方式。

徒步10分钟

Point

在伦敦，有许多值得参观的博物馆和美术馆。但是如果不拟订计划，都想仔细参观的话很费时间，建议事先制订一个参观计划，比如确定哪些是"一定要看"的展品，直奔这个目标去的话可节省很多时间。或者可以选择参观景点，这样也会很有效率。此外，泰晤士河畔还散布着很多咖啡厅和俱乐部，是游客们歇脚的好去处，逛累时不妨停下脚步歇一歇。

必游的博物馆&美术馆

★★★

大英博物馆
British Museum

世界上历史最悠久、规模最宏大的综合性博物馆

地图：p.28-B
交通：🚇从Tottenham Court Rd.站或Holborn站步行5分钟即可到达
电话：020-7323-8299

开馆：周一~周三、周六、周日10:00~17:30,周四、周五~20:30
休馆：12/24~26、1/1
票价：免费（可以捐款、有些展览要付费）

伦敦聚集了许多世界著名的博物馆和美术馆，其中大英博物馆绝对是"众中之魂"。博物馆收藏了来自埃及、美索不达米亚、罗马·希腊、欧洲以及亚洲、非洲的许多文物和图书珍品，藏品之丰富、种类之繁多，为全世界博物馆所罕见。它是伦敦必游景点，馆内陈列的每件藏品都足以吸引人驻足观赏。由于藏品数量庞大，常常要分几次才能全部看完，有时就算参加跟团游也很难一次参观完所有的展厅。若想在短时间内欣赏馆内经典藏品，就要在参观前做足功课。

令人惊叹的历史遗产

大英博物馆的历史最早可追溯到1753年。当时的一位医生汉斯·斯隆（Hans Sloane）爵士，于1753年去世，遗留下来8万件个人藏品。后人按照他的遗嘱，把所有藏品都捐赠给国家。1759年，英国将这些藏品陈列在蒙塔古大楼（Montague Building）并对外开放，这就是大英博物馆的前身。博物馆开放后，世界各地的收藏家和知识分子等陆陆续续向博物馆捐献了大量历史文物。随着藏品的不断增加，蒙塔古大楼已经不敷使用了。于是在19世纪20年代，英国对博物馆进行了增建和修缮，并在19世纪50年代最终建成。但由于空间限制，大英博物馆将自然历史标本分离出去独立成馆，1997年又将馆内图书馆分出去，独立成为大英图书馆。

因博物馆藏品数量巨大，空间又限制，目前只展出了其中的一部分，还有大批藏品未能公开展出。另外，"博物馆所拥有藏品都是世界人民的共同遗产，国家有义务将其对外开放……"英国始终贯彻这一政策。在博物馆的入口处有捐款箱，鼓励游客自愿捐款。

从大英图书馆的阅览室开始历史探索之旅

一进正门就会来到白色素雅的大英博物馆大中庭，它建成于2000年，是一个综合性大厅，坐落在大厅中央的巨大圆筒建筑就是曾经的大英图书馆阅览室，如今仍完好地保存原貌。阅览室的右手边（一号室）是国王图书室，里面收藏着乔治三世的藏书，早在1827年就将其设立为图书馆，并在成立250周年也就是2003年对其进行了修缮。墙壁两侧的书架上整齐摆放着各类珍贵书籍，十分壮观。在探索之旅开始前，可到大中庭的咨询处领取馆内游览指南，在参观完国王图书室后，就可以开始名副其实的大英博物馆之旅了。

中文导游助你参观博物馆

在每个文物旁边都会摆放英文解说，看不懂也不用着急，馆内提供中文讲解服务。如果想独自参观博物馆，可以到大中庭的咨询处租用中文语音导览器（£4.50），里面涵盖了主要馆藏的内容解说。如果担心不够全面，建议参加华人旅行社，让旅行社为你配备专业导游。他们会为参观者提供两个小时的馆内解说服务，时间一般是每天早上10点或者下午3点开始（约£12）。中文导游需要预约，因此需要事先向旅行社咨询如何办理相关手续。

如果觉得手续太烦琐，还可以直接请当地的中文导游。除了每周三和周日，中文导游在每天下午2点半之后就会上岗，提供约两小时的讲解服务。从博物馆正门进去，可以看到拿着中文字牌的导游人员。

博物馆主体分一层和二层，大型文物主要陈列在一层，而轻巧的小件文物则摆放在二层。馆内根据地区来划分展厅，由于藏品数量大，各个展厅都紧挨着，没有特别通道或捷径。只要拿着馆内参观指南手册，就可以轻松找到想参观的主题展厅。下面为大家介绍的三个展厅堪称经典，千万不要错过。

必看① 埃及的雕刻 & 木乃伊

一层4号展厅是埃及古物展厅之一，著名的拉美西斯二世胸像和埃及罗塞塔石碑（Rosetta Stone）就陈列在这里。二层的61~66号展厅展出的木乃伊也是亮点之一，不容错过。

必看② 美索不达米亚的雕刻 & 浮雕

来自西亚美索不达米亚的奇异雕刻和浮雕也是一大看点。大型雕塑主要陈列在一层6~10号展厅，小件文物则摆放在二层51~59号展厅。

必看③ 帕特农神庙的埃尔金大理石雕塑

一层11~23号展厅是罗马、希腊文物展厅。18号展厅展出的罗马雕刻均是雕刻作品中的精华，深受游客欢迎。这里的另一引人之处，可近距离地欣赏到帕特农神庙的埃尔金大理石雕塑。

展厅和展示内容

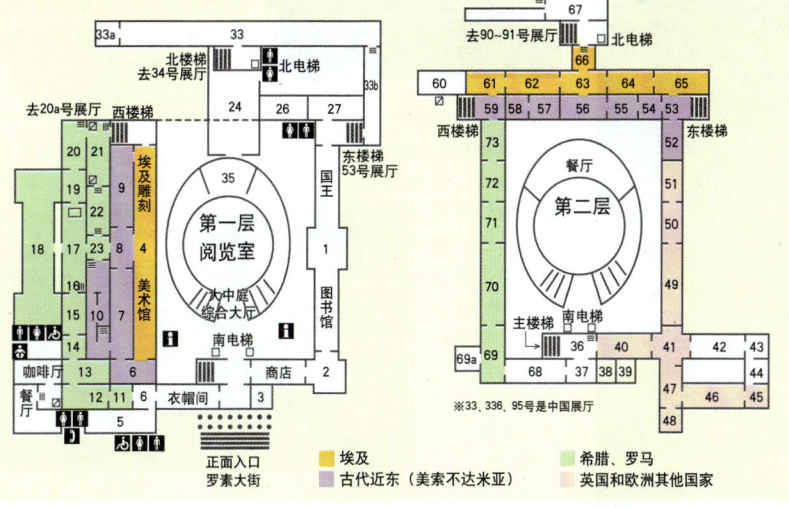

埃及

古代近东（美索不达米亚）

希腊、罗马

英国和欧洲其他国家

※33、336、95号是中国展厅

正面入口 罗素大街

46

不可错过的经典馆藏
Egypt

埃及馆

公元前6000年尼罗河流域就出现了人类的足迹，约公元前3000年在这里诞生了统一的国家。为祭奠当地神灵，埃及人开始在各地兴建神殿，埃及文明也随之发展起来。埃及古物展厅内收藏着19世纪考古学家们发掘的珍贵文物：神秘的木乃伊和棺椁、象征神灵崇拜的猫木乃伊等。

★罗赛塔石碑（4号展厅）

罗赛塔石碑摆放在人来人往的4号展厅附近。它是出土于尼罗河的珍贵文物，自1802年起就保存在大英博物馆中并公开展示。石碑上用希腊文、古埃及象形文和埃及草书文刻着同样的内容。这项重大发现成为解读埃及象形文字的关键线索。

★拉美西斯二世胸像（4号展厅）

这是古埃及第19王朝法老的巨型雕像，出土于开罗附近的太阳神庙。在位长达60多年的拉美西斯二世，对当时平均寿命只有40岁的老百姓来说就是"神"。依据雕像不难看出他也是个美男子。

★姜人（64号展厅）

收藏在61~66号展厅中的古埃及埋葬品总能吸引大批游客前来参观。这里展出的木乃伊均制作于3000年前，主要是当时的普通百姓的木乃伊。其中最引人注目的是"姜人"，它是一具在沙漠中自然风干的完整干尸，并因红色头发而得名。

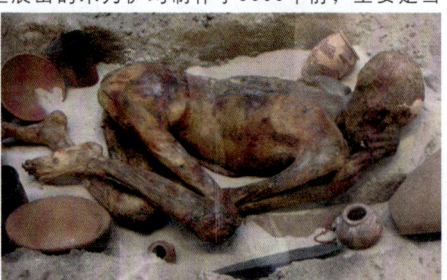

古近东馆 Ancient Near East

早在公元前7000年，近东的一带就开始有人居住，经过数千年的发展，公元前3500年，美索不达米亚平原在底格里斯河和幼发拉底河的孕育下产生了城市和经济，史上最早的文明就这样诞生了。

★雄伟的人面兽身有翼像（6号展厅）

这是一对被称作"拉玛"的巨型雕像。曾经是为驱魔而立在亚述国王宫殿门口的。可以看出，巨像是人头牛身（或是狮身），长着翅膀的神兽。巨像侧面还雕刻着两条粗壮的大腿，从侧面看，神兽仿佛在疾驰。

★国王狩猎浮雕（10号展厅）

公元前9世纪~公元前7世纪，亚述国王统治着中近东一带。国王为展示神力，在公众面前与狮子搏斗。这幅浮雕完美地再现了当时的情景，其工艺之精湛让人叹为观止。

古希腊·罗马馆 Greece & Rome

希腊文明是西欧文明的源头，且在公元前5世纪~6世纪迎来了它的全盛时期。帕特农神庙就是这个时期建筑与雕刻的主要代表。帕特农神庙是雅典卫城最重要的主体建筑，但17世纪在与土耳其交手的战争中遭到严重破坏。19世纪，土耳其仍统治着雅典，当时的英国驻土耳其大使埃尔金爵士将神庙的装饰雕塑拆下来运回英国。

★波特兰花瓶（70号展厅）

波特兰花瓶，制作于公元1世纪的罗马帝国，是用精细的浮雕手法制作的宝石玻璃花瓶。描绘的是希腊神话英雄阿喀琉斯的父母最初见面的场景。因为损坏严重，瓶身上留有修复的痕迹。英国威基伍德公司后来掌握并运用了这种技艺。

★女神阿佛洛狄忒的蹲坐雕像（23号展厅）

公元前400多年人们就具备了熟练制作人体雕像的工艺，这尊女神塑像就是公元1~2世纪的杰作。

★埃尔金雕塑群（18号展厅）

这组雕刻是帕特农神庙外部的装饰，它们面向中央形成了山的形状。在展厅的两侧还陈列着栩栩如生的奔马和人物浮雕，都非常引人注目。

其他展厅和展示内容

【亚洲】

33号展厅/中国及南亚和东南亚

34号展厅/伊斯兰美术展

67号展厅/韩国美术展

90~91号展厅/亚洲

92~94号展厅/日本

【英国和欧洲其他国家】

40号展厅/中世纪的欧洲

41号展厅/中世纪初期（300~1100年）

（★萨顿胡宝藏）

46号展厅/15~18世纪的欧洲

47号展厅/19世纪的欧洲

48号展厅/20世纪的欧洲

49号展厅/罗马时代的英国

50号展厅/公元前9世纪~公元1世纪的英国和欧洲

51号展厅/古代欧洲

【非洲】

25号展厅/非洲美术馆

【北美】

26号展厅/北美美术馆

27号展厅/墨西哥

英国国家美术馆
The National Gallery
网罗欧洲美术瑰宝的美术馆

地图:	p.28-F
交通:	⊖ 从Charing Cross站步行3分钟
电话:	020-7747-2885
开馆:	10:00~18:00, 周五~21:00
休馆:	1/1、12/24~26
票价:	免费(可以捐款、有些展览要付费)

48

英国国家美术馆珍藏着从欧洲文艺复兴到近现代各个时期的名画,可以说是最值得一看的美术馆。达·芬奇、拉斐尔、维米尔以及莫奈、德加、塞尚、凡·高等名家的传世之作都可以在这里看到,就算是对绘画研究甚少的游客也会被这些艺术真品所吸引。

1824年,俄裔资本家尤里乌斯·安哲斯坦留下了38幅画,这些画陈列在当时的帕摩尔馆内,这就是英国国家美术馆的前身。1883年,馆内所有画作都被移往如今的美术馆,随着作品的不断增加,美术馆的规模也越来越大,最后发展成国家美术馆。

重点 国家美术馆游览攻略

由于不断扩建,美术馆建筑结构显得有些复杂,但展厅的分区还是很清晰明了的。美术馆主要分为四个部分,在各部分中又根据国家和主题进行分类。如果想了解欧洲绘画艺术的历史变迁,就面向特拉法尔加广场往左转去山斯伯侧翼,以这里为起点依次参观,这是最佳路线。还可以到美术馆问讯处领取参观指南小图册,这样就可以轻松地找到想去的展厅,观赏向往已久的名作。另外,在美术馆一层的商店里还可以买到中文版的参观指南,上面按着年代顺序对各幅名画进行说明。沿着计划好的参观路线,看着详细的解说会让你不虚此行。

《大使们》4号展厅/小汉斯·荷尔拜因(1533)

这是一幅驻英大使与其外交官朋友的双人全身群体肖像画。通过对两个人物细致的描绘,着力展现他们各自的身份和性格特点,同时也传达了人生无常这一主题。两人脚边的地板上横放着一幅通过几何方法描绘的头盖骨画,把画板横过来就可以看到它的形状。

馆内最佳参观路线

山斯伯侧翼　Sainsbury Wing
51~66号厅/1250~1500年
此处展示了早期的文艺复兴艺术作品,包括达·芬奇、波提切利、扬·凡·埃克等大画家的名作。另外,宗教色彩浓厚的祭坛名画也不能错过。

西翼　West Wing
2~14号厅/1500~1600年
此处陈列了文艺复兴全盛期的名画,代表画家有霍尔拜、拉斐尔、米开朗琪罗。此外,还有这个时期的宗教画作和惟妙惟肖的肖像画。在这里,油画取代了蛋彩画成为主角,精美绝伦的经典油画让人流连忘返。

北翼　North Wing
15~32、37号厅/1600~1700年
意大利、荷兰以及西班牙天才画家的名画陈列在这里。可以欣赏到伦勃朗、鲁本斯、凡·戴克、委拉兹开斯以及维米尔的名作。

东翼　East Wing
33~36、38~46号厅/1700~1900年
曾经风靡一时的印象派名作都收藏在此,包括莫奈、德加、塞尚等法国印象派画家。此外,透纳、康斯太勃等英国画坛代表画家也在这个时代登场。凡·高的《花瓶里的十五朵向日葵》是最受欢迎的名画之一。

《阿尔诺非尼夫妇像》56号展厅/扬·凡·埃克(1434)

这幅画极为细致地描绘了画家来自意大利朋友的新婚生活,巧妙地运用了油彩,使其产生了丰富的光线变化。这种细腻的质感和精准的描绘连现代摄影家都为之惊叹。

必游的博物馆&美术馆

★★★
维多利亚和艾伯特博物馆
Victoria & Albert Museum
全球最大的装饰艺术及设计博物馆

地图：	p.24-J
交通：	从South Kensington站步行5分钟
电话：	020-7942-2000
开馆：	10:00~17:45，周五部分展厅~22:00
休馆：	12/24~26
票价：	免费（可以捐款、有些展览要付费）

1851年，在英国举办的"万国博览会"赢得了广泛关注，于是第二年政府就决定兴建博物馆来永久收藏承办博览会期间收集到的艺术珍品。成立之初，名为"制造业博物馆"。1899年，博物馆被搬移到现址。

该馆收藏了来自世界各地的装饰艺术品、美术工艺品。馆内还珍藏着来自各个民族的服装、家具等日常用品和小物件，可以说"全世界、多样式、跨时代"的美术工艺品都可以在这里看到。这里的藏品不仅全，更重要的是每件都具有很高的设计和美术价值，这也是该馆名扬海内外的原因之一。

重点

维多利亚和艾伯特博物馆游览攻略

博物馆主要分为A区和B区，一层和半地下室为A区，B区则是二层和中二层，共有150个展厅。整个博物馆参观路线全长是10公里，不按路线参观的话既费时间又耗体力，因此建议在参观前仔细研究一下，选择自己感兴趣的展厅。重要展厅主要集中在一层。B区展厅中主要分流派展出日常用品、银器等工艺品。

馆内最佳参观路线

【A区】

亚洲展厅（41·42·44·45·47厅）
亚洲展厅陈列着中国、印度以及伊斯兰世界的各种美术瑰宝。值得一提的是，这里收藏的中国陶瓷达9000件之多。往里走还可以看到文艺复兴时期的艺术品展区。

铸铁庭苑展厅（46a·46b厅）
这里面摆放着19世纪后半期欧洲各国的石膏像仿造品。其中罗马图拉扬圆柱和米开朗琪罗的《大卫》雕塑吸引了无数的参观者。

服装收藏展厅（40厅）
陈列着17世纪以后的欧洲各国特色服饰。

拉斐尔展厅（48a厅）
拉斐尔在装饰西斯廷教堂时使用的挂毯底样就陈列在此，能欣赏到全部10张中的7张。

意大利文艺复兴收藏展厅（50a~50d厅）
在各个面积不大的展厅中陈列着从中世纪到文艺复兴时期的欧洲美术工艺品。展览还为参观者完美地呈现了多纳泰罗、博洛尼亚文艺复兴时期的作品。再往里走还会看到莫里斯和波因特的房间，整个房间就是一件大型艺术品。

【B区】
B区展厅主要根据艺术品的不同类别分为多个展厅，可根据个人兴趣来选择参观。

左图是铸铁庭苑展厅。展厅内陈列着贵重的艺术品，包括残缺的真品石膏像以及一些仿造品。博物馆专区内还可以现场观摩修复、复制石膏像的过程。

探访寓教于乐的艺术圣殿

国家肖像美术馆
National Portrait Gallery

地图：p.28-F
交通：从 Ⓔ Charing Cross
站步行4分钟
电话：020-7306-0053
开馆：10:00~18:00,周四、周五21:00

休馆：12/24~26
票价：免费（可以捐款、有些展览要付费）

珍藏肖像画的独特美术馆

50

　　国家肖像美术馆位于国家美术馆东侧，是专门陈列肖像画的美术馆。在这里可以看到许多熟悉的历史人物肖像画，包括亨利八世、伊丽莎白一世等英国历代国王。经常出现在教科书上的大部分肖像画都可以在这里看到，如莎士比亚、达尔文、勃朗特姐妹等。在相貌熟悉的历史人物肖像前驻足，和他们"相会"，也是一件很有意思的事，一定会留下深刻印象。

　　美术馆共有三层，由于肖像画均依照时间顺序摆放，年代最早的在最顶层，最佳的参观线路是先乘电梯到最上面，然后逐层往下走。

不列颠泰特美术馆
Tate Britain

地图：p.31-K
交通：从 Ⓔ Pimlico站步行10分钟
电话：020-7887-8888
开馆：10:00~17:50,第一个周五~22:00
休馆：12/24~26
票价：免费（可以捐款、有些展览要付费）

英国历史名画的展示空间

　　不列颠泰特美术馆曾是国家美术馆的分馆，同时也是1897年创立的泰特美术馆的前身，它的最大亮点是集中了大批英国历史名画和印象派之后的近代名画。后来，其中一部分作品被移至泰特现代美术馆，而分离出来的不列颠泰特美术馆主要展出了15世纪迄今的英国绘画作品和艺术品。

　　美术馆中最热门的就是克洛尔廊（Clore Galleries），这里系统收集了风景画家透纳的绘画作品。此外，像盖恩斯巴勒、康斯特布尔、布莱克、米雷斯、培根等英国代表画家的作品也陈列在这里。

泰特现代美术馆
Tate Modern

地图：p.26-J
交通：从 Ⓔ Blackfriars站步行10分钟
电话：020-7887-8888
开馆：10:00~17:50,周四、周五22:00
休馆：12/24~26
票价：免费（可以捐款、有些展览要付费）

世界上最大的现代美术馆

　　美术馆由泰晤士河畔的一个发电厂改建而成，从三层到五层都设有展厅。美术馆最大的看点是包括巨型涡轮厅在内的大量现代艺术作品。在馆内可以轻松找到写实、抽象以及一切你想象不到的风格的作品，艺术家们对"美"的各种定义都可以在这里得到解读。就算是对现代艺术不大了解的游客也会被这里的艺术氛围所感染。

　　逛累了，还可以到位于五层的休息厅歇歇脚，在这里还可以远眺泰晤士河以及河畔圣保罗大教堂的美景。

伦敦博物馆
★★
Museum of London

地图：p.26-B
交通：从 🅱Barbican站或者St. Paul's站步行5分钟
电话：020-7001-9844
开馆：10:00~17:40
休馆：1/1、12/24~26
票价：免费（可以捐款、有些展览要付费）

讲述伦敦数百年历史的博物馆

伦敦博物馆为人们讲述了伦敦从史前到近现代的社会历史，馆内珍贵的展品及模型见证着伦敦每个历史时期的变化。参观途中还可以透过窗户看看馆外的伦敦城墙遗址，可以说不管走到馆内哪个角落都能感受到伦敦的历史变迁。最佳参观路线是先到位于二层的"伦敦之前的伦敦"展厅，按时间顺序，从"史前伦敦"到罗马时代，再到撒克逊时代一路参观，最后到"二战"时期的伦敦。近代则以伦敦人的日常生活等文化史为重点进行展示。可以说伦敦博物馆是一部讲述伦敦数百年历史的教科书，要想了解古老而又现代的伦敦魅力，这里一定不能错过。

考陶尔德学院美术馆
★★★
Courtauld Institute Gallery

地图：p.29-G
交通：从 🅱Covent Garden站步行4分钟
电话：020-7872-2526
开馆：10:00~18:00
休馆：1/1、耶稣受难日、12/25~26
票价：£6.00，周一（银行假日除外）10:00~14:00免费

集中了印象派名作的陈列馆

考陶尔德学院美术馆因集中陈列着印象派以及后印象派作品而闻名于世。也有人说在这个领域，它代表了欧洲风格。在面积不大的展馆内集中地陈列着克劳德·莫奈、埃德加·德加、保罗·塞尚、奥古斯特·雷诺阿、高更、凡·高等耳熟能详的印象派名家的作品，让人目不暇接。此外，馆内收藏的来自14世纪意大利的基督教绘画作品也很受游客的欢迎，这里可说是西洋画爱好者不可错过的美术馆。如果没有充裕的时间但又想欣赏印象派绘画，考陶尔德学院美术馆是最佳选择。

自然历史博物馆
★★
Natural History Museum

地图：p.24-I
交通：从 🅱South Kensington站步行5分钟
电话：020-7942-5000
开馆：10:00~17:50
休馆：12/24~26
票价：免费（可以捐款、有些展览要付费）

近距离地学习、体验自然科学

自然历史博物馆开放于1880年，是从大英博物馆分离出来的一个专门博物馆。大英博物馆创始人汉斯·斯隆爵士的大部分收藏品都集中在这里。新哥特式的庞大博物馆由红、蓝、绿、橘色四个区块组成。红色区块是地球生命馆，主要介绍了从地球起源至今的生命；绿色区块是地球生物标本展区；蓝色区块是恐龙化石及哺乳动物标本展区；橘色区块是新建的达尔文中心。这是为纪念达尔文诞辰200周年而建立的新馆，在这里可以看到用尖端技术呈现出来的生物进化全程。

华丽的开合桥——伦敦塔桥

伦敦城周边有着非常悠久的历史，游览胜地也比较多。走在岁月流经的道路上欣赏着伦敦古朴深沉的一面，会别有一番感受。

必看
伦敦塔 ✪✪✪
圣保罗大教堂 ✪✪✪
❗ 伦敦塔桥 ✪✪
萨瑟克 ✪✪

ℹ 旅游信息服务中心
●伦敦城/地图p.26-F 地铁站步行约3分钟
🚇 从Mansion House
✉ St.Paul's Church Yard ☷ 9:30~17:30 周日10:00~16:00
●利物浦街火车站/地图p.27-C ✉ 位于地铁利物浦站内 ☷ 7:15~21:15，周日8:15~20:15

52 伦敦城周边
City
地图 p.26—27

街区概观❓

伦敦东区圣保罗大教堂到伦敦塔一带称为伦敦城，它是伦敦的起源地，若想了解伦敦的历史那就一定不能错过这里。公元1世纪攻打到大不列颠岛的罗马人在泰晤士河畔建造了小镇，这就是伦敦城的前身，当时小镇被称为"Londinium"，是罗马人用先进的工艺建造的，也是伦敦城的基础，罗马人撤退后，随着经济的发展，伦敦城渐渐取得了自治权，从而成为王权都干涉不到的独立"自治小社会"。如今这里高楼林立、充满活力，已成为著名的金融重地，各国的金融机构云集于此。不过仍可以感受到它深厚的历史印记。

此外，泰晤士河对岸的萨瑟克区，经过改造已实现了华丽变身，但这里还保留着不少中世纪以来的历史遗迹，也是必游景点之一。

伦敦城独立自主的象征——市政厅

精彩看点🚶

伦敦塔是伦敦的地标性建筑之一，也是游逛伦敦的主要景点之一。从塔山地铁站出来直接穿过地下通道就能到达伦敦塔入口，**伦敦塔桥**则位于伦敦塔的南侧。参观完伦敦塔之后，可穿过伦敦塔桥到对岸的萨瑟克。如果不想到对岸去，也可以在伦敦塔附近乘巴士或是徒步到周边景点去看看。

伦敦城的庆典活动▶ 为祝贺伦敦城的新市长就职，每年11月的第2个星期六会举行称为"The Lord Mayor's Show（伦敦市市长游行）"的盛大游行。这一天皇室法庭前显得热闹非凡。

◎ 畅享自由旅行时光

从金融街地铁站前广场到圣保罗大教堂一带是有着百年历史的古街，但如今这里已是高楼林立。时尚奢华的名店以及饱含历史的小巷，都是伦敦城的魅力所在。在这里还可以看到中世纪以来的教堂和古朴的酒吧。在街道间穿行、参观历史遗迹和博物馆相信是打发时间的不错选择。

Tower of London
伦敦塔

世界遗产

地图 p.27-H

● 从塔山地铁站出步行约2分钟
● 票价£18.70，9:00~17:30，周日、周一10:00~、11~2月~16:00，12/24~26、1/1休息

亮点 一睹世界巨钻的风采

1097年，征服者威廉（⇒p.55）称王之后在泰晤士河畔建造了伦敦塔的雏形，到13世纪后半期爱德华一世（⇒p.55）时基本建成现在的样子。伦敦塔原本是抵御外敌的堡垒，后来这个功能成为表象，实质上它被用作牵制王室积蓄权力的机关。从建造之初到17世纪前半期詹姆斯一世时，它经历了作为王宫寓所到监狱刑场的身份转换，自身演绎并见证了许多精彩的历史故事。

塔内的精彩看点有很多，值得推荐的是历史最悠久的白塔（White Tower）和珠宝屋（Crown Jewels）。白塔目前是英国国家兵器和伦敦塔博物馆，塔内典藏了许多皇室兵器盔甲。珠宝屋则收藏着象征英国王权的尊贵巨钻、珍贵王冠等珠宝钻石。

华丽的王冠、珍贵珠宝典藏馆——珠宝屋

Tower Bridge
伦敦塔桥

地图 p.27-L

● 从塔山地铁站出步行约5分钟
● 票价£7.00，9:30~18:00，4~9月10:00~18:30，12/24~26休息

伦敦塔桥建造于1894年维多利亚女王（⇒p.61）统治时期，是一座新古典主义风格的开合桥，最有代表性的是两个巨型桥墩上的哥特式高塔。桥全长260米，每当有大型船只通过时，桥面可分开吊起。如今，大船入港、塔桥升起的壮观景象很难看到了，但用水力将桥吊起的功能依然保留着。塔桥内还设有体验馆。

City
伦敦城

地图 p.26-A/B/F、p.27-G

● 从金融街地铁站出步行约1分钟

亮点 位于购物街上的皇家交易所

在金融街地铁站广场周围的大厦中，有一座特别的建筑物，这就是英格兰银行，它是苏格兰人威廉·帕特森创立的，是世界上最古老的银行。位于英格兰银行边上的哥特式柱廊建筑，是皇家交易所旧址，它的开设早于英格兰银行，于1566年由伦敦城的商人格雷沙姆爵士创立，1571年由伊丽莎白一世授权成为皇室交易所（目前是购物中心兼办公大楼）。在英格兰银行的对面，还有一座建造于1752年的伦敦市长的官邸（Mansion House）。官邸内还完好保存着典仪大厅和舞会大厅。

位于伦敦城中心的皇家交易所旧址（右）和英格兰银行

镜头里的风景
古典与现代完美结合的新式地标建筑

穿过金融街地铁站前的广场，走过皇家交易所旧址再往东一点就会看到劳埃德保险公司总部大楼。这个高技派（High Tech）风格建筑物由理查德·罗杰斯设计，并在巴黎建筑大师诺曼·福斯特亲自指导下建成。再稍稍往北走一点就是伦敦城最新的地标性建筑物市政厅"小黄瓜"。这个位于泰晤士河畔"设计最新颖的建筑"也出自诺曼·福斯特之手。这些崭新且充满现代气息的建筑物与周围古香古色的教堂共同构成了一幅绝妙的风景画。

古朴的教堂和"小黄瓜"大厦

镜头里的风景

隔岸远观伦敦塔桥

伦敦塔桥的最佳观赏点在泰晤士河的南岸。站在南岸，可以同时拍到伦敦塔桥和伦敦塔，这两个建筑共同构建了一幅宏伟的场景。走过桥到达黄金地段巴特拉斯沃夫(Butler's Wharf)餐厅街，这里也是摄影的理想之地。不仅可以拍到满意的风景，还可以品尝美食，真是一举两得！

变换不同的拍摄角度，就会呈现不一样的风景组合

The Monument
伦敦大火纪念碑 ⚑⚑

地图 p.27-G

● 🚇 从大火纪念碑地铁站步行约1分钟
● 票价£3.00，9:00~17:30，全年无休

这是伦敦为了吸取1666年的一场大火的教训而专门建造的。当年伦敦市区人口密集，再加上大多是木质房屋，所以据说当年因一家面包店发生火灾而导致伦敦三分之二的街区都被烧毁。

纪念塔是在当年火灾发生地附近的教堂遗址上建造的，高61米，恰与纪念塔至火灾发生的布丁巷间的距离相等。还可购票爬上纪念塔欣赏城市风景。

这场大火灾在带来巨大损失的同时，也造就了如今的石街

文化小知识

伦敦人离不开的钟声

圣玛丽·勒·波教堂（地图p.26-F）是因《鹅妈妈童谣》而闻名的古老教堂。自14世纪以来，伦敦人每天早上都是在这个教堂的钟声中醒来，伴着晚上9点的钟声结束一天的劳动。可以说地道的伦敦人都是听着这里的钟声长大的，对他们来说意义特殊。教堂英文名St Mary-le-Bow Church中的Bow在石匠用语中是"石拱桥"的意思，源于11世纪地下教堂中的弓形拱门。教堂后来在大火中被烧毁，如今的是克里斯托弗·雷恩于1673年重新设计再建的。

St.Paul's Cathedral
圣保罗大教堂 ⚑⚑⚑

地图 p.26-F

● 🚇 从圣保罗地铁站出步行约1分钟
● 票价£12.50，8:30~16:00（其中美术馆9:30开，周日不开放），全年无休

🔍 亮点 ▸ 设计优雅的庄严圣堂

圣保罗大教堂始建于公元604年，是由撒克逊人建造的木结构教堂。但不幸的是也被毁于1666年伦敦那场大火。如今的大教堂则是在1708年大火之后由克里斯托弗·雷恩爵士(⇒p.55)设计重建成石材建筑。大教堂正面两侧耸立着双塔，中间直径达34米、半圆形屋顶高110米，是建筑家雷恩爵士晚年的杰作。圣保罗大教堂在设计上借鉴了罗马的圣彼得教堂古典诺曼式建筑风格。据说美国华盛顿的国会大厦与巴黎的万神殿的建造都受到圣保罗大教堂的影响。

挂着马赛克画的大教堂庄严肃穆，在地下教堂中还陈列着英国国民英雄威灵顿将军(⇒p.55)、纳尔逊上将(⇒p.58)以及在战火中守护大教堂的丘吉尔等著名人物的墓和纪念碑，千万别错过。

圆形屋顶建筑大教堂面朝着泰晤士河

The Millennium Bridge
千禧桥

地图 p.26-F

● 从圣保罗大教堂步行约2分钟

这是为纪念2000年的到来而建造的吊桥。它连接着圣保罗大教堂和南岸区的泰特现代美术馆。桥上是欣赏泰晤士河与周边市景的最佳地点之一。尤其是向圣保罗大教堂走时，会感到宏伟的建筑逐渐靠近。

千禧桥上是最佳摄影地点

拥有悠久历史的萨瑟克大教堂

Guildhall
市政厅 ⓔⓔ
地图 p.26-B

● 🚇 从圣保罗地铁站步行约5分钟
● 免费（市政厅美术馆 £2.50），10:00～17:00，无休

伦敦城市行业协会的本部就设在这里。建筑物的大部分曾因伦敦大火和第二次世界大战的战火而被烧毁，但是地下室和大会堂躲过了这两次劫难。市政厅内还设有**图书馆**，馆内汇集了丰富的小伦敦城历史资料。还有钟表行业协会开设的**钟表博物馆**。紧挨着市政厅的是**市政厅美术馆**，里面收藏了很多有关伦敦城的美术作品。

🏵 文化小知识

伦敦城独立自主的象征

自12世纪获得自治权以来，市政厅一直被用作伦敦城的政府办公楼，可以说是伦敦城独立自主的象征。1185年，伦敦城首位市长诞生，1319年，取得选举权和行政权，此后伦敦城的市长由市民投票选出，这就是伦敦城的独立历史过程。虽然在并入伦敦市后，市长职位已有名无实，但是至今仍保留着连首都都要出席的盛大新市长就职庆典。

Southwark
萨瑟克 ⓔⓔ
地图 p.26-27-I～L

● 🚇 从伦敦桥地铁站出

🔍**亮点** 充满了中世纪风格的剧场

小伦敦城的对岸是个充满故事的地方，在戏剧遭冷遇的年代，莎士比亚等人却在这里开辟了新天地。这里有最古老的**玫瑰剧场**，还有再现了莎士比亚时代小戏班的**莎士比亚环球剧场**（剧院票价£9，9:00～17:00，12/24·25休息），以及附近的乔治小酒吧（⇨p.74），这里如今还在上演着各种戏剧。

在萨瑟克，还能看到演出奇特节目的著名景点——"**伦敦地牢**"、介绍世界各地葡萄酒魅力的**维诺波利斯红酒城**（Vinopolis）、16世纪环游世界的**弗朗西斯·德雷克**（⇨p.105）的帆船——"**金鹿**"号复制品、壮丽的**萨瑟克大教堂**、海洋博物馆里的"**贝尔法斯特**"号军舰（票价£12.95，10:00～18:00，11～2月～17:00，12/24～26闭馆），个个精彩纷呈。另外，堪称现代艺术代表的**泰特现代美术馆**（⇨p.50）也不容错过。这里环境优美，边眺望河对岸的圣保罗大教堂和伦敦塔，边漫步在泰晤士河畔，会让你的伦敦之旅更加难忘。

忠实再现中世纪剧场的莎士比亚环球剧场

退役后进入博物馆的"贝尔法斯特"号军舰

征服者威廉

（1028～1087）1066～1087在位。威廉一世，原是诺曼底公爵，也是忏悔王爱德华的远房表兄。忏悔王去世后，他为了得到继承权攻入英国，并在黑斯廷斯打败英格兰军，建立了诺曼王朝。

爱德华一世

（1239～1307）1272～1307在位。他是个野心勃勃的将军，曾多次攻打威尔士。因长年征战在外，王妃也跟随军队生活，并在威尔士生下小王子（爱德华二世），为了明示自己才是威尔士的主人，从而将王子封为威尔士亲王。

克里斯托弗·雷恩爵士

（1632～1723）是一位出生于温莎的设计建筑师。曾亲自参与了伦敦大火后教堂的重建、城市规划以及圣保罗大教堂的设计，是英国建筑史上的集大成者。此外，他还是一个优秀的天文学家，格林尼治天文台就出自他的设计。

威灵顿将军

（1769～1852）他于1809年之后的15年间在西班牙、法国南部以及滑铁卢战役中多次击败拿破仑率领的法国军队。因他战功赫赫，被封为公爵。曾在1823～1830年担任英国首相。他位于伦敦的官邸现已成为博物馆。

历史拾遗

特拉法尔加地铁站是这一区旅行的起点

索霍区的北边有著名的大英博物馆，南边是特拉法尔加广场，堪称伦敦最具活力的街区。

必看

大英博物馆 ❓❓❓
柯芬园周边 ❓❓❓
特拉法尔加广场 ❓❓
索霍周边 ❓❓

🚌 去往索霍
地铁 ◐皮卡迪利广场站下车

ℹ️ 旅游信息服务中心／英国&伦敦旅客中心
地图p.28-J　🚶从皮卡迪利广场站步行3分钟　✉1regent st　🕐9:00~18:30(10~3月~18:00)、周一9:30~、周六、周日10:00~16:00 (6~9月，周六9:00~17:00)

索霍区周边
Soho
地图 p.28-29

街区概观 ❓

索霍到柯芬园一带是伦敦最繁华的街区。这里聚集了大大小小的商店和剧场，每当夜幕降临，这一带就变得霓虹闪耀，热闹非凡。大英博物馆(⇨p.44)所在的卢姆斯伯里就位于索霍区的北侧，索霍区的南端则有特拉法尔加广场，几家著名的美术馆以及法律机关聚集的霍尔本大街也位于它的北部。这里景点之间相距不远，是购物、观光的最佳选择。

Highlight 精彩看点 🚶

来到索霍区一定不能错过**大英博物馆和特拉法尔加广场**。它们的中间地带还是购物品美食和休闲的最佳去处。英式名店也云集于此。此外，在这里不仅有英国传统菜肴，还可以吃到来自世界其他国家的美食。

索霍的美食▶欧洲最大的唐人街和英国传统美食。

索霍的庆典活动▶在柯芬园每天都上演着精彩的街头演出。到了冬天，为迎接圣诞节，这里还会被装点一新，特拉法尔加广场摆放的巨大圣诞树是最大的亮点。

边走·边看 Sightseeing·Walking

Piccadilly Circus
皮卡迪利广场
地图 p.28-F

● 🚇从皮卡迪利广场地铁站出步行约1分钟

16世纪时，这儿附近住了一位有名的裁缝师，由他设计的名为"皮卡迪利"的蕾丝边衣领上衣深受欢迎并由此致富，"皮卡迪利"便由此得名。皮卡迪利广场是几条道路的交会点，交汇中心是有名的厄洛斯雕像，这里也是行人开始逛街游玩的起点。

耸立十字路口的厄洛斯雕像

Regent Street
摄政街 ❓❓
地图 p.28-A/E

●从皮卡迪利广场地铁站出步行1分钟

从皮卡迪利广场十字路口向北延伸出一条美丽的弧线，这便是著名的摄政街。这是著名的建筑大师**约翰·纳什**(⇨p.58)于1813~1823年为纪念乔治四世加冕为王子而设计修建的。街道两侧并立着具有数百年历史的英式老店。这里可是英国最时尚繁华的大街，也是引领潮流之地。

Piccadilly
皮卡迪利大街　⚇⚇
地图 p.28-I/E

●从皮卡迪利广场地铁站步行1分钟

　　著名的福特纳姆＆梅森百货商店（⇨p.77）、**皇家艺术学会**都坐落在此。北侧的梅费尔街是高级酒店云集的地方。南边是必逛的购物街——**杰明街**，这里汇集了许多香水品牌专卖店。

因高水准的设计展而闻名的皇家艺术学会

New & Old Bond Street
邦德街　⚇⚇
地图 p.28-A/E

●从绿地公园地铁站或邦德街地铁站出

　　邦德街上遍布世界知名的精品服饰。巴宝莉、达克斯等英式传统老店和古奇、香奈儿等高级旗舰店都不约而同地聚集在这里。位于邦德街东侧的萨维尔街（Savile Row）聚集了英国甚至是全世界最顶尖的裁缝，这里也成为高级定制男装的圣地。

高级品牌服装的云集使此地显得高贵典雅

Soho
索霍　⚇⚇
地图 p.28-B/F

●从皮卡迪利广场地铁站出步行1分钟

　　摄政街的东侧一带就是索霍区。这里有欧洲最大的**唐人街**（⇨地图p.28-F）。漫步唐人街，仿佛令人置身于香港或广州的小街，林立的中国餐馆，极富中国民族风格的瓦檐画亭，每年中国农历新年还有舞龙舞狮表演，极富东方韵味，值得一去……

每天都可以在柯芬园周边看到热闹的街头表演，仿佛天天都是节日庆典

Covent Garden
柯芬园　⚇⚇⚇
地图 p.29-G

●🚇从柯芬园地铁站步行3分钟

🔍**亮点** ▶ **若要挑选礼品，不能错过柯芬园市场**

　　来到柯芬园就会看到位于广场中心、建于19世纪的砖体建筑物，其前身是蔬菜水果批发市场。1974年批发市场搬迁到其他地方，这里便成为颇有特色的商业市场。两排建筑之间的通道变成了摆满古董美术品的小市场。著名的皇家歌剧院就在市场旁边，建于1732年，是世界三大歌剧院之一。

苹果市场

Trafalgar Square
特拉法尔加广场　⚇⚇
地图 p.28-F

●🚇从查令十字地铁站出步行1分钟

🔍**亮点** ▶ **欧洲艺术宝库**

　　建于19世纪的特拉法尔加广场位于**英国国家美术馆**（⇨p.48）前，是为纪念保卫英国并为英国夺得海上霸权的**纳尔逊上将**（⇨p.58）而建的。广场正中央立着高达50多米的圆柱，柱子的顶端为纳尔逊上将的雕像，他仿佛正在俯瞰广场的人群。广场还有一个巨大的狮子雕像，很受孩子的喜爱。

俯瞰整个广场的纳尔逊上将雕像

小孩子喜欢的巨狮雕像

Somerset House
萨默赛特宫 🪙🪙

地图 p.29-G

● Ⓔ 从柯芬园地铁站步行5分钟

🔍**亮点** 印象派绘画名作

　　萨默赛特宫是18世纪时萨默赛特公爵的宅第。后来，萨默赛特公爵因谋反罪而被行刑，行刑所在的房屋也被拆毁。1786年，苏格兰建筑家威廉·钱伯斯主持重建。如今，这里不仅有政府机构，还有因收藏印象派绘画名作而闻名的**考陶尔德学院美术馆**(⇨p.51)和吉尔伯特收藏馆。

萨默赛特宫气势磅礴的外观

Holborn
霍尔本 🪙

地图 p.29-C/D

● Ⓔ 从地铁坦普尔站或霍尔本站出可抵达

　　伦敦法律机构和出版机构都集中在这里。因"如果你厌倦了伦敦，那么你已厌倦了你的人生"这句名言而为世人所知的**塞缪尔·约翰逊博士**就曾居住于此。博士故居位于小巷的深处，也是不容错过的景点之一（票价£4.5，11:00~17:00，10~4月~17:00，周日、复活节、12/23休息）。

哥特风格的华丽庄严的法院

The Temple
坦普尔 🪙🪙

地图 p.29-D/H

● Ⓔ 从坦普尔地铁站步行5分钟

　　12世纪后半期，圣殿骑士在此建造了教堂和修道院，最后形成了如今安静的坦普尔街区。**圣殿教堂**（Temple Church）是圣殿骑士团于1185年建成的，其中古罗马风格的长廊是模仿耶路撒冷圣母教堂而建造的。走在坦普尔大街上还会看到一幢都铎风格的建筑，它楼上就是日记体作家塞缪尔·佩皮斯博物馆**"亨利王子的小屋"**（11:00~14:00，周六、周日闭馆，入馆免费）。

圣殿教堂会不定期对外开放，可在一日内多次进馆参观（收费）

Bloomsbury
布鲁姆斯伯里 🪙🪙🪙

地图 p.28-B、p.29-C

● Ⓔ 从地铁霍尔本站、托特纳姆路站出可抵达

🔍**亮点** 伟大的人类遗产，不容错过

　　著名的**大英博物馆**就位于布鲁姆斯伯里。博物馆后面就是伦敦大学的建筑物。1956年开馆的**波洛克玩具博物馆**（Pollock's Toy Museum）（地图p.25-C）也位于布鲁姆斯伯里的西侧，它是为了纪念维多利亚时期的大剧作家本杰明·波洛克而修建的。东侧则是常年对外开放的作家狄更斯博物馆。

大英博物馆是世界规模最大的博物馆，不容错过

波洛克玩具博物馆设在玩具商店中，这家商店销售来自世界各地的新奇玩具

通往白金汉宫的林荫道

这里汇集了白金汉宫在内的众多著名景点。河对岸的南岸艺术中心经过重新开发后，已成为深受游客喜爱的休闲景点。

必看
- 白金汉宫 ★★★
- 西敏寺 ★★★
- 英航伦敦眼 ★★★
- 国会大厦&大本钟 ★★

去往威斯敏斯特
地铁▶乘坐地铁区域线、环城线或朱必利线在威斯敏斯特站下车可抵达

旅游信息服务中心
地图p.30-F 交 地铁维多利亚站 开 7:15~21:15，周日、节假日8:15~20:15

威斯敏斯特周边

Westminster

地图 p.30–31

街区概观

about Westminster

如果说伦敦城是伦敦的经济中心，那么威斯敏斯特周边就是伦敦的政治中心。国会大厦、政府办公大楼，王室居住的宫殿等都坐落于此。

和伦敦城一样，这里有着悠久的历史。各大观光景点分布在威斯敏斯特区几个环境优美的公园之间。走出政治区，还可以到泰晤士河对岸兰贝斯一带看看。那里是新开发的游览景点，散布着大大小小的美术馆和剧场，并且越来越受到人们的关注。

精彩看点

Highlight

到威斯敏斯特区绝对不能错过著名的**白金汉宫**、**西敏寺**、**国会大厦**以及**大本钟**等景点。虽然游客不能随便进入宫殿，不过白金汉宫前的卫兵交接仪式可是到点就能看到的。从白金汉宫沿着泰晤士河漫步到大本钟也是一条不错的观光路线，虽然这条路线不算短，但是途中可以穿过安静的公园、欣赏优美的河边风景，很令人惬意。另外需要提醒的是，这些著名景点比较分散，建议在出游前制订好游览计划。

威斯敏斯特区的活动庆典▶白金汉宫前的卫兵交接仪式上午11时左右开始。夏季每天举行，冬季隔日举行。

边走·边看

Sightseeing • Walking

白金汉宫 ★★★

Buckingham Palace

地图 p.30-F

- 从地铁维多利亚站、绿地公园站或圣詹姆斯公园站出步行15分钟
- 宫殿票价£17.50、8~9月9:45-18:00

亮点▶ 王室收藏展出中心

白金汉宫原是白金汉公爵的宅第，后由国王乔治三世(⇨p.68)于1762年买下。自维多利亚女王(⇨p.61)登基以来，成为王室居住的宫殿。现在的伊丽莎白女王除了周末去温莎城堡或夏季去苏格兰度假外，其余的时间都住在这里。白金汉宫被国王买下后，几经修建，于1912年才完整成型。夏季（开放日期每年都有变动）宫殿的一部分对外开放。宫殿左侧是**女王美术馆**（票价£9.00，10:00~17:30，12/25、26或不定期闭馆），右侧就是著名的**皇家马厩**（票价£7.5，11:00~16:00，8~9月10:00~17:00，除8、9月外的周六、周日闭馆）。

皇家马厩展出数辆精制的马车

📷 镜头里的风景

拍摄卫兵交接仪式的最佳视角

要想找个好角度拍摄卫兵交接仪式，就要早早来到白金汉宫的前面。不过要尽量避开宫门，因为卫兵仪仗队就是从这里出来的。要拍摄交接仪式，就必须确保得到维多利亚纪念碑前的人行道和碑座的最佳位置。如果想要观看整个仪式就要提前在圣詹姆斯宫前等候。要想取得最佳观看位置，就需尽量在仪式开始前到达现场。

来到伦敦一定要拍一张卫兵交接仪式照片

St.James's Park
圣詹姆斯公园 🥉🥉

地图 p.30-F

●从白金汉宫步行3分钟

🔍亮点 英式庭院

圣詹姆斯公园是伦敦最古老的公园。最初是亨利八世为建造怀特霍尔宫而修建的。斯图亚特王朝复辟后查理二世(⇨p.68)聘请建筑师模仿凡尔赛宫对其进行了一番改造。后由著名建筑师纳什对其进一步美化，这才成为如今极具英式庭院风格的美丽公园。

可以说它是伦敦最美丽的公园

Westminster Abbey
西敏寺 🥉🥉🥉 世界遗产

地图 p.31-G

●从威斯敏斯特地铁站出步行2分钟
●票价£15.00，9:30~15:45、周三~19:00、周六~14:30，周日闭馆

🔍亮点 拥有英国最大的宫殿

从征服者威廉开始直到女王伊丽莎白二世，每代君王都在这里举行加冕仪式。西敏寺的前身是撒克逊人建造的教堂和修道院，但它的原型是1050年由忏悔王爱德华建造的诺曼式风格的教堂。到了13世纪的亨利三世时期，法国哥特式风格建筑开始流行，于是就在原来的基础上再改建，

摆满了王室用品的殿内是其最精华的部分

这才形成了如今具有独特风格的建筑风格。因为大教堂与王室有着很深的渊源，在亨利八世时期的宗教改革期间才幸免于难。另外，值得一提的是，许多王室成员长眠于此，莎士比亚等历史名人的纪念碑也保存于此，这也是大教堂如此闻名的原因之一。

Houses of Parliament & Big Ben
国会大厦&大本钟 🥉🥉 世界遗产

地图 p.31-G/H

●从威斯敏斯特地铁站出步行2分钟

🔍亮点 奥利弗·克伦威尔雕像

忏悔王爱德华自1050年起，历经15年建成威斯敏斯特宫殿，也就是现今的国会大厦。在1512年怀特霍尔宫建成之前，这里一直是国王的宫殿。如今的国会大厦是1852年重建的，整个建筑物有两个高达265米的哥特式高塔，内部有1000多个房间。国会大厦紧挨的威斯敏斯特厅是11世纪时的建筑物，也是威斯敏斯特大教堂遗址。

大本钟是国会大厦的一座钟塔

Whitehall
怀特霍尔街 🥉🥉

地图 p.31-C

●从地铁威斯敏斯特站、查令十字路站出

🔍亮点 皇家骑兵卫队的交接仪式

从特拉法尔加广场到国会大厦一带是伦敦的政府办公区。政府相关机构都设在这里，唐宁街10号就是英国首相官邸。另外，英国财务部位于大街的南端，第二次世界大战期间曾作为指挥室

守卫王宫的骑兵卫队每天从这里出发

宫殿般华丽的国宴厅

的**内阁战争室**（Cabinet War Rooms）就设在里面（票价£14.95，9:30~18:00，12/24~26闭馆）。此外，值得推荐的还有这条街上的怀特霍尔宫——亨利八世建造的国王宫殿，曾经拥有2000多个房间，但大都在大火中被烧毁，只剩下了其中的**国宴厅**（票价£4.80，10:00~17:00，周日、12/24~1/1闭馆）。国宴厅的对面是**皇家骑兵卫队总部**。每天早上11点左右举行卫兵交接仪式。

纹丝不动的骑兵守卫在门口

Old County Hall
旧伦敦市政厅 ⓨⓨ
地图 p.31-H

● 🚇 从滑铁卢地铁站步行5分钟

　　在1986年废除都市自治制度之前，这里一直是伦敦的市政厅所在地。具有文艺复兴风格的庄严建筑，如今已经被改造成酒店、伦敦水族馆以及伦敦眼摩天轮的售票厅。

纪念2000年千禧年所建的巨大观景轮

London Eye
英航伦敦眼 ⓨⓨⓨ
地图 p.31-D

● 位于旧伦敦市政厅的前面
● 乘坐费用£17.95，10:00~20:00（乘坐费用和运转时间都会随季节有所变动），12/25、1/10~2/7停运

🔍亮点 值得为它排很长时间的队

　　高达135米的伦敦眼曾是世界上最大的观景轮。这里是节假日旅客们最喜欢的休闲景点之一，坐在透明的座舱内俯视伦敦的美景是不可错过的享受。

Lambeth Palace
兰贝斯宫 ⓨ
地图 p.31-H

● 🚇 从滑铁卢地铁站步行15分钟

　　兰贝斯宫是从1207年至1209年花费两年时间建成的，当时是坎特伯雷大主教在伦敦的居所。现在作为13世纪初期珍贵的建筑瑰宝而保存了下来，里面还珍藏着大量的名贵收藏，包括伊丽莎白一世圣像，但是宫殿一般不对外开放。紧挨着宫殿的**园林历史博物馆**常年对外开放，会对了解英国的园艺历史有所帮助。

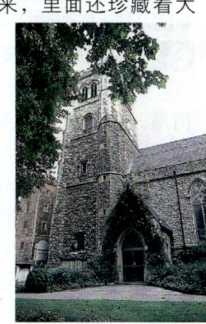
值得推荐的是园林历史博物馆中的园艺展

维多利亚女王
（1819~1901）1837~1901在位。维多利亚女王18岁即位，在位长达64年，是英国历史上在位时间最长的君主。她在位期间，在丈夫阿尔伯特亲王的帮助下，使议会制度功能得到最大程度的发挥，这个时期经济发展迅速，国家不断繁荣强大。

亨利八世
（1819~1901）1509~1547在位。亨利八世原是天主教的忠实教徒，但是决心离婚再娶的他没有得到罗马教皇的批准，在此关头，亨利八世毅然改弦易辙，于1534年创立了由国家政权控制、以国王为最高宗教领袖的英国国教会。

忏悔王爱德华
（1003~1066）1042~1066在位。因对基督教信仰无比虔诚，而被称作"忏悔王"。在政治方面作为不是很大，也没有留下子嗣，死后，征服者威廉一世继承了王位，并开辟了诺曼王朝。

历史拾遗

艾伯特亲王纪念碑和皇家艾伯特厅

伦敦有许多魅力街道，穿梭在各具特色的街区，感受伦敦的历史与活力，会是一次不错的旅行。

必看
维多利亚和艾伯特博物馆 🟡🟡🟡
肯辛顿宫 🟡🟡
杜莎夫人蜡像馆 🟡🟡
福尔摩斯博物馆 🟡

🚌 **去往各条大街**
伦敦交通十分便利，乘坐地铁或巴士就可到达想去的地方。但要注意的是，如果想逛一逛切尔西区内更小的街道，可能就需要坐巴士或出租车了。

ℹ️ **旅游信息服务中心**
本区没有

周边街区
Another Town 地图 p.24

边走·边看
Sightseeing ·Walking

Knightsbridge
骑士桥 🟡🟡🟡
地图 p.24-J

● 🚇 从骑士桥地铁站下车可到达

🔍**亮点** 光顾购物天堂哈罗德百货

骑士桥是位于伦敦市中心西侧的一条街道。18世纪后半期到19世纪，从小伦敦城搬迁到此的富人们开辟了这条街区。这条大街沿着海德公园的南侧延伸到其西面，幅跨了威斯敏斯特市和肯辛顿-切尔西区。骑士桥地铁站周边地区总是熙熙攘攘，伦敦人喜欢到这里购物。该区还因超昂贵的住宅区、高档零售店而出名，19世纪在此开业的**哈维·尼克斯和哈罗德百货**（⇨p.77）就是其中的代表。这地区还包括一些毗邻街道，如南边的斯隆街是一条与邦德街齐名的著名商业街。而且，从骑士桥通往**维多利亚和艾伯特博物馆**（⇨p.49）的途中还可以看到许多经典名店。

工艺品宝库——维多利亚和艾伯特博物馆

Chelsea
切尔西 🟡
地图 p.24-I/J

● 🚇 从斯隆广场地铁站下车可到达

🔍**亮点** 漫步在环境优美的高级住宅区

切尔西位于泰晤士河沿岸开阔地带，是伦敦的高级住宅区，吸引了许多著名的画家、文学家到此居住。从地铁斯隆广场站到国王路一带原本是绿树丛荫的住宅区。如今，这里出现了另一番风貌，成为引领潮流的热闹街道。此外，这里不能错过的景点还有很多，如为退役军人而设立的**皇家医院**（Royal Hospital）、1692年开园的药草园**切尔西药用植物园**(Chelsea Physic Garden)（票价￡8.00，4~10月的周三到周五是12:00~17:00，周日~18:00开园），以及被称做"切尔西的贤哲"的历史学家**卡莱尔的故居**、与大法官**托马斯·莫尔**（⇨p.64）颇有渊源的**切尔西老教堂**。

斯隆广场周边的西

切尔西环境优美的住宅区

成为花卉展会场的皇家医院

Kensington Gardens
肯辛顿花园

地图 p.24-E

● 乘地铁在肯辛顿高街站，或女王路站下车可到达

🔍 **亮点** ▶ 百闻不如一见的肯辛顿宫

　　肯辛顿一带是历史悠久的高级住宅区。花园的四周散布着雅致的别墅，西侧还有各国大使的官邸。戴安娜王妃寝宫所在的肯辛顿宫（票价 £12.50，10:00~18:00，11~2月~17:00，12/24~26 不开放），就坐落在肯辛顿花园内，王妃的最后一段时光就是在这里度过的。另外位于花园北端狮子门附近有用王妃基金建造的儿童公园，南端还有为纪念王妃所建的九曲画廊。在公园的一个小角落还能看到著名的小说人物彼得·潘的铜像。

面朝湖水的小彼得·潘铜像

深受游客欢迎的肯辛顿宫

Bayswater
贝斯沃特

地图 p.24-E

● 乘地铁从女王路站、贝斯沃特站或诺丁山门站下车可到达

　　肯辛顿花园北侧的贝斯沃特街聚集了很多酒店。因居住在这一带的居民多是海外移民，所以这里有各国风味的餐厅。除了比华人街还地道的中国菜外，还可以品尝到来自印度、非洲等各国的佳肴。

　　贝斯沃特西边还有一条美食家和追逐时尚潮流的游客们不可错过的韦斯特伯恩·格罗夫街。此外，位于诺丁山住宅区

的波多贝露市场（⇒ p.78）每逢周六就熙熙攘攘。

波多贝露的食品市场

Baker Street
贝克街

地图 p.24-B

● 乘地铁由贝克街站下车可到达

🔍 **亮点** ▶ 深受福尔摩斯迷喜爱的街道

　　写字楼林立的贝克街周边有许多受游客们喜爱的景点。建立于1761年的著名杜莎夫人蜡像馆（Madame Tussau's）（票价 £28.00，9:30~18:00、7月末到8月~19:00，12/25闭馆）就是其中之一。蜡像馆仿佛让时间停了下来，每个人物和场景都栩栩如生。另一个景点就是著名的福尔摩斯博物馆(The Sherlock Holmes Museum)（票价 £6.00，9:30~18:00，12/25闭馆）。博物馆是按照小说中描述的福尔摩斯住所建造的，同样挂着"221b Baker Street"门牌。馆内布置得自然逼真，仿佛重现了福尔摩斯的生活场景。

博物馆前的福尔摩斯铜像

Camden Town
卡姆登
地图 p.21、p.24-B外

● 🚇 乘地铁由卡姆登站下车可到达

🔍亮点▶ 朋克与古董在此融合

这里是伦敦朋克的流行发源地。深受年轻人追捧的爵士、摇滚乐队不约而同地聚集于此，周一到周五每当夜幕降临就开始沸腾起来。但这只是卡姆登的一个侧面，每逢周末这里还是熙熙攘攘的集市，有二手服装市场、手工艺品市场以及吸引来自世界各地游客和收藏家的**古董市场**（⇒p.78）。每到周六、日街道两边就摆满了各种摊子，人潮涌动。周末市场早上10点左右开业，下午6点收摊。卡姆登市场是不可错过的淘宝去处。

热闹的周末集市

Angel
天使区
地图 p.25-D

● 🚇 乘地铁由天使区站下车可抵达

从天使区地铁站向北延伸的街道就是天使街。在街道的后巷是伦敦首屈一指的古董市场——**卡姆登交易市场**（Camden Passage），这个市场也同样是每个周末开业。在这里可以买到精致的首饰、银器、钱币、花瓶、名画以及家具，也是必游的古董市场之一。

"市集虽小，五脏俱全"，在这里可以淘到很多新奇的宝贝

Hampstead
汉普斯特德
地图 p.21、p.24-B外

● 🚇 乘地铁由汉普斯特德站下车可到达

🔍亮点▶ 优雅的住宅区常成为电影拍摄地

这里是伦敦难得的犹如田园风光的住宅区。紧挨着开阔绿地的主要街道汇集了伦敦顶级购物店，引领着伦敦甚至英国的时尚潮流。不仅如此，精致的高级餐厅也错落有致地分布在这一带。从繁华的主街道通过一条上坡路就是安静的住宅区了。浪漫派诗人**约翰·济慈**生前住过的**济慈故居**、公开展出古董乐器的**芬顿屋**等，仿佛画本中的插画优雅地坐落在此。登上希思山丘，还会看到18世纪苏格兰建筑师罗伯特·亚当设计的气派宅第——**肯伍德别墅**。漫步在这条美丽的街道上，欣赏着英格兰的自然风光，将会是一次愉快的旅行。

🌼 文化小知识

伦敦夏季的精彩活动

摄政公园内的玫瑰绽放预告着伦敦夏天的到来。这时，丰富多彩的夏季活动也将拉开帷幕。首先是摄政公园室外剧场上演的莎士比亚戏剧，其次是艾伯特演奏厅开演的夏季露天音乐会，还有在汉普斯特德肯伍德别墅举行的夏季露天音乐会。整个伦敦夏季的夜晚都精彩纷呈。如果选择夏季游伦敦，将会享受一场难得的文化盛宴。

托马斯·莫尔
（1478~1535）《乌托邦》的著者。他学识渊博，是第一位平民大法官。他也是虔诚的天主教徒，因反对亨利八世离婚而被卷进这场教会斗争中，最后被送上了断头台。他的铜像位于切尔西。

约翰·济慈
（1795~1821）出生于伦敦，是杰出的诗人，也是浪漫派的主要代表，留下的许多优秀作品，至今还深受大众喜爱。在汉普斯特德生活的两年间创作了大量的优秀作品，之后因急速恶化的肺结核病，在去意大利疗养的途中逝世。

64

历史拾遗

基尤花园的棕榈屋

London

享受远足的乐趣
郊外街区
Outskirts of London
地图 p.21

伦敦城区

基尤花园
里士满
格林尼治
温布尔顿
去往温莎城
汉普顿宫

繁华的伦敦市区可能对某些人来说太热闹、刺激了。不要忘了还有这样一些地方会让人暂时忘记城市的喧嚣，那就是离伦敦不远的郊区。当然，去稍远一些的温莎来个一日游也是个不错的选择。相信郊区远足会让伦敦之旅更加充实、快乐。

Sightseeing • Walking

Greenwich
格林尼治
世界遗产
地图 p.21、p.66

- DLR（Docklands Light Railway港口区轻轨）▶乘地铁从金融街站出发约22分钟到达；铁路▶查令十字街站出发约15分钟到达；船▶威斯敏斯特码头或伦敦塔码头转格林尼治码头约1小时20分钟
- 旧皇家海军学院、国家海洋博物馆、旧皇家天文台均可免费入馆，10:00~17:00，12/24~26闭馆

亮点 把地球分为东西两半的本初子午线

拥有优美建筑与出色博物馆的格林尼治魅力不减当年。在这里可以看到曾在英国海上贸易史中颇为出名的"卡提沙克"号（The Cutty Sark）快速帆船，格林尼治中心街区遍布商场，周边还有古董市场。

坐落在河畔的雄伟建筑是**旧皇家海军学院**(The Old Royal College)，其前身是**查理二世**（⇒p.68）于1669年建成的王宫。自**阿尔弗雷德大帝**（⇒p.93）时期把它变为皇家领地以后，这里就与皇室结下了不解之缘。此外，建于1615年的**皇后别墅**，原是詹姆斯一世

为王妃建造的夏季行宫，如今也成了对外开放的**国家海洋博物馆**（National Maritime Museum）。这个帕拉迪奥式的宫殿在共和制时代曾遭到一些破坏，但经过修复仍很好地保存着它的风貌。

闻名退迩的**旧皇家天文台**位于格林尼治公园的小山坡上。17世纪查理二世建造了这个天文台，当年它的作用主要是准确计算时间。如今天文台内部仍保留着原貌，作为博物馆长年对外开放。

曾环游世界的"卡提沙克"号快速帆船

Richmond
里士满
地图 p.21

- 地铁▶搭乘区域线到达里士满站下车可到达 火车▶伦敦滑铁卢火车站出发约20分钟到达

伦敦郊区有很多美丽的街区，但最优雅的要属里士满了。都铎王朝时期，历代国王的度假行宫就坐落在这里。沿着地铁站前的乔治街下行就可以来到风景优美的泰晤士河畔。 河上

泰晤士河畔的街道可一直通往基尤花园

古朴的拱桥就是建造于1777年的**里士满大桥**。

里士满宫殿

遗址就位于乔治街南侧的里士满绿地广场周边。1500年前建成的宫殿大门至今被完好地保存着，再往里就是住宅区。欣赏着优雅的庭院和别致的建筑，漫步在查尔斯·狄更斯在《远大前程》中描绘的雅致街道上，会感觉无比惬意。

Kew Gardens
基尤花园 ⓪⓪ 世界遗产
地图 p.21

●乘地铁▶搭乘区域线在基尤花园站下车，步行约5分钟可抵达
●票价 £ 13.50,9:30~18:30,周六日～19:30，9月～3月中旬～16:15，12/24·25闭园

🔍**亮点** 荣列《世界遗产名录》的独特温室

　　基尤花园建于1759年，当时是作为里士满宫殿的附属设施而建立的植物园，其正式名称是基尤皇家植物园（Royal·Botanic Gardens）。植物园位于泰晤士河畔，占地约120万平方米，园中有好几个19世纪**维多利亚女王**（⇨p.61）时期建造的温室，集中了热带植物的**热带馆**和温带植物的**棕榈屋**是其中的代表。建在泰晤士河畔的红砖建筑是园中最古老的基尤宫，它建于1631年，曾是**乔治三世**（⇨p.68）的夏季行宫，每到夏天国王夫妇就会带着13个儿女到这里来。

　　除了温室外，园区处处是别具特色的景观，如高达10层的中国宝塔，以及世界著名旅行画家**玛丽安诺斯美术馆**等。植物园足够游客消磨一天的时光，累了可以到咖啡馆和餐厅歇歇脚。

巨大的温室

雅致古老的基尤宫

Hampton Court Palece
汉普顿宫 ⓪⓪⓪
地图 p.21

●火车▶从伦敦滑铁卢站出发，约30分钟到达
●票价 £ 15.40，10:00~18:00，11~3月～15:40，12/24~26不开放

🔍**亮点** 了解王室生活的豪华宅第

　　1514年，**亨利八世**（⇨p.61）的宠臣**托马斯·沃尔西**（⇨p.68）主教为自己建造了这座都铎式宫殿。但后来沃尔西失宠，亨利八世没收了这座乡间宫殿。在1838年维多利亚女王下令将此宫殿对外开放之前，一直是历代国王的行宫，而且在这期间经过多次改造，原本的都铎风格宫殿逐渐融入了巴洛克式建筑。其西侧是亨利八世时期建造

都铎风格的红砖大门

去往银行
港口及泰晤士河
Docklands Light Railway
Island Gardens火车站
步行专用隧道
Greenwich Footway Tunnel
去往伦敦塔码头
R. Thames
泰晤士河
Greenwich Pier
旧皇家海军学院 p.65
Park Row
Old Woolwich Rd
Trafalgar Rd.
"卡提沙克"号 p.65
"卡提沙"克火车站
🛈 旅游信息服务中心
Creek Rd.
工艺美术市场
Romney Rd.
皇后之屋 p.65
国家海事博物馆 p.65
圣阿腓基教堂
H Ibis
S 格林尼治村庄市场
格林尼治剧院
Greenwich High Rd.
S 格林尼治古董市场
格林尼治火车站
Royal Hill
旧皇家天文台 p.65
King George St.
Croom's Hill
格林尼治本初子午线
Greenwich Meridian
Gloucester Circus
Greenwich South St.
Blissett St.
Hyde Vale
Point Hill
The Point
Blackheath Hill
Shooter's Hill

格林尼治
Greenwich
0
格林尼治
Green
Pa
天文台
Planet

66

走出火车站就会看到面朝泰晤士河的汉普顿宫

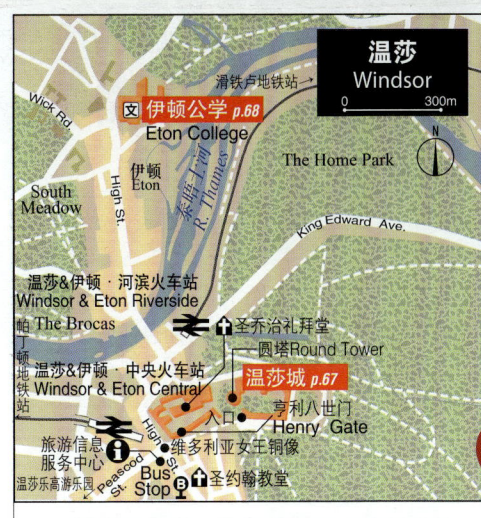

Map labels (Windsor map):
温莎 Windsor
0 300m
文 伊顿公学 *p.68* Eton College
伊顿 Eton
South Meadow
High St.
Wick Rd.
泰晤士小径 R.Thames
滑铁卢地铁站
The Home Park
King Edward Ave.
温莎&伊顿·河滨火车站 Windsor & Eton Riverside
帕丁顿地铁站 The Brocas
温莎&伊顿·中央火车站 Windsor & Eton Central
旅游信息服务中心
温莎乐高游乐园
Peascod St.
圣乔治礼拜堂
圆塔 Round Tower
温莎城 *p.67*
入口
亨利八世门 Henry Gate
维多利亚女王铜像
Bus Stop
圣约翰教堂

的红砖建筑，东侧是由**克里斯托弗·雷恩爵士**（⇨p.55）于17世纪建造的巴洛克式王宫。

　　汉普顿宫内部都铎时代的豪华厨房和华丽卧室也值得一看。此外，宫殿外的庭院也不容错过。这里虽然不能看到白金汉宫那样雄壮的卫兵交接仪式，但整个宫殿周边都可以让人一饱眼福。

Wimbledon
温布尔顿 ⑦

地图 p.21

● 地铁▶搭乘区域线到达南菲尔德（Southfields）站下车，步行约20分钟可抵达
● 博物馆票价 £11.00，10:30~17:00（只有举行比赛时可以参观），12/24~26、1/1闭馆

亮点 声名远播的网球圣地

　　每年一度的温布尔顿网球公开赛就在这里的中心球场举行。俱乐部内还有**温布尔顿草地网球博物馆**（Win-bledon Lawn Tennis Museum），详细介绍了网球从古代的贵族室内游戏发展至今的历史过程，还可以亲眼看到展示的网球拍、网球等实

物的历史演变过程。其中，展示着各个时期的中心网球场和网球服的展厅、获得冠军的世界著名运动员比赛的录像角和俱乐部自创品牌的纪念品专卖区等，都值得一看。

Windsor Catsle
温莎城 ⑦⑦⑦

地图 p.21、p.67

● 火车▶从帕丁顿至斯隆火车站下车后转乘去温莎和伊顿的火车，全程需35分钟，火车每半小时一班。或者从滑铁卢站出发直接抵达温莎和伊顿站，全程需1小时，火车每半小时一班。
● 票价 £16.00，9:45~17:15（入场截止时间~16:00），11~2月~16:15，12/25·26闭馆（6月进入公开赛举行阶段，时间会有所变动）

亮点 温莎城堡的卫兵交接仪式

　　征服者威廉（⇨p.55）为建立环伦敦的防御工程而建造了温莎城堡。威廉在伦敦东边建起伦敦塔后，觉得西边也需要建造防御工程，于11世纪开始在这里搭起木

中心网球场内的网球博物馆

守护着城堡的维多利亚女王铜像

制堡垒。后来，经过几个世纪的扩建改造，直到19世纪乔治四世时期温莎城才基本建成，有了现今的模样。城堡现在仍在使用中，伊丽莎白女王常常在这里度过周末时光。

68

城堡中最著名的景点就是**女王起居室**，女王不在期间对外开放。这里曾因1992年的大火毁坏严重，但经过修复已经基本恢复了原貌。另外，不能错过的还有精美的**玛丽女王玩偶馆**，里面收藏了由一流设计师为女王设计的、比例为1:12的玩偶。在这里可以清晰地看到逼真的家具、日常用品、精美的壁画以及桌上的书本、餐具，其精致程度让人啧啧称奇。

圣乔治礼拜堂是温莎城堡的经典建筑，由**爱德华四世**于15世纪建造。包括亨利八世在内的十位英国王室成员埋葬于此，还摆放着获得嘉德勋章的骑士旗。**圣乔治礼拜堂**前的广场每天早上11点（冬季隔天举行）也举行卫兵交接仪式。

Eton College
伊顿公学
地图 p.67

● 从温莎城步行约15分钟
● 票价 £4.2（参加旅游团是 £6.20），10:30~16:30
　（因季节不同开馆时间会有所变动）

🔍**亮点** 身穿燕尾服头戴高礼帽的少年

伊顿公学是亨利六世于1440年创建的贵族私立名校。英国有几所这样的历史名校，但伊顿公学绝对称得上是名校中的贵族。这里是作家赫胥黎和乔治·奥威尔以及多位英国首相等政要小时候求学的地方。

走进校园会看到一座建造于15世纪的教堂和珍藏着莎士比亚的文献等重要文物的伊顿图书馆，还有介绍伊顿公学学生生活的博物馆。参加旅游团的话可入内进行参观。

走过桥就来到了伊顿公学

🌀 文化小知识

贵族和富家子弟就读的名门学院

由古老的公立学校曼彻斯特学院选拔出的校长、学员组成的新学院是伊顿公学的前身。虽然成立之初有些坎坷，但经过几个世纪的发展，如今已经成为向牛津、剑桥输送优秀学员的一流学府，也被称做高升之路。学院经久不衰的主要原因，一是高水准的学术造诣，二是强大的上流阶层力量。比起大学，伊顿公学人际关系网络似乎更能发挥作用吧。

查理二世
（1630~1685）1660~1685在位。在清教徒革命中被处死刑的查理一世是他的父亲。克伦威尔死后，他为了王朝复辟回到国内并继承了王位，但他的高压政策后来成为引发光荣革命的原因之一。

乔治三世
（1738~1820）1760~1820在位。他的父亲出生于印度，而他出生于英国，并自诩为"爱国者"。就是在他执政期间，发生了北美殖民地的独立运动。

托马斯·沃尔西
（1472~1530）担任亨利八世首席大臣期间聚敛了巨大的财富。他也是托马斯·莫尔（⇨p.64）的前任大法官。被派遣去调停亨利八世的离婚问题，但最终因调停失败而垮台。

爱德华四世
（1442~1483）1461~1483在位。在王位争夺中，英国贵族之间发生了派系纷争，他就在这场战争中击败了乔治六世并登上王位。在位期间，虽苦于内部分裂，但致力整顿，使得工商业得到了一定的发展。

历史拾遗

美食 _Eating_

辛普森滨河餐厅的内部环境，顾客一般在一楼就餐

柯芬园　英国菜肴

Rules
茹乐思餐厅

地图 p.29-G

英　预　🏛

🚇 从柯芬园地铁站步行5分钟
✉ 35 Maiden Lane WC2　☎ 020-7836-5314
🕐 12:00~23:45、周日~22:15　休 无休　£ £ 55

历史悠久的传统英式高档餐厅

　　拥有历史悠久的茹乐思开业于1798年，是体验英国贵族饮食文化的首选餐厅。茹乐思具有浓厚的大英帝国时代的贵族色彩，深受名流喜爱，如狄更斯、卓别林、克拉克·盖博等，都曾是这里的常客。店内除了烤牛肉、牛排派等经典菜肴外，还有特色鲑鱼、鳟鱼等鱼类菜肴。最值得一提的是，店老板在约克郡有狩猎场和长期合作的野味供货源，因此在这里还可以享用到新鲜的珍禽异兽，如野鸭、野兔和鹿等。

餐厅内挂着肖像画，相当奢华

斯特兰德　英国菜肴

Simpson's-in-the-Strand
辛普森滨河餐厅

地图 p.29-G

英　预　🏛

🚇 从查令十字地铁站出步行5分钟
✉ 100 Strand WC2　☎ 020-7836-9112
🕐 7:15~10:30（周六、周日除外）、12:15~14:30、17:30~22:45（周日12:15~21:00）
休 无休　£ £ 50

英国经典菜肴烤牛肉的代表名店

　　辛普森滨河餐厅是英国传统菜肴的代表餐厅之一，也是当地人最喜爱的烤牛肉传统老店。菜单上，除了牛肉、猪肉、鸭肉等美味佳肴外，布丁也是本店的特色之一。餐厅还推出了豪华的英式早餐。到了这家餐厅，精选上等的子牛肉并用传统工艺烹制，是一定不能错过的美味享受。

威斯敏斯特　苏格兰菜肴

Boisdale
波依斯代尔

地图 p.30-I

英

🚇 从维多利亚地铁站步行5分钟
✉ 15 Eccleston St., SW1　☎ 020-7730-6922
🕐 12:00~13:00、周六18:00~、周日12:00~17:00
休 无休　£ £ 40

最具创意的传统苏格兰菜系高级餐厅

　　店内装饰雅致，可让人感受到浓郁的苏格兰风格。餐厅引进绯鱼、鲑鱼以及牛肉等最新鲜的北部天然食材，并用法式、意式工艺烹饪，味道独特是本店最大的卖点，是品尝苏格兰美味的最佳去处。

用最新潮的工艺演绎苏格兰传统美味

柯芬园　海鲜

Livebait
活诱饵餐厅

地图 p.29-G

英

🚇 从柯芬园地铁站步行5分钟
✉ 21 Wellington St., WC2　☎ 020-7836-7161
🕐 12:00~23:00、周日~21:00　休 无休　£ £ 35

最具人气的海鲜名店

　　这是一家深受当地人喜爱的海鲜店，自从在泰晤士河南岸开设一号店以来，又陆续开设了好几家分店。英国传统美食炸鱼和薯条在这里当然必不可少，还可以享受到用法式和西班牙式工艺制作的美味海鲜。另外，这家餐厅还为顾客准备了上乘的白葡萄酒，喜欢品酒的游客一定不要错过。

英 英语菜单　中 中文菜单　预 需要预订　🏛 有着装要求

▶查令十字路　现代欧洲菜

Portrait Restaurant & Bar

肖像美术馆餐厅&酒吧

地图 p.28-F

英

🔄 从地铁莱斯特广场站或查令十字站步行5分钟
📧 Top Floor, National Portrait Gallery, St.
Martin's Place WC2　☎ 020-7312-2490
营 10:00~17:00、周四~周六~20:30
休 12/25、26　£ £30

优雅的顶层餐厅

　　这家餐厅位于国家
肖像美术馆的最高层。
现代感十足的欧洲菜肴
是它最大的特色。

▶柯芬园　西班牙菜肴

La Tasca

拉塔斯卡

地图 p.29-G

英

🔄 从柯芬园地铁站步行5分钟
📧 23-24 Maiden Lane, WC2　☎ 020-7240-9062
营 11:00~23:00、周日11:30~22:30
休 无休　£ £20

富有西班牙风格的餐厅

　　这家餐厅为顾客提
供了40多种西班牙小
菜。每盘小菜不仅品质
佳，而且只需要4英镑
左右，是相当不错的就餐选择。

▶梅费尔　法国菜

Galvin Bistrot De Luxe

米拉贝尔

地图 p.24-F

英 预

🔄 从柯芬园地铁站步行5分钟
📧 66 Baker Street,W1　☎ 020-7935-4007
营 12:00~14:30（周日~15:30）、18:00~22:30
（周日~21:30）　休 无休　£ £35

被称为"伦敦最著名的小酒馆"

　　餐厅精选当季食材烹制成时尚美
食，而且价格不高。这是一家由米其
林星级厨师加尔
文兄弟创办的餐
厅，被业内评论家
誉为"伦敦第一的
小酒馆"。

▶骑士桥　现代欧洲菜

Arbutus

阿布塔斯

地图 p.28-B

英 预

🔄 从骑士桥地铁站步行3分钟　📧 63-64 Frith
Street, W1　☎ 020-7734-4545　营 12:00~14:30（周
日~15:00）、17:00~23:00（周五、周六~23:30、周日
17:30~22:30）　休 无休　£ £30

因精致细腻的口感而深受欢迎

　　这是一家非常有格调的餐厅，同
时有着舒适轻松的氛围。餐厅的菜肴
不仅精致，而且味道细腻考究，价格
适中，可以让人们品尝到新派伦敦美
食。最值得推荐的是，这里非常实惠
的午餐套餐。

▶骑士桥　葡萄牙菜肴

O Fado

法多

地图 p.24-J

英

🔄 从骑士桥地铁站步行7分钟
📧 49-50 Beauchamp Place SW3
☎ 020-7589-3002
营 12:00~15:00、18:30~23:00　休 周日　£ £30

在温馨的环境中品尝葡萄牙家常菜

　　本店推出的松脆美
味干鳕鱼炸肉饼、沙丁
鱼煎鱼丸等美食深受顾
客喜爱。葡萄牙的家常
菜也是这里的特色。

▶切尔西　荷兰菜

My Old Dutch

我的老荷兰

地图 p.24-I

英

🔄 从斯隆广场地铁站或南肯辛顿地铁站步行15
分钟
📧 221 King's Road, SW3　☎ 020-7376-5650
营 10:30~22:45、周日~21:30　休 无休　£ £15

推荐分量十足的荷兰烤薄饼

　　这家店为顾客提供的特色菜肴当属
荷兰风味的烤薄饼。烤薄饼不仅味道醇
正，分量十足，还会让人联想到荷兰优
美的田园风光。每天12点
之前推出的特色套餐一样
美味实惠，不能错过。

索霍　地中海菜肴

Bistro 1

当家小酒馆

地图 p.28-E

英

🚇 从皮卡迪利广场站或牛津广场站步行8分钟
✉ 75 Beak Street,W1　☎ 020-7287-1840
🕐 11:30~24:00、周日~22:30　休 无休　£ 12.00

地中海风味的套餐名店

　　在这里可以品尝到地道的地中海风味菜肴。这里一日三餐都是套餐，菜品丰富，可满足不同顾客的要求，而且价格适中，是不错的选择。

索霍　回转寿司

Itsu

依次

地图 p.28-B

英

🚇 从皮卡迪利广场地铁站步行7分钟
✉ 103 Wardour St., W1　☎ 020-7479-4790
🕐 11:00~23:00、周五、六~24:00、周日13:00~22:00　休 无休　£ 20

华丽的伦敦风格回转寿司

　　这是一家深受当地人欢迎的回转寿司店，店内装饰华丽，为顾客提供了品种丰富并具有伦敦风格的寿司。除此之外，还可以品尝到亚洲各国特色菜肴。

索霍　印度尼西亚菜

Melati

麦拉提

地图 p.28-F

英

🚇 从皮卡迪利广场地铁站步行5分钟
✉ 21 Great Windmill St.,W1
☎ 020-7437-2745　🕐 12:00~23:30
休 无休　£ 25

最受喜爱的亚洲面食餐厅

　　这是一家以美味著称的餐厅，在当地获得了很高的评价。最值得推荐的是店里特色各异的各种面食。

索霍　中国菜

Imperial China

中国城

地图 p.28-F

中 英

🚇 从莱斯特广场站步行1分钟
✉ White Bear Yard,25A Lisle St., WC2　☎ 020-7734-3388　🕐 12:00~23:30（周一~22:30）、周日11:30~22:30、饮茶~17:00　休 无休　£ 25

唐人街上最著名的餐厅

　　唐人街上美食数不胜数，但绝不能错过这家餐厅。餐厅坐落在街道深处，清静而高雅。餐厅以地道的广东菜为主，此外茶饮和小吃也让人赞不绝口。

店　名	地址·电话	最近地铁站	营业时间	歇业时间	备　注
波特斯 Porters	17 Henrietta St., WC2 ☎ 020-7836-6466 地图 p.29-G	🚇 从柯芬园地铁站步行5分钟	12:00~22:30、周五、周六~23:00	无	英国传统餐馆。推出各种家常菜和派。
比毕登牡蛎酒吧 Bibendum Oyster Bar	Michelin House, 81 Fulham Rd., SW3 ☎ 020-7589-1480 地图 p.24-J	🚇 从南辛顿地铁站步行5分钟	12:00~22:30、周五、周六~22:00	无	设在哥特风格的米其林大厦内，店内的花砖装饰精美，环境优雅。
牛津塔餐厅 The OXO Tower Restaurant	OXO Tower Wharf,Barge House St.,SE1 ☎ 020-7803-3888 地图 p.26-E、p.29-H	🚇 从滑铁卢地铁站步行5分钟	12:00~14:30、18:00~23:00(周日~22:30	无	这是一家设在大厦的最顶层，在品尝美食的同时还可眺望城市街景。
蓝图咖啡屋 Blueprint Cafe	Design Museum,Butler' s Wharf,SE1 ☎ 020-7378-7031 地图 p.27-L	🚇 从伦敦桥地铁站步行10分钟	12:00~14:30、18:00~23:00(周日~15:45	无	这是一家深受欢迎的现代欧风餐厅，位于设计美术馆的2层。
意大利厨房 Italian Kitchen	43 New Oxford St., WC1 ☎ 020-7836-1011 地图 p.28-B	🚇 从图腾汉厅路站地铁站出步行5分钟	12:00~22:30	无	深受伦敦人喜欢的餐厅，菜品不仅味道好，还相对实惠。
比利时中央站 Belgo Centraal	50 Earlham St., SW1 ☎ 020-7813-2233 地图 p.28-B	🚇 从柯芬园地铁站步行5分钟	12:00~23:00、周五、周六~23:30、周日~22:30	无	这是一家比利时餐厅，葡萄酒蒸贻贝和白啤酒值得推荐。

※ 标有"无休"的餐厅也大多在12/25前后和1/1休息。请务必留意。

索霍　中国菜肴
Chuen Cheng Ku
泉亭居
地图 p.28-F

[中] [英]

🚇 从皮卡迪利广场地铁站步行3分钟
✉ 17 Wardour St.,W1 ☎ 020-7437-1398
🕐 11:00~24:00、周日~23:00、饮茶~22:30
🈺 无休 £ £15

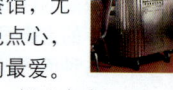

当地有名的中国餐馆
　　这是一家深受伦敦当地人欢迎的中国餐馆，尤其店内推出的特色点心，是喜欢饮茶顾客的最爱。一份菜只需6英镑，相当实惠。

骑士桥　印度菜肴
Haandi
罕帝
地图 p.24-J

[英]

🚇 从皮卡迪利广场地铁站步行3分钟
✉ 136 Brompton Rd.,SW7 ☎ 020-7823-7373
🕐 12:00~15:00、17:30~23:00
🈺 无休 £ £30

印度香料的绝妙运用
　　装饰华丽的印度餐馆。绝妙地运用多种香料，使得辛辣的印度菜肴深受大众欢迎。用餐前可以到店内吧台去坐坐。

布鲁姆斯伯里　越南菜肴
Ban-bou
班布
地图 p.28-B

[英]

🚇 从古德奇街地铁站步行3分钟
✉ 1 Percy St., W1 ☎ 020-7323-9130 🕐 12:00~15:00(周六)、17:30~23:00 🈺 周日 £ £35

法式越南菜肴
　　这是一家极具异国风情的餐厅，一楼是餐厅，二、四楼为酒吧。这里的越南菜制作讲究，用法式工艺烹饪，相当受欢迎。

柯芬园　土耳其菜肴
Sofra
索夫拉
地图 p.29-C

[预] [英]

🚇 从柯芬园地铁站步行5分钟
✉ 36 Tavistock St., WC2 ☎ 020-7240-3773
🕐 9:00~23:00 🈺 无休 £ £30

新奇的土耳其菜肴
　　店内最有名的要数名为"Meze（梅泽）"的小蝶前菜，这是一种味道特别且很难尝到的土耳其菜品。除此之外，主食也相当丰富，用上等的仔羊肉制作的菜肴尤其美味。店内还为顾客提供土耳其产葡萄酒。

店 名	地址·电话	最近地铁站	营业时间	歇业时间	备 注
萨摩日本料理店 Satsuma	56 Wardour St., W1 ☎020-7437-8338 地图 p.28-F	🚇从皮卡迪利广场地铁站步行5分钟	12:00~23:00、周三、四~23:30、周日~22:00	无	推出松花糖便当、拉面等英式日本料理。
祭日本料理店 Matsuri	15 Bury St., SW1 ☎020-7839-1101 地图 p.28-E	🚇从女王公园地铁站步行5分钟	12:00~14:30(周日~15:00)、18:00~22:30(周日~22:00)	无	寿司、天妇罗以及铁板烧在当地深受好评。
亮面吧 Ryo's Noodle Bar	84 Brewer St., W1 ☎020-7287-1318 地图 p.28-E	🚇从皮卡迪利广场地铁站步行3分钟	11:30~22:30、周四~周六~24:00	无	这里可享用拉面、饺子等各种家常主食。
三越餐厅 Restaurant Mitsukoshi	14-20 Regent St., SW1 ☎020-7930-0317 地图 p.28-F	🚇从皮卡迪利广场地铁站步行2分钟	12:00~14:00、18:00~22:00	无	这是一家地道的日式餐馆，为顾客提供荞麦面和各种套餐
喜相逢 Mandarin Kitchen	14-16 Queensway, W2 ☎020-7727-9012 地图 p.24-E	🚇从女王路地铁站步行1分钟	12:00~23:30	无	伦敦中餐馆的名店之一。特色大龙虾最值得推荐。
明恩家韩餐厅 Myong Ga	1 Kingly St.,W1 ☎020-7734-8220 地图 p.28-E	🚇从牛津广场地铁站步行3分钟	12:00~15:00、17:30~23:00、周日不提供午餐	无	这是一家地道的韩国餐馆，来这里一定不能错过韩国特色的烤肉。

※ 标有"无休"标志的餐厅也大多在12/25前后和1/1休息。请务必留意！

Tea Break

享受片刻的午后时光
英式下午茶

一定不要错过优雅红茶

现在，喜欢咖啡的人越来越多，走在街头总能看到各式各样的咖啡厅。虽然如此，英国仍是个喜爱茶的国度，可以说英国人的生活离不开茶。

在英国，一天之内有几次品茶时间。英国人喜欢配上甜脆的饼干悠闲地品茗红茶，最为人们熟知的是下午3~4点开始的下午茶。品着优质香醇的红茶，悠闲自在地度过午后时光，这段放松时光被人们称为"下午茶时光"。

搭配红茶的小点心，除了人们最熟悉的烤饼之外，还有黄瓜、鲑鱼制作的三明治和蛋糕等甜点。其中香槟组合是最奢华的。英国人的生活中已经离不开令人轻松的"红茶时间"了。喝茶的地方并不固定，可以在酒店的茶室、街头的咖啡厅以及美术馆的茶室。来到伦敦，不妨也体验一下英国人悠闲的"下午茶时光"。

▶皮卡迪利　餐厅&茶室

St.James's Restaurant (Fortnum & Maison)
圣詹姆斯餐厅

地图 p.28-E

英

🚇 从皮卡迪利广场地铁站步行3分钟
✉ Fortnum & Mason, 181 Piccadilly, W1
☎ 020-7734-8040 营 12:00~18:15（周日~16:15）、下午茶时间14:00~ 休 无休

在红茶名店中享受午后休闲时光

在福特纳姆&玛森百货商店一层设有茶室，但人们更喜欢到5层的餐厅去度过下午茶时光。一人份的套餐是£34.00。若想体验地道的英式下午茶可以来这里。

▶索霍 咖啡馆

Maison Bertaux
波尔托之家

地图 p.28-B

英

🚇 从莱斯特广场地铁站步行5分钟
✉ 28 Greek Street, W1 ☎ 020-7437-6007
营 9:00~23:00、周日~20:00 休 无休

伦敦历史最悠久的甜品店

这家店的法式糕点不仅制作讲究，还尽量控制糖分，有益健康，是伦敦屈指可数的糕点名店。其中杏仁、巧克力可颂深受当地人喜爱。诱人的糕点、居家的环境是其吸引大量顾客的最大法宝。

店 名	地址·电话	最近地铁站	营业时间	歇业时间	备 注
华莱士餐厅 The Wallace	The Wallace Collection, Manchester Sq., W1 ☎ 020-7563-9505 地图 p.24-F	🚇 从邦德街地铁站步行5分钟	10:00~16:30，周五、周六~23:00（下午茶时间14:30~）	无	在优雅的茶室中享受悠闲的下午茶时光。
保罗餐厅 Paul	29 Bedford St., WC2 ☎ 020-7836-3304 地图 p.29-G	🚇 从柯芬园地铁站步行3分钟	7:30~21:00，周六、日9:00~	无	这是一家深受当地人欢迎的法式连锁餐厅。特色面包和蛋糕值得推荐。
橘园餐厅 The Orangery	Kensington Palace, Kensington Gardens, W8 ☎ 020-7376-0239 地图 p.24-E	🚇 从女王路地铁站步行10分钟	10:00~17:00，下午茶时间15:00~	无	这是一家由温室改造的咖啡馆，位于肯辛顿宫旁边。
植物学家餐厅 The Botanist	7 Sloan Sq., SW1 ☎ 020-7730-0077 地图 p.30-I	🚇 从斯隆广场地铁站步行1分钟	8:00~23:30，周六、周日9:00~，下午茶时间；15:30~18:00	无	这家糕点店拥有百年历史，美味的蛋糕一直受到人们的好评。
瓦莱丽甜品店 Patisserie Valerie	44 Old Compton Street, W1 ☎ 020-7437-3466 地图 p.28-B	🚇 从莱斯特广场地铁站步行7分钟	7:30~21:00（周三~周六~23:00）周9:00~21:00	无	这是英国最出名的甜品店，最值得推荐的是千层草莓。
林柏轩（法国餐厅） La Brasserie	272 Brompton Road, SW3 ☎ 020-7584-1668 地图 p.24-I	🚇 从南肯辛顿地铁站步行3分钟	8:00~23:00，周六、周日9:00~	无	月牙形小面包和咖啡奶油是这家巴黎特色餐馆的早点。

精致的生啤酒桶的龙头

The Pub

英国人休闲的好去处
走进伦敦的小酒吧

在英国，不论是豪华的高级住宅区还是小村庄随处可见小酒吧（Pub）。"pub"一词是从"Public House"演变而来的，与其说是酒吧，不如说它更像是当地居民在一起休闲、攀谈的场所。小酒吧营业时间一般是上午11点到晚上11点。白天这里与平常的餐厅一样，会提供英国传统的菜肴。下午工作或购物感觉累了，可以把这里当作歇脚喝茶的地方，到了晚上就变成了大家一起把酒言欢的休闲场所了。

全国统一的酒吧规矩

小酒吧是对大众开放的休闲场所，也有它的规矩，来到这里的顾客都必须遵守。叫酒水一律要到前台，然后直接就在前台付钱，取到酒水后拿回自己的位子。每个酒吧的啤酒品种不尽相同，但一般都有苦味啤酒（Bitter）、爱尔啤酒（Ale）、麒麟啤酒（Rugger）这三种。除了生啤酒外还提供葡萄酒、威士忌、杜松子酒等。

有的酒吧白天是餐厅，推出的饭菜主要以炸鱼和薯条等传统英国菜肴为主，有的酒吧在不同楼层设有餐厅，这样的酒吧也提供晚餐。点餐一样是

酒吧外的绘画招牌

在前台，但可以让店员帮忙拿到位子上，一般在点餐的时候就把账付清。用完餐后会有店员清理桌面。

点酒的方式和礼节

点葡萄酒可以要一杯或一瓶，但生啤酒是以品脱为单位，一般是按一品脱（约0.57升）或半品脱来点的。店内也会提供瓶装的啤酒，不过到英国还是建议尝尝当地的生啤酒。英国的生啤酒泡沫不多，放得时间长一些也不会影响口感。英国啤酒也分颜色。比如，Bitter的颜色就比较深，味道也浓，这种酒只发酵1～2天，因此只有在当地才能喝到。来到英国，怎么能够错过深受英国大众欢迎的生啤酒呢？

点酒的方法很简单，只要对前台店员说"a pint of Bitter"（一品脱苦味啤酒）就OK了。酒是用龙头从放在地上的酒桶里打上来的。每个酒吧的酒价也不尽相同，但一般一品脱是￡3.50。另外，因酒的品种不同，价格也会有所差异。

酒吧最大的礼节就是当前台比较拥挤时，不要插队，应该耐心等待，轮到自己后再点餐。另外，要上一杯酒后不管在里面坐多久都可以，但是当听到打烊的钟声时就要准备离开。只要能遵守这些规矩，在异国他乡的你也能享受到英国酒吧的轻松和自在。

店 名	地址·电话	最近地铁站	营业时间	歇业时间	备 注
索尔兹伯里 The Salisbury	90 St Martin's Lane, WC2 ☎020-7836-5863 地址 p.28-F	从莱斯特广场地铁站步行2分钟	11:00~23:00，周五、周六~24:00，周日12:00~22:30	无	维多利亚华丽风格的酒吧，位于南岸的剧场街。
莎士比亚的头 Shakespeare's Head	29 Great Marlborough St.,W1 ☎020-7734-2911 地址 p.28-A	从牛津广场地铁站步行5分钟	11:00~23:00，周日12:00~22:30	无	坐落在繁华的购物街上。2层是英国传统菜肴餐厅。
福尔摩斯酒吧 Sherlock Holmes	10-11 Northumberland St., WC2 ☎020-7930-2644 地址 p.28-F	从查令十字地铁站步行3分钟	11:00~23:00，周五、周六~24:00	无	这家酒吧再现了侦探小说所描述的场景，喜欢的游客一定不要错过。
老柴郡乳酪酒馆 Ye Olde Cheshire Cheese	145 Fleet St., EC4 ☎020-7353-6170 地址 p.26-E	从布莱克福里阿斯地铁站步行5分钟	11:00~23:00，周日12:00~16:00	无	这个酒吧拥有300年的历史，大文豪狄更斯等名人曾是这里的常客。
狄更斯小酒吧 Dickens Inn	St Katharine's Way, E1 ☎020-7488-2208 地址 p.27-L	从塔山地铁站步行10分钟	11:00~23:00，周日12:00~22:30	无	面朝游艇港的酒吧，风景独特。2楼是鱼食餐厅。
乔治小酒吧 George Inn	77 Borough High St., SE1 ☎020-7407-2056 地址 p.27-K	从伦敦桥地铁站步行5分钟	11:00~23:00，周日12:00~22:30	无	这家酒吧开业于16世纪后半期，是伦敦最古老的酒吧。院内是个剧场。

※ 标有"无休"标志的餐厅也大多会在12/25前后和1/1休息。请务必留意！

74

购物 *Shopping*

邦德街　英国奢华品牌
Burberry
巴宝莉

地图 p.28-E

🚇 从邦德街地铁站步行7分钟
📧 21-23 New Bond Street, W1　☎ 020-7839-5222
🕐 10:00~19:00、周日12:00~18:00　休 12/25休息

最大的亮点是店里小巧轻便的新收藏

　　巴宝莉是英国品牌的代表。其风衣在第一次世界大战期间被指定为英国军队的高级军服。近年来巴宝莉又推出了新系列，提供更年轻、更时尚的轻便服饰，进一步把品牌推广至年青一代。设在邦德街的旗舰店值得推荐，这家店为满足各个年龄层的需求，推出了从男女轻便服饰到儿童服饰等全系列产品，当然传统的风衣依然是主角。

邦德街　英国奢华品牌
Daks
达克斯

地图 p.28-E

🚇 从皮卡迪利广场地铁站步行6分钟
📧 10 Old Bond St., W1　☎ 020-7409-4040
🕐 10:00~18:00、周四~19:00　休 周日

深受追捧的职业装奢侈品牌

　　达克斯的历史可以追溯到1894年，最初是一家绅士服专卖店。其推出的西服和衬衫因高质、优雅的英伦风格而受到商界人士的欢迎，进而发展成为大不列颠的奢华品牌。近来还面向职业女性推出了时尚的都市女装，得到很高评价。不论是高档的职业套装，还是时尚的便装都深受欢迎。

摄政街　英国奢华品牌
Aquascutum
雅格狮丹

地图 p.28-E

🚇 从皮卡迪利广场地铁站步行5分钟
📧 100 Regent St.,W1　☎ 020-7675-9050　🕐 10:00~18:30、周四~19:00、周日12:00~17:00　休 无休

与巴宝莉齐名的风衣奢侈品牌

　　与巴宝莉风衣一样，雅格狮丹设计的防水大衣也在第一次世界大战期间被指定为军队专用大衣。虽然两者都因内敛奢华的大衣而闻名，但雅格狮丹拥有更广泛的顾客群。高档而不失时尚的大衣吸引着上层人士争相购买，推出的小件物品也极具人气。

邦德街　英国奢华品牌
Mulberry
玛百莉

地图 p.28-E

🚇 从邦德街地铁站步行5分钟
📧 50 New Bond St., W1　☎ 020-7491-3900
🕐 10:00~18:00、周四~19:00　休 周日

奢华的田园风格

　　玛白莉创建于1971年，是英国顶级皮具品牌。其推出的高档皮质旅行箱受到时尚名人的追捧。该品牌的独特之处在于其传统的英国田园风格。轻便时尚的皮具设计也获得超高评价。

杰明街　衬衫专卖店
Turnbull & Asser
滕博阿瑟

地图 p.28-E

🚇 从绿地公园地铁站步行5分钟
📧 71-72 Jermyn St., W1　☎ 020-7808-3000
🕐 9:00~18:00、周六9:30~　休 周日

皇室御用英式衬衫制造商

　　滕博阿瑟是英式衬衫制造商，它拥有来自世界各地的VIP客户。其订制的衬衫均使用100%的纯棉或丝绸制作。按照本品牌的规矩，顾客必须6件为一套进行订购。除了男款衬衫外还为广大女性客户推出了各式各样的女款衬衫。

▶**索霍　时尚品牌**

Orla Kiely
奥兰·凯利

地图 p.28-B

🚇 从柯芬园地铁站步行5分钟
✉ 31 Monmouth Street, WC2 ☎ 020-7240-4022
営 10:00~18:30、周六12:00~17:00 休无休

行李箱因清新淡雅的花纹受到大众的青睐

以树叶、花朵为主题的图案出自爱尔兰设计师之手。如今，越来越多的人喜欢上这种清新淡雅的花纹图案。行李箱包是这一品牌的主打产品。

▶**皮卡迪利广场　户外用品**

Farlow's
法洛斯户外用品店

地图 p.28-F

🚇 从皮卡迪利广场地铁站步行5分钟
✉ 9 Pall Mall, SW1 ☎ 020-7839-2423 営 9:00~18:00、周四19:00、周六10:00~18:00 休周日

英伦风格的户外用品

法洛斯为喜爱外出钓鱼、狩猎的人设计了专业的户外运动服装。其古典优雅的店面设在繁华的商业街上。它的历史可以追溯到1840年，因为最初是出售渔具的商店，店内垂钓用品相当齐全。

▶**诺丁山　时尚品牌**

Paul Smith/Westbourne House
保罗·史密斯（韦斯特本·豪斯）

地图 p.24-E外

🚇 从诺丁山门地铁站步行7分钟
✉ 122 Kensington Park Road,W11 ☎ 020-7727-3553 営 10:00~18:00、周六~18:30 休周日

充满艺术气息的时尚设计服饰

虽然在柯芬园设有分店，但还是强烈推荐韦斯特本·豪斯店，这家店铺的男女及儿童服饰非常齐全。其最大的亮点是，服装全都在带阳台的两层公寓中展示，单是在里面逛就是一种享受。

▶**斯隆广场　提包**

Lulu Guinness
露露·吉尼斯

地图 p.24-J

🚇 从斯隆广场地铁站步行7分钟
✉ 3 Ellis St., SW1 ☎ 020-7823-4828
営 10:00~18:00、周六11:00~ 休周日（不定休）

走进露露的淑女世界

露露深受各年龄层女性的喜爱，在国内也有很多粉丝。色彩鲜艳的刺绣和俏皮可爱的化妆小袋等尤其受到少女的喜爱。此外，店内充满英伦高贵气质、优雅淑女的小物件也很让人心动。露露产品更新很快，可以不断满足顾客的要求。喜爱露露的游客一定不要错过。

店　名	地址·电话	最近地铁站	营业时间	歇业时间	备　注
凯思·金德斯顿 Cath Kidston	51 Marylebone High St.,W1 ☎020-7935-6555 地图 p.24-B	🚇从邦德街地铁站步行10分钟	10:00~19:00，周日11:00~17:00	无	独特的时尚理念加上传统的水珠、花纹，使其纺织品充满魅力。
布朗斯 Browns	23-27 South Molton St.,W1 ☎020-7491-7833 地图 p.24-F	🚇从邦德街地铁站步行5分钟	10:00~18:30，周四~19:00	周日	是一家时尚女装店，汇集了各种精挑细选的时尚品牌服饰，极具人气。
祖·马龙 Jo Malone	150 Sloane St., SW1 ☎0870-192-5121 地图 p.24-J	🚇从斯隆广场地铁站步行3分钟	9:30~18:00，周三~周五19:00，周日12:00~17:00	无	经营者是一位调香师。店内集中了各种天然材料制成的香水。
史密森 Smythson	40 New Bond St., W1 ☎020-7629-8558 地图 p.28-E	🚇从邦德街地铁站步行5分钟	9:30~18:00，周五、周六10:00~19:00	周日	一家开业于1887年的高级文具店。其中充满文人气息的凸版胶尤其受欢迎。
(GTC)百货贸易公司 The General Trading Company	91 Pellham St., SW7 ☎020-7225-6470 地图 p.24-I	🚇从牛津广场地铁站步行3分钟	10:00~19:00，周日12:00~18:00	无	经营室内装饰用品，不仅品种丰富，还充满了英国民俗风。
托马斯·古德 Thomas Goode	19 South Audley St. W1 ☎020-7499-2823 地图 p.30-A	🚇从海德公园角地铁站步行8分钟	10:00~18:00	周日	是一家汇集了世界一流陶瓷器、银器和水晶的名店。

※ 标有"无休"标志的餐厅也大多会在12/25前后和1/1休息。请务必留意！

杰明街　香水

Floris
佛罗瑞斯

地图 p.28-E

🚇 从皮卡迪利广场地铁站步行3分钟
✉️ 89 Jermyn St., W1 ☎ 020-7930-2885
🕐 9:30~18:00、周六10:00~ 休 周日

优雅的英伦芳香

　　佛罗瑞斯来自地中海梅诺卡岛，位于杰明街的这家店可以追溯到1730年。詹姆斯·邦德爱用的香水N0.89的名字就取自这家店的门牌号。店内所有的香水都是从植物中提炼的，清新健康。优雅高档的香水是赠送礼品的最佳选择。

柯芬园　香水

Penhaligon's
潘海利根

地图 p.29-G

🚇 从柯芬园地铁站步行7分钟
✉️ 41 Wellington St., WC2 ☎ 020-7836-2150
🕐 10:00~19:00、周四~周六~19:00、周日12:00~18:00 休 无休

淡雅的花香

　　皇家理发师潘海利根于1870年开创这个品牌。位于柯芬园的这家店是继佛罗瑞斯之后的又一家著名的传统香水老店。店内香水种类齐全，且都是从花中提炼的精华。此外，这家店的香水瓶也制作讲究，让人赏心悦目。精美的香精蜡烛和小巧的香水喷也是赠送礼品的不二之选。

骑士桥　百货商店

Harrods
哈罗德百货商店

地图 p.24-J

🚇 从骑士桥地铁站步行1分钟
✉️ 87-135 Brompton Rd., SW1 ☎ 020-7730-1234
🕐 10:00~20:00、周日11:30~18:00 休 无休

奢华炫目的百货商店

　　占地面积达63 000平方米的哈罗德百货商店已成为伦敦的一大观光景点。当年因"皇室认证徽章"被收走，名气有所衰退，但现在可是商品更加丰富和齐全了。其中必逛的是位于商店一层的食品大厅，各类珍馐美味应有尽有，在这里还可以轻松找到地道的特色礼品。哈罗德百货商店对面也是一家食品商店，要想了解地道的伦敦日常生活，就别错过这里。

皮卡迪利大街　百货商店

Fortnum & Mason
福特纳姆&梅森

地图 p.28-E

🚇 从皮卡迪利广场地铁站步行3分钟
✉️ 181 Piccadilly, W1 ☎ 020-7734-8040
🕐 10:00~20:00、周日12:00~18:00 休 无休

红茶的殿堂

　　这是一家很值得推荐的食品商店。它的历史可追溯到1707年，当年只是个小食品店，如今已经发展成为大型食品商店，一层和地下一层均摆满了各种食品。店里除了最有名的大不列颠红茶之外，还有来自世界各地的美食。

店　名	地址·电话	最近地铁站	营业时间	歇业时间	备　注
普瑞思塔特巧克力店 Prestat	14 Princess Arcade, SW1 ☎ 020-7629-4838 地图 p.28-E	🚇 皮卡迪利广场地铁站步行5分钟	9:30~18:00、周六10:00~17:00	周日	伦敦最古老的巧克力店之一，也是皇家御用巧克力店。
利伯提百货 Liberty	Great Malborough St., W1 ☎ 020-7734-1234 地图 p.28-A	🚇 从牛津广场地铁站步行3分钟	10:00~20:00、周日12:00~18:00	无	这是一家老牌百货商店，朴素自然的花纹和印花布料极具人气。
哈维·尼克斯百货 Harvey Nichols	109-125 Knightsbridge,SW1 ☎ 020-7235-5000 地图 p.24-F	🚇 从骑士桥地铁站步行3分钟	10:00~20:00、周日12:00~18:00	无	这是一家很有人气的女性时尚店。最大特色是总走在时尚前沿。
马克斯和斯潘塞 Marks & Spencer	458 Oxford St., W1 ☎ 020-7935-7954 地图 p.24-F	🚇 从邦德街地铁站或大理石拱门站步行5分钟	9:00~21:00、周六~20:00、周日12:00~18:00	无	从食品到时尚商品，应有尽有，是大众型的百货商店。

是破铜烂铁，还是价格惊人的珍品?!
在伦敦淘古董

伦敦有好几个古董市场，有的设在高档的大厦里，有的是一周才开业一次的小店。下面介绍一些比较有名的古董和工艺品市场，但其中卖日常杂货或生鲜食品的小集市也不少。这些市场都被叫作"Stole"，走进市场就会看到路边的露天摊子上摆满了琳琅满目的商品，在这里可以体会到伦敦人最真实的日常生活。

古董市场上出售的物品从日常用品到稀世珍品应有尽有，所以很多行家会早早地下手，抢在别人前面把好东西弄到手，如果你也想淘到既便宜又珍贵的宝贝，建议早点出发。有时候也会发现许多滥竽充数的东西，但从这些破铜烂铁堆中找到喜欢的宝贝恐怕就是逛古董市场最大的乐趣。要注意的是，屋外的露天摊子大多要求付现金。另外，日常用品古董市场是最常见的。由于各个市场开业时间不尽相同，若想去古董市场淘宝，就要留意一下各个市场的营业时间。

海内外游客慕名而来的伯蒙德西古董市场。大批专业买家也被这个古董市场所吸引

柯芬园的古董市场每天开业

店 名	地址·电话	最近地铁站	营业时间	歇业时间	备 注
格雷斯古董市场 Grays Antiques Market	58 Davies St., W1 地图 p.24-F	从邦德街地铁站步行1分钟	10:00~18:00 周六11:00~17:00	周日	这是一个常设在室内的古董市场，出售各式钟表和珠宝。
艾尔菲斯古董市场 Alfie's Antique Market	13-25 Church St., NW1 020-7723-6066 地图 p.24-A	从埃奇韦尔路地铁站步行10分钟	10:00~18:00	周日·周一	这是英国最大的室内古董市场，内设300多家店铺。
狂欢集市和苹果集市 Jubilee & Apple Market	Covent Garden,WC2 地图 p.29-G	从柯芬园地铁站步行3分钟	9:30~18:00、周一~7:00~	无	位于柯芬园，里面不仅出售古董，还有各式各样的手工工艺品和杂货。
博罗市场 Borough Market	London Bridge, SE1 地图 p.27-K	从伦敦桥地铁站步行5分钟	周四11:00~17:00、周五12:00~18:00、周六8:00~17:00	周日	在这里可以买到上等的奶酪、面包、火腿、家常副食品等各种新鲜食材。
波多贝露市场 Portbello Market	Portbello Rd., W1 地图 p.24-E	从诺丁山门地铁站步行5分钟	周六6:00~18:00	周日~周五	市场过道旁整齐地分布着各式古董店，每逢周末这里就变得熙熙攘攘。
卡姆登交易市场 Camden Passage	Islington High St., N1 地图 p.25-D	从天使区地铁站步行3分钟	周二~周六9:00~17:00（露天店只限周三~周六）	周日·周一	许多人从海内外慕名而来，这个市场除了设有室内店铺，还有露天摊点。
卡姆登古董市场 Camden Antique Market	Camden Lock, NW1 地图 p.24-B外	从卡姆登地铁站步行3分钟	周六、周日9:00~16:00(室内店是周四~周日)	周一~周四（室内店是周一~周三）	很受当年轻人欢迎，除了工艺品和古董外还出售物美价廉的旧衣物。
伯蒙德西古董市场 Bermondsey Antique Market	Bermondsey Square 地图 p.25-L	从地铁玫瑰站或伦敦桥站步行15分钟	周五6:00~14:00	周一~周四、周六、周日	主要出售银器和陶瓷器，专业卖家也常常光顾。
斯毕塔菲尔德古董市场 Spitalfields Antique Market	Commercial St., E1 地图 p.27-D	从利物浦街地铁站步行5分钟	10:00~16:00、周日9:00~17:00	周六	一个主要出售手工艺品的市场，原本是个大型蔬菜水果市场。

住宿 *Stay*

朗廷酒店优雅的客房

斯特兰德周边　★★★★★

The Savoy　地图 p.29-G

沙威酒店　HP

体会最奢华的享受

　　沙威是创建于1889年的一流老牌酒店。它面向剧场云集的斯特兰德大街，背靠泰晤士河，绝佳的地理位置，使其极具人气。英伦贵族奢华风格的沙威酒店，拥有来自世界各地的VIP顾客。2007年12月因大规模整葺翻修，包括茶室和餐厅在内的场所全面封闭。2010年10月酒店重新开业，再次焕发夺目光彩。

🚇 从堤岸地铁站、查令十字地铁站步行3分钟可抵达
£ S/T£438~　🛏 268间
☎ 020-7836-4343　FAX 020-7240-6040
✉ Strand,WC2
HP http://www.fairmont.com/savoy

马里波恩　★★★★

The Langham London　地图 p.28-A

伦敦朗廷酒店　HP

典雅与现代的结合

　　朗廷是英国第一家大型酒店，它的历史可以追溯到1865年。从19世纪中期起就吸引了众多海内外VIP顾客。在第二次世界大战中遭到了轰炸受到了严重的破坏，休业了一段时间。近年来，国际酒店组织为了重现它的辉煌，斥巨资重建了这家酒店。重建后的朗廷又让人们看到了当年的风采，皇宫般的外观加上奢华的内部装饰，让人流连忘返。

🚇 由牛津广场地铁站出步行3分钟可抵达
£ S/T£325~　🛏 380间　📞 020-7636-1000
FAX 020-7323-2340　✉ 1C Portland Place, W1
HP http://www.langhamlondon.com

皮卡迪利 地图 p.28-E **利兹酒店** The Ritz　★★★★★	🚇 从绿地公园地铁站步行2分钟 £ S£306~、T£360~　🛏 135间 ☎ 020-7493-8181　FAX 020-7493-2687 ✉ 150 Picadilly, W1 HP http://www.theritzlondon.com	闻名世界的高级酒店，内部装修高档气派。
柯芬园 地图 p.29-G **沃尔多夫希尔顿酒店** Waldorf Hilton　★★★★	🚇 从柯芬园地铁站步行5分钟 £ S/T£209~　🛏 299间 ☎ 020-7836-2400　FAX 020-7836-7244 ✉ Aldwych, WC2 HP http://www.hilton.co.uk/waldorf	"泰坦尼克"号的社交大厅就是借鉴它的设计。客房属于典雅风格。
梅费尔 地图 p.30-A **伦敦公园路希尔顿酒店** London Hilton on Park Lane　★★★★★	🚇 从海德公园角地铁站步行5分钟 £ S/T£263~　🛏 453间 ☎ 020-7493-8000　FAX 020-7208-4142 ✉ 22 Park Lane,W1 HP http://www.hilton.co.uk/londonparklane	凸显都市现代魅力。功能齐全的客房为美式风格。
梅费尔 地图 p.30-A **伦敦公园路洲际酒店** Hotel Inter-Continental London Park Lane　★★★★	🚇 从海德公园角地铁站步行2分钟 £ S/T£335~　🛏 447间 ☎ 0871-423-4908　FAX 020-7493-3476 ✉ 1 Hamilton Place,W1 HP http://www.ichotelsgroup.com	提供多语种服务及英式早餐，服务周到，适合游客下榻。
骑士桥 地图 p.24-F **伦敦文华东方海德公园酒店** Mandarin Oriental Hyde Park London　★★★★★	🚇 从骑士桥地铁站步行2分钟 £ S/T£398~　🛏 198间 ☎ 020-7235-2000　FAX 020-7235-2001 ✉ 66 Knightsbridge, SW1 HP http://www.mandarin-oriental.com/london	这是一家背靠海德公园的经典酒店。内部装修十分豪华。
骑士桥 地图 p.24-F **喜来登公园塔酒店** Sheraton Park Tower　★★★★★	🚇 从骑士桥地铁站步行5分钟 £ S/T£359~　🛏 280间 ☎ 020-7235-8050　FAX 020-7235-8231 ✉ 101 Knightsbridge,SW2 HP http://www.starwoodhotels.com	酒店外观奇特，是一个圆筒形的高层建筑，极具现代感。交通便利。

※根据季节和星期酒店的房价会有所调整，建议在预约前咨询一下最新的房价。

<table>
<tr><td>

Le Meridien Piccadilly　地图 p.28-E

皮卡迪利大街艾美酒店 HP

在这里度过悠闲时间

　　皮卡迪利广场是伦敦最繁华的街区，在这里可以轻松购物、享受美食。艾美酒店就坐落在这个地理位置相当优越的街区。酒店内设有茶室，在这里享受下午茶是最佳的休闲选择。另外，传统英式风格的酒店大堂给人耳目一新的感觉，与此相反，室内则是现代风格。

🚇 由皮卡迪利广场地铁站步行3分钟可抵达
£ S/T£345～　室 266间
☎ 020-7734-8000
FAX 020-7437-3574
✉ 21 Piccadilly, W1
HP http://www.lemeridien.com/piccadilly

</td><td>

Hotel Number Sixteen　地图 p.24-I

16号酒店 HP

花园式的庄园酒店

　　16号是一家别致的庄园酒店，位于南肯辛顿恬静优雅的住宅区。其最大的特色是每间客房装饰讲究，精心挑选的纺织品尤其受到女性游客的喜爱。除了这些，优美的花园温室也是亮点。最顶层的阁楼小客房也极具人气。

🚇 由南肯辛顿地铁站步行3分钟可抵达
£ S£156～、T£210～
室 42间
☎ 020-7589-5232
FAX 020-7584-8615
✉ 16 Sumner Place, SW7
HP http://www.firmdale.com

</td></tr>
</table>

80

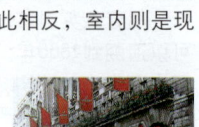
酒店内外尽显华丽

深受女性游客欢迎的酒店

马里伯恩 地图 p.24-F **丘吉尔凯悦酒店** Hyatt Regency The Churchill ★★★★	🚇 从大理石拱门地铁站步行2分钟 £ S/T£336～ 室 444间 ☎ 020-7486-5800 FAX 020-7486-1255 ✉ 30 Portman Sq., W1 HP http://www.london.churchill.hyatt.com	这是一家大型商务酒店。周边环境优美安静，紧邻繁华街区，交通十分便利。
杰明街 地图 p.28-E **卡文迪什酒店** The Cavendish London ★★★★	🚇 从绿地公园地铁站步行2分钟 £ S/T£227～ 室 230间 ☎ 020-7930-2111 FAX 020-7839-2125 ✉ 81 Jermyn St., SW1 HP http://www.thecavendish-london.co.uk	这家酒店位于高级名店林立的安静街区，是一家深受海内外旅客好评的商务酒店。
马里伯恩 地图 p.24-F **蒙特卡姆日航酒店** The Montcalm-Hotel Nikko ★★★	🚇 从大理石拱门地铁站步行2分钟 £ S/T£255～ 室 143间 ☎ 020-7958-3200 FAX 020-7724-9180 34-40 Great Cumberland Place,W1 HP http://www.montcalm.co.uk	酒店内提供地道的日式早餐。店内设施齐全，环境舒适。
梅费尔 地图 p.28-E **弗莱明斯梅费尔酒店** The Flemings Mayfair ★★★	🚇 从绿地公园地铁站步行3分钟 £ S/T£252～ 室 119间 ☎ 020-7499-0000 FAX 020-7499-1817 ✉ 8-12 Half Moon St.,W1 HP http://www.flemings-mayfair.co.uk	这是一家位于梅费尔的小型酒店。面向游客推出了多项优质的服务。
梅费尔 地图 p.30-A **公园路公寓酒店** Park Lane Mews ★★★	🚇 从绿地公园地铁站步行5分钟 £ S£124～、T£139～ 室 72间 ☎ 020-7493-7222 FAX 020-7629-9423 ✉ 2 Stanhope Row,Park Lane,W1 HP http://www.parklanemewslondon.co.uk	酒店位于一条安静的小街上，周到的服务以及自在的氛围是最吸引顾客的特色。
马里伯恩 地图 p24-F **雷迪森波特曼酒店** Radisson Blu Portman ★★★	🚇 从大理石拱门地铁站步行5分钟 £ S/T£210～ 室 272间 ☎ 020-7208-6000 FAX 020-7208-6001 ✉ 22 Portman Sq.,W1 HP http://www.radissonbul.co.uk	这是位于写字楼区的大型商务酒店，现代感十足。
特拉法尔加广场 地图 p.29-G **查令十字酒店** Charing Cross Hotel ★★★★	🚇 从查令十字地铁站步行1分钟 £ S/T£203～ 室 239间 ☎ 0871-376-9012 FAX 0871-376-9112 ✉ The Strand,WC2 HP http://www.guoman.com/charing-cross	这是一家创办于1860年的古朴风格的酒店。二层设有优雅的茶室。

※根据季节和工作日时间酒店的房价会有所调整，建议在预约前咨询一下最新的房价。

特拉法尔加广场 　　　　地图 p.28-F　 🚇 从皮卡迪利广场地铁站步行5分钟　　紧挨特拉法尔加广
　　　　　　　　　　　　　　　　　💰 S/T£119~　🛏 108间　　　　　　　场，地理位置优越，
蓟花特拉法尔加广场酒店　　　📞 0871-376-9037　📠 0871-376-9137　方便逛街购物。
Royal Trafalgar Square　　　　　✉ Whitcomb St., WC2
　　　　　　　　　　★★★　🅷🅿 http://www.thistlehotels.com

贝克街 　　　　　　　　　　地图 p.24-B　 🚇 从贝克街地铁站步行3分钟　　　　酒店名称取自《大侦
　　　　　　　　　　　　　　　　　💰 S/T£179~　🛏 119间　　　　　　　探福尔摩斯》小说。
福尔摩斯酒店　　　　　　　　📞 020-7034-4830　📠 020-7034-4822　地理位置好，观光购
Park Plaza Sherlock Holmes　　　✉ 108 Baker St., W1　　　　　　　　物都十分方便。
　　　　　　　　　　★★★　🅷🅿 http://www.parkplazasherlockholmes.com

骑士桥 　　　　　　　　　　地图 p.24-J　 🚇 从骑士桥地铁站步行3分钟　　　　这是一家时尚的现代
　　　　　　　　　　　　　　　　　💰 S£162~、T£173~　🛏 222间　　　酒店，位于高级名店
骑士桥千禧酒店　　　　　　　📞 020-7235-4377　📠 020-7235-3705　聚集的豪华街道上。
The Millennium Knightbridge　　 ✉ 17 Sloane St., SW1
　　　　　　　　　　★★★　🅷🅿 http://www.mill-cop.com

南肯辛顿 　　　　　　　　　地图 p.24-I　 🚇 从格洛斯特路地铁站步行2分钟　酒店位于安静的住宅
　　　　　　　　　　　　　　　　　💰 S£108~、T£157~　🛏 610间　　　区，紧邻地铁站，出
格洛斯特千禧酒店　　　　　　📞 020-7373-6030　📠 020-7373-0409　行便利。酒店内设备
The Millennium Gloucester　　　 ✉ 4-18 Harrington Gardens, SW7　　齐全，十分舒适。
　　　　　　　　　　★★　🅷🅿 http://www.mill-cop.com

南肯辛顿 　　　　　　　　　地图 p.24-E　 🚇 从肯辛顿高街地铁站步行5分钟　酒店豪华，环境优
　　　　　　　　　　　　　　　　　💰 S/T£181~　🛏 396间　　　　　　美。同时紧邻着商
皇家花园酒店　　　　　　　　📞 020-7937-8000　📠 020-7361-1991　业街和地铁站，地
Royal Garden Hotel　　　　　　　✉ 2-24 Kensington High St., W8　　理位置优越。
　　　　　　　　　　★★★　🅷🅿 http://www.royalgardenhotel.co.uk

贝斯沃特 　　　　　　　　　地图 p.24-E　 🚇 从兰开斯特门地铁站步行1分钟　这是一家面朝公园绿
　　　　　　　　　　　　　　　　　💰 S/T£191~　🛏 416间　　　　　　地的高楼酒店。地铁
伦敦兰开斯特酒店　　　　　　📞 020-7262-6737　📠 020-7724-3191　从建筑物地下通过，
Lancaster London　　　　　　　　✉ Lancaster Terrace., W2　　　　　购物逛街十分方便。
　　　　　　　　　★★★★　🅷🅿 http://www.lancasterlondon.co.uk

马里伯恩 　　　　　　　　　地图 p.24-E　 🚇 从埃奇韦尔路地铁站步行3分钟　这是一家现代化的
　　　　　　　　　　　　　　　　　💰 S/T£251~　🛏 1054间　　　　　大型酒店，内部设
伦敦希尔顿大都会酒店　　　　📞 020-7402-4141　📠 020-7724-8866　施齐全，服务周到。
Hilton London Metropole　　　　 ✉ 225 Edgware Rd., W2
　　　　　　　　　　★★★　🅷🅿 http://www.hilton.co.uk/londonmet

伦敦城 　　　　　　　　　　地图 p.27-L　 🚇 从塔山地铁站步行5分钟　　　　紧邻伦敦塔，还可
　　　　　　　　　　　　　　　　　💰 S£131~、T£143~　🛏 801间　　　以远眺泰晤士河的
陶尔酒店　　　　　　　　　　📞 0871-376-9036　📠 0871-376-9136　美丽风光。酒店服
The Tower Hotel　　　　　　　　✉ St.Katharine's Way, E1　　　　　务周到，舒适自在。
　　　　　　　　　　★★★　🅷🅿 http://www.guoman.com/tower

布卢姆斯伯里 　　　　　　　地图 p.25-C　 🚇 从拉塞尔广场地铁站步行1分钟　这家酒店外观雄伟庄
　　　　　　　　　　　　　　　　　💰 S£140~、T£168~　🛏 373间　　　严，内部装饰为传统
拉塞尔酒店　　　　　　　　　📞 020-7837-6470　📠 020-7837-2857　的英式风格。紧邻着
Hotel Russell　　　　　　　　　✉ Russel Sq., WC1　　　　　　　　　大英博物馆。
　　　　　　　　　　★★★　🅷🅿 http://www.londonrussellhotel.co.uk

布卢姆斯伯里 　　　　　　　地图 p.25-C　 🚇 从拉塞尔广场地铁站步行3分钟　这是一家美式风格
　　　　　　　　　　　　　　　　　💰 S/T£169~　🛏 311间　　　　　　的现代化酒店，位
布卢姆斯伯里假日酒店　　　　📞 0871-942-9222　📠 020-7837-5374　于大英博物馆附近。
Holiday inn Bloomsbury　　　　　✉ Coram St., WC1
　　　　　　　　　　★★　🅷🅿 http://www.holiday-inn.com

布卢姆斯伯里 　　　　　　　地图 p.25-C　 🚇 从拉塞尔广场地铁站步行3分钟　这是深受大学生欢
　　　　　　　　　　　　　　　　　💰 S£73、T£94(含早餐)　🛏 1630间　迎的大型酒店。地
皇家国际酒店　　　　　　　　📞 020-7637-2488　📠 020-7837-4653　铁、大英博物馆就
Royal National　　　　　　　　　✉ 38-50 Bedford Way, WC1　　　　在附近。
　　　　　　　　　　　　　　🅷🅿 http://www.imperialhotels.co.uk

肯辛顿 　　　　　　　　　地图 p.24-I外　 🚇 从肯辛顿奥林匹亚地铁站步行5分钟　这是一家现代化大型
　　　　　　　　　　　　　　　　　💰 S£116~、T£122~　🛏 405间　　　酒店。身处环境优美
伦敦希尔顿奥林匹亚酒店　　　📞 020-7603-3333　📠 020-7603-4846　的高档住宅区，令人
Hilton London Olympia　　　　　✉ 380 Kensington High St., W14　　感到安静和舒适。
　　　　　　　　　　★★　🅷🅿 http://www.hilton.co.uk/olympia

Entertainment

体验精彩上乘、激情四射的伦敦文艺生活
尽享休闲娱乐生活

伦敦和纽约并称为"音乐剧之都"。《悲惨世界》、《歌剧魅影》、《猫》等闻名世界的音乐剧都出自伦敦。除音乐剧外，在伦敦还可以欣赏到各种戏剧、歌剧、芭蕾舞以及古典音乐会。剧场主要集中在南岸区，也就是皮卡迪利广场到柯芬园一带。看音乐剧，如果座位是带顶棚的木看台，平均票价为20英镑左右，头等席也只需60英镑左右。在伦敦期间，去看一场音乐剧也是不错的选择。但是，要碰上很热门的音乐剧，会遇到一票难求的情况，如果觉得不容错过非看不可，建议事先向国内售票代理处或旅行社预订好门票。

剧场云集的沙夫茨伯里大街

在街上也有售票亭

★网上预订
伦敦市内剧场门票预订窗口
http://www.officiallondontheatre.co.uk

收集剧场信息

❶ 酒店大堂或是旅游信息服务中心会为游客提供每两周发行一次的《伦敦剧场指南》公开宣传小册子。小册子上有关于正在上演的剧名、票价以及预订窗口的详细信息。

❷ 可以在书店购买 *TIME OUT* 社区信息杂志，里面详细介绍了各个剧场的相关信息。

预订·购票

❶剧场的售票窗口

每个剧场都设有售票窗口。如果早出发，可以买到当天的票。不需要手续费，而且可以在剧场坐席图上选择自己喜欢的

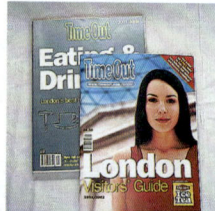
丰富的社区信息

坐席位置。要是有银行卡还可以直接电话预订。

❷票务代理

可以在街道或是地铁站的售票代理店买票。需要手续费（票价的15%~25%）。

❸酒店前台

大型酒店一般都会为顾客提供购票或预订餐厅的服务。要注意的是，让酒店服务员帮忙购票时，不要忘了付一些小费。

❹Tkts（Half-Price Ticket Booth半价票亭）

Tkts是位于莱斯特广场的英国演剧协会运营的官方票务发行票亭。这里出售当天的半价或打折票。但"先到先得"，不早去，可能买不到打折票。在售票处旁还出示当天售票的详情。手续费是3英镑，一人一次最多限购4张。另外，需注意购票不能使用银行卡。

Tkts出售半价票

英格兰
南部

S o u t h e r n   E n g l a n d

伦敦
巴斯   布莱顿

交通

● 从伦敦去往主要地方城市的交通

去往布莱顿乘列车约需50分钟
　乘长途巴士2小时10~30分钟
去往巴斯乘列车约需1小时30分钟
　乘长途巴士约3小时30分钟
去往埃克塞特
　乘列车需2小时~2小时40分钟
　乘长途巴士约4小时30分钟

英格兰南部

　　英格兰南部连绵起伏的丘陵和东南部恬静祥和的田园地带素有"英格兰花园"之誉。南岸一带分布着许多著名的度假胜地。雄伟的大教堂所在的名镇以及拥有2000年历史的古老城镇，都为世人展示了英国最恬静的一面。巴斯以西的英格兰西南部地区还有著名的温泉疗养胜地和阳光灿烂的海滨城镇。

84

❶ **彭赞斯**

Penzance p.105

　　彭赞斯是个安静的港口城镇，也是铁路的终点站。位于英格兰最西端被称做"天涯海角"的兰兹角就在附近，彭赞斯是兰兹角的最佳观光景点。

❷ **布里斯托尔**

Bristol p.99

　　布里斯托尔位于埃文河口，是因造船业而繁荣起来的贸易港口。如今码头迁到了埃文河口更深的水域，而原来的码头区域则改建为全新的休闲娱乐区，吸引了大批观光游客。

❸ **巴斯**

Bath p.96

　　巴斯是著名的温泉疗养胜地，至今还保留着罗马人建造的温泉遗址。自18世纪温泉的疗养功效得到认可以后，这里的温泉便声名鹊起，成为上流社会的社交场所。这里的历史遗址都得到了很好的保护，整个小镇已被列入世界遗产。

❹ **托基**

Torquay p.104

　　托基被称做"英国海滨"，是著名的海滨休闲度假区。优雅的白色别墅错落有致地分布在小镇上。这里还是著名作家阿加莎·克里斯蒂的故乡，想了解阿加莎就不能错过这里。

❺ **普利茅斯**

Plymouth p.105

　　普利茅斯是许多具有历史意义的航海环行出发地。16世纪大败西班牙的无敌舰队海战就发生在这里，著名的"五月花"号也是从这里起航的，可以说这里是一个充满故事的城镇。

❻ **朴茨茅斯**

Portsmouth p.93

　　朴茨茅斯是纳尔逊将军曾经浴血奋战的港口。从16世纪的帆船战舰和旧船坞中可以看出英国光辉的海上霸权史。

❼ **埃克赛特**

Exeter p.102

　　早在公元50年，罗马人就在这里设计建造了主要的街道，它是英国最古老的城镇之一。如今，整个街道规划仍保存完好，12世纪建造的哥特风格大教堂是埃克赛特标志性建筑物，它的周围还分布着许多历史遗址。埃克赛河畔的仓库街如今也已经开发成为旅游景点。

❽ **索尔兹伯里**

Salisbury p.100

　　13世纪建造的大教堂，是英国最高的尖顶教堂。教堂内展示着《英国大宪章》四部原稿的其中一部。城外不远的原野上耸立着著名的史前巨石柱，也称"巨石阵"（p.101）。

❷布里斯托尔
❸
索尔兹伯里

埃克赛特
❼

托基
❹

普利茅斯❺

❶彭赞斯
兰兹角

先睹为快　Southern England

利兹城堡 ❾
Leeds Castle p.94

这是一座童话般的城堡，四周被碧绿的湖水环绕。12世纪以来这里就成为历代王公贵族的行宫。

多佛尔 ❿
Dover p.94

多佛尔临近欧洲大陆，这里与法国隔岸相望。登上白色断崖还可以远眺多佛尔古堡的迷人景色。

坎特伯雷 ⓫
Canterbury p.86

坎特伯雷是英国国教的圣地，坎特伯雷大教堂是英国基督教的主教堂，也是坎特伯雷最重要的建筑。乔叟在《坎特伯雷故事集》中描述的朝圣地就是指坎特伯雷，这是一个保留着中世纪风格的历史小镇。

拉伊 ⓬
Rye p.95

拉伊是个迷人的小镇，红顶的房屋环绕着教堂而建，并沿着鹅卵石街道延伸开来。拉伊到海边虽有一段距离，但还保留着当年港口小镇的风情。

黑斯廷斯 ⓭
Hastings p.88

黑斯廷斯因著名的黑斯廷斯战役而得名。11世纪，法国诺曼人在这里征服了英格兰，这成了英国历史的转折点。站在山丘上，小镇的景色尽收眼底，一边是热闹的海滨休闲区，一边是古朴而安静的渔村。

伊斯特本 ⓰
Eastbourne p.89

伊斯特本是海滨胜地。小镇郊区的比奇角和七姐妹白色断崖吸引了来自世界各地的游客前来观光游览。

布莱顿 ⓮
Brighton p.90

布莱顿是南岸最有名的海边度假区，而且邻近伦敦，交通十分便利。自18世纪起这里就成为王公贵族的度假区，国王的皇家行宫以及白色素雅的别墅都显得格外奢华。当然，它也有朴素的一面，至今还保留着小渔村时期的原貌。

温切斯特 ⓱
Winchester p.92

早在公元9世纪阿尔弗雷德大帝就把这里当作首府，这里也是英格兰最早的首府。小镇的历史可以追溯到古罗马时代，如今仍完好地保留着古建筑的原样，被河水和绿地环绕的大教堂及古老的建筑使得小镇显得格外古朴安详。

阿伦德尔 ⓯
Arundel p.95

阿伦德尔是位于南部的恬静小镇。因位于河畔，四周被广阔的牧草地包围，景色迷人。建造于11世纪的古堡是小镇最大的亮点。

这里是英国基督教的主教辖区，它还是乔叟在《坎特伯雷故事集》中描述的朝圣地，是一个保留着中世纪风格的小镇。

必看
- 坎特伯雷大教堂 ② ② ②
- 圣奥古斯丁修道院遗址 ② ② ②
- 《坎特伯雷故事集》 ②

🚌 **前往坎特伯雷**
火车◎ 从伦敦出发约1小时30分钟
汽车◎ 从伦敦出发搭乘长途汽车约2小时

ℹ️ **旅游信息服务中心**
🚃 从坎特伯雷大教堂站步行约1分钟 ✉️ 12-13
Sun St. 开 9:30~17:00（周日10:00~16:00）、
11~4月10:00~16:00 休 12月至复活节的周日

86

坎特伯雷
Canterbury
地图 p.7-L

人口
14.9万人

街区概观 ❓

1400年前，圣奥古斯丁为了宣传基督教义来到英格兰，他选择坎特伯雷作为他的主教辖区，并在这里建造了修道院和大教堂。1170年与王室对立的坎特伯雷大主教托马斯·贝克特被暗杀后，这里就成为了北欧最主要的朝圣中心。每年朝拜贝克特死后遗迹的朝圣者们源源不断涌向这里，小镇就这样逐渐繁荣起来。16世纪，亨利八世（⇨p.61）进行了宗教改革，并将坎特伯雷设为英国国教的主教辖区。

精彩看点 🚶

坎特伯雷旧街区的四周被城墙包围着，街道舒适整齐，花半天的时间逛一逛周边街区是不错的选择。著名的**坎特伯雷大教堂**位于旧街区北边，**圣奥古斯丁修道院**则坐落在城墙外，大教堂周围还分布着许多都铎式建筑。沿着古朴的街道欣赏路旁的景点令人心情舒畅，漫步在小镇街头还可真切地感受到历史的沉淀。

胡格诺教徒纺织工之家

景点 *Sightseeing*

Canterbury Cathedral
坎特伯雷大教堂 ② ② ②
地图 p.87-B

世界遗产

● 从旅游信息服务中心步行1分钟
● 票价£8.00，9:00~17:30、10~3月~17:00、周日全年12:30~14:30，无休

🔍 **亮点** 礼拜堂里的彩色镶嵌玻璃窗

长廊深处彩色玻璃

建造于公元601年的大教堂在1067年的一场大火中被烧毁，此后大教堂还反复经历了几次烧毁和重建的历程。如今的哥特式教堂是1642年在清教徒革命中被清教徒破坏后又重建的。发生在大教堂中最沉重的事件是，主教圣托马斯·贝克特被亨利二世认定为叛徒在这里遭到杀害，随后人们在教堂里建造了三一礼拜堂，直到被毁坏为止，这里一直是祭奠贝克特的地方，如今这里成为了圣托马斯·贝克特神殿的遗址，吸引了大批朝圣者前来朝拜。礼拜堂的北侧有描绘贝克特生涯的插图，地下圣堂就是存放贝克特遗体的地方，圣堂内部被称做"通往天国之门"。

St.Augustine's Abbey

圣奥古斯丁修道院遗址 世界遗产

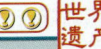

地图 p.87-B

●从旅游信息服务中心步行10分钟

●票价£4.50、10:00~17:00、9~3月~16:00，11~3月的周一~周五和12/24~26、1/1休息

圣奥古斯丁修道院是与圣奥古斯丁教堂一起建造的。它曾经拥有广阔的土地，是英格兰最富有的本笃教派修道院，但在亨利八世的宗教改革中被封。此后，修道院的石造部分逐渐损坏最后成为废墟，如今只剩下正门依然屹立着。

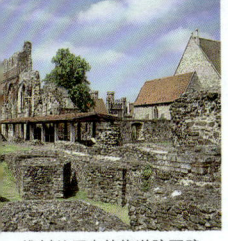

镌刻着历史的修道院石壁

The Canterbury Tales

坎特伯雷故事集

地图 p.87-A

●从旅游信息服务中心步行3分钟

●票价£7.95、10:00~17:00、7~8月9:30~、11~2月10:00~16:30，12/25・26、1/1闭馆

这里通过视频音响再现了乔叟名作《坎特伯雷故事集》中朝圣者讲述的经典故事。此外还可通过馆内的展示了解这个小镇的历史变迁。

住宿 Stay

城内

ABode Cunterbury ★★★

阿伯德坎特伯雷酒店

地图 p.87-A

HP http://www.abodehotels.co.uk

交 从旅游信息服务中心步行2分钟

£ S/T£105~ 室 72间

☎ 01227-76-6266 FAX 01227-78-4874

✉ High Street

地理位置优越

这家酒店位于主要街道的中心处，交通十分方便。开业于1588年，距今有几百年的历史，内部装潢雅致考究，带给人优雅的享受。

城外

The Falstaff Hotel ★★

法尔斯塔夫酒店

地图 p.87-A外

HP http://www.thefalstaffcanterbury.com

交 从旅游信息服务中心步行8分钟

£ S£72、D/T£90~（含早餐） 室 46间

☎ 01227-46-2138 FAX 01227-46-3525

✉ 8-10 St Dunstans Street

舒适的传统酒店

这家酒店建造于600年前，极具中世纪坎特伯雷特色。酒店是传统的田园风格建筑，而且紧挨着城门，地理位置优越，逛街购物十分便利。

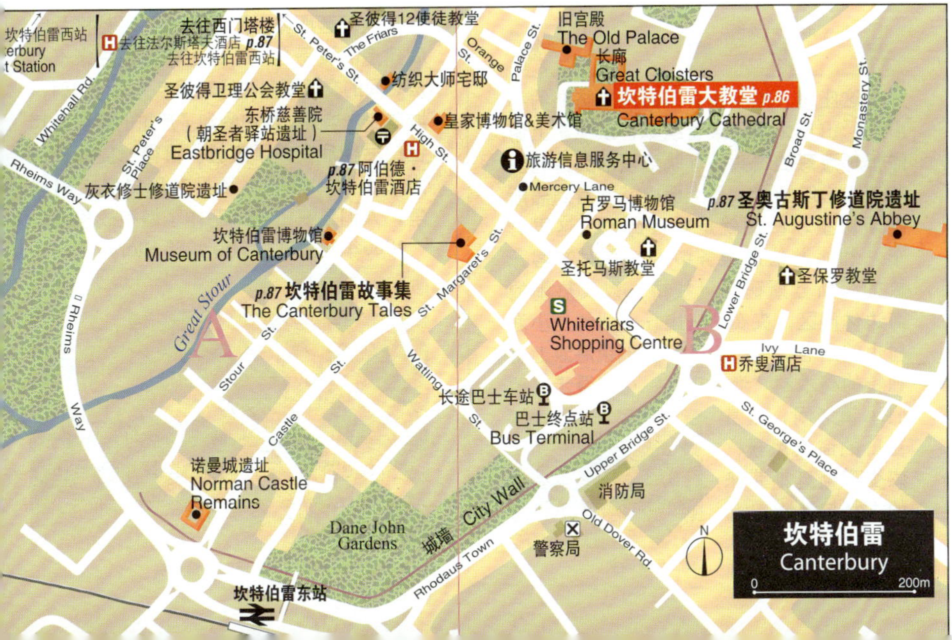

坎特伯雷西站
erbury
t Station
去往西门塔楼
去往法尔斯塔夫酒店 p.87
去往坎特伯雷西站
圣彼得12使徒教堂
The Friars
St. Peter's St.
Orange St.
Palace St.
旧宫殿
The Old Palace
长廊
Great Cloisters
坎特伯雷大教堂 p.86
Canterbury Cathedral
Whitehall Rd.
圣彼得卫理公会教堂
纺织大师宅邸
东桥慈善院
（朝圣者驿站遗址）
Eastbridge Hospital
皇家博物馆&美术馆
High St.
Broad St.
Monastery St.
St. Peter's Place
旅游信息服务中心
Rheims Way
p.87 阿伯德・坎特伯雷酒店
灰衣修士修道院遗址
Mercery Lane
古罗马博物馆
Roman Museum
p.87 圣奥古斯丁修道院遗址
St. Augustine's Abbey
坎特伯雷博物馆
Museum of Canterbury
St. Margaret's St.
圣托马斯教堂
Lower Bridge St.
圣保罗教堂
Great Stour
p.87 坎特伯雷故事集
The Canterbury Tales
Rheims Way
A
Whitefriars Shopping Centre
B
Ivy Lane
乔叟酒店
Stour St.
St.
Watling St.
长途巴士车站
巴士终点站
Bus Terminal
Castle St.
St. George's Place
Upper Bridge St.
诺曼城遗址
Norman Castle Remains
消防局
City Wall
城墙
Dane John Gardens
Rhodaus Town
警察局
Old Dover Rd.
N
坎特伯雷
Canterbury
0
200m
坎特伯雷东站

远望白色断崖犹如翻滚而起的白色浪花

黑斯廷斯是因英国历史上的重要转折点而闻名的海滨城市。它已从先前的小渔港，发展成为海滨度假胜地。

必看

黑斯廷斯城堡 ❓❓
渔网店 ❓❓
圣克莱门特走私山洞 ❓
黑斯廷斯博物馆和美术馆 ❓

🚌 **前往黑斯廷斯**
火车 从伦敦出发约1小时40分钟
汽车 从伦敦出发搭乘长途汽车约需3小时45分钟

ℹ️ **旅游信息服务中心**
🚉 从黑斯廷斯站步行约10分钟　✉️Queens Sq., Priory Meadow 🕗8:30~18:15（周六9:00~17:00、周日10:30~16:30）休无休

人口
8.7万人

88

黑斯廷斯
Hastings
地图
p.7-K

---

about Hastings
街 区 概 观 ❓

1066年来自法国诺曼底的**征服者威廉**（⇒p.55）在黑斯廷斯小镇打败了英格兰国王哈罗德，并建立诺曼王朝。"诺曼征服"成为英国历史上的一个重要转折点，黑斯廷斯就得名于这场具有历史意义的黑斯廷斯战役。当年的战场位于离海岸10公里处的内陆地区。随着经济的发展，这个小渔港逐渐成为著名的海港和繁华的海滨度假区。

Highlight
精 彩 看 点 🚶

这座迷人的小镇有东西两座临海的小山丘，山丘之间还架着缆车，从缆车上俯瞰郁郁葱葱的山头、远眺浪漫的英吉利海峡使人心旷神怡。登上西山就会看到**黑斯廷斯城堡**，西侧就是新兴街区，这里有车站和旅游信息服务中心，有对游客开放的黑斯廷斯码头（栈桥）以及热闹的海边休闲区。夹在两座山丘之间的是小渔村也就是老镇（旧街区）。小镇海滩上有独特的高木制"渔网店"。可以漫步在新旧小镇之间，欣赏夏日的海滨风景，感受黑斯廷斯带来的古朴与激情。

黑斯廷斯码头

景点 Sightseeing

Hastings Castle
黑斯廷斯城堡

● 从旅游信息服务中心步行10分钟，然后坐缆车到西山顶
● 1066年的故事：票价£4.25，11:00~17:00，10月~复活节11:00~16:00，12/24~26、1/1休息

🔆 **亮点** 从山顶远眺小镇美景

黑斯廷斯城堡是诺曼人征服英格兰之后建造的城堡之一，这里曾经是往来于英法之间的交通要塞和战略据点。13世纪时，城堡在一场暴风雨中受到了严重的损坏，16世纪后彻底变成了废墟。值得一提的是，为了纪念1066年那场具有历史意义的战争，人们还在山丘上制作了微型战争模型"1066年的故事"（The 1066 Story）。

登上城堡遗址所在的山头俯瞰小镇全貌

渔船后面就是黑斯廷斯东码头

Net Huts
渔网店

- 从旅游信息服务中心步行15分钟
- 渔民博物馆：免费开放，10:00~17:00、11~3月11:00~16:00，12/25闭馆

从黑斯廷斯的海滨远远可以看到高高耸立着的黑色木制小屋，里面收藏着当地渔民的渔网等捕鱼用具。这些小屋再现了小渔村时代的打鱼生活，是很受欢迎的景点之一。在"渔网店"旁还有一座渔民博物馆，它原先是渔民教堂。博物馆内陈列着船的模型、渔网、旧照片以及20世纪初的渔船。

St. Clements Caves
圣克莱门特走私山洞

- 从旅游信息服务中心步行15分钟，接着坐缆车到西山顶
- 票价£7.40、10:00~17:30、10月~复活节10:00~15:00（周六、周日~16:00），12/24~26、1/1休息

这个山洞是著名的走私山洞，是在自然山洞基础上扩建的，也就是18世纪藏匿烟酒等走私品的地方。如今这个山洞已经被改造成了景点，有意思的是，为重现当年走私人的生活，山洞内摆上逼真的假人模型，配上生动的音响效果，还设置有趣的"走私者冒险"游戏。山洞内还建有现代版的走私者房屋。

文化小知识

诺曼征服者

建立诺曼王朝的威廉一世被称作"征服者"，他原本是诺曼底公爵，也是忏悔王爱德华(⇒p.61)的远房表兄。忏悔王爱德华在世时没有留下子嗣，而且又十分重用诺曼贵族，去世后，威廉一世为夺取继承权攻入英国，并在黑斯廷斯打败英格兰国王哈罗德，从而建立诺曼王朝。

建立诺曼王朝后，他从旧势力撒克逊贵族手中夺得到了大片土地，并将这些土地分给家臣，牢牢地掌握了王权，同时建立起中央集权的封建制度。他最大的历史贡献是完成了土地普查文献《土地赋税调查书》的编撰，并制定了国税制度。此外，在坎特伯雷和约克两大教会发生纷争时，他支持了坎特伯雷教会并确立了第一个大教会，从而得到了最大宗教团体的支持，进一步稳固了王权。

Hastings Museum & Art Gallery
黑斯廷斯博物馆和美术馆

- 从旅游信息服务中心步行5分钟
- 免费开放，10:00~17:00、10~3月~16:00、周六、周日11:00~、耶稣受难日及12/25、26闭馆

这是介绍黑斯廷斯地区全貌的博物馆和美术馆。馆内不仅展示了该地区自然史，还陈列着精品陶瓷、来自各地的工艺品以及欧洲的精美陶瓷。

加享 **Short Trip** 之旅

白崖的最佳观光据点
伊斯特本 Eastbourne
地图 p.7-K、p.83

世界闻名的白崖是断断续续绵延于英国南岸的石灰地质断崖，其中伊斯特本以西的海岸线是最著名、最壮观的一段。伊斯特本从19世纪开始就是安静的休闲度假胜地，也是欣赏白崖的最佳观光据点。

● **比奇角**

比奇角是距离小镇最近的一座白崖，海拔高达162米，是英国最高、最险峻的断崖，它的高度和险要足以让很多游客望而却步。从崖顶可以看到伊斯特本小镇和远处的海岸。

● **七姐妹**

远远望去，七姐妹断崖就像翻滚着的白色浪花，是伊斯特本最美丽的风景线。"七姐妹"名字源于这处断崖由七座此起彼伏的山丘组成。山丘周围是原野和湿地，是野生海鸟的栖息地。

去往伊斯特本
火车 ▶从伦敦维多利亚站出发，全程约1小时30分钟，从黑斯廷斯站出发30分钟

绵延于海岸雄伟壮观的白崖

极具东方色彩的皇家行宫

布莱顿素有"海滨伦敦"的美誉，一到夏天，这里就会变得热闹非凡。错落有致的白色别墅仿佛重现了19世纪的奢华与典雅。

必看
- 皇家行宫 😊😊😊
- 布莱顿码头 😊😊😊
- 小巷 😊😊
- 海洋生物中心 😊

🚌 **前往布莱顿**
火车 从伦敦出发约50分钟
汽车 从伦敦出发搭乘长途汽车近3小时

ℹ️ **旅游信息服务中心**
🚹 设在皇家行宫旁边　✉ 4-5 Pavilion Buildings 🕙 10:00~17:00 休 无休

布莱顿
Brighton

人口 25.4万人

地图 p.7-K

---

about Brighton
街 区 概 观 ❓

自18世纪开始流行海水浴后，原本只是个小渔村的布莱顿逐渐成为了休闲疗养地，并为人们熟知。乔治四世在王太子时期开始在此建造皇家行宫，随后上流阶层的皇宫贵族们纷纷在这里建造宅第别墅。这里错落有致地分布着许多乔治风格的白色别墅，构成了一道奢华的风景线，不禁令人感叹19世纪维多利亚时代的繁华。完好保存的渔村小巷也给这座小镇增添了不少色彩。分布在海滨、熙熙攘攘的娱乐场所，如今已成为艺术家们云集的地方，也吸引了大批伦敦人搬迁到这里居住。

Highlight
精 彩 看 点 🚶

许多游客来到布莱顿都是为了泡个健康的海水浴，但还有一个不能错过的景点就是**皇家行宫**。在它的两侧可以看到小渔村的老巷子，这里可是购物休闲的好去处。还可以逛逛离这里不远的海岸，那里有著名的**布莱顿码头**和**海洋生物中心**。海滨还提供小型电动车的租赁服务，可以驾车游览美丽的布莱顿海岸。这种租赁服务始于1883年，至今已有近两百年的历史，这种小型电动车也是英国最早用于接送旅客的专用车。从这里到布莱顿马里纳海岸长约1.5公里，海岸线上停泊着不少游艇，场面十分壮观。

布莱顿的美食▶ 海滨城市布莱顿最传统的菜肴是炸鱼薯片。这里分布着大大小小的餐厅。此外，色彩鲜艳的硬糖也是布莱顿远近闻名的特产，一样不能错过。

布莱顿
Brighton

0　　　300m

🚆 布莱顿火车站

Trafalgar St.
Gloucester Rd.
Qeen's Rd.
Gloucester Place
North Rd.
Sussex St.
维多利亚花园
Grand Parade
John St.
布莱顿博物馆和美术馆
Carlton Hill
Ⓢ Shopping Centre
Church St.
皇家行宫 p.91
Royal Pavilion
Edward St.
North St.
巴士终点站
海洋生物中心（水族馆）p.91
p.91 小巷
The Lanes
St James's St.
旅游信息服务中心 ℹ
West St.
Middle St.
Ship St.
Steine
Marine Parade
去往西码头 West Pier
去往德维尔大酒店 p.91 Ⓗ
去往布莱顿都会酒店 p.91 Ⓗ
小型电车
Kings Rd.
布莱顿码头 p.91
Brighton Pier
去往布莱顿马里纳

热闹非凡的夏季海滨浴场

Royal Pavilion
皇家行宫　　🎯🎯🎯
地图 p.90

● 旅游信息服务中心附近
● 门票£9.80、9:30~17:45、10~3月10:00~
17:15、12/25・26休息

🔍 **亮点　关注英国人的异国情调**

　　这里是国王乔治四世(该国王最出名的就是一生沉迷于奢华生活)早在其皇太子时代就命令皇家御用建筑家约翰·纳什(⇒p.58)建造的夏季离宫。该离宫于1787年开始动工,后又经过改装、扩建,最终在1822年完工。其宛如洋葱状的原型顶棚是非常独特的印度风格,而里面的装饰及家具等更是在当时极流行的中国情调。以竹子为模的铸铁楼梯,散散落落的汉字壁纸,现在看来多少都有点让人觉得新奇。这座斥巨资而设计建造的英国皇家行宫,可谓是极尽奢侈华丽。

The Lanes
小巷　　　　🎯🎯
地图 p.90

● 旅游信息服务中心的西侧

　　这些小巷是布莱顿还是小渔村时的一角。在这令人眩晕的小巷街道里,古董店、室内装饰品店和礼品店鳞次栉比,甚是繁华热闹。在夏季的广场以及用石头铺成的小道上到处是摆满酒瓶的桌子,再加上流动的音符,时刻都让人感觉这里在过节。

Brighton Pier
布莱顿码头　🎯🎯🎯
地图 p.90

● 从旅游信息服务中心出发步行3分钟
● 门票免费、10:00~22:00、周六和周日~23:00、12/25休息

　　这里是英国著名的海滨度假胜地,也是维多利亚女王时代建造的带有娱乐设施的栈桥,并且作为布莱顿的象征而遐迩闻名,可以在这里享受一下自由漫步的感觉。现在所看到的建筑是于1899年扩建的,长约500

米。这里在当时是带有音乐大厅的华丽社交场所,而今天则成为集小型游乐场、大型游戏中心、小酒馆、餐厅、小吃摊等于一身的商业中心,相当繁华、热闹。

Brighton Sea Life Centre
海洋生物中心(水族馆)　🎯
地图 p.90

● 从旅游信息服务中心出发步行2分钟
● 门票£15.50、10:00~17:00、12/25休息

　　该水族馆于1872年开馆,有着悠久的历史,从其内部的部分装饰便能窥见一斑。别看它外形小巧别致,却能让人体验到有着"欧洲第一"美誉的海底隧道。在这里游客不但能看到各种各样的鱼,还可以通过特别设置的水槽亲手来喂这些鱼儿。

住宿　　　　　*Stay*

▶ 西码头周边
The De Vere Grand Hotel　★★★
德维尔大酒店
地图 p.90外

🅗🅟 http://www.devere.co.uk
🚉 从旅游信息服务中心步行10分钟
💷 S£96~、D/T£132~(含早餐)　🛏 201间
☎ 01273-22-4300　FAX 01273-22-4321
✉ Kings Road

矗立在海边的高雅酒店

　　该酒店面海而建,是高雅的维多利亚式风格建筑,也是整个布莱顿酒店的代表。自古以来这里就很出名,政府及财经界人士经常用它作为会议场所。

▶ 西码头周边
Hilton Brighton Metropole　★★★★
希尔顿布莱顿都会酒店
地图 p.90外

🅗🅟 http://www.hilton.co.uk/brightonmet
🚉 从旅游信息服务中心步行12分钟
💷 S£125~、T£161~　🛏 334间
☎ 01273-77-5432　FAX 01273-20-7764　✉ Kings Road

沐浴海风的豪华度假酒店

　　该酒店是于19世纪末建成的大型砖造豪华度假酒店,游泳池等度假设施一应俱全。

灯光照耀下的夜景非常浪漫

温切斯特
Winchester

地图 p.7-K

与阿尔弗雷德大王有渊源的温切斯特大教堂

温切斯特由阿尔弗雷德大帝于公元9世纪所建，是英格兰最初的首府。小河潺潺、绿意盎然的古都也不失现代气息。

必看
- 温切斯特大教堂 ⭐⭐⭐
- 渥西古堡 ⭐⭐
- 大厅 ⭐⭐
- 温切斯特学院 ⭐

🚌 **前往温切斯特**
火车▶从伦敦出发约1小时
汽车▶从伦敦出发乘长途汽车约2小时

ℹ️ **旅游信息服务中心**
🚶从温切斯特大教堂出发步行5分钟　✉Guildhall, The Broadway　🕙10:00~17:00（周日11:00~16:00）　休10~4月周日

人口
11.3万人

街区概观 ❓
about Winchester

温切斯特的历史可以追溯到古罗马时代，公元6~8世纪的七王国时代它曾是韦塞克斯王朝的首都。公元871年即位的**阿尔弗雷德大帝**成功阻止了维京人的入侵，统一了七王国，并且建立了英格兰王国最初的都城。1066年**征服者威廉**(⇨p.55)尽管已在伦敦举行了加冕仪式，却不得不在温切斯特再次举行。温切斯特在工业革命中被落下，但也正是得益于此，它保留了浓厚的中世纪之风，即使到今天还能让人感受到它的古都之韵。

精彩看点 🚶
Highlight

温切斯特的中央是东西走向的购物街——市中心大街。伊钦河从该市的东端穿流而过，河上横跨着城市桥。这里自古就是温切斯特的大门，现在也是小汽车和公交车迎着阿尔弗雷德大帝的雕像进入市里的通道。雕像旁边的壮丽建筑物是于19世纪建成的**市政厅**。市政厅不远处就是著名的**温切斯特大教堂**了。所有市里的景点都分布在以大教堂为基点步行15分钟的范围内，并且购物大街旁老房子鳞次栉比。不妨沿伊钦河沿岸的步行道漫步，那也是一种极妙的享受。

可沿伊钦河散步

景点
Sightseeing

Winchester Cathedral
温切斯特大教堂 ⭐⭐⭐
地图 p.93

●从旅游信息服务中心出发步行5分钟
●门票£6.00，8:30~18:00，周日~17:30，无休

🔍**亮点** 历代韦塞克斯国王的安息之所

该大教堂始建于1079年，又经过后来500多年的改建，其中14世纪时建造的教堂中央部分长廊，以其垂直**哥特式风格**（⇨p.135），闻名于当时的欧洲。教堂的雏形为公元648年所建，是埋葬历代韦塞克斯国王的遗骨之地，著名作家简·奥斯汀也葬于此。阿尔弗雷德大帝的遗骨曾葬于此，但在12世纪被转移到其他的教堂，而那家教堂却在16世纪时被毁。教堂在创建时地下室里面就充满了水，并有神秘的现代雕刻。

Wolvesey Castle
渥西古堡 ⭐⭐
地图 p.93

●从旅游信息服务中心出发步行5分钟
●门票免费，10:00~17:00、10~3月休息

虽然被叫作城堡，其实是建成于10世纪的温切斯特主教的宫殿遗址。韦塞克斯

石壁见证着时光的流逝

历代国王在视察温切斯特时都是在这里举行招待宴会的。1554年即位不久的玛丽女王在温切斯特大教堂举行婚礼之前，据说也是在这里举行了大型招待宴会。

The Great Hall
大厅 ②②②
地图 p.93

● 从旅游服务信息中心出发步行15分钟
● 门票£1.00，10:00～17:00，11～1月～16:00，12/25・26休息

这里是由诺曼人建造的温切斯特城的一部分，于1235年建成，是温切斯特城里现存的唯一遗址。市政厅内部有很高的天井，墙壁上挂的是和亚瑟王有关

的圆桌。但是经后来查明，这个圆桌不是6世纪的，而是远在后期的13世纪的产物。市政厅的后面还保留有中世纪风格的庭园。

与亚瑟王渊源极深的市政厅

Winchester College
温切斯特公学 ②
地图 p.93

● 从旅游信息服务中心出发步行12分钟
● 校园内无门票（短途旅游£6.00）10:00～13:00和14:00～17:00，周日14:00～17:00

温切斯特公学是与久负盛名的伊顿和哈罗公学等私立中学齐名的贵族学校，于1387年创立，现在仍然保留着学校当时创立时的部分建筑。校内还有彩色玻璃装饰的小教堂。游客可以自由进入校园，但入内参观校内建筑物须以团体旅游的方式进行。

培养精英的名校

温切斯特
Winchester

0　　300m

温切斯特火车站
North Walls
皇家剧院
西大门
●Westgate　St. George's St.
●大厅 p.93　High St.
汽车站　阿尔弗雷德大帝像
●城市博物馆　Broadway
皇家汉普　旅游信息服务中心 ⓘ ●城市桥
军队博物馆　国王门
St. James's Lane　Kingsgate
　　温切斯特大教堂 p.92
　　Winchester Cathedral
St. Cross Rd.　Canon Street
　　渥西古堡 p.92
　　Wolvesey Castle
St. Romans Rd.　文
简・奥斯汀故居
p.93 温切斯特公学
Winchester College

加享 S h o r t T r i p 之旅

见证英国海上霸权的船坞和军港
朴茨茅斯 Portsmouth
地图 p.7-K、p.83

这里自16世纪起就以造船和军港之城而繁荣，时至今日还是海军基地。1805年，当时还是拿破仑战争时代，由海军上将纳尔逊所统率的战舰"胜利"号正是由此起航去参加特拉法尔加海战的。曾经使用过的造船厂，现在是朴茨茅斯历史船坞（军舰一艘＆博物馆£19.90，10:00～18:00，11～3月～17:30，12/24～26休息）再现当年的神勇姿态。这里还保存有印证英国航海历史的3艘轮船，分别是："胜利"号、1509年建造的"玛丽玫瑰"号、1860年建造的英国最早的"铁壳装甲战舰勇士"号。

● 去往朴茨茅斯
铁路 ▶ 从伦敦出发大约1小时35分钟
从温切斯特出发大约1小时

朴茨茅斯港

阿尔弗雷德大帝
(849～899)871～899在位。盎格鲁-撒克逊后裔的韦塞克斯国王，在击退维京人的侵略后，保卫了英国的独立，并统一了七王国，建立了首都。他统治期间，致力于国家经济和学术的发展。

亚瑟王
这是一个由12世纪的作家克雷缔安・德・特洛亚描写的关于大约6世纪亚瑟王的冒险记。他是圆桌骑士首领，虽真假不明，但是仍然作为对盎格鲁-撒克逊人抵抗的象征被流传下来。

历史拾遗

从阿伦德尔城堡遥望阿伦河

Southeast England
优雅古城&明珠港镇
东南部城镇
Another Town & Spot

地图 p.83

伦敦　利兹城堡　多佛尔
阿伦德尔　拉伊

有着恬静的田园风光的英格兰东南部，散布着很多美丽的城镇和村落。拉伊和阿伦德尔是其中的代表，如果在旅游淡季来此，会让人有一种时光静止的错觉。东南部城堡的代表——优美的利兹城堡、能眺望欧洲大陆的巨大要塞——多佛尔城等，值得观赏的景点不少。

景点 *Sightseeing*

Leeds Castle
利兹城堡 ⓐⓐⓐ
地图 p.7-K、p.83

● 从伦敦维多利亚火车站出发约1小时到达比尔斯特特车站，然后换乘公共汽车，或者从维多利亚长途站出发约1小时30分钟

● 门票£17.50，10:00~最终入场17:00、11~3月最终入场15:00，12/25休场

🔍**亮点** 有名的花园之城

　　利兹是倒映在平缓丘陵地带湖中的花园之城，其优雅更是吸引了历代国王和贵族，共有6位王后在此生活，因此也被称为"王后的城堡"。在城里有着牧草地、森林、庭园、葡萄园等。

　　该城的原型是1119年所建的城塞，13世纪时为王室所有，国王死后王后移居于此，这也成为一种习惯被延续下来。16世纪亨利八世（⇨p.61）为了把此建造成不输给法国的豪华之城，耗费了大量金钱。16世纪之后，利兹城堡重新为贵族所有，几易其主，最后生活在这里的是英裔美国人贝利夫人，直到1974年。亨利八世时代的宴会场和女王的房间都能让人感受到这个中世纪古堡的美丽。

被湖水环绕的利兹城堡

Dover
多佛尔 ⓐⓐ
地图 p.7-L、p.83

● 从伦敦查令十字火车站出发大约1小时30~45分钟、从伦敦维多利亚火车站出发约1小时50分钟、从维多利亚长途车站出发约2小时30分钟

　　临近英法海峡的多佛尔，不论哪个时代都是通往欧洲大陆的交通要地。现在有轮渡穿行于此。多佛尔因沿岸的白垩断崖闻名于世，矗立在断崖的多佛城（门票£16.00，10:00~18:00、11~3月16:00，11~1月的每周二、三及12/24~26、1/1休息）也是非常有名的。这里自1181年由诺曼人建成以来，就一直发挥着"英格兰王国的门户"的作用，第二次世界大战中在其地下建有英军前线指挥部和医院。多佛尔现存的要塞见证着英国古老的历史。

能远远眺望欧洲大陆的多佛尔城

Rye
拉伊 ⚪⚪

地图 p.7-K、p.83

● 从伦敦查令十字火车站出发，然后在阿什福德站换乘约2小时

石铺的坡路是城镇的标志

拉伊是一座非常漂亮的城镇，小山丘上的教堂周围环绕着白墙黑瓦的木制房子或砖制房子，房与房之间的小道也像是把房子给连成一体的"补丁"。山丘往南就是大海，从12世纪起这里就作为重要的港口而发展繁荣至今，英法两国还围绕这座小城多次发动战争。现在的拉伊城已经远离大海有4公里。城里最有名的**海伊街（Hight Street）**高高低低、崎岖不平，这也正是这条干道的魅力所在。这里还有为了防御从海上来的攻击而建的要塞，游客登上**伊普尔塔（Ypres Tower）**（门票£2.95，10:30～17:00、11～3月10:30～15:30，12/25、26休息）可以眺望到拉伊全景。建在该城最高点的是**圣玛丽教堂**（自愿捐款，塔£2.50，9:15～17:15，11～3月～日落，12/25休息），游客从其塔顶可以俯瞰全城。

伊普尔塔是城寨的一部分

Arundel
阿伦德尔 ⚪⚪

地图 p.7-K、p.83

● 从伦敦维多利亚火车站出发约1小时20分钟

这是一座建在被阿伦河和牧草地围起来的丘陵之上的小城，游客从远处也可看到雄伟的城堡和教堂的尖塔。14世纪后半期建成的**阿伦德尔城堡（Arundel Castle）**（门票£16.00，10:00~17:00，假日除外的周一及11~3月休息）是现在阿伦德尔的前身，由于17世纪清教徒革命而遭到毁坏，现存的只有当时的门楼。这里现在是诺福克公爵家的公子阿伦德尔伯爵的公馆。公爵家代代都是天主教信徒，与其渊源极深的教堂就

现在公爵家族依然居住在城堡里

是1872年建起来的**阿伦德尔大教堂（Cathedral of Our Lady）**（门票免费，9:00~日落）。城里还有很多古董店，有不少游客正是为此而来的。

FairyLand

画本的舞台"小熊维尼王国"
维尼熊的森林

说起代表英国的熊，那这个角色肯定是小熊维尼了。这个绘本主人公的故乡是实际存在的，那就是靠近南岸的**阿什当森林（Ashdown Forest）**。作者阿伦·亚历山大·米尔恩以自己的儿子为原型，儿子的小熊玩偶再加上小猪、驴、袋鼠等角色，在经过阿伦的精心改造，最终于1926年发表了《小熊维尼》，而其中的插图则是出自E.H.谢巴德之手。阿什当森林有米尔恩一家的别墅，据说米尔恩就是在这个别墅里招待谢巴德，并带他参观了在故事中所出现的场所。

森林入口处是**哈尔特费尔德村**（Hartfield）。沿街有几家小酒吧和杂货铺，村尽头有一家店铺**小熊维尼角**（9:00～17:00、周日、节日11:00~17:00，

森林入口处的小村庄

12/25·26、1/1休息），游客可以在这里获取有关小熊维尼王国的信息。森林中小河上面的**Pooh Sticks** 桥和魔法之所**Enchanted Places** 等故事中提及的好几处地方都能在这里找到原型。请对照绘本，一起来欣赏这个被誉为"英国庭园"的自然风光吧。

● 前往哈尔特费尔德村
从伦敦查令十字火车站出发55分钟到达坦布里奇韦尔斯（Tunbridge Wells），然后换乘汽车大约25分钟。或者从伦敦维多利亚火车站出发55分钟到达东格林斯特德（East Grinstead），然后换乘汽车大约25分钟。

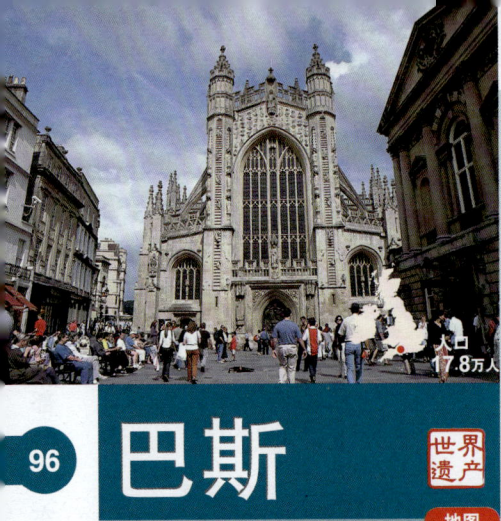

正面是巴斯寺院，右手边是罗马浴室

巴斯曾是由罗马人开设的温泉之城，其名字便来源于"bath"这个词。曾经繁荣的上流社会疗养地，如今依然那么美丽、优雅、有序。

必看
- 罗马浴室 ⓥⓥⓥ
- 巴斯修道院 ⓥⓥⓥ
- 皇家新月楼 ⓥⓥ
- 服饰博物馆 ⓥⓥ

前往巴斯
火车 从伦敦出发1小时25~30分钟
汽车 从伦敦出发乘长途汽车约3小时30分钟

旅游信息服务中心
从巴斯寺院出发步行1分钟 ✉Abbey Chambers, Abbey Churchyard 开9:30~18:00、10~4月~17:00、周日全年10:00~16:00 休无休

96 巴斯
Bath
地图 p.7-K
世界遗产

---

about Bath
街 区 概 观 ?

　　巴斯城沿埃文河岸而建，其前身是在公元1世纪由罗马人开设的温泉保养地。18世纪时，温泉的疗养功效被认可之后在上流社会迅速流行起来，于是这里变成了华丽的社交舞台。此时，建筑家约翰·伍德父子在富豪拉尔夫阿伦的出资下开始建此城，最终建成乔治王时代

建筑风格的巴斯城。现在美丽的城市布局保存完好，和以前一样，包括罗马时代的浴场遗址，巴斯城整个儿都被列入世界遗产。

Highlight
精 彩 看 点 🚶

　　罗马时代的浴场遗址——**罗马浴室**及边上的**巴斯修道院**可以说都是到巴斯不能不看的风景，当然还可以慢慢享受在城中漫步的感觉。离此不远的皇家新月楼步行只要15分钟就可以到达。巴斯城出人意料的小，即使慢慢逛，一天时间也足够了。古董店、购物街、咖啡店、西餐厅等都能在这里找到。从城东之丘可以眺望到接连该城的丘陵地。

景点 _Sightseeing_

The Roman Baths
罗马浴室 ⓥⓥⓥ
地图 p.96

- 从旅游信息服务中心出发步行1分钟
- 门票£12.00，9:00~17:00，7、8月~21:00，11~2月9:30~17:30，12/25·26休息

亮点 地下的展示也非常丰富

　　这里是公元1世纪由罗马人所建的

皇家新月楼 p.97
皇家维多利亚公园
新月楼1号 No.1 Royal Crescent
Julian Rd.
集会厅&服饰博物馆 p.97
Assembly Rooms & Fashion Museum
p.98昆斯伯里酒店
Brock St.
巴斯建筑博物馆
广场
简·奥斯汀纪念馆
Gay St.
George St.
Lansdown Rd.
Walcot St.
霍尔本艺术博物馆
Milsom St.
Charlotte St.
Queen Square
巴斯邮政博物馆
James
p.98弗朗西斯H
皇家剧院
普尔特尼桥 Pulteney Bridge
市政厅市场
p.97水泵房 Pump Room
West St.
罗马浴室
巴斯修道院 p.97
York St.
罗马浴室 p.96
旅游信息服务中心
p.98萨里伦敦之家R
阿比 p.98
St. James Parade
Green Park Rd.
去往布里斯托尔
Lower Bristol Rd.
Manvers St.
去往斯温顿
巴士站
Dorchester St.

巴斯 Bath
0　　200m
巴斯站

畅享自由旅行时光

街上的演出

寻访不常去的博物馆也好，在街区逛街漫步也好，都是一种享受。巴斯修道院的北侧商店林立，其中的Joll's是英国最古老的百货商店。古董店主要分布在乔治大街周边及皇家新月楼附近的玛格丽特大楼等，在巴特利特大街上也有古董中心。从普尔特尼桥下来沿着埃文河漫步，或在茶室品下午茶，都是一种异国的乐趣享受。

浴场。在18世纪时经过发掘并复原，现在仍然有46℃的温水流淌出来。**大浴场**里面为了不让温水凉掉，地板用铅铺成，这也正是罗马人精湛建筑技术的体现。而相邻的**水泵房**（Pump Room）作为来温泉的上流阶层的社交场所于1706年建成。可以在咖啡厅一边听演奏，一边享用午餐和下午茶。

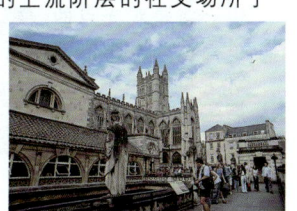
欣赏雄伟巴斯的人们

Bath Abbey
巴斯修道院 ☺☺☺
地图 p.96

●从旅游信息服务中心出发步行1分钟
●门票£2.50（欢迎捐赠），9:00~18:00、11月~复活节~16:30，周日13:00~14:30、16:30~17:30，无休

这是一座与罗马浴室相邻的宏伟教堂，其历史可以追溯到公元758年，973年统一英格兰的撒克逊王爱德华的加冕仪式

攀爬天梯的天使浮雕

就是在这里举行的。现在的建筑物是1499年完成的，为英国中世教堂建筑的代表。西侧正面是天使登梯的雕刻，非常珍贵。地下有博物馆。

Royal Crescent
皇家新月楼 ☺☺
地图 p.96

●从旅游信息服务中心出发步行15分钟

这里曾是贵族的住宅，其格局都是带阳台的双层公寓，30幢房屋连接成一道美丽的弧形，像围着满园绿色的公园一样。新月楼于1774年完工，采用从巴斯近郊采来的乳白色巨石，114根爱奥尼亚式石柱依次排列。**新月楼1号**（门票£6.50，10:30~17:00、11月10:30~16:00，周一及12月中旬~2月中旬休息）是博物馆，向游客开放。

有着优美弧线的新月楼

Assembly Rooms & Fashion Museum
集会厅&服饰博物馆 ☺☺
地图 p.96

●从旅游信息服务中心出发步行10分钟
●门票£7.00，10:30~17:00最后入场（11~2月~16:00），12/25·26休息

该服饰博物馆展示了从16世纪到现代约400年间的200件衣服，在英国也是规模最大的服装博物馆。随着时代的变迁，衣服也跟着变化，首饰及小装饰物品也有展示，相信即使对时尚没有兴趣的人也会享受其中的。博物馆里面的**集会厅**（入馆免费）是1771年建起的，贵族阶层社交场所里面还有优雅的舞蹈室。

博物馆里的展览简单明了

文化小知识

18世纪繁荣的温泉社交场

　　罗马人爱洗澡的习惯中止在欧洲，由于温泉的药效被广泛认可，于是在10世纪时沐浴文化被重新定位，但入浴并没有作为一种习惯普及起来。16世纪温泉疗法始于欧洲上流社会，18世纪在英国温泉疗法流行。罗马人开设的温泉再次开张、扩大，带有温泉疗法的温泉设施越来越盛行，巴斯作为温泉保养地开始引人注目。

　　但是，能够享受到这些的只有王侯贵族等，作为上流社会社交场所而用的水泵房建成之后，温泉疗法和社交开始变得密不可分了。据说维多利亚女王和纳尔逊海军上将也曾来此访问过。巴斯城是作为富裕阶层的社交场迅速发展起来的，一直到今天还能体验到其优雅的城市氛围。

Eating ・ *Stay*
美食・住宿）

▶ 茶座

Sally Lunn's House
萨里伦恩之家

地图 p.96

🚇 从旅游信息服务中心出发步行1分钟　📧 4 North Parade Passage　☎ 01225-46-1634　🕐 10:00～21:30、周日11:00～18:00　休 无休　£ £5～

英国最古老的茶室

　　这里是于15世纪末建成的巴斯城里最古老的房子，即使在整个英格兰也是最古老的茶座。

这原本是由法国人萨里伦恩开办的店，店里有涂着很多蜂蜜的巴斯名产面包和奶油风味蛋卷，都是非常可口的美食。茶室的地下是厨房博物馆。

▶ 王后广场

Mercure Bath Francis　★★★
弗朗西斯

地图 p.96

HP http://www.mercure-uk.com

🚇 从旅游信息服务中心出发步行7分钟
£ S/T£97～　室 95间
☎ 01225-42-4105　FAX 01225-31-9715
📧 Queen Square

体味传统的英国风格

　　这是面朝绿色的王后广场而建的古典风格酒店。客房里面的装饰都和乔治王朝时代优雅的氛围完美地结合起来。

▶ 巴斯修道院周边

Abbey　★★★
阿比

地图 p.96

HP http://www.abbeyhotelbath.com

🚇 从旅游信息服务中心出发步行2分钟
£ S£73～　T/D£77～　室 60间
☎ 01225-46-1603　FAX 01225-44-7758
📧 4 North Parade

用花装饰的外观格外引人注目

　　该宾馆位于小城中心，是观光点的最高地。宾馆的建筑于1740年所建，后经过内部大装修从而形成如今独具现代气息的宾馆。

▶ 服饰博物馆周边

Queensberry　★★★
昆斯伯里酒店

地图 p.96

HP http://www.thequeensberry.co.uk

🚇 从旅游信息服务中心出发步行15分钟
£ S、T/D£130～（含早餐）　室 60间
☎ 01225-44-7928　FAX 01225-44-6065
📧 Russell St.

位于安静住宅区中的时尚酒店

　　这是由约翰・伍德设计建造的历史建筑物，里面的装饰是很时尚的。餐馆里面提供的是新派英式菜（➡p.19），其美味在巴斯城里也是屈指可数的。

※酒店的住宿费用根据季节和一个星期里不同的时间会发生变化。预约的时候请确认最新的价格。

美丽的布里斯托尔运河

这是一座建在埃文河口的城市，19世纪因造船业而兴盛。现在由于滨河地区的快速发展，现代气息也是扑面而来。

必看
@布里斯托尔 ⓺⓺
"大不列颠"号蒸汽船 ⓺⓺
布里斯托尔大教堂 ⓺⓺
布里斯托尔吊桥 ⓺

去往布里斯托尔
火车▶从伦敦出发约1小时45分钟
汽车▶从伦敦出发乘长途汽车约2小时30分钟

旅游信息服务中心
✉ E Shed, I Canons Road 🈺 10:00~18:00、
10~3月~17:00 🈹 12/24~26、1/1

布里斯托尔
Bristol
地图 p.7-K

人口
43.3万人

---

about Bristol
街 区 概 观 ❓

18~19世纪时，这里曾是船舶制造中心，并在与美国的贸易中积累了大量的财富，现在这里是英格兰西南部重要城市。虽说是大城市，但可以在城市中心街区漫步。以@Bristol为基点，漫游滨水地区，还能够欣赏到旧城新貌。城里的古建筑坐落在市中心东侧的**圣尼古拉斯**（从旅游信息服务中心出发步行10分钟可到达）。这里从18世纪就是集市，北面是布罗德米德购物中心（Broadmead），并且一个星期内每天所开的集市也都不同。

景点 Sightseeing

@Bristol
@布里斯托尔 ⓺⓺

● 和旅游信息服务中心在同一地
● 门票£12.50，10:00~17:00，周六日~18:00，12/24~26休息

这里是以科学、自然、艺术为概念的互动式科学中心，能支持3D电影的IMAX剧院也成了布里斯托尔的新象征。河对岸有阿诺尔菲尼现场公演，其舞蹈和音乐非常前卫。

Brunel's S.S. Great Britain
"大不列颠"号蒸汽船 ⓺⓺

● 从城中心出发渡轮10分钟
● 门票£11.95，10:00~17:30、11~3月~16:30，12/24·25休息

这是1843年建成的世界上最早的铁壳轮船，曾运送过很多的移民到美国和澳大利亚，其旁边设有介绍其造船历史的海洋文物中心。

"马修"号的复制品

Bristol Cathedral
布里斯托尔大教堂 ⓺⓺

● 从旅游信息服务中心出发步行5分钟
● 无门票接受捐赠，8:00~18:00，无休

大教堂的历史可以追溯到1140年奥古斯丁修道院。礼拜堂和东圣母教堂都是必看的景点。

Clifton Suspension Bridge
克里夫顿吊桥 ⓺

● 布里斯托尔火车站出发乘公共汽车约20分钟

这座1859年建成的吊桥，是由当时著名建筑师布鲁内尔设计完成的。现在仍然发挥着它的作用，吊桥横跨陡峭溪谷，其风景更是布里斯托尔的标志性景观。

充满都铎王朝风建筑的索尔兹伯里

拥有英国最高尖塔的大教堂就位于这里。在历史悠久的大教堂所在之外，还可以欣赏到16世纪的美丽街道。

必看
- 索尔兹伯里大教堂 ✦✦✦
- 巨石阵 ✦✦✦
- 索尔兹伯里和南维尔特希尔博物馆 ✦✦
- 蒙佩森宅第和花园 ✦

🚌 前往索尔兹伯里
火车 从伦敦出发1小时25~30分钟
汽车 从伦敦总站出发约3小时

ℹ️ 旅游信息服务中心
✖ 从索尔兹伯里大教堂出发10分钟 ✉ Fish Row 🕘 9:30~18:00（周日10:30~16:30）、10~5月9:30~17:00 休 10~4月周日

100 索尔兹伯里
Salisbury
地图 p.7-K

about Salisbury
街 区 概 观 ❓

因大教堂而出名的坎特伯雷、温切斯特等城市的历史都可追溯到中世纪之前，而索尔兹伯里却是伴随着大教堂一起建立起来的。其前身是城北2公里处的旧塞勒姆，以此为中心的索尔兹伯里在11世纪也随着大教堂的建成而繁荣起来。但是，由于信徒和驻军之间摩擦不断，于是在埃文河畔建起了一座新的教堂，不久整个索尔兹伯里也搬迁到此。大教堂所在地克洛斯之外的城里面至今还保存着15～16世纪的建筑物，游客络绎不绝。

城镇的前身旧塞勒姆遗址

Highlight
精 彩 看 点 🚶

因为索尔兹伯里大教堂等景点都集中在克洛斯地区，所以游客只需步行就可以逛遍全城了。当然，时间充足的话，可以去老城区逛逛，体味一下不同的韵味。城北10公里处是巨石阵，城西25公里处石铺的陡坡就是沙夫茨伯里购物街（Shaftesbury），同时该购物街也是去周边观光的起点。

行走在大街上的观光马车

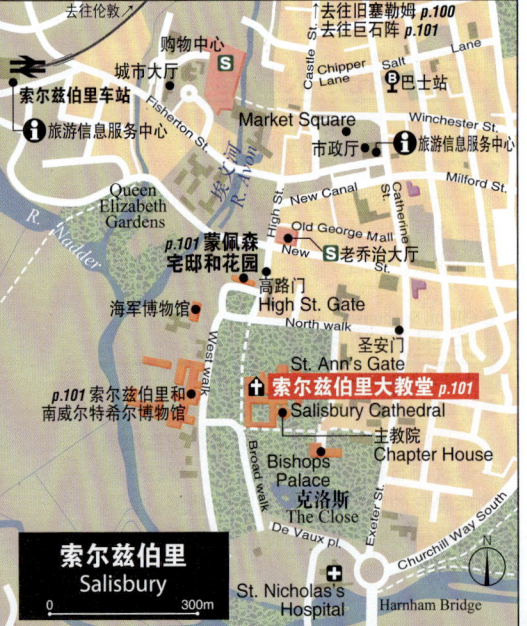

去往伦敦
去往旧塞勒姆 p.100
去往巨石阵 p.101
Castle St.
Chipper Lane
Salt Lane
巴士站
购物中心
城市大厅
S
Fisherton St.
索尔兹伯里车站
🚻 旅游信息服务中心
Market Square
市政厅
Winchester St.
🚻 旅游信息服务中心
Milford St.
Queen Elizabeth Gardens
R. Nadder
R. Avon
埃文河
High St.
New Canal
Catherine St.
Old George Mall
p.101 蒙佩森 宅邸和花园
New
S 老乔治大厅
New St.
海军博物馆
高路门 High St. Gate
North walk
West walk
圣安门 St. Ann's Gate
p.101 索尔兹伯里和 南威尔特希尔博物馆
✝ 索尔兹伯里大教堂 p.101
Salisbury Cathedral
主教院 Chapter House
Bishops Palace
克洛斯 The Close
De Vaux pl.
Broad walk
Exeter St.
Churchill Way South
索尔兹伯里 Salisbury
0   300m
St. Nicholas's Hospital
Harnham Bridge
N

人口 11.6万人

18世纪的蒙佩森宅第

景点 *Sightseeing*

Salisbury Cathedral
索尔兹伯里大教堂 ◎◎◎

地图 p.100

● 从旅游信息服务中心出发步行7分钟
● 门票£8.50，7:15~18:15、6月中旬~8月~19:15、周日全年~18:15，无休

🔍亮点 ▸ 墙壁浮雕堪称中世纪的杰作

　　该教堂始建于1219年，其中心部分和祭坛于1258年完工，123米高的塔尖是利用当时最先进的技术于1310年完工落成的，教堂内被保存下来的《大宪章》等原件展示等景点有很多。主教院的天井是值得骄傲的哥特样式。以圣经故事为主题的墙壁浮雕也堪称是中世纪杰作，1386年建造的大钟到现在还在使用着，这也是欧洲最古老的大钟，而且围绕着中庭的回廊是英国国内规模最大的。

大教堂里面就不用说了，外景也是一绝

📿 文化小知识

《大宪章》

　　约翰王（1167~1216）1199~1216年在位时期，诺曼底等欧洲大陆大半领土被抢占，为了夺回其领土，约翰王不惜课以重税，同时还因任命坎特伯雷为主教，被罗马教皇暂时开除教籍，可以说在政治上是失败连连。1215年6月，反对他的贵族们为了限制国王的权力，逼迫约翰王在敕书上签字，这就是共有63条的《大宪章》，它首次确立了法权大于王权的原则。后来，约翰王想撤回《大宪章》，却遭到了贵族们的强烈反对，而且法权高于王权的法治主义又遭到罗马教皇的否定，但《大宪章》最终经过修改还是于1225年正式发布。

Mompesson House & Garden
蒙佩森宅第和花园 ◎◎

地图 p.100

● 从旅游信息服务中心出发步行7分钟
● 门票£5.00，11:00~17:00，周四、五及11~3月休息

　　这是由小城名门之后，且是国会议员的蒙佩森着手开建，终于在1701年孙子一代时完工的宅第，也是18世纪初的安妮女王样式的代表性建筑。18世纪的玻璃、家具等在这里都有收藏，在庭园里面还有美味的香茶供游客慢慢享用。

Salisbury & South Wiltshire Museum
索尔兹伯里和南维尔特希尔博物馆 ◎

地图 p.100

● 从旅游信息服务中心出发步行10分钟
● 门票£6.00，10:00~17:00，7、8月周日14:00~、7、8月之外的周日及12/24~1/1休息

　　曾是17世纪建立的迎宾馆。在这里可以找到有关巨石阵和索尔兹伯里的历史，博物馆的藏品也相当出色。

加享 ShortTrip 之旅

谜一般的巨石群 【世界遗产】
巨石阵 Stonehenge

地图 p.7-K、p.83

　　矗立在牧草地上的圆形巨石阵，到底是为什么而建的到现在也不得而知。有说是一种宗教仪式，有说是为了观测天体，但答案仍如谜一般。石阵是3000多年前建成的，到处可见残存的石柱和横跨在石柱上的大石，据说这些大石应该都是置放在石柱上面的。夏至时石阵正好与太阳升起的位置排成一列，当天会举行以巨石阵为背景的仪式，有缆绳无法到近处欣赏，但即便是远观也能让人感觉到它的神奇与不可思议。

神奇的巨石阵

● 去往巨石阵
汽车 ► 索尔兹伯里火车站出发25分钟
门票£6.90，9:30~18:00，10月中旬~3月中旬9:30~16:00，6~8月9:00~19:00，12/24・25休息

城墙残存的Northernhay花园

埃克塞特地处埃克斯河口，是一个拥有2000多年悠久历史的城镇。这里也是通往度假胜地德文郡和康沃尔的大门。

必看
埃克塞特大教堂 ⭐⭐⭐
市政厅 ⭐⭐
地下水道 ⭐⭐
码头区 ⭐

🚌 前往埃克塞特
火车▶从伦敦站出发2小时～2小时40分钟
汽车▶从伦敦乘长途汽车约4小时30分钟

ℹ️ 旅游信息服务中心
🚉从大教堂出发步行7分钟 ✉Civic Centre, Paris St. 🕘9:00～17:00、7～8月周日10:00～16:00、休7～8月以外的周日

入口
11.9万人

102

埃克塞特
Exeter
地图 p.7-J

about Exeter
街 区 概 观 ❓

这里是约公元50年由罗马人建成的英国最古老的城镇之一，城里保存有中世纪的城墙遗址、都铎王朝的建筑物遗址。17~19世纪，埃克塞特得益于和欧洲大陆的羊毛纺织品贸易而繁荣起来，如重新对当时的贸易港口遗址——沿河区进行了再开发。城镇街区的布局透着浓浓的历史感，另一方面，温和的气候和处在埃克斯河口的有利地理条件，让游客感到开阔、古朴、温暖。

Highlight
精 彩 看 点 🚶

雄壮的哥特式**埃克塞特大教堂**是游客必看的景点。保留着城墙遗址的旧街区比较小，但因为大部分的景点都分布在这里，得需要花费半天时间才能够把主要的景点看完。埃克斯河畔的码头区稍微远一点儿，但步行足可以到达。交通中心埃克塞特圣戴维兹火车站离这里比较远。

景点 Sightseeing

Exeter Cathedral
埃克塞特大教堂 ⭐⭐⭐
地图 p.102

● 从埃克塞特火车站出发步行20分钟
● 门票£5.00（欢迎捐赠）、9:00～16:45、周日8:00～19:30、无休

🔍**亮点 西侧正面壮观的石像阵**

大教堂建于12世纪初，其中的两栋塔都是当时的原样。建筑物大部分重建于14世纪时，是英国哥特式建筑的经典之作。西侧正面是壮观的石像阵，排列着基督、征服者

去往布里斯托尔
🚉埃克斯特圣戴维兹站
Exeter Technical College
Bury Meadow
Howell Rd.
Bonhay Rd.
St. Davids Hill
Hele Rd.
North Rd.
New North Rd.
去往索尔兹伯里
埃克塞特
Exeter
0   200m

埃克塞特中心站
Northernhay Gardens
城墙
巴士和长途汽车中心站
p.103 西斯尔埃克塞特酒店 🅷
皇家阿尔伯特博物馆和艺术馆
p.103 地下水道
Underground Passages
p.103 茶果岭上餐厅 🆁
旅游信息服务中心 ℹ️
Civic Centre
市政厅购物中心 🆂
Flower Pot Playing Fields
河 River Exer
Old Cemetery
p.103 市政厅
Guildhall
Exe St.
Fore St.
Bartholomew St.
South St.
埃克塞特大教堂 p.102
Exeter Cathedral
The Close
圣尼古拉斯修道院
St. Nicholas Priory
城墙
Magdalen St.
Bull Meadow Park
Okehampton St.
Frog St.
Edmund St.
Western Way
Commercial Rd.
ℹ️旅游信息服务中心
码头区 p.103
Quayside
码头区旅客服务中心
去往普利茅斯和托基

圣比得斯大教堂

威廉、阿尔弗雷德大帝等雕像。这里还有哥特式样的拱形天井，长度为世界之最，北塔的钟历史可以追溯至15世纪。

Exeter Guildhall
市政厅

地图 p.102

● 从大教堂出发步行2分钟
● 无门票，开放时间根据情况会变化，周六下午及周日、复活节、12/24~1/5休息（休息日不定）

这里是由1160年所建的集会场所发展而来的经典建筑，现在有一部分还保留着14世纪时的原貌。建筑物里面有4根壮观的柱廊，为16世纪所建。市政厅作为地方自治机构所在地，一直以英国最古老的建筑物而闻名。

Underground Passages
地下水道

地图 p.102

● 从大教堂出发步行5分钟
● 门票£5.00，11:30~17:30（周六9:30~、周日11:30~16:00）、6~9月9:30~（周日10:30~16:00），周一及12/25~26休息

这是为从城外引进饮用水，历经13~15世纪而建成的地下水道，在当时是英国所独有的，且一直使用到19世纪初。游客可以团体旅行的方式进行参观。

Quayside
码头区

地图 p.102

● 从大教堂出发步行10分钟

这里是17~19世纪时因和欧洲大陆的羊毛纺织品贸易而繁荣的港口遗址，如今已成为沿河开发的新区。以前的仓库变成了咖啡店和古董店，夏季，广场上有很多艺人来此表演。**码头区游客服务中心**（无门票，10:00~17:00、11~3月周六日

11:00~16:00，12/25·26、1/1休息），游客在这里可以通过展览和录像来了解埃克塞特的历史。

朝气蓬勃的沿河区

美食·住宿
Eating   Stay

▶ **英国菜**

Han Son's
海森餐厅

地图 p.102

☒ 埃克塞特大教堂前　✉ 2 Cathedral Close
☎ 01392-27-6913　営 8:00~18:00、周日、节假日9:00~17:00　休 无休　£ £15

拥有茶室轻松的氛围餐厅

这里菜品丰富，不仅有传统英国菜肴，咖啡茶等也应有尽有。当然品味传统英国料理，这里是再好不过的店了。而且还设有茶室，可以在这里享受到正宗的下午茶。

▶ 埃克塞特中心火车站周边

Thistle Exeter ★★★★
西斯尔埃克塞特酒店

地图 p.102

HP http://www.thistlehotels.com/exeter

☒ 从大教堂出发步行7分钟
£ S、D/T £89~　室 98间
☎ 0871-376-9018　FAX 0871-376-9118
✉ Queen Street

酒店雅致的砖砌外观是其特点

这是一座建在火车站附近的很壮观的酒店，其砖砌的经典外观和城镇环境完美融合在一起。虽然外观很古朴，但里面的现代化设施很齐全，能够为客人提供快捷舒适的住宿条件。

彭赞斯附近阳光普照的沙滩

弥漫着南欧风情的海滨之城
西南部城镇

A n o t h e r   T o w n   &   S p o t

地图
p.83

埃克塞特
达特穆尔
普利茅斯
佩恩顿
布里克瑟姆
彭赞斯

104

这里是英国西南部延伸出来的半岛，在整个英国算是比较温暖的地方。沿海岸有托基度假胜地、普利茅斯港湾，而内陆却是大片的荒野。这里离常规的旅游路线稍微远了些，但是舒适的气候和富于变化的自然环境还是吸引了很多的英国人来此探访和游玩。

精彩看点
H i g h l i g h t

英国西南部大致分为两大地域，一个是德文地域，包括托基、达特穆尔的荒原以及普利茅斯；另一个是康沃尔地域，包括位于半岛之端的彭赞斯、圣艾夫斯及如名字所示的处于国土之端的"兰兹角"。在夏天，游客不但可以享受到这里的海水浴场，还可以欣赏到很多的盛会和娱乐节目。

德文和康沃尔的特产▶ 是和红茶一起食用的甜点，这个地方的甜点是使用浓缩奶油做成的。而且这种奶油十分独特，经常被人误以为是黄油，实际上在德文中叫作德文奶油，在康沃尔地方叫作特制奶油。康沃尔的名产还有一种特制的派，其馅儿是半月形的肉和土豆，现在派里面的馅儿也开始变得越来越多样了。

景点 S i g h t s e e i n g

Torquay
托基
地图 p.7-J、p.83

●从伦敦帕丁顿车站出发经牛顿阿伯特车站换乘2小时50分钟~3小时30分钟

早在19世纪到20世纪初，托基就成

为很受欢迎的海滨度假胜地，被称为"英国的里维埃拉"，也是著名作家**阿加莎·克里斯蒂**的故乡。这里还有12世纪作为修道

托雷修道院

院建成、18世纪又改造成私人住宅的**托雷修道院**（Torre Abbey），现在是专门收藏阿加莎钟爱物品的地方。另外在**托基博物馆**（Torquay Museum）（门票£5.90，10:00~17:00、周日13:30~17:00，10~7月中旬的周日及12/25前后休息）也有阿加莎物品的展示，并且旅游信息服务中心还配有导游手册，和阿加莎有渊源的地方还有于1912年开放的**白色华美厅堂**。托基现在的购物街大都是当时的社交场所。

Paignton/Brixham
佩恩顿/布里克瑟姆
地图 p.7-J、p.83

●从托基出发乘公共汽车到佩恩顿约20分钟、到布里克瑟姆约40分钟

与托基相邻的佩恩顿镇是一处安静的海滩度假胜地，其南部是渔港布里克瑟姆。布里克瑟姆是一个位于江口，依山而建的宁静小镇，1688年"光荣革命"时

漂浮在海面上的帆船复原品

威廉三世就是从荷兰经这个港口登陆的。港口旁边有维多利亚女王像，海面上还漂浮着再现当时情景的轮船。

Plymouth
普利茅斯　◎◎◎
地图 p.7-J、p.83

●从伦敦帕丁顿火车站出发约3小时30分钟

　　普利茅斯是在英国航海史上留下众多遗迹的城镇，1588年，弗朗西斯·德雷克船长正是从这里起航，通过阿玛达海战打败西班牙无敌舰队的；1620年，载着新教徒向着新大陆出发的"五月花"号也是从这里出发的。登上绿葱葱的高地The Hoe，可以眺望到普利茅斯最美丽的景色。城东是飘着英美两国国旗的"五月花"号起航处（Mayflower Step）及普利茅斯水族馆（National Marine Aquarium）（门票£11.00，10:00~18:00、10~3月10:00~17:00，12/25休息）。巴比堪地区是老城区，有再现16世纪房屋建筑的伊丽莎白王朝王宫（The Elizabethan House）（门票£2.00，10:00~17:00，周一、周二及10~3月休息），此外，萨顿港小船坞的沿岸附近是咖啡店和酒馆等林立的新街景。

德雷克船长铜像

Dartmoor National Park
达特穆尔国家公园　◎◎
地图 p.7-J、p.83

●从普利茅斯或埃克塞特出发乘公共汽车

　　和德文郡海岸旁明朗开阔的城镇、村落形成鲜明的对照，这里是大片荒凉的原野。有很多游客是通过郊游和骑单车方式来欣赏这些散落在广阔荒原中的村落，当然也可以开着车去兜兜风，从车窗外看着

深受徒步旅行者喜欢的达特穆尔

飞驰的美景也是另外一种享受。这里最著名的名胜古迹是王子城（Prince Town），其他的景点还有双桥（Two Bridges）、邮桥（Post Bridge）、威德克姆（Widdecome）、莫顿汉普斯特德（Moreton-hampstead）等村镇。

Penzance
彭赞斯　◎◎◎
地图 p.7-J、p.83

●从伦敦帕丁顿火车站出发约5小时30分钟

　　彭赞斯位于英国的最西端，是彭比斯半岛上的一座海港城，也是英国铁路最西端的车站所在地。整个城镇可以嗅到大海的味道，从高地上的房屋间隙中还可以眺望到美丽的大海。彭赞斯在凯尔特语中原意为"神圣的海角"，这里曾在16世纪末遭到西班牙军队的侵略。说到游客来此不能不看的地方，莫过于位于西端尽头的兰兹角（从彭赞斯出发乘公共汽车约55分钟），另外接连大西洋海岸线、沙滩以及散落在荒野之中神秘的古代遗址也都值得一看。在迎着大西洋海风的陡峭岸壁上，有一座名叫"英格兰最初的也是最后的房屋（First&Last House in England）"的白色建筑物。城东还有一座海上小岛，名叫圣迈克尔山（St. Michaels Mount），以前是修道院，小岛在退潮时会出现岛岸相接的风景，令人叹为观止。

神秘之岛圣迈克尔山

托基的阿加莎雕像

位于海边之城和原野的
阿加莎的神秘世界

和阳光普照、温暖的德文郡海边城镇形成鲜明对比的达特穆尔是大片的荒原。在这里有一位出生在托基、热爱大自然的作家，她就是被称为"侦探小说女王"的阿加莎·克里斯蒂。1976年，85岁的阿加莎去世，一生留下了约70部长篇小说，加上短篇小说、戏剧等共有约100件作品，这些作品直到今天仍然广受读者喜爱。她的生活足迹遍布达特穆尔，并在这里展开了她的神秘舞台，可以说这里真的是名副其实的"阿加莎之城"。

阿加莎出生地海滨之城托基 Torquay

在1890年，也就是阿加莎出生这年，托基作为优雅的度假胜地集聚了当时众多的上流人士。因为阿加莎也是出身名门，其作品中描写的上流社会生活正是基于自己在托基的生活和社交经验。

阿加莎的回忆之所——帕维利恩

处女作诞生之地海特 Haytor

1916年阿加莎在其处女作《斯泰尔斯庄园奇案》中，成功塑造了大侦探波洛的形象，而作品最终完稿于达特穆尔海特村一个叫作摩兰的宾馆，她是来此休假的。起初这部作品没有一家出版社同意出版，直到1920年才得以出版。阿加莎的侦探小说以精心描写登场人物的性格和背景而逐渐引起读者的反响，自20世纪30年代她的作品便不断问世。

以德文郡为作品舞台

德文郡是阿加莎作品舞台的宝库，和波洛齐名的神探马普尔小姐所居住的圣玛丽米德村的原型也正位于此地。达特穆尔的威德克姆村（Widecombe），这里也是《罗杰疑案》中金阿伯特村的原型，也是典型的英国村落，非常漂亮。

《无人生还》、《阳光下的罪恶》的舞台是神秘的伯岛（Burgh Island）。退潮时该岛和对岸接连一片，涨潮时又恢复成一座孤岛，岛上只有一家建于1929年具有装饰艺术风格的酒店。阿加莎曾在这里逗留，可能也是想要在人烟稀少的地方找点神秘的感觉吧。

阿加莎作品中经常出现以德文郡为原型的美丽的小村庄

神秘的伯岛酒店

作家最后生活的街镇达特茅斯 Dartmouth

这是一座位于达特河口的街镇，从达特茅斯出发，还有由沿河而上的游船。河对岸的村镇是迪蒂斯汉姆（Dittisham），也是在《死人的殿堂》中出现的吉蒂舍姆的原型。邻达特河而建的格林威庄园是阿加莎于1938年购置的，并在此度过了她的后半生。

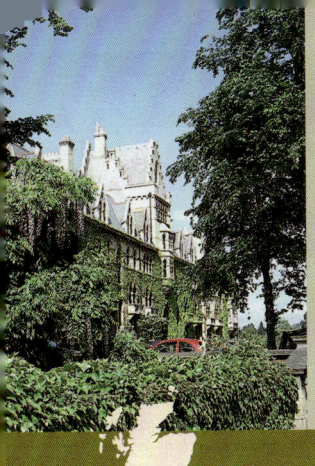

英格兰中部

Central England

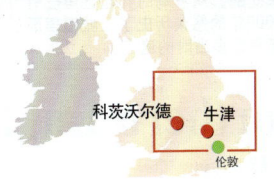

科茨沃尔德
牛津
伦敦

交通

●从伦敦去往主要地方城市的交通

去往牛津乘火车约1小时
乘长途汽车约1小时40分钟~2小时10分钟
去往埃文河畔斯特拉特福德乘火车约2小时10～20分钟
乘长途汽车约3小时30分钟
去往切斯特乘火车约2小时40分钟
乘长途汽车约6小时

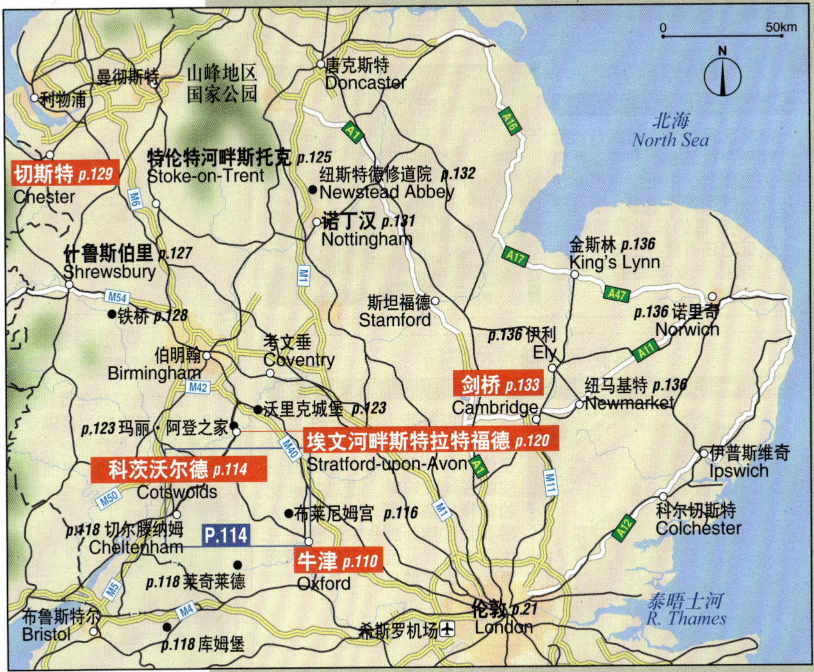
0
50km
N
曼彻斯特
山峰地区
国家公园
利物浦
唐克斯特
Doncaster
北海
North Sea
切斯特 p.129
Chester
特伦特河畔斯托克 p.125
Stoke-on-Trent
纽斯特德修道院 p.132
Newstead Abbey
诺丁汉 p.131
Nottingham
什鲁斯伯里 p.127
Shrewsbury
铁桥 p.128
金斯林 p.136
King's Lynn
斯坦福德
Stamford
p.136 诺里奇
Norwich
p.136 伊利
Ely
伯明翰
Birmingham
考文垂
Coventry
剑桥 p.133
Cambridge
纽马基特 p.136
Newmarket
沃里克城堡 p.123
p.123 玛丽·阿登之家
埃文河畔斯特拉特福德 p.120
Stratford-upon-Avon
科茨沃尔德 p.114
Cotswolds
伊普斯维奇
Ipswich
布莱尼姆宫 p.116
p.118 切尔滕纳姆
Cheltenham
P.114
科尔切斯特
Colchester
牛津 p.110
Oxford
p.118 莱奇莱德
布鲁斯特尔
Bristol
伦敦 p.21
London
泰晤士河
R. Thames
希斯罗机场
p.118 库姆堡
A1
A16
M6
M1
A17
A47
M54
A11
M42
M40
M11
M50
A12
M5
M4

英格兰中部

弥漫着古老氛围的乡村城镇
英国人引以为傲的田园风光

最能体现英国历史的要数英格兰中部城镇了。以牛津和剑桥为代表的大学城弥漫着学术之气，切斯特和埃文河畔斯特拉特福德的中世纪建筑物保存完好，一下子就能把游客带回400多年前的中世纪。在以秀丽田园风光著称的科茨沃尔德，不但能看到村落点缀风景如画的丘陵地带，还能体验到英国人最喜爱的乡村田园生活。

❶ 切斯特
Chester   p.129

在城墙围绕着的老城区，都铎风格的建筑有很多，众多的旅行者都是为了感受中世纪氛围而来此的。从罗马时代起这里已有2000年的悠久历史了，城镇里面还有很多当时的遗迹。

Northern Engla

❶ 切斯特

诺丁

❷ 特伦特河畔斯托克

❸
什鲁斯伯里

❹
沃里克城堡

埃文河畔斯特拉特福

切尔滕纳姆   科茨沃尔德
❺   ⓭

Wales

布莱尼

❷ 特伦特河畔斯托克
Stoke-on-Trent   p.125

这里是韦奇伍德、皇家道尔顿、斯博德等著名瓷器品牌的故乡，而今依然是英国的陶瓷制造业中心。在这里可以去当地有名的陶瓷工厂参观学习，还可以购买在当地销售的陶瓷器。

❸ 什鲁斯伯里
Shrewsbury   p.127

城区保存了大量黑色木质结构和白色墙壁的都铎王朝风格历史建筑，中世纪氛围非常浓厚。这里景点很多，因推理小说而著名的修道院值得一去。近郊还有世界上最早的铁桥，堪称产业革命的发源地（p.128）。

❹ 埃文河畔斯特拉特福
Stratford-upon-Avon   p.120

这里是莎士比亚出生的小镇，有很多地方都与莎翁有着很深的渊源。皇家莎士比亚剧院就在埃文河畔。走近16世纪的都铎风格建筑，仿佛又让人感受到了伟大剧作家莎士比亚生活的时代。近郊有座名叫沃里克的雄伟城堡，是英格兰非常有名的城堡。

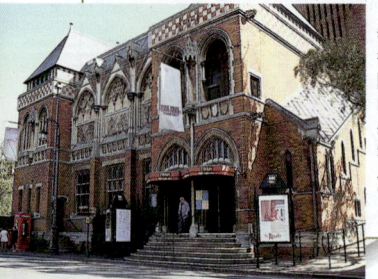

❺ 切尔滕纳姆
Cheltenham   p.118

这里自1716年发现温泉后，在18～19世纪一直都是深受皇族和贵族喜欢的温泉疗养地。因保存了很多当时的建筑物，氛围非常优雅。

⑥ 诺丁汉
Nottingham `p.131`

这里因为罗宾汉的隐居地（舍伍德森林）而出名，还曾养育了诗人拜伦、作家D.H.劳伦斯等文学巨匠，此外这里还是英国蕾丝生产制造中心。

⑦ 金斯林
King's Lynn `p.136`

这里位于大乌兹河口附近，曾经以物资集散地而繁荣，有当时的商业会馆遗址。

⑧ 伊利
Ely `p.136`

这是以大教堂而闻名的小镇。镇上还有清教徒革命领导者克伦威尔的故居。

⑨ 纽马基特
Newmarket `p.136`

这里是英国的赛马中心。赛马场、赛马学校、赛马俱乐部、赛马博物馆等众多与赛马有关的元素都能在这里找到。

⑩ 剑桥
Cambridge `p.133`

从13世纪起就成为和牛津齐名的英国学术中心，大学的校园还是当时的样子，是能让人感觉到平静和温和的小镇。中世纪所建的各个大学的建筑掩映在剑河两岸的自然景色中，非常美丽。

⑪ 诺里奇
Norwich `p.136`

诺里奇是英格兰东部诺福克郡的首府，这里有雄伟的大教堂，中世纪的城堡就建在丘陵上。漫步在起起伏伏的石坡路上，逛逛街上的市场和店面也是一种享受。

Southern England
伦敦

⑫ 牛津
Oxford `p.110`

这里的历史可以追溯到13世纪，这里有英国最古老的大学，是英国的学术中心，曾走出过众多的著名学者和领导人。中世纪雄壮的大学建筑物一直使用到现在，处处透着古老而又浓郁的学术气息。

⑬ 科茨沃尔德
Cotswolds `p.114`

平缓的丘陵、美丽的田园、别致的庭园、点缀的村落就像是画本中描绘的一样，被称为英格兰最美的乡村风景。科茨沃尔德丘陵之东还有18世纪的巴洛克式宫殿——布莱尼姆宫（p.116）。

有着众多壮丽的大学建筑的牛津城，现在依然是学术中心。这里学术气氛浓厚，担负着国家未来的年轻人在此学习深造。

必看
- **基督教会学院** ⊘⊘⊘
- **雷德克利夫广场** ⊘⊘⊘
- **卡法克斯塔** ⊘⊘
- **牛津大学植物园** ⊘⊘

🚌 **前往牛津**
火车 ◉ 从伦敦出发约1小时
汽车 ◉ 从伦敦乘长途汽车约1小时40分钟~2小时10分钟

ℹ️ **旅游信息服务中心**
✕ 卡法克斯塔出发步行5分钟 ✉ 15-16 Broad Street 🕐 9:30~17:00、周日及节日10:00~15:30 🚫 12/25·26

人口 14.9万人

牛津
Oxford

地图 p.7-K

110

---

about Oxford
街区概观 ❓

　　牛津地处泰晤士河和查韦尔河交汇处，13世纪最早的大学就诞生于此，此后便和剑桥一起作为学术中心而闻名于世。我们通常所说的"牛津大学"实际上由许多学院所组成，每个学院为独立自主的教学机构，提供学生课业和生活上的指导。牛津大学包含40个学院。从这里走出过众多曾在英国历史上留名的政治家、学者、作家等人才。在这个人才辈出的学术之城中依然保留着中世纪的建筑，而且其浓厚的学术氛围也丝毫没有改变过。

Highlight
精彩看点 🚶

　　一边漫步在石铺小道，一边欣赏着各个学院建筑，就会对这座小城的历史感同身受。有很多学院就在建筑物里面，尤其是最大的学院——**基督教会学院**更是不能错过的一景。牛津城东西走向的大路两旁分布着很多有名的学院，如果想再欣赏一个学院的话，那就非**默顿学院**莫属了。雷德克里夫图书馆

自行车是重要的交通工具

和牛津博德莱安图书馆所在的**雷德克里夫广场**也是牛津的重要象征。让我可以地处繁华十字路口的**卡法克斯塔**为起点，从这里出发开始牛津的旅程。

景点 *Sightseeing*

Carfax Tower
卡法克斯塔 ⊘⊘
地图 p.111-A

● 从旅游信息服务中心步行5分钟
● 门票£2.20，10:00~17:00、10月~16:30、11~3月~15:00、12/25、1/1休息

　　这里原是1032年建造的圣马丁教堂的一部分，登上塔顶，牛津全城的美丽风景尽收眼底。塔上的时钟设计巧妙，每隔15分钟就会出现一个人偶来报时。

Christ Church
基督教会学院 ⊘⊘⊘
地图 p.111-B

● 从卡法克斯塔出发步行7分钟
● 门票£6.00，9:00~17:00、周日14:00~（大厅12:00~14:00不公开），12/25休息

🔍 **亮点** 教堂的彩绘玻璃最引人注目

　　在12世纪时这里曾是修道院，所以教堂之名留存至今。其前身是1525年由红衣

主教沃西所建的**卡迪纳尔学院**，1546年<u>亨利八世</u>(⇒p.61)创建了现在的学院。基督教会学院即使在众多学院中也是赫赫有名的，出了很多首相。另外，《爱丽丝梦游仙境》的作者曾在此任教数学讲师刘易斯·卡罗尔。对游客来说不能不看的风景还要数大教堂的彩绘玻璃。这里的彩绘玻璃作品不但有14世纪的作品，还有19世纪末拉斐尔前派画家伯恩·琼斯的作品，非常华丽。

Merton College
默顿学院　　　　　　🅜🅜
地图 p.111-B

● 从卡法克斯塔出发步行7分钟
● 门票£2.00、14:00~17:00、周六、日10:00~、复活节和12/25、1/1休息

　　这是1264年由沃尔特·德·默顿所创立的名校，是牛津大学的第一个学院。这里还保存了像中庭礼拜堂等众多创建于当时的建筑群，都值得一看。

📷 镜头里的风景

俯瞰牛津全景

　　牛津街道，可以说处处风景如画。虽说可以从地面审视牛津和登上卡法克斯塔或者圣玛丽亚教堂的塔顶俯瞰牛津全城，视点完全相反，但正因为如此才更加有趣。还可以用望远镜来捕捉学院建筑物周边景色，那又是另一种景致。

俯瞰到的景色非常美

University of Oxford Botanic Garden
牛津大学植物园　　🅜🅜
地图 p.111-B

● 从卡法克斯塔出发步行10分钟
● 门票£3.50、9:00~18:00、3·4·9·10月~17:00、11~2月~16:30、复活节和12/25休息

　　1621年，英国最早的植物园在这里诞生了，作为医学学校的药草园，这里还有一个300年历史的温室。园内有查韦尔河流过，经常能看到顺河泛舟的大学生。

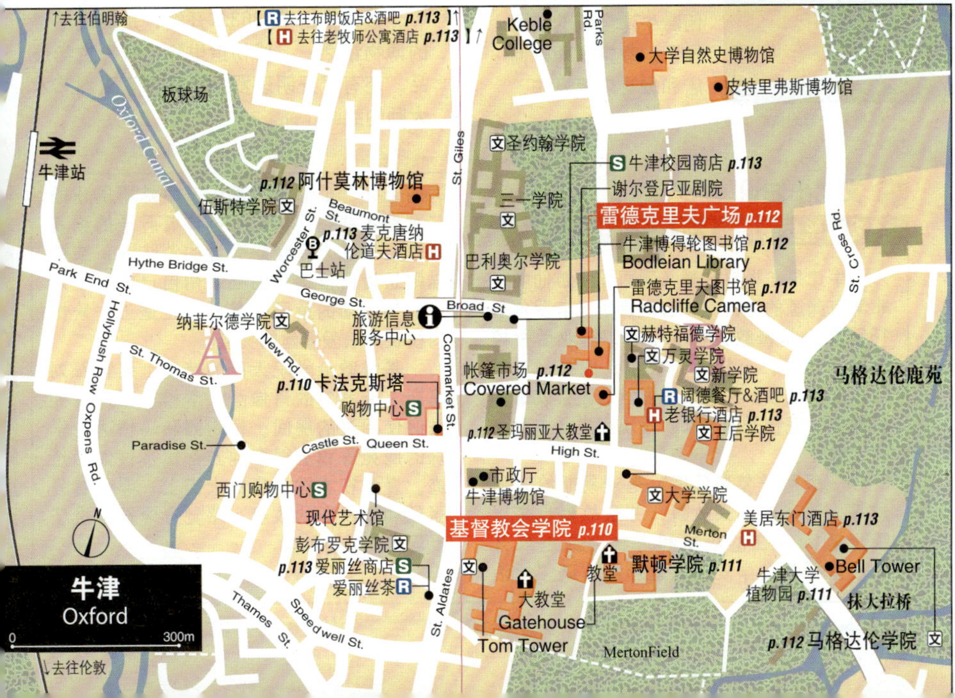

【R】去往布朗饭店&酒吧 *p.113*
【H】去往老牧师公寓酒店 *p.113*

Keble College

大学自然史博物馆
皮特里弗斯博物馆

板球场

Oxford Canal

牛津站

圣约翰学院
三一学院
p.112 阿什莫林博物馆
伍斯特学院
Beaumont St.
p.113 麦克唐纳伦道夫大酒店【H】
巴士站
George St.
纳菲尔德学院
St. Thomas St.
旅游信息服务中心
New Rd.
p.110 卡法克斯塔
购物中心【S】

Hythe Bridge St.
Park End St.
Hollybush Row
Oxpens Rd.

Paradise St.

Castle St.　Queen St.
西门购物中心【S】
现代艺术馆
彭布罗克学院
p.113 爱丽丝商店【S】
爱丽丝茶【R】

St. Aldates

牛津校园商店 *p.113*【S】
谢尔登尼亚剧院
雷德克里夫广场 *p.112*
牛津博得轮图书馆 *p.112*
Bodleian Library
雷德克里夫图书馆 *p.112*
Radcliffe Camera
赫特福德学院
万灵学院
新学院
阔德餐厅&酒吧 *p.113*【R】
老银行酒店 *p.113*
王后学院
High St.

St. Giles
St. Cross Rd.

帐篷市场 *p.112*
Covered Market
Broad St.
Cornmarket St.

圣玛丽亚大教堂 *p.112*

市政厅
牛津博物馆
大学学院

马格达伦鹿苑

美居东门酒店 *p.113*

基督教会学院 *p.110*

教堂
默顿学院 *p.111*
牛津大学植物园 *p.111*
Bell Tower
抹大拉桥
Merton St.

大教堂
Gatehouse
Tom Tower
Merton Field
p.112 马格达伦学院

牛津
Oxford

0　　300m

↓去往伦敦

Magdalen College
马格达伦学院 ⓒ

地图 p.111-B

- ●从卡法克斯塔出发步行10分钟
- ●门票£4.50，13:00~18:00或者日落，6~9月
12:00~，复活节、12/21~1/3休息

为了能和自己的爱人辛普森夫人在一起而宁愿舍弃王位的爱德华八世、奥斯卡·王尔德、C.S.刘易斯等都曾在这里学习过。学院历史可以追溯到1458年。这里还有一个都铎王朝时代的漂亮的钟楼，被称为"新娘之塔"，每年劳动节的黎明，都会有唱诗班在此唱赞歌。

St.Marys Church
圣玛丽亚大教堂 ⓒⓒ

地图 p.111-B

- ●从卡法克斯塔出发步行5分钟
- ●无门票（瞭望台£2.50），9:00~17:00、7、8月~18:00，12/25·26休息

🔍亮点▶ 登上塔顶可俯瞰美丽的牛津城

是一座13世纪落成的教堂，在谢尔登尼亚剧院和牛津博德莱安图书馆建成之前，一直作为图书室和一些大学庆典会场使用。尖塔高约60米，从塔顶可以俯瞰牛津全城的美丽景色。教堂里面有商店和咖啡店等设施。

能看到尖塔的幽静小道

Radcliffe Square
雷德克里夫广场 ⓒⓒⓒ

地图 p.111-B

- ●与圣玛丽亚教堂相邻
- ●牛津博德莱安图书馆（展览室）：入馆免费（短途旅行£6.00），9:00~17:00、周六~16:30、周日11:00~17:00，复活节、12/24~1/3休息

🔍亮点▶ 必逛商店云集的室内市场

矗立在广场中央的圆形建筑物是1749年建成的**雷德克里夫图书馆**。"Camera"在拉丁语中的意思是"圆顶拱形的房屋"。从1861年起，它就作为**牛津博德莱安图书馆**的阅览室而被使用。牛津博德莱安图书馆是英国最古老的图书馆，其藏书仅次于大英图书馆。旁边的**室内市场**是最适合来此购置礼品的场所。如果有时间的话来这里转一下吧。

雷德克里夫图书馆

Ashmolean Museum
阿什莫林博物馆 ⓒⓒ

地图 p.111-A

- ●从卡法克斯塔出发步行7分钟
- ●无门票，10:00~18:00，周一和12/24~26休息

该博物馆于1863年开馆，是英国最早的博物馆之一。博物馆里除了有考古学展品，还有米开朗琪罗、拉斐尔等欧洲艺术大师的绘画作品。

✤ 文化小知识

《爱丽丝梦游仙境》就诞生在牛津

牛津是与世界名著《爱丽丝梦游仙境》非常有渊源的地方。作者刘易斯·卡罗尔于1851年入基督教会学院学习，毕业后留校任数学老师，至1898年去世，他都一直生活在这个城镇。主人公爱丽丝的原型就是基督教会学院校长的次女，是现实生活中存在的人物。

《爱丽丝梦游仙境》是刘易斯给爱丽丝等人讲述的即兴故事，并且故事也是以镇上实际存在的场所和人物为原型展开的。基督教会学院的教堂彩绘玻璃"能治病的圣井"成为了故事中三姐妹所居住的"蜜糖水井"；像蛇一样伸着脖子的狗其原型是待在大厅暖炉旁边的消防犬；柴郡猫则是爱丽丝饲养的猫；用自己的爪子来拨时钟走动的兔子，其原型正是工作繁忙的校长——爱丽丝的父亲。

基督教会学院大厅的墙壁上装饰着刘易斯·卡罗尔的肖像画，学校里面还有他当时使用过的房间。植物园和马格达伦学院的鹿苑等镇上很多地方都留下过他的足迹。漫步在古香古色的大街上，浮现着爱丽丝和刘易斯的故事，感觉真像是走进了爱丽丝的梦游仙境。

美食・购物・住宿

意大利菜

Quod Restaurant & Bar
阔德餐厅&酒吧

地图 p.111-B

英

交 从卡法克斯塔出发步行5分钟
✉ 92-94 High St. ☎ 01865-20-2505
营 7:00~11:00、11:30~23:00 休 无休 £ £20

市中心华丽的意大利风格饭店

在市中心的老银行宾馆一层有一家意大利餐厅，店里除了有意大利面和比萨饼外，午餐和晚餐还有套餐（包括前菜、主菜、甜点等五道菜）。

英国菜

Browns Restaurant & Bar
布朗饭店&酒吧

地图 p.111-A外

英

交 从卡法克斯塔出发步行12分钟
✉ 5-11 Woodstock Rd. ☎ 01865-51-1995
营 9:00~23:00、周日、节假日9:00~22:00
休 无休 £ £20

想品尝传统的英国菜，这里是不二选择

这是牛津的老字号饭店，在当地非常有人气。店内宽敞舒适，能感受到轻松的家庭氛围。

特产店

Oxford Campus Store
牛津校园商店

地图 p.111-B

交 从卡法克斯塔出发步行5分钟
✉ 9-10 Broad St. ☎ 01865-72-7517
营 9:00~18:00、周日9:30~ 休 无休

牛津特产大集合

要找牛津特产的话，不用犹豫这里将是你最好的选择。运动衫、牛津特色的领带、印有大学校园标志的杯子等非常适合做礼物、纪念品，这家店在游客中相当有人气。

小件杂货

Alice's Shop
爱丽丝商店

地图 p.111-A

交 从卡法克斯塔出发步行5分钟
✉ 83 St Aldates ☎ 01865-72-3793 营 10:30~17:00、7、8月~18:00 休 12/25・26休息

爱丽丝迷不能错过的小店

这个小店在爱丽丝的故事插画中出现过，是一家与爱丽丝很有渊源的小店。店里摆放各种有关爱丽丝的商品等，很多插画卡片和早期书本里使用的插画更是小店独有的商品，小店旁边就是咖啡馆。

地图p.111-A		交 从卡法克斯塔出发步行5分钟	酒店创业于1864年。是一家市中心广场附近优雅的酒店。
麦克唐纳伦道夫酒店		£ S、T/D £ 220~ 室 151间	
		☎ 0844-879-9132 FAX 01865-79-1678	
The Macdonald Randolph Oxford	★★★★★	✉ Beaumont Street HP http://www.randolph-hotel.com	
地图p.111-B		交 从卡法克斯塔出发步行12分钟	酒店将传统与优雅相结合。外观与内部装潢都采用古典式装饰，但设施很现代。
美居东门酒店		£ S、T/D £ 115~ 室 63间	
		☎ 01865-24-8332 FAX 01865-79-1681	
Mercure Eastgate Hotel	★★★	✉ 73 The High Street HP http://www.mercure-uk.com	
地图p.111-B		交 从卡法克斯塔出发步行5分钟	这里是由风格古老的银行建筑改建成的酒店。内部装修简约时尚。
老银行酒店		£ S、T/D £ 155~ 室 42间	
		☎ 01865-79-9599 FAX 01865-79-9598	
Old Bank Hotel	★★★	✉ 92-94 High Street HP http://www.oldbank-hotel.co.uk	
地图p.111-A外		交 从卡法克斯塔出发步行15分钟	这座布满爬山虎的砖瓦西式洋房坐落于住宅区中。如居家般的氛围正是其魅力所在。
老牧师公寓酒店		£ S、T/D £ 137~ 室 30间	
		☎ 01865-31-0210 FAX 01865-31-1262	
Old Parsonage Hotel	★★★	✉ 1 Banbury Road HP http://www.oldparsonage-hotel.co.uk	

※柱注"无休"的店，大部分在12/25前后和1/1也是休息的。请务必留意。
※酒店的住宿费随季节及具体时间不同有所变动。预约时请确认最新价格。

河水很浅，车可以通过（摄于上斯洛特的村庄）

在英国被认为是最美丽的地区之一，在丘陵上点缀着美丽的村庄，田园地带悠然恬静，充满魅力风情。

必看
- 水上博尔顿 ✓✓✓
- 斯托昂泽沃尔德 ✓✓✓
- 百老汇 ✓✓✓
- 奇平卡姆登 ✓✓

🚌 去往起点站城市
●莫顿因马什
🚆火车▸从伦敦出发到牛津换乘，大约1小时30分钟
●切尔滕纳姆
🚆火车▸从伦敦出发大约2小时15～25分钟
🚌汽车▸从伦敦乘长途汽车大约3小时

科茨沃尔德
Cotswolds
地图 p.7–K

---

a b o u t C o t s w o l d s
街 区 概 观 ❓

伦敦向西大约200公里，从牛津郊外开始，西端延伸至切尔滕纳姆，这中间广大的丘陵地带就是美丽的科茨沃尔德。北边是大文豪莎士比亚的故乡——埃文河畔斯特拉特福德，南边靠近温泉度假胜地——巴斯。在这平缓起伏的丘陵地带分散着很多美丽的小镇和街市。13～14世纪，这里曾作为羊毛产业的集聚地而繁荣，富裕的商人们建造的蜂蜜色石灰石住宅现在还静静地伫立着。科茨沃尔德的交通虽然不太发达，但让英国人自以为豪的乡村风情在这里却被展现得淋漓尽致。

H i g h l i g h t
精 彩 看 点 🚶

每个小镇和街区相距不是很远，公交车也不多。不是跟团旅行的情况下，只能从巴斯和切尔滕纳姆出发，再乘出租车游览或者租车自驾游。团体旅游必看的小镇有**水上博尔顿**和**斯托昂泽沃尔德**、**百老汇**还有**奇平卡姆登**。另外，**伯福德**也是非常典型的科茨沃尔德小镇。如果想要欣赏小家碧玉式的景色，那么**拜伯里**、**下斯洛特&上斯洛特**、**卡斯尔孔贝**等小镇也是不错的选择。在这些地方将邂逅到如诗画般的美景。

如童话般可爱的下斯洛特

奇平卡姆登的小路。离开主街道后，将会邂逅只有科茨沃尔德才有的美丽小路

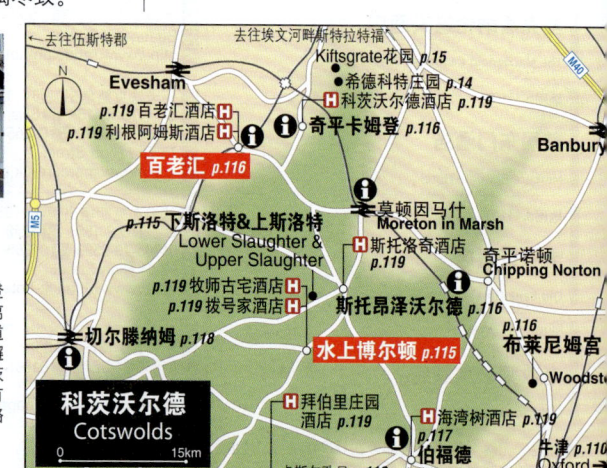

←去往伍斯特郡

去往埃文河畔斯特拉特福

Kiftsgate花园 p.15

●希德科特庄园 p.14

Evesham

p.119百老汇酒店
p.119利根阿姆斯酒店

🅷科茨沃尔德酒店 p.119

ℹ奇平卡姆登 p.116

Banbury

百老汇 p.116

🅷莫顿因马什
Moreton in Marsh

p.115**下斯洛特&上斯洛特**
Lower Slaughter &
Upper Slaughter

🅷斯托洛奇酒店
p.119

奇平诺顿
Chipping Norton

p.119牧师古宅酒店
p.119拨号家酒店

斯托昂泽沃尔德 p.116

p.116

🅷水上博尔顿 p.115

布莱尼姆宫

切尔滕纳姆 p.118

🅷拜伯里庄园酒店 p.119

🅷海湾树酒店 p.119

科茨沃尔德
Cotswolds
0 —————— 15km

ℹ**伯福德** p.117

卡斯尔孔贝 p.118

去往斯温顿
去往莱奇莱德 p.15

牛津
Oxford

拜伯里 p.117

边走·边看 Sightseeing · Walking

Bourton-on-the Water
水上博尔顿 ②②②

地图 p.114

● 从切尔滕纳姆出发乘坐公交车约35分钟，或者从莫顿因马什乘出租车约15分钟到达

🔍 亮点 美丽的河畔小路最适合散步

即便是在有众多美丽街镇和村落点缀的科茨沃尔德，素有"科茨沃尔德威尼斯"美誉的博尔顿也可以称得上是其中最美的村落了。水深只有10厘米左右的小河从其中曲折流过并连接着街道，沿河松散排列着17世纪的房屋，陡斜的石质屋顶上，窗户和烟囱相邻而置。窗边和庭院前装饰着鲜花，河畔小路被稠密的树荫遮掩着。在如风景如画的街上，布局着以1:9比例微缩、惟妙惟肖再现博尔顿镇的美丽精巧**模型村**（Model Village）（门票£3.50，10:00~17:45、11~3月10:00~15:45、12/25休息）、展示老式汽车的**汽车博物馆**（Motoring Museum）（门票£4.10、10:00~18:00、12月~翌年2月初休息）及**香水博物馆**（Perfumery Exhibition）（团票£5、9:30~17:00、周日10:00~、12月25·26日休息）等，到处都精彩纷呈。

在河边休憩的空间

Lower & Upper Slaughter
下斯洛特&上斯洛特 ②②

地图 p.114

● 从博尔顿出发乘坐公交车5分钟，从公交车站步行到小镇约10分钟

即使在博尔顿游客络绎不绝的季节里，稍稍远离城市郊外的下斯洛特和上斯洛特这两个小镇却依然宁静、悠闲。因为有一条"人行小路"的步行街可以通往两个小镇，所以游客散步前往也是个不错的选择。

围绕着清澈的小河渐渐扩展开来的小镇宛如是画中的世界。从阿伊河引流来的一条运河环绕着下斯洛特，花丛点缀、一片生机，连着岸边的水车小屋一起，紧沿着河流蔓延至远方。上斯洛特也是令人流连忘返的小镇。阿伊河在这里浅得可以涉水而过，被小树林包围着的小镇除了欣赏古色古香的教堂，还可以在庄园宾馆里入住。

🏛 文化小知识

科茨沃尔德的魅力

所谓科茨沃尔德，就是"羊圈丘陵"，顾名思义，丘陵被牧草覆盖，随处可见悠然吃草的羊群。13~14世纪，这里曾经因为出产羊毛而十分繁盛，而科茨沃尔德在工业革命后依然能保持现在这样美丽的田园景色，得益于此地不出产煤。虽因没有铺设铁道而滞后于其他城市的发展，但也正因如此，得以完整保留了草原牧歌式的乡村风貌。来到美丽的科茨沃尔德，可以尽情欣赏迷人的村庄，呼吸清新的空气，享受优良的乳制品和野生鳟鱼料理。

Stow-on-the Wold
斯托昂泽沃尔德 💮💮

地图 p.114

● 从莫顿因马什出发乘出租车约5分钟，或者乘坐公交车约10～20分钟

🔍 亮点 众多古玩店的集聚地

这里曾作为羊毛制品的集市城镇而繁荣，在满铺石板的集市广场上矗立着一座石制十字架，它是当时进行羊毛交易街道的象征。这里海拔240米，处在科茨沃尔德最高点上，在它上面镌刻着罗马时代久远的历史。近些年又作为古玩一条街而被人知晓，仅是在集市广场周围就聚集了三十多家商铺。

加享 **ShorTrip** 之旅

世界遗产

富丽堂皇的豪华宫殿
布莱尼姆宫 Blenheim Palace

地图 p.107、p.114

18世纪初，马尔伯勒公爵一世因为在布莱尼姆战役中打败宿敌法国而立下赫赫战功，被安妮女王嘉奖，赏赐了这块土地。为了称赞英雄的功绩，甚至不惜花费庞大的国家预算来修筑这座宫殿。宫殿由建筑家约翰·范布鲁和霍克斯·莫尔设计并建造，有200多间房屋，并且还拥有富丽堂皇的柱廊式大门，其豪华程度是当之无愧的宫殿，也是被大家所公认的巴洛克建筑的杰作。

马尔伯勒公爵的子孙、英国首相温斯顿·丘吉尔1874年就是在这里出生的，1965年逝世后被埋葬在花园南边的墓地里。现在，马尔伯勒公爵的后人依旧在这里居住，图书馆和基督教特色房间等宫殿的一部分及花园，一般对公众开放。

意大利式的庭院

● 去往布莱尼姆宫
汽车 ▶ 从牛津乘坐公交车约30分钟
门票£19.00，10:30～17:30，11、12月的周一、二和12月～2月中旬休息

斯托昂泽沃尔德的主要街道

Chipping Campden
奇平卡姆登 💮💮

地图 p.114

● 从莫顿因马什出发乘出租车约15分钟，或者乘坐公交车约30～40分钟

这个被蜂蜜色小屋所覆盖的小镇，在13～14世纪曾是繁荣一时的"羊毛镇"之一。在小镇中心，中世纪风貌的**集市会馆**仿佛还在无声地诉说着当年的情景。有着拱形支柱的石造会所是当时为了贩卖奶酪、鸡肉等地方特产而于1627年建造的。在这个小镇绝对不可错过的要数由巧工艺匠们制作的手工艺品，有着数百年历史荣耀的作坊比比皆是。

左边深处即是集市会馆

Broadway
百老汇 💮💮💮

地图 p.114

● 从莫顿因马什出发乘出租车约15分钟，或乘坐公交车约25分钟

🔍 亮点 非常可爱的稻草屋顶民宅

所谓的"Broad"就是"宽阔"的意思。如同它的名字那样，在这里，舒适宽阔的人行道至今似乎还飘散着曾经交通堵塞的繁荣气息。在通向市中心的海伊街(High Street)上，至今还保留着公共马车驿站"客栈"——名门酒店利根阿姆斯以及

用石灰石建造的带着岁月痕迹的蜂蜜色民宅，与可爱的稻草屋顶之家交相辉映，酒吧和小店鳞次栉比。厨房小饰品店、摆放着怀旧粗粮点心的糖果屋、以泰迪熊和各种精美小饰品用心装饰的古玩店、泰迪熊专卖店等，这些特色小店不但看看就能乐在其中，而且也为游客购物提供了丰富多样的选择。如果可以，这宁静的小镇将是你卸下行装稍事休息的好地方。

鳞次栉比、古色古香的民宅

Burford
伯福德　　⚇⚇

地图 p.114

●从牛津出发乘坐公交车约45分钟

　　伯福德是一个静谧的村子，早期由牧羊发展起来，村里的民房沿着平缓倾斜的主街道整齐排列着。直到现在，家家户户周围都有开阔恬静的牧草地，羊儿在那里悠闲地吃草。小镇上唯一繁华的主干道是海伊街，沿街有乡土资料馆、摆放着当地瓶装蜂蜜的熟食店、花园用品店及舒适古朴的酒吧，再往前走一些就是小镇的尽头。在流经小镇北侧的温德拉什河上，为运送货物的马车而架设的中世纪小石桥依然保持着原貌，河畔上蜂蜜色的伯福德教堂也静静地伫立着。

游客熙攘的街道

储存羊毛的小房子整齐排列着

Bibury
拜伯里　　⚇⚇⚇

地图 p.114

●从伦敦帕丁顿车站出发到达肯布尔大约1小时20分，再换乘出租车大约20分钟

　　英国著名的诗人威廉·莫里斯曾称赞这里是"英格兰最美丽的村庄"。水鸟嬉戏，野生鳟鱼更是悠然自得，湖水清澈见底，别致可爱的石质小别墅连成一片。流经小镇的可林河上游，有鳟鱼养殖场，在

ManorHouse
展示贵族优雅生活的宅第
庄园酒店

　　庄园是贵族及富裕的地主为管理他们广阔的领地而修建的宅第。在伦敦居住的一些贵族也会在各自的领地上修建这样的公馆，其所有人还被授予"领主（lord）"的称号，作为他们荣耀与权力的象征。在英国，现今还保存有这样的庄园，虽然一些庄园至今仍作为某个家族生活和居住的地方存在，但是大多庄园都被让渡给了新的房主，并且作为庄园宾馆再次对外开放。从可以被称为"城堡"的豪华大庄园，到略大一些的乡村庄园，其规模各不相同，不过不论哪个庄园都是私人财产，每个庄园都散发着它独有的魅力。所以一定要在这样的庄园里住上一晚，感受它的魅力。

不妨在这样的酒店里体验一下

那里可以享受垂钓的乐趣。虽然没什么名胜古迹，但是在拜伯里无论何处都能欣赏到如画般的风景。这是个让人只会去静静感受美丽的村庄。

Castle Combe
库姆堡 ⚑⚑
地图 p.107

●从奇彭纳姆车站乘公共汽车约15分钟

库姆堡是一个位于科茨沃尔德南端的美丽村子，景色直逼温泉疗养胜地巴斯。这里离其他城市和小镇相对比较远，也没什么特别的名胜，不过要感受

科茨沃尔德美景的话，这里将是不错的选择。平缓的蛇形石板大街两侧，排列着饱经岁月的石质小房子，附近的小河里鳟鱼快活畅游。总之这里四处都是如画般的景色，何不让你的相机在这里"过把瘾"！

Lechlade
莱奇莱德 ⚑
地图 p.107

●从斯温顿车站乘公交车出发

流经科茨沃尔德的两条河在这个城镇交汇，合流之后称之为泰晤士河，然后直奔伦敦而去。由于莱奇莱德曾经是以羊毛市场发展起来的城镇，所以这里的

水鸟嬉戏的泰晤士河

氛围与科茨沃尔德的其他城市有些许不同。从繁华的街镇出发步行一小段距离，便会邂逅石桥下天鹅戏水的祥和美景。

加享 **ShortTrip** 之旅

王室贵族们钟爱的温泉疗养地
切尔滕纳姆　Cheltenham
地图 p.7-K、p.107

切尔滕纳姆位于科茨沃尔德丘陵地带的西面，18世纪末到19世纪作为时尚优雅的疗养胜地而人气大增。1716年在切尔滕纳姆发现温泉之后，从**乔治三世**（⇒p.68）起，这里便深受王室喜爱，以**维多利亚女王**（⇒p.61）为首的王室、贵族以及以拜伦、简·奥斯汀、狄更斯等众多知名作家为首的文人都曾到此游览过。在英国，这里是保留大量19世纪初期建筑的地方，至今还可以深切感受到当时的优雅气息。

在1903年建造的市政厅里还有**温泉遗迹**（门票免费，9:30~17:30、周日休息），这里温热的泉水可以直接饮用。以10月的文学节为开端，这里还是举办各种节庆活动的中心会场。

《行星》组曲的作者——著名作曲家霍尔斯特就出生在这里，其出生的宅第现在已经变成了**博物馆**（门票£4.50，

市政厅里饮用泉水的水龙头

10:00~16:00，周一、周日、12月中旬~1月中旬休息）。

一定不能错过的还有该城市的新开发地区——美丽的蒙彼利埃广场。如果是周日，还可以到非常热闹的古玩市场去逛一逛。

●去往切尔滕纳姆
火车 ▶ 从伦敦帕丁顿车站出发直达（每2小时一趟）需要约2小时15~25分钟
汽车 ▶ 从伦敦维多利亚车站乘长途汽车约3小时

住宿 *Stay*

水上博尔顿 ★★★

The Dial House Hotel　地图 p.114

拨号家酒店 HP

被美丽庭园环绕的优雅酒店

　　这里是由17世纪的乡村房屋改造而成的酒店，客房都对着美丽的庭园。这里气氛如家、菜肴可口，极具人气。

£ D/T£130~
室 15间
☎ 01451-82-2244
FAX 01451-81-0126
✉ The Chestnuts, Bourton-on-the-Water
HP http://www.dialhousehotel.com

拜伯里 ★★★

Bibury Court Hotel　地图 p.114

拜伯里庄园酒店 HP

　　这里原来是17世纪所建的领主公馆，后改造成酒店。浴室等现代设施一应俱全。

£ S£130~、D/T£150~
室 18间 ☎ 01285-74-0337
FAX 01285-74-0660
✉ Bibury, Cirencester
HP http://www.biburycourt.com

斯托昂泽沃尔德 ★★

Stow Lodge Hotel　地图 p.114

斯托洛奇酒店 HP

在礼仪之所品味英国乡村风情

　　这里被规模不小的英式公园所环绕，是自古以来的礼仪酒店。客房是传统样式，但不失优雅。餐厅和休息室是该酒店氛围最好的地方。

£ S、D/T£128~（含早餐）室 20间
☎ 01451-83-0485
FAX 01451-83-1671
✉ The Square, Stow-on-the-Wold
HP http://www.stowlodge.com

伯福德 ★★★

The Bay Tree Hotel　地图 p.114

海湾树酒店 HP

被常春藤覆盖的可爱酒店

　　这里是经典的16世纪的建筑物，内部改造得非常舒适。这里的菜肴也以美味而广受好评。

£ S£80~、D/T£110~
室 21间 ☎ 01993-82-2791
FAX 01993-82-3008
✉ 12-14 Sheep St.,Burford
HP http://www.cotswold-inns-hotels.co.uk/bay_tree

水上博尔顿 **牧师古宅酒店** The Old Manse Hotel ★★	地图 p.114	£ S£80~、D/T£90~（含早餐） 室 15间 ☎ 01451-82-0082 FAX 01451-81-0381 ✉ Victoria Street, Bourton-on-the Water HP http://www.oldmansehotel.com	这是由1748年所建的牧师住宅改造而成的传统风格酒店。1楼是酒吧。
百老汇 **利根阿姆斯酒店** The Lygon Arms ★★★	地图 p.114	£ S、D/T £184~ 室 78间 ☎ 01386-85-2255 FAX 01386-85-4470 ✉ High Street, Broadway HP http://www.barcero-hotels.co.uk/thelygonarms	保留着16世纪风格的名门酒店。现在由伦敦萨沃集团经营。
百老汇 **百老汇酒店** The Broadway Hotel ★★★	地图 p.114	£ S £95~、D/T£140~（含早餐） 室 19间 ☎ 01386-85-2401 FAX 01386-85-3879 ✉ The Green, Broadway HP http://www.cotswold-inns-hotels.co.uk	16世纪为修道院院长所建的宅第，现在改造成为酒店。
奇平卡姆登 **科茨沃尔德酒店** The Cotswold House Hotel ★★★	地图 p.114	£ S、D/T£153~（含早餐） 室 29间 ☎ 01386-84-0330 FAX 01386-84-0310 ✉ The Square, Chipping Camden HP http://www.cotswoldhouse.com	这是将17世纪的富商之家经过改造而成的酒店。其餐厅的菜肴以美味而著称。

斯特拉特福都铎王朝风格的建筑

这里作为剧作家莎士比亚的故乡而被全世界所熟知。16世纪都铎王朝风格的建筑，尽显出浓厚的中世纪氛围。

必看
- 莎士比亚出生地 ⓘⓘⓘ
- 皇家莎士比亚剧院 ⓘⓘⓘ
- 圣三一教堂 ⓘⓘⓘ
- 纳什故居和莎士比亚新居 ⓘⓘ

🚌 前往斯特拉特福
火车▶从伦敦出发2小时10～20分钟
汽车▶从伦敦汽车中心站出发约3小时

ℹ️ 旅游信息服务中心
🚶 从火车站步行15分钟　✉ Bridgefoot
🕐 9:00～17:30、周日10:00～16:00
休 12/25·26

埃文河畔 斯特拉特福
Stratford-upon-Avon
地图 p.7-K

人口 11.9万人

---

about Stratford-upon-Avon
街区概观 ❓

　　小镇坐落在英格兰中部的埃文河畔，因为是伟大的剧作家莎士比亚的诞生地，而被世界范围内的戏剧迷们供奉为圣地。1564年，莎士比亚在这里诞生，此后名扬伦敦，晚年又重回故土。镇上至今还保留了大量黑木框架、灰浆墙的16世纪都铎王朝风格建筑，一下就把来此造访的游人拉回到莎士比亚时代。这里还有英国人引以为豪的剧团——皇家莎士比亚剧团。在这里可以尽情欣赏原汁原味的当地戏剧。

Highlight
精 彩 看 点 🚶

　　这是一个小镇，从镇外的车站出发沿埃文河到旅游信息服务中心，即使步行也不过才15分钟。**莎士比亚出生地**和归宿地**圣三一教堂**都是不能错过的景点，当然对于从世界各地来的戏剧迷来说，**皇家莎士比亚剧院**就更是必去的。欣赏着都铎王朝风格的建筑，沿着被绿色包围的埃文河漫步，可轻松享受地度过一天。

景点大都在埃文河附近

景点 Sightseeing

Shakespeare's Birthplace
莎士比亚出生地 ⓘⓘⓘ
地图 p.121-B

● 从旅游信息服务中心步行7分钟
● 门票 £ 12.50（与纳什故居和新天地霍尔农庄共用通票），9:00～17:00、7～8月～18:00、11～3月11:00～16:00（周日10:30～），12/23～26休息

🔍 亮点　忠实再现了莎士比亚的青年生活居所

　　这里是莎士比亚从出生到青年时期生活的居所，现在所看到的是16世纪的原样。他的父亲约翰·莎士比亚由于从事皮手套制造和羊毛贸易积累了大量的财富，并任职过市长，是这里的名人。他的家庭是典型的富裕家庭，在莎士比亚死后一直到19世纪初，他的子孙都在这里生活着。随着岁月的变迁，里面也经过改造、修复等，但家具、墙壁的装饰等都是忠实地再现了16～17世纪的风格，并且让人能够感受到当时的生活状态。

出生地和莎士比亚中心相邻

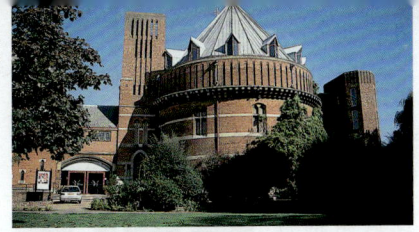

天鹅剧院的外观建筑呈现出
原汁原味的都铎王朝建筑风格

◎ 畅享自由旅行时光

漫步在古老的街道，眼前的一切仿佛让思绪回到了莎士比亚生活的时代。推荐去游览英国画家纳什故居和新天地等景点，虽然这些景点通常不被旅行团青睐，但都与莎士比亚有一定的渊源。因为街道都精致窄小，所以不用担心迷路。途经埃文河，沿着河岸对面的公园散步，会令心情舒畅无比。

在皇家莎士比亚剧院欣赏剧目是斯特拉福独有的文化盛宴。除了7~8月的旅游旺季，大都可以在当日购买门票。如果对戏剧感兴趣的话，一定要在当地的戏剧舞台里体验一回原汁原味的剧目。

Royal Shakespeare Theatre
皇家莎士比亚剧院 ⓐⓐⓐ
地图 p.121-B

● 从旅游信息服务中心步行5分钟即可到达

◎亮点 圣地中的圣地

斯特拉福皇家莎士比亚剧院是皇家莎士比亚剧团（RSC）的大本营。剧院位于埃文河畔，是一栋瓦房结构的建筑。1870年剧院建筑曾一度被烧毁，保存至今的是重建于1932年的建筑，外观呈现装饰派艺术风格。剧院一年有11个月的公演时

间，6~9月的星期日通常不对外开放，其他时间每天都会上演莎士比亚的经典剧目。**天鹅剧院**（Swan Theatre）和莎士比亚剧院毗邻而建，1986年重新恢复原有的木质建造结构，再现都铎王朝时代的建筑风格。向南步行5分钟左右，**乡村剧院**（Courtyard Theatre）就会映入眼帘。一般在这里会上演一些全新剧作，内容不乏戏剧演绎者的真实体验。

Nash's House & New Place
纳什故居和新天地 ⓐⓐ
地图 p.121-B

● 从旅游信息服务中心步行5分钟即可到达
● 费用 £ 12.50（与出生地、霍尔农庄共用通票），10:00~17:00，7~8月~18:00，11~3月11:00~16:00，12/23~26休息

事业取得巨大成功的莎士比亚于1597年一举购了新天地大道的数套豪宅，从1610年到1616年他逝世，一直都在此安度

晚年。莎翁辞世后由其女儿和女婿继承家第，遗憾的是18世纪房

伊丽莎白建筑风格的庭院风光秀丽

去往玛丽·阿登故居 p.123

圣格列高利中小学 🏫

Alcester Rd.

斯特拉福特车站 🚉

斯特拉福特市医院 ✚

莎士比亚中心

p.124格罗夫纳酒店 🅗

● 莎士比亚出生地 p.120

斯特拉福特市高中 🏫

p.124斯特拉福特酒店 🅗

旅游信息服务中心 ℹ

p.124白天鹅酒店 🅗

● Shottery Hall

市政大楼

🅗 传统猎鹰酒店
p.124 苹果庭院咖啡屋 🆁
🅗 莎士比亚酒店 p.124

A

·妮·哈瑟维故居 p.123
nn Hathaway's Cottage

The Willows

p.121 纳什故居和新天地
Nash's House & New Place

B

p.121 天鹅剧院

爱德华六世语法学校
（莎士比亚在此就读）
Grammar School

埃文河 River Avon

去往切尔滕纳姆

Shottery Rd.

乡村剧院
p.121

p.122 霍尔农庄

N

Evesham Rd.

皇家莎士比亚剧院 p.121

埃文河畔斯特拉特福
Stratford upon Avon

Sanctus St.

College Lane

p.122 圣三一教堂 ✝

0   500m

不容错过的纳什故居一景

屋建筑遭到毁坏，现在只剩下基石、残垣和伊丽莎白建筑风格的庭院。和莎翁故居相邻的是英国画家纳什故居，莎翁的孙女伊丽莎白的丈夫——托马斯·纳什曾在这里居住过。现在房间内陈设着当时的家具，二层展示着一些介绍当地历史的资料。

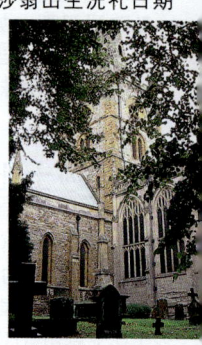
一代文豪莎士比亚就安葬在此

Holl's Croft
霍尔农庄 ⑦
地图 p.121-B

●从旅游信息服务中心步行10分钟即可到达
●费用£12.50（与出生地、纳什故居和新天地共用通票），10:00～17:00、11～3月11:00～16:00、12/23～26闭馆

霍尔农庄是莎士比亚的女儿苏珊娜和丈夫约翰·霍尔的住处。约翰·霍尔曾是一名医生，随莎翁来到新居，在此定居。房屋的客厅内和卧室中摆放着17世纪前半期的古董家具，同时再现了当时的诊所景象。

Holy Trinity Church
圣三一教堂 ⑦⑦⑦
地图 p.121-B

●从旅游信息服务中心步行12分钟即可到达
●£2.00（接受捐赠），9:00～18:00、3～10月9:00～17:00、11～2月9:00～16:00，周日13:00～17:00开放，无休

🔍亮点 莎士比亚就安葬在此

圣三一教堂建筑群由岩石建造，弥漫着古风气息。教堂位于街道最前方，沿着河岸走来，一路绿树成荫。莎士比亚不仅在此接受诞生洗礼，去世后遗体也被安葬在这。据说莎翁的出生日和下葬日是同一天，都是4月25日。传闻是否准确无从得知，只是有文字记录的莎翁出生洗礼日期是4月26日。莎翁的坟墓位于教堂深处的祭坛前方，旁边还长眠着他的妻子、女儿等家族成员。教堂地处郊区，远离市中心。如果想亲身拜祭一代文豪莎士比亚，这里是必去之地。圣三一教堂最早修建于13世纪，现存建筑是后来历经修复的作品。

🟤 文化小知识

天才剧作家——莎士比亚

威廉·莎士比亚于1564年出生在英格兰中部斯特拉特福小城的一个富有家庭。18岁时，他和年长8岁的安妮·哈瑟维结婚，生育了三个孩子，后在1586年抛弃妻儿，只身前往伦敦。莎翁曾立志要成为一名戏剧演员，但离家出走的具体原因现在尚不明确。

莎士比亚最初凭借《亨利六世》等剧目出名，他早期的作品大都问世于1592年。1594年他加盟新成立的剧团，作为剧作家渐渐获得声名，自此驰骋戏剧界大约20年。剧团曾为伊丽莎白一世献演，1599年建成环球剧院后，伊丽莎白一世也成为剧院常客，从而也提升了剧团的名气。伊丽莎白一世执政的都铎王朝时期，同时正值英国本土艺术文化百花齐放的时期，这也是莎翁创作的活跃期。

莎翁作为一名剧作家名气大增的同时也收获了一定的财富，1597年他回到故乡购置

莎士比亚雕像和哈姆雷特雕像

麦克佩斯夫人的雕像

了多处豪宅。同一时期，他还撰写了《哈姆雷特》、《奥赛罗》、《李尔王》等著名的悲剧作品。1612年，时逢莎翁53岁，即逝世前4年，他谱写了悲喜剧作品——《暴风雨》，成为莎翁最后上演的戏剧作品，这部作品凝聚了这位戏剧大家对人生的思索。莎士比亚一生虽然只撰写了37部作品，但每部剧作都深刻捕捉到人性的普遍真理，作品超越了时空和国界，至今仍打动着许多观众的内心，斯特拉特福为此也吸引了来自世界各地的游客前来观光。

Ann Hathaway's Cottage
安妮·哈瑟维故居 😊😊
地图 p.121-A

● 从车站步行5分钟即可到达
● 费用£7.50，9:00~17:00，11~3月10:00~16:00，12/23~26闭馆

　　莎士比亚的妻子安妮就出生在此，直到1582年结婚她一直居住在这里。房屋外观体现了当时典型的富裕农家的房屋构造。庭院周围环绕着一排排稻草修葺的房屋，整体建筑风格依旧保持了400年前的面貌。院内有15世纪中期的建筑和17世纪时的增补建筑。虽然直到19世纪末期，哈瑟维家族的后代一直在此居住，但早在19世

纪前期该房屋已成为一处名胜古迹。屋内装潢也保留着19世纪末的设计风格，陈设的家具、生活用具都归哈瑟维家族所有。

就像图画里的烟囱和稻草修葺的屋顶

Mary Arden's House
玛丽·阿登故居
地图 p.107、p.121-A外

● 从斯特拉特福车站步行5分钟即可到达（每隔一小时发车一次）。在温姆柯克车站下车步行5分钟即可到达。
● 费用£9.50，10:00~17:00，11~3月10:00~16:00，12/23~26闭馆

　　莎士比亚的母亲玛丽嫁给约翰·莎士比亚后搬至斯特拉特福，而这里曾是她出嫁前的住所，位于斯特拉特福北部悠闲宁静的温姆柯克(Wilmcote)小村中。房屋占地面

房屋建筑体现了都铎王朝时期的设计风格，气势宏伟

积宽广，单看气势恢宏的建筑外观，就可以推测出房屋的主人拥有殷实的财产。房屋建筑充分体现了都铎王朝时期的风格，如今已成为一所对外开放的乡村田园风光展览馆。故居风景依旧秀丽迷人，置身展品之中，仿佛可以感受到16世纪时的各种民间生活方式。

英格兰中部

123

埃文河畔斯特拉特福

加享 **Short Trip** 之旅

感受英国中世纪城堡风情
沃里克城堡　Warwick Castle
地图 p.107

　　公元914年，韦塞克斯王国阿尔弗雷德大帝的女儿爱莎·弗雷德最早在埃文河畔修建了沃里克城堡。当时城堡只是一个毫不起眼的要塞阵地，保存至今的城堡修建于1068年，由当时诺曼王朝的征服者——威廉一世主持建造。据说每个夜晚，都有幽灵游荡在旧时城堡四周，曾经因此轰动一时。现在的城堡华丽转变，被布置成数个主题公园。游客可以在此体验到其他城堡所没有的特色观光项目，以满足探险猎奇之心理。夏天，演职人员身穿中世纪服装，在开阔的场地上演绎中世纪时期的商场交易和作战场景。城堡内部陈设的蜡像

雕塑再现了15世纪出征开战前士兵的准备场面

城堡中会再现中世纪派对的场景

在这个中世纪城堡中畅享欢乐时光

和19世纪90年代招待王室贵族的派对场景。

　　众多景点中最令人难忘的莫过于幽灵城堡。据说城堡中会出现公爵格雷维尔的幽灵。相传当年格雷维尔获得王室授权拥有该城堡，却没想到在1628年被残忍杀害。虽然他离开了人世，但依旧难以割舍自己钟爱的城堡，所以灵魂经常会回来游荡于自己居住过的城堡。城堡中有景点说明书。

●去往沃里克城堡
火车 ▶ 从伦敦马里波恩站出发到沃里克站大约需要1小时40分钟
汽车 ▶ 从斯特拉特福出发到沃里克站大约需要20分钟
费用£14.95~19.95（价格随季节变动），10:00~18:00，10~3月10:00~17:00，12/25休息

▶咖啡&文艺表演

Cox's Yard

苹果庭院咖啡屋

地图 p.121-B

访 从旅游信息服务中心步行大约1分钟即可到达
☎ 01789-40-4600 **营** · **休** 因场所而异

文艺表演的休闲场所

1839年，沿着埃文河畔修建的许多仓库逐渐演变成独具特色的文艺表演区。许多有名的音乐家会在这附近的爵士音乐厅演出，"艺术风情"剧院小剧场中也会上演儿童剧目。除此之外，附近还有不少酒吧和咖啡屋，适合悠闲散步、休憩。

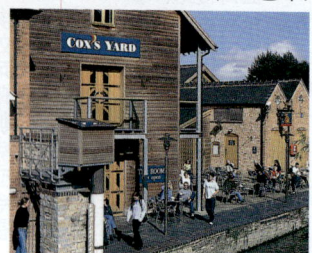

沿河而建的仓库已变身为文艺表演区

当地旅游纪念品销售店中摆放着的莎翁系列商品

酒店外围花团锦簇

▶莎士比亚故居附近

The White Swan Hotel ★★

白天鹅酒店

地图 p.121-B

HP http://www.pebblehotels.com

访 从旅游信息服务中心步行大约10分钟即可到达
£ S£83~、D/T£109~ **室** 41间
☎ 01789-29-7022 **FAX** 01789-26-8773
✉ Rother Street

莎士比亚曾经常光临的酒店

酒店古典雅致，充分体现了16世纪的古老建筑风格。栎树建造的酒店支柱搭配上白色的墙壁，色彩鲜明漂亮。内部装潢也尽可能保持当时原貌。

散发着优雅、自然气息的酒店

地图 p.121-B **斯特拉特福酒店** The Stratford Hotel	✕ 从旅游信息服务中心步行大约5分钟即可到达 **£** S £89~、D/T £ 99~（含早餐）**室** 102间 ☎ 01789-27-1000 **FAX** 01789-27-1001 ✉ Arden Street **HP** http://www.qhotels.co.uk	被庭园和花草环绕着，设施既现代又舒适，离车站很近。
地图 p.121-B **莎士比亚酒店** The Shakespeare Hotel ★★	✕ 从旅游信息服务中心步行大约7分钟即可到达 **£** S、D/T £102~ **室** 74间 ☎ 01789-29-4997 **FAX** 01789-41-5411 ✉ Chapel Street **HP** http://www.mercure-uk.com	创业于1637年的名门贵族酒店，一直以来深受作家和演员的喜爱。
地图 p.121-B **传统猎鹰酒店** The Legacy Falcon Hotel ★★	✕ 从旅游信息服务中心步行大约5分钟即可到达 **£** S、D/T £93~ **室** 83间 ☎ 0844-411-9005 **FAX** 0844-411-9906 ✉ Chapel Street **HP** http://www.legacy-hotels.co.uk	酒店外观呈现16世纪风格，部分客房依然保持当时的设计风格，内部现代化设施齐备。
地图 p.121-B **格罗夫纳酒店** The Grosvenor Hotel ★★	✕ 从旅游信息服务中心步行大约7分钟即可到达 **£** S、D/T £89~ **室** 73间 ☎ 01789-26-9213 **FAX** 01789-26-6087 ✉ Warwick Road **HP** http://www.bwgh.co.uk	酒店古典气息浓郁、明亮温馨，距离市中心只需步行5分钟。

斯托克车站前树立着韦德伍德的雕像

人口 23.9万人

特伦特河畔 斯托克

Stoke-on-Trent

地图 p.7-H

作为英国骨瓷的诞生地。斯托克有许多制瓷厂，生产制造了不少享誉国际的名牌瓷器。不妨参观体验一下瓷器的制造过程。

必看
- 韦德伍德观光中心 ???
- 斯博德观光中心 ??
- 陶艺博物馆&美术馆 ?
- 格莱斯顿陶瓷博物馆 ?

去往斯托克
火车▶从伦敦乘坐火车大约需要1小时30分钟
汽车▶从伦敦乘坐长途汽车大约需要4小时

旅游信息服务中心
从汉利公交车站下车即到 ✉ Victoria Hall, Cultural Quarter, Hanley 🕐9:00~17:00、周六10:00~14:00 休周日和复活节期间、12月25日~1月1日

---

about Stoke-on-Trent
街 区 概 观 ?

斯托克是名副其实的英国"瓷都"，英国的陶瓷厂大多集中在斯托克周边区域。斯塔福德郡北部区域的人们从古至今一直以陶瓷生产为主要生计。当地的优质陶瓷得益于良好的自然条件，盛产优质黏土、煤炭、水等是其先决条件，加之先进的开发技术，使斯托克成为英国陶瓷器的中心产地。19世纪末，当地的陶瓷器生产量已占英国陶瓷器市场的90%。20世纪中期，据说当地制瓷厂的瓶颈型烟囱多达数千座。现在虽然烟囱消失了，但英国人仍以斯托克为傲，这里依然是英国重要的陶瓷城。

Highlight
精 彩 看 点 🚶

斯托克地域广阔，由汉利、伯斯勒姆、滕斯托尔、斯托克、芬顿、朗顿6个小镇组成。当地有很多著名的制瓷厂。可以在制瓷厂一边参观，一边学习制瓷。另外，这里还设有瓷器专卖店，购买当地的瓷器已成为斯托克之旅的乐趣之一。市区的韦德伍德观光中心最受游客欢迎。当然，斯博德观光中心的商店和博物馆也是不容错过的景点之一。

景点 *Sightseeing*

The Wedgwood Visitor Centre
韦德伍德观光中心 ???
地图 p.126-B

- 从斯托克车站乘坐公交车大约20分钟，在韦德伍德观光中心前下车即可到达
- 费用£6.25，9:00~17:00、周六与周日10:00~（周六商店则下午16:00停业）、12/25前后、1/1闭馆

亮点 陶瓷厂直销店

韦德伍德观光中心设有陶瓷制造厂，供游客参观体验。场馆内展示着"英国陶瓷之父"乔赛亚·韦德伍德的代表作品。此处的观光店还销售许多高级陶瓷器，也有价格实惠的二级品。

Wedgwood Factory Shop
韦德伍德工场店 ??
地图 p.126-A

- 从伊特鲁里亚车站步行20分钟即可到达
- 9:30~17:00、周日10:00~16:00，圣诞节期间休息

这里除了有韦德伍德瓷器，还有赏心悦目的餐具和水晶器皿，而且只需要花费原价的75%就能以最低优惠价购入囊中。

柜台摆放的瓷器价格实惠

Portmeirion Factory Shop
波特梅里恩工场店
📍 地图 p.126-B

- 从斯托克车站步行10分钟即可到达
- 9:00～17:00，周日10:00～16:00，圣诞节休业

　　这个陶瓷器制造厂以碎花样式闻名，在2009年吸收融合了斯波德瓷器和伍斯特瓷器的风格。在特伦特工场中设立的商店以销售一级品为主，朗顿的商店里销售极为便宜的二级品。

The Potteries Museum & Art Gallery
斯托克陶艺博物馆&美术馆
📍 地图 p.126-A

- 从汉利旅游信息服务中心步行大约10分钟即可到达
- 免费观光，10:00～17:00，周日14:00～17:00，11～2月10:00～16:00，周日13:00～16:00，12/24～1/1闭馆

　　博物馆展览的陶瓷作品以当地瓷器为主，从远古陶器到现代作品大约有5000余件。观光博物馆可以让我们领略到18～19世纪繁荣的英国陶瓷器发展史。

Gladstone Pottery Museum
格莱斯顿陶瓷器博物馆
📍 地图 p.126-B

- 从朗顿车站步行大约10分钟即可到达
- 费用£6.95，10:00～17:00，12/25～1/2闭馆

　　1967年格莱斯顿制瓷厂关闭后，转变成陶瓷器博物馆，再现了19世纪时制瓷厂的情景。至今只有格莱斯顿博物馆完好地保存着外观呈现瓶颈形状的旧烧瓷厂。

特伦特河畔斯托克
Stoke-on-Trent
0　　　　2km

伯斯勒姆 Burslem
Central Forest Park
Festival Park
滕斯托尔 Tunstall
购物中心
韦德伍德工场店 p.125
汉利 Hanley
旅游信息服务中心
公交车站
伊特鲁里亚车站
斯托克陶艺博物馆&美术馆 p.126
The Potteries Museum & Art Gallery
汉利公园 Hanley Park
Queensway
斯托克车站
特伦特河畔斯托克
Stoke-on-Trent
旅游信息服务中心
斯托克 Stoke
芬顿 Fenton
斯波德观光中心
Spode Vision Centre p.125
p.126 波特梅里恩工场店
朗顿车站
p.126 格莱斯顿陶瓷器博物馆
Gradstone Pottery Museum
朗顿 Longton
皇家斯特拉特福游客观光中心
韦德伍德观光中心 p.125
The Wedgwood Visitor Centre
Trentham Golf Course
韦德伍德车站
Wedgwood Sta.
去往伯明翰、伦敦方向

BoneChina

陶艺家独具匠心和执着热情的结晶
英国陶瓷器珍品——骨瓷

　　诞生于斯托克小镇的骨瓷享誉全球，其制作成分包含50%的优质骨粉、25%的陶石和25%的陶土。骨瓷的发明令英国人引以为傲，一度在国际陶瓷舞台上大展风采。秉承创造艺术珍品的信念，斯托克的陶艺家们发挥独具匠心的工艺、加上执着的热情，从而创造了蜚声国际的珍品骨瓷。乔赛亚·韦德伍德和乔赛亚·斯博德是骨瓷的开创者。大约从1750年开始不断有人实验，使用骨粉制作陶瓷。至1796年，斯博德大致完成骨瓷最终的制作。其

子继承父业，于1799年确立的工艺技法引起了很大反响。之后，其他制瓷厂竞相追随。从1799年开始，当地完全停止了从东印度公司进口中国陶瓷。

　　同时代，科学家韦德伍德研制出享誉盛名的碧玉瓷器。1765年因夏洛特王妃赐名为"王后陶器"而声名大振。1773年因叶卡捷琳娜二世大量订购该瓷器而备受瞩目，同时刺激了当时的贵族和新兴工商业主们争先购买。

　　19世纪，受益于化学家亨利·道尔顿的研究成果，陶瓷业通过引入机器生产实现了骨瓷的大量生产，从而将骨瓷引入中产阶级市场。每一件细腻而美丽的骨瓷仿佛都渗透着斯托克小镇陶艺家的艺术情怀和奇思妙想。

环绕小镇街道的塞文河静静地流淌着

什鲁斯伯里与威尔士中部相邻，三面为河流所环绕，被认为是16世纪都铎王朝古建筑保存得最完好的城市之一。

必见

- 中世纪城区 🏅🏅🏅
- 什鲁斯伯里修道院 🏅🏅🏅
- 什鲁斯伯里博物馆 🏅🏅
- 圣查得教堂 🏅🏅

去往什鲁斯伯里

火车🚆 从伦敦乘车，在伯明翰换乘，大约2小时50分钟即可到达

汽车🚌 从伦敦乘坐长途汽车，大约4小时30分钟即可到达

ℹ️ 旅游信息服务中心 🚶小镇车站步行15分钟即可到达 ✉️Barker St. 🕙10:00~17:00(周日10:00~16:00)、10~4月10:00~16:00(周日休息)

什鲁斯伯里
Shrewsbury
地图 p.7-H

人口 9.6万人

地图 p.7-H

街区概观 ❓
about Shrewsbury

英国各地遗留着许多16世纪时期的都铎王朝古迹，黑框白墙的建筑随处可见。什鲁斯伯里被认为是都铎王朝古建筑保存得最完好的城市之一。漫步城市之中，游客可以切身体会到中世纪的古风韵味。小镇被塞文河环绕成半岛，因而最初被建为军事基地。什鲁斯伯里位于半岛中央，唯一一处可以从陆地进攻的区域也被当地人建成红色砂岩城堡进行防御。缓缓起伏的平原尽头和威尔士相连。

精彩看点 🚶
Highlight

什鲁斯伯里位于塞文河畔，是一座精致的小城。游客只需漫步小镇就可以观赏景致。一定不要错过**中世纪城区**，这里汇集了不少都铎王朝建筑风格的庭院，在此可以悠闲散步。另外，**什鲁斯伯里修道院**虽然远离小城中心，如感兴趣的话也不妨前去驻足观赏。

小城的最大特色——都铎王朝建筑风格的房屋鳞次栉比

景点 Sightseeing

The Medieval Town
中世纪城区 🏅🏅🏅
地图 p.128-B

● 从旅游信息服务中心步行3分钟即可到达

🔍**亮点** 保存完好的中世纪风情街道

城区街道用圆形石板铺筑。街道两侧的都铎王朝建筑风格的房屋庭院鳞次栉比，漫步其中仿佛穿越到了古老的中世纪。16世纪时因商人在此囤积从威尔士采购的毛纺织品而大发横财，建了不少华丽的房屋。位于小城商业大街爱尔兰大厦（Ivelands Mansion）和屠夫大街之间的阿博之家（Abbot's House）是典型的中世纪建筑。城堡大街（Castle Street）上耸立着的精致门楼是不容错过的风景。**威尔警察大街**是17世纪时连接伦敦和威尔士的驿站，曾繁华一时，至今仍保留着昔日的景象。

Shrewsbury Abbey
什鲁斯伯里修道院 🏅🏅🏅
地图 p.128-B

● 从旅游信息服务中心步行15分钟即可到达
● 观光免费（接受捐赠），10:30~15:00、周日11:30~14:30，无休

🔍**亮点** 修道院是推理小说的大舞台

修道院最初是撒克逊人的教堂，1803

置身修道院，一种莫名的奇幻感扑面而来

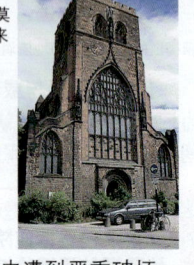

年在其遗址上建立本笃会修道院，直到亨利八世下令关闭，什鲁斯伯里修道院历经了近500年的风雨岁月。1283年曾在教堂大厅召开过议会。由于在清教徒革命中遭到严重破坏，现在仅剩教堂的部分建筑，但在教堂南面仍然能够欣赏到修道院的回廊建筑。因作为艾利斯·彼得斯推理小说《卡德法尔神父》的背景舞台，修道院闻名于世。

128

Shrewsbury Museum and Art Gallery
什鲁斯伯里博物馆　❓❓

地图 p.128-A

● 从旅游信息服务中心步行5分钟即可到达
● 观光免费，10:00~17:00，周日~16:00，10~3月10:00~16:00，10~5月的周日、周一和12月下旬~1/1休息

🔵亮点 渗透着工匠精湛技艺的罗马古镜

　　什鲁斯伯里博物馆中陈设着陶瓷器和服饰等各文物，还有出土自郊外的古罗马人建造的"罗克斯特城"物品展示。其中古罗马人造的镜子工艺相当精致，还有物品展示古罗马皇帝哈德良巡查小城时的碑铭。

St.Chad's Church
圣查得教堂　❓❓

地图 p.128-A

● 从旅游信息服务中心步行5分钟即可到达
● 观光免费（接受捐助），8:00~17:00，节假日11:00~、周日一般开放，12/25·26闭馆

　　圣查得教堂因收藏着名人葬礼中使用的木制丧仪纹标而备受大众青睐。教堂正殿呈圆形，直径达30米，堪称英国之最。

教堂屋顶是圆形建筑，前面是宽敞的公园

加享 **SＳhort Ｔtrip 之旅**　世界遗产

近代炼铁工艺的发祥地

铁桥峡谷 Iron bridge
地图 p.7-H、p.107（铁桥）

什鲁斯伯里郊外的这个地方是近代炼铁工艺的发祥地。

1709年，亚伯拉罕·德比使用焦炭提炼精铁，在柯尔布鲁克代尔大峡谷建造炼铁厂。不久炼铁厂生产出车轮、铁轨、铁桥等产品，蒸汽机车也相继诞生。1799年，由亚伯拉罕·德比的孙子建造成世界首座铁桥，直接命名为"铁桥"。

至今仍在使用的铁桥

　　铁桥保存至今，附近有9座主题博物馆和户外展览馆。特别推荐的是，一定不要错过参观柯尔布鲁克代尔铁工艺博物馆，游客可以从中了解到铁桥和与炼铁有关的历史。

● **前往铁桥峡谷**
公交 ▶ 从什鲁斯伯里出发大约40分钟即可到达
▶ 参观景区通票 £21.95，9:00~17:00（11月~3月10:00~部分展馆闭馆时间为16:00），12/24·25、1/1休息

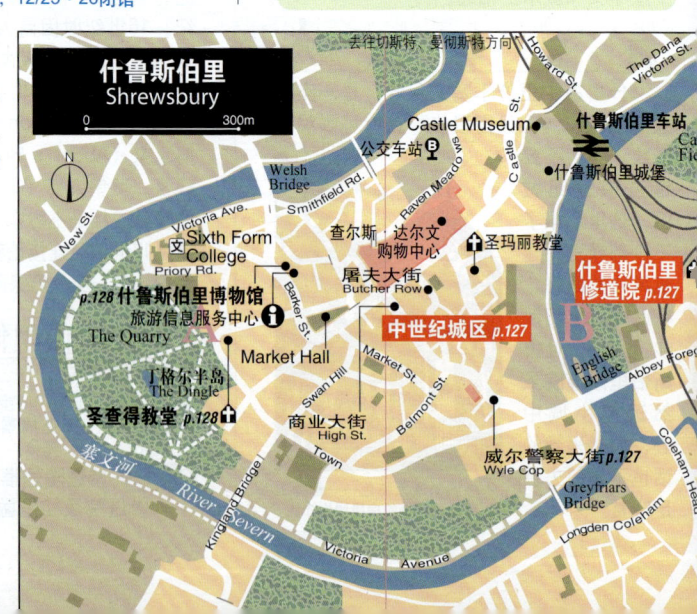

什鲁斯伯里
Shrewsbury

0　　300m

去往切斯特、曼彻斯特方向

Castle Museum
公交车站 🅱
什鲁斯伯里车站 🚉
什鲁斯伯里城堡

Welsh Bridge
Smithfield Rd.
Raven Meadow St.
Castle St.
Howard St.
The Dana Victoria Ave.

Victoria Ave.
New St.
Sixth Form College
Priory Rd.
p.128 什鲁斯伯里博物馆
旅游信息服务中心 ℹ
The Quarry 采石场
丁格尔半岛 The Dingle
Market Hall
圣查得教堂 p.128 ⛪

查尔斯·达尔文购物中心
屠夫大街 Butcher Row
圣玛丽教堂 ⛪
中世纪城区 p.127
什鲁斯伯里修道院 p.127
Barker St.
Market St.
Swan Hill
商业大街 High St.
Town Walls
Belmont Bank
威尔警察大街 p.127 Wyle Cop
English Bridge
Abbey Foregate
Coleham Head
Greyfriars Bridge
Longden Coleham

River Severn
Kingsland Bridge
Victoria Avenue

站在屋列区的建筑上能看到小镇东门的钟塔

切斯特被城墙环绕，街区一派中世纪风貌，两旁的建筑物印染着悠久的古罗马文明史，到处都是古趣盎然。

必看
- 屋列区 ②②②
- 切斯特大教堂 ②②②
- 古城墙 ②②②
- 格罗夫纳博物馆 ②②

去往切斯特
火车 从伦敦出发中途换乘大约2小时40分钟
汽车 从伦敦乘坐长途汽车大约6小时

旅游信息服务中心
从屋列区步行3分钟即可到达 ✉Town Hall, Northgate St. 🕘9:30~17:30、周日10:00~17:00 ❌12/25・26、1/1

切斯特
C h e s t e r

地图 p.7–H

火口 11.8万人

---

a b o u t   C h e s t e r
街 区 概 观 ❓

公元74年古罗马人用岩石修建成切斯特小镇的雏形，之后一直到19世纪维多利亚王朝鼎盛，小镇历经近2000年风雨岁月。旧城区至今依旧被古城墙环绕，城墙内黑木白墙式的建筑极具特色。切斯特在18~19世纪已形成一套完善的城市体系，堪称最具中世纪风貌的英国小镇，同时也是保护古城的代表性城市。

H i g h l i g h t
精 彩 看 点 🚶

切斯特古城区被城墙环绕，东西大约长500米，南北大约宽1000米。东西南北交叉的十字街位于中心地带，街道中央耸立着屋列区高塔。5~8月，每天中午都会上演"街头公告员"的模仿秀。在古代，街头公告员的主要任务是上传下达有关街道的信息，届时公告员会身着古代服饰进行宣传。十字街距离屋列区和切斯特大教堂很近。从十字街开始，漫步一周就能够欣赏到小镇的所有景点。

在主旅游景区可以欣赏到很多街头表演

景点 *Sightseeing*

The Rows
屋列区 ②②②

地图 p.130

●从旅游信息服务中心步行3分钟即可到达

🔍亮点 耸立在十字街的屋列区高塔

屋列区高塔位于十字街周边，二楼的观景台和街道相连，建筑风格极尽都铎王朝特色。屋列区高塔历经16~19世纪才全部建成，至今仍保持着旧时景象，为了充分发挥其建筑功能，现已将其打造成小镇著名的购物区。

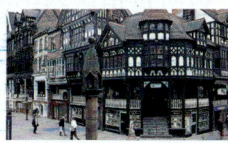

Chester Cathedral
切斯特大教堂 ②②②

地图 p.130

●从旅游信息服务中心步行1分钟即可到达
●费用£5.00，9:00~17:00，周日13:00~16:00，无休

🔍亮点 14世纪的木制雕刻和庭院风采

公元10世纪，撒克逊人修建了最初的切斯特大教堂。11世纪末，日耳曼人又增添其余建筑群，但现在的教堂只保留了当初的部分建筑。切斯特大教堂历经500年不断增建，并引入哥特式建筑风格。19世

切斯特大教堂风景

纪，教堂又进行了大规模改建。唱诗班的座椅上装饰有精美的14世纪木雕作品。教堂的回廊建筑也别具一格。

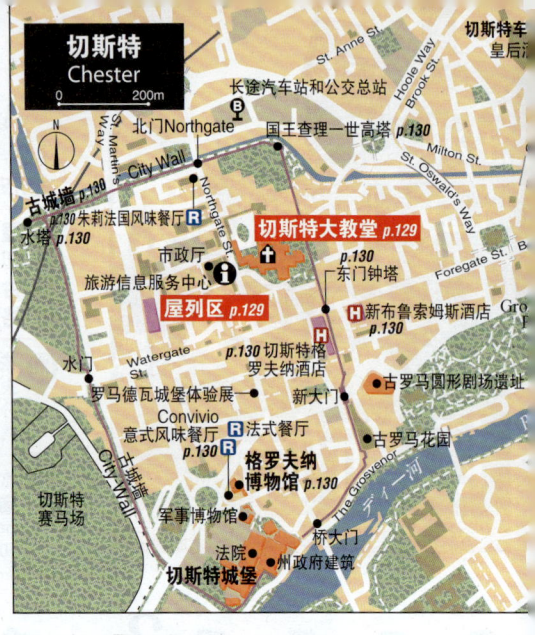

City Walls
古城墙
地图 p.130
ⓒⓒⓒ

●从小镇东门步行7分钟即可到达

　　环绕着小镇的古城墙，历经不同时期修建完成。古罗马人建造了东侧城墙和北侧建筑，之后日耳曼人修建了南侧和西侧的建筑。城中小道经过18世纪的大规模改造，至今仍保留着古罗马人和日耳曼人的修建痕迹。为了纪念维多利亚女王即位60周年，小镇东门修建了大钟塔。城墙东北角耸立着国王查理一世高塔。在清教徒运动中被判刑的查理一世，也正是在墙角处得知国王军队溃败的消息，古城墙也因此声名鹊起。城墙西北角修建的水塔是用于监视沿运河驶入城内的外部侵略势力的。

Eating · Stay
美食·住宿

▶古城墙内

The Chester Grosvenor & Spa
切斯特格罗夫纳酒店
★★★★
地图 p.130
HP http://www.chestergrosvenor.co.uk
交 从旅游信息服务中心步行大约5分钟即可到达
£ S£170～、D/T£180～（含早餐）　室 80间
☎ 01244-32-4024　FAX 01244-31-3246
✉ Eastgate

拥有辉煌历史的贵族酒店
　　切斯特格罗夫纳酒店创业于1865年，至今客人仍能感受到威斯敏斯特公爵专属的皇家奢华感。

Grosvenor Museum
格罗夫纳博物馆
ⓒⓒ
地图 p.130

●从旅游信息服务中心步行10分钟即可到达
●免费观光，10:30～17:00、周日13:00～16:00，感恩节和元旦闭馆

　　格罗夫纳博物馆展示了拥有2000年历史的切斯特小镇风采。有修建于17世纪、被称为"日期房（Period House）"的建筑，还有再现19世纪维多利亚王朝时期的房屋建筑。

▶古城墙外

New Blossoms
新布鲁索姆斯酒店
★★★
地图 p.130
HP http://www.macdonaldhotels.co.uk/blossoms
交 从旅游信息服务中心步行大约7分钟即可到达
£ S、D/T £83～　室 67间
☎ 0844-879-9113　FAX 01244-34-6433
✉ St Johns Street

古典雅致的传统酒店
　　酒店外部是砖瓦建筑，内部装潢古典高雅。有2处酒店餐厅。

店 名	地址 电话	附近交通	营业时间	休息日	参 考
Convivio意式风味餐厅 Convivio Bar & Restaurant	29 Grosvenor Steet ☎01244-40-0029 地图 p.130	从旅游信息服务中心步行3分钟即可到达	11:00～22:30 （周日~21:30）	无	食材新鲜、服务优质、环境精致的意大利料理店。另外，还附设酒吧。
朱莉法国风味餐厅 Chez Jules	71 Northgate Street ☎01244-40-0014 地图 p.130	从旅游信息服务中心步行4分钟即可到达	12:00～15:00、 18:00~22:30（周日12:00~16:00）	无	法国风味餐厅。价格合理，菜品丰富，很受大众欢迎。

诺丁汉的古城遗址是当地市民的休闲区

诺丁汉郊外拥有广阔的舍伍德森林，传说英雄罗宾汉曾居住在此。19世纪，小城的花边刺绣产业闻名全英国。

必看
诺丁汉城堡 ② ② ②
花边商贸中心 ② ②
罗宾汉传奇展览馆 ② ②
纽斯特德修道院 ② ②

去往诺丁汉
火车 ◐ 从伦敦乘车大约2小时即可到达
汽车 ◐ 从伦敦乘坐长途汽车大约3小时即可到达

旅游信息服务中心
从诺丁汉车站步行3分钟 1-4 Smithy Row
9:00~17:30、周六9:00~17:00、星期日及节假日10:00~16:00 12/25・26、1/1

诺丁汉
Nottingham
地图 p.7-H

地图 p.7-H

人口 30.1万人

---

about Nottingham

街区概观 ？

诺丁汉小城和一段传奇故事不可分割，相传英雄罗宾汉就曾隐居在此地广阔的舍伍德森林中。据说13世纪，诺丁汉城区也覆盖着大片森林，而今只有郊外才有。最初清教徒运动的早期移民居住在诺丁汉小城，救世军也起源于当地。诗人拜伦和作家D.H.劳伦斯在这里创作出他们杰出的作品。19世纪，许多花边刺绣工厂聚集在这里，城市建设不断发展繁荣，至今城区还遗留着许多与花边产业相关的设施。

Highlight
精彩看点

诺丁汉有两大购物中心，分别是南部城区的布洛德马什购物中心 (Broadmarsh Centers) 和北部城区的维多利亚购物中心 (Victoria Centre)。购物中心和繁华的商业步行街相接。城区道路比较复杂，有很多坡路，没有特别宽敞的街道。小城的主要景点有**诺丁汉城堡**、郊外的纽斯特德修道院以及**舍伍德森林**。花边商贸中心等花边贸易场所也会令游客感到趣味十足。

诺丁汉的特色▶
小城的主导产业——花边刺绣很有名。

热闹繁华的购物街

景点 *Sightseeing*

Nottingham Castle
诺丁汉城堡 ② ② ②
地图 p.132

●从诺丁汉车站步行10分钟即可到达
●费用£5.50（与诺丁汉生活博物馆共用通票，庭院免费参观），10:00~17:00、10~2月~16:00，庭院开放时间：全年8:00~日落，周日、12/24~26、1/1闭馆

亮点▶ 迷宫般的洞窟探险乐趣无穷

令人毛骨悚然的洞窟

11世纪时，由征服者威廉一世下令在小城一条不知名的街道修建了诺丁汉城堡的雏形，用作军事要塞，登临城堡的高楼能够俯瞰全城景色。现在的建筑物是17世纪由卡斯尔伯爵再建而成的，因而这里设有卡斯尔博物馆和美术馆。城堡的基底岩石处挖有洞窟，还有几处地下隧道。其中最有名的莫过于**莫蒂默洞穴**。据说14世纪时，先王的王妃伊莎贝尔——爱德华三世的母亲私会情人，这里就是当时逮捕她的情人莫蒂默的秘密入口处。游客可以参加团体游进入洞穴内部参观（入室参观费：£2.50）。

City of Caves
诺丁汉洞穴 ⑦⑦
地图 p.132

- 从旅游信息服务中心步行5分钟即可到达
- 费用 £5.95，10:30~17:00，周日、12/24~16、1/1·2休息

　　位于城市地下的广阔洞穴，其入口在布洛德马什购物中心内。以前是作为鞣革场、住所、防空洞等使用的。

Museum of Nottingham at Brewhouse Yard
诺丁汉生活博物馆 ⑦⑦
地图 p.132

- 从旅游信息服务中心步行7分钟即可到达
- 费用 £5.50（与诺丁汉城堡共用通票），10:00~16:30，12/24~26、1/1闭馆

　　博物馆由5栋17世纪的房舍构成，展示了小城当地居民的生活样貌，如晒着衣服的餐厅、放着梳妆台的客厅及杂货店等。

Galleries of Justice
诺丁汉司法博物馆 ⑦
地图 p.132

- 从诺丁汉车站步行7分钟即可达到
- 费用 £8.95，9:00~17:00，周六周日10:30~、12/24~25、1/1~2闭馆

　　该博物馆是一家以司法和刑罚为主题的博物馆。馆藏文物不仅展示了法院和刑事裁判所的相关物品，还设有警察博物馆。

绕着庭园随意走走也不错

Newstead Abbey
纽斯特德修道院 ⑦⑦
地图 p.7-H、p.107

- 在诺丁汉维多利亚车站乘坐公交大约25分钟即可到达
- 费用£8.00（仅参观庭院£4.00），修道院12:00~16:30、庭院9:00~日落，10~3月的周二~周五闭馆

　　纽斯特德修道院的正馆被森林覆盖。12世纪时这里只是一家单纯的修道院，实施废除修道院政策后一直被荒废搁置，直到1540年才成为大诗人拜伦的家族馆邸，他本人就出生在这里。此处除了展示拜伦的纪念物外，游客还可以在雅致的卧室中欣赏到维多利亚时期的家具和油画。馆邸前方有一片宽阔的湖泊，单是驻足欣赏各种风格的庭院建筑就能感受到无尽的乐趣。

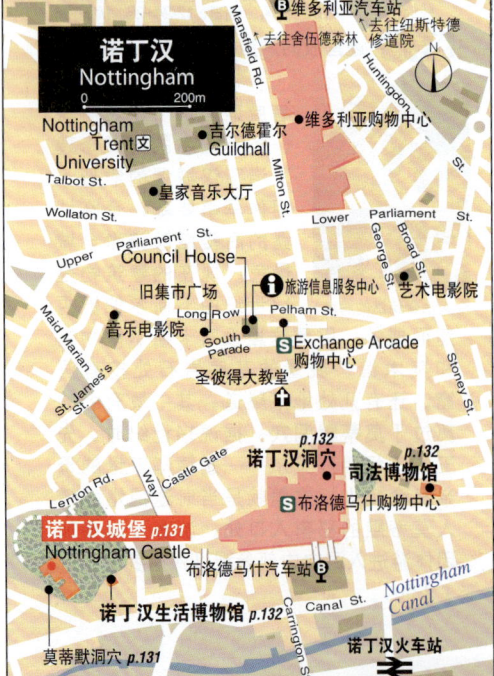

文化小知识
侠盗罗宾汉

　　罗宾汉（Robin Hood）闻名全球，是一位劫富济贫、行侠仗义的英雄。他拥有过人的勇气和超凡的幽默感。罗宾汉唯一的财产就是弓箭、宝剑和牛角号。为了贫苦人民，他总是勇敢地和坏人交战。虽然没有罗宾汉事迹的相关文字记载，但传说中也交织着史实。因此，也有专家认为历史上确实存在罗宾汉其人其事。相传大约700年前，罗宾汉传说由中世纪的云游诗人口述传承。至今罗宾汉的角色依然活跃在电影和话剧舞台上，吸引了无数观众。据说罗宾汉最有可能隐居在舍伍德森林。现在的舍伍德森林已开发了乡村公园及多个休闲公园。

罗宾汉雕像

诺丁汉 Nottingham
0　　200m

- Nottingham Trent 文 University
- Talbot St.
- Wollaton St.
- 吉尔德霍尔 Guildhall
- 皇家音乐大厅
- 维多利亚购物中心
- Upper Parliament St.
- Council House
- 旧集市广场
- Long Row
- 音乐电影院
- South Parade
- 旅游信息服务中心
- Pelham St.
- 艺术电影院
- Exchange Arcade 购物中心
- 圣彼得大教堂
- Maid Marian Way
- Castle Gate
- Lenton Rd.
- 诺丁汉洞穴 p.132
- 司法博物馆 p.132
- 布洛德马什购物中心
- 诺丁汉城堡 p.131 Nottingham Castle
- 布洛德马什汽车站
- 诺丁汉生活博物馆 p.132
- 莫蒂默洞穴 p.131
- Canal St.
- Nottingham Canal
- 诺丁汉火车站
- 维多利亚汽车站
- 去往舍伍德森林
- 去往纽斯特德修道院
- Mansfield Rd.
- Milton St.
- Huntingdon St.
- Lower Parliament St.
- George St.
- Broad St.
- Stoney St.
- St. James's St.
- Carrington St.

连接圣约翰学院校舍的"叹息桥"

剑桥大学城和牛津齐名。整个小城丛林拥翠，中世纪的哥特式建筑环绕在一片绿色海洋之中，犹如画中风景一般。

必看
- 国王学院 ② ② ②
- 三一学院 ② ② ②
- 圣约翰学院 ② ②
- 菲茨威廉博物馆 ② ②

去往剑桥
火车 从伦敦乘车大约50分钟即可到达
汽车 从伦敦乘坐长途汽车大约2小时即可到达

旅游信息服务中心 ⚡ 从剑桥车站乘坐公交5分钟即可到达 ✉ The Old Library, Wheelen St. 🕐10:00~17:00、星期日11:00~15:00、10~3月的星期日 ✖12/25・26、1/1

街区概观 ❓
about Cambridge

剑桥城英才荟萃，培养出了许多著名的学者和政治家，其辉煌的成就令它足以和另一所英国名校——牛津大学交相辉映。整个大学城仿佛浸染在绿色的海洋中。小城历史可以追溯到古罗马时代，9世纪撒克逊时代剑桥被称作是"精英之桥"。1284年，伊利主教（ELY）最早在此创建大学。14~16世纪又相继设立若干学院，剑桥也随之成为学术之城。如今剑河河畔依旧绿意葱茏，并排着许多中世纪风格的哥特式校舍建筑，有很多游客慕名前来观光。

精彩看点 🚶
Highlight

剑桥城市规模较小，最大的景点就是历史名校——剑桥大学。沿着街道一路走来，从圣约翰学院到国王学院，不同称呼的学院建筑尽收眼底。小城学院众多，其中最不容错过的莫过于**国王学院和三一学院**。城内剑河静静流淌，对岸后花园（The Backs）绿意盎然，环境幽美，不妨前去观光欣赏。夏天人们撑篙漫游，漂流于剑河之上，在此可以尽情欣赏眼前的一幅幅优美风景画。

景点 *Sightseeing*

King's College
国王学院 ② ② ②
地图 p.134

- 从旅游信息服务中心步行2分钟即可到达
- 费用£5.00，9:30~15:30、周六~15:15、周日13:15~14:15、学校休息时间9:30~16:30（周日10:00~17:00），圣诞假期休息

🔍**亮点** ▶ 哥特式小礼拜堂和鲁本斯巨作

据说为了彰显国王的雄厚财力，1441年亨利六世下令修建了国王学院。特别是在16世纪前期修建的国王学院小礼拜堂堪称哥特式风格（⇨p.135）的杰作。从剑桥后花园草地远观，国王学院已成为剑桥的标志性建筑。在学院小礼拜堂中，一定不要错过欣赏鲁本斯于1634年创作的装饰画。

哥特式风格的学院建筑壮丽辉煌

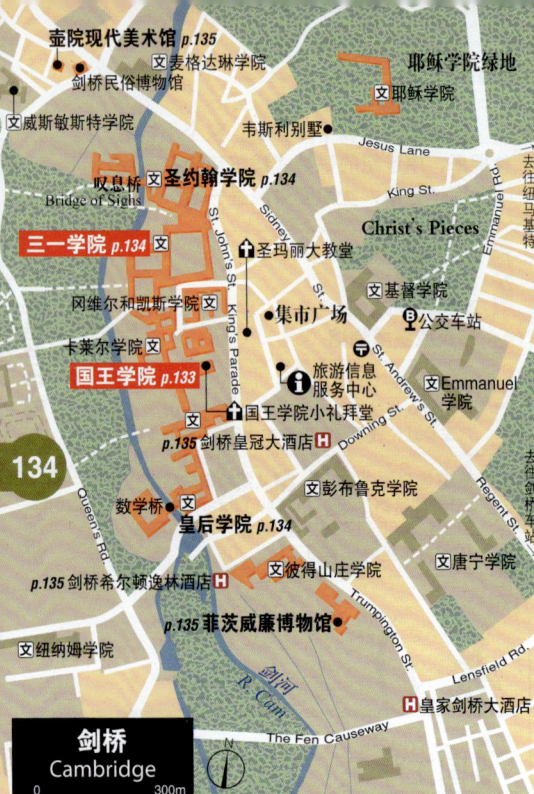

壶院现代美术馆 *p.135*
麦格达琳学院
剑桥民俗博物馆
威斯敏斯特学院
耶稣学院绿地
耶稣学院
韦斯利别墅
Jesus Lane
叹息桥 圣约翰学院 *p.134*
Bridge of Sighs
King St.
三一学院 *p.134*
Christ's Pieces
圣玛丽大教堂
冈维尔和凯斯学院
集市广场
基督学院
卡莱尔学院
公交车站
国王学院 *p.133*
旅游信息服务中心
Emmanuel 学院
国王学院小礼拜堂
p.135 剑桥皇冠大酒店
数学桥
彭布鲁克学院
皇后学院 *p.134*
唐宁学院
p.135 剑桥希尔顿逸林酒店
彼得山庄学院
菲茨威廉博物馆 *p.135*
纽纳姆学院

剑河 R. Cam

皇家剑桥大酒店
The Fen Causeway

剑桥
Cambridge
0   300m

去往纽马基特
去往剑桥车站

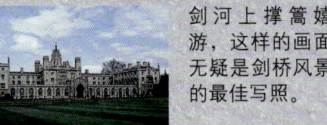

镜头里的风景
在后花园草地拍摄学院建筑

　　拍摄学院建筑时，如果只选景大街上的国王学院略显单调，不妨前往城内拍摄别处的风景。每个学院的建筑群内都设有小广场，茵茵绿草环绕剑河。从后花园草地远观，可以欣赏到最美的剑桥风景，尤其是国王学院的小礼拜堂风景独特，犹如创作的油画一般。学生在剑河上撑篙嬉游，这样的画面无疑是剑桥风景的最佳写照。

学院建筑宛如油画一般恬静美丽

雷恩图书馆（Wren Library）不仅收藏弥尔顿的诗集和牛顿的手稿，还展示着毕业于剑桥的剧作家米尔恩的儿童文学作品——《小熊维尼》（⇨p.95）的原稿。

St. John's College
圣约翰学院

地图 p.134

● 从旅游信息服务中心步行8分钟即可到达
● 费用£3.20，10:00~17:30、11~2月10:00~15:30，不对外开放的时间不固定

　　横跨剑河的"叹息桥"仿照意大利威尼斯的"叹息桥"建造，非常有名。桥两岸连接新旧校舍。学院于1511年由亨利八世的母亲主持修建，旧校舍的三座中庭外建有礼拜堂和图书馆。诗人华兹华斯就毕业于此。

教学风格的学院建筑

Queens' College
皇后学院

地图 p.134

● 从旅游信息服务中心步行5分钟即可到达
● 费用£2.50（11~3月中旬和10月的周三~周五免费参观），10:00~16:30（开放时间随季节变动而改变），5月下旬~6月中旬和圣诞假期一般不对外开放

　　皇后学院最初于1448年由亨利六世的皇后玛格丽特创建，最终于1465年由爱德华四世（⇨p.68）的皇后伊丽莎白主持修建完成。学院名称中的"Queens"指代的就是历史上的这两位皇后。18世纪改造

Trinity College
三一学院

地图 p.134

● 从旅游信息服务中心步行5分钟即可到达
● 费用£1.00、雷恩图书馆免费参观，9:00~16:00，大礼堂15:00~16:00，雷恩图书馆学期中周一~周五12:00~14:00和周六10:30~12:30，6月下旬和12/25闭馆

　　1546年，三一学院由亨利八世（⇨p.61）创建。学院自古群英荟萃，先后培养出物理学家牛顿、诗人拜伦以及30余位诺贝尔奖得主，堪称剑桥中的名门学院。另外，学院和英国皇室渊源颇深，学院院长至今由国王任免，院旗为爱德华三世的大旗。有多位皇室成员曾经在此求学，包括爱德华七世、乔治六世以及查尔斯王子都毕业于此。三一学院的中庭（the Great Court）在剑桥诸多学院中面积最大，其正面是17世纪初建立的大礼堂（Great Hall）。学院的

声名远扬的名门学院——三一学院

古老的木桥"数学桥"

的旧礼堂，至今除非特殊情况才会使用。横跨剑河的"**数学桥**"修建于1749年，1905年重新更换过桥身。桥的名称来源于桥身的几何原理构造。

The Fitzwilliam Museum
菲茨威廉博物馆 ②②

地图 p.134

● 从旅游信息服务中心步行10分钟即可到达
● 免费参观，10:00~17:00、周一和12/24~26、12/31、元旦、感恩节休息

　　菲茨威廉博物馆在收藏考古学和美术作品方面，堪称英国国内最大规模。博物馆修建于19世纪中期，建筑物本身也有很高的鉴赏价值。一定不要错过欣赏馆中收藏的众多绘画杰作，不仅有文艺复兴时期的画作、还收藏着不少**英国绘画**，还有法国印象派巨匠莫奈和德加等画家的作品。

Kettle's Yard
壶院现代美术馆 ②

地图 p.134

● 从旅游信息服务中心步行15分钟即可到达
● 免费参观，画廊11:30~17:00、The House 13:30~16:30、10~4月14:00~16:00，周一和12/24~28、1/1、元旦、感恩节休息（其余节假日除外）

　　壶院现代美术馆是由The House和画廊两部分组成的小型美术馆。画廊展示的是20世纪亨利·穆尔（Henry Moore）等艺术家的绘画和雕刻作品。

🌀 文化小知识

探究学院城市之前的剑桥风貌

　　撒克逊人被古罗马人打败后，退却到剑河河畔开创新的大本营，剑桥也由此走向繁华。1284年，伊利主教创建了剑桥最早的学院——彼得学院。伴随小城的繁荣发展后又逐渐修建其他教室和修道院，也吸引了众多研究人员，由此培育了剑桥的学术土壤。之后建造了各种学院，剑桥也因学院城市得到极大发展，但是，剑河旁边的风光今昔依旧。剑桥因"剑河之桥"而得名。如今，美丽的剑河上有"数学桥"、"叹息桥"以及1640年建造的克莱尔桥，这样的景致恐怕只有剑桥才会拥有。

▷ 剑河畔

Double Tree by Hilton Cambridge ★★★
剑桥希尔顿逸林酒店

地图 p.134

HP http://www.doubletreecambridge.com

🚹 从旅游信息服务中心步行大约10分钟即可到达
£ S、D/T £144~　室 122间
☎ 01223-25-9988　FAX 01223-31-6605
✉ Granta Place, Mill Lane

矗立在剑河河畔的现代酒店

　　位于绿意葱茏的剑河河畔，是一所设施完备的高级酒店。从客房阳台望去，剑河风景一览无余。可以在此放松居住，快乐享受旅行时光。

无论酒店大堂还是客房，造型雅致，魅力无限

▷ 国王学院附近

Crowne Plaza Cambridge ★★★
剑桥皇冠大酒店

地图 p.134

HP http://www.crowneplaza.com

🚹 从旅游信息服务中心步行大约5分钟即可到达
£ S、D/T £169~　室 198间
☎ 01223-55-6554　FAX 01223-32-2374
✉ Downing Street

现代化的大型快捷酒店

　　剑桥皇冠大酒店是一家现代化酒店，室内设备虽是美式快捷风格，但统一装潢为传统的英式格调。这里也是观光漫步的便利之选。

哥特式风格

　　起源于12世纪中期的法国建筑风格，之后流传至英国，其中威斯敏斯特教堂等诸多修道院也引入了哥特式建筑风格。从剑桥的学院建筑可以看到这种追求上下统一、强调垂直结构的哥特式建筑风格。哥特式建筑风格在15世纪颇为盛行。

英国绘画

　　伴随着第一次科技革命的到来，科学技术日益进步。18世纪中后期，英国诞生了托马斯·康斯博罗和康斯特尔以及透纳等杰出的画家。19世纪，米莱和罗塞蒂结成了"拉斐尔前派"艺术团体。

历史拾遗

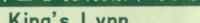

剑桥郊外

东英格兰 East Anglia
地图 p.7-H/K/I、p.107

参团旅行另当别论，个人旅行则很少有游客去剑桥郊外观光。英格兰东部小镇街道弥漫着海岸气息，散发着迷人的魅力。只要从剑桥大学城出发，无论去往哪一个小镇，都能当天返回。来到剑桥，让自己的旅行步伐迈向这些历经时光雕刻的小镇吧！

王室热衷的赛马运动之城
纽马基特 Newmarket ⓟ

拥有悠久历史的赛马俱乐部

纽马基特赛马俱乐部拥有两个赛马场地，不仅可以发放骑手资格证和赛马训练师资格证，还是国家马匹饲养基地，负责筛选各种马匹、培育名马。另外，赛马俱乐部的赛马学校中聚集着许多梦想成为骑手的年轻人。除此之外，纽马基特还有欧洲最大的马匹交易市场。这里整条街道的运营均以赛马为主题。1752年成立的骑手俱乐部是英国赛马界的最高权威，就连英国皇室也是俱乐部的追求者之一。

●赛马博物馆：入场£6.50、11:00~16:30、11~3月闭馆休息 ●交通路线：从剑桥乘坐火车20分钟，公交35分钟即可到达

清教徒运动的领袖故居所在地
伊利 ELY ⓟⓟ

伊利小镇位于剑桥东部，始建于1083年的**伊利大教堂**（参观费用£6:00、7:00~19:00、11~3月7:30~18:00、周日7:30~17:00开放）坐落其中，壮丽辉煌，教堂建筑堪称罗马风格的杰作。1636年开始，曾经指挥过清教徒运动的**奥利弗·克伦威尔**在橄榄故居（Olive Cromwell's House）（参观费用£4:50、10:00~17:00、11~3月11:00~16:00、周六10:00~17:00、12/25、26和1/1闭馆）居住长达十年。

●交通路线：从剑桥乘坐火车15分钟，公交大约50分钟即可到达

独具罗马建筑风格的伊利大教堂，气势恢弘

中世纪时贸易繁荣的小镇
金斯林 King's Lynn ⓟⓟ

小镇毗邻大乌兹河（River Great Ouse）河岸，是一处物资集散中心，城镇经济繁荣兴盛。小镇贸易范围广泛，辐射到整个欧洲大陆，与德国北部的汉萨也有同盟关系。沿河一角不仅有15~17世纪的商业会馆遗址，还保留着英国唯一现存的汉萨同盟仓库。位于小镇的**老监狱**（参观费用£3:00、10:00~17:00、11月~3月周五~16:00，周日、11~3月除周五外闭馆）再现了19世纪的监狱风貌。另外，小镇还保留着15世纪的**圣乔治会馆**（免费参观、10:00~17:00、周日和节假日闭馆），据说莎士比亚当演员时曾在这里登台表演。

●交通路线：从剑桥乘坐火车45分钟即可到达

修复后的河道码头景致

日耳曼人修建的大教堂是城市的象征
诺里奇 Norwich ⓟⓟⓟ

日耳曼人于11世纪在诺里奇建筑城郭、修建大教堂、开辟贸易市场。自此，小镇作为剑桥东部区域的中心城市不断繁荣发展。小镇地势崎岖，中心绵延起伏，小巷和坡道纵横交织。漫步其中，许多新奇的风景不断映入眼帘。**诺里奇大教堂**（免费参观、接受捐助，7:30~18:30，无休）始建于1096年，历时50年最终落成，其中96米的尖塔是小镇的标志性建筑。小镇的另一处景点是12世纪改建的**诺里奇城堡博物馆**（参观费用£6:20、10:00~16:30、周日13:00~、7~9月~17:00，12/24~28和1/1闭馆）。博物馆位于小镇山丘上，站在博物馆能够俯瞰整个小镇风光。

●交通路线：从伦敦的利物浦街车站乘坐火车1小时55分钟即可到达。
从伊利站乘坐火车1小时即可到达

市场里购物的人群熙熙攘攘

奥利弗·克伦威尔
（1599~1658）
军人、政治家。在清教徒运动后的国家内乱中崭露锋芒。1649年，处死国王查理一世成立共和国，自任"护国王"，实施独裁统治。之后，远征爱尔兰岛和英格兰岛，使其成为英国的附属国。

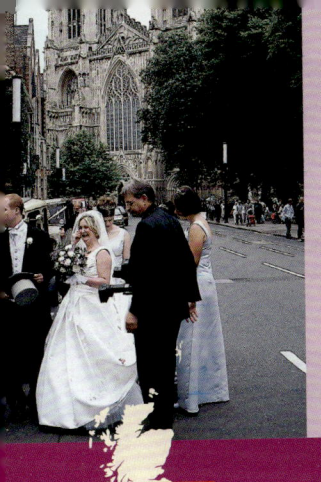

英格兰北部

Northern England

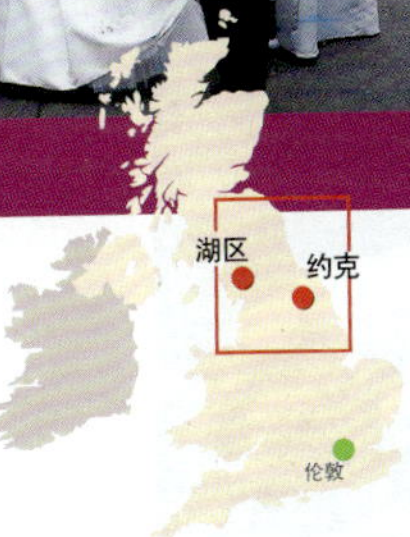

湖区
约克
伦敦

交通

●从伦敦去往主要城市的交通

去往利物浦乘坐直达火车大约2.5小时

乘坐长途汽车大约5小时20分钟

去往温德米尔乘坐火车，中途需换乘，大约3.5小时

乘坐长途汽车大约8小时

去往约克乘坐直达火车大约2小时

乘坐长途汽车大约5小时

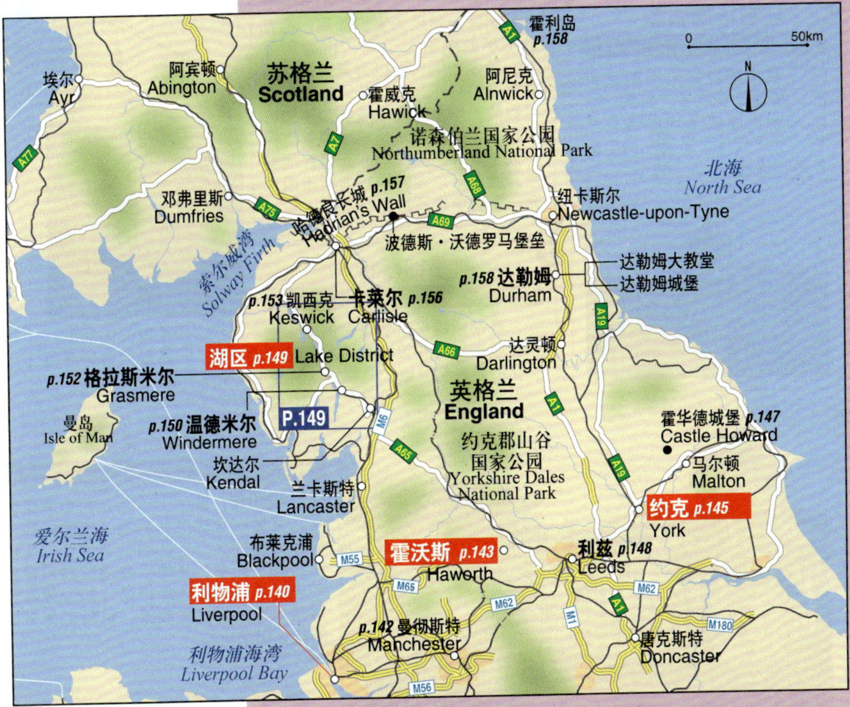

霍利岛 p.158
0 50km
N
埃尔 Ayr
阿宾顿 Abington
苏格兰 Scotland
霍威克 Hawick
阿尼克 Alnwick
诺森伯兰国家公园 Northumberland National Park
北海 North Sea
邓弗里斯 Dumfries
哈德良长城 Hadrian's Wall p.157
纽卡斯尔 Newcastle-upon-Tyne
波德斯・沃德罗马堡垒
索尔威湾 Solway Firth
p.158 达勒姆 Durham
达勒姆大教堂
达勒姆城堡
p.153 凯西克 Keswick
卡莱尔 Carlisle p.156
湖区 p.149 Lake District
达灵顿 Darlington
p.152 格拉斯米尔 Grasmere
英格兰 England
曼岛 Isle of Man
p.150 温德米尔 Windermere
P.149
霍华德城堡 p.147 Castle Howard
约克郡山谷国家公园 Yorkshire Dales National Park
马尔顿 Malton
坎达尔 Kendal
兰卡斯特 Lancaster
约克 p.145 York
爱尔兰海 Irish Sea
布莱克浦 Blackpool
霍沃斯 p.143 Haworth
利兹 p.148 Leeds
利物浦 p.140 Liverpool
p.142 曼彻斯特 Manchester
利物浦海湾 Liverpool Bay
唐克斯特 Doncaster
A1 A7 A77 A75 A68 A69 A19 A66 M6 A65 M55 M65 M62 M1 M180 M56

英格兰北部

自然资源的大宝库
工业革命的诞生地

英格兰北部地区地势起伏，连绵不断，拥有五座国家自然公园，堪称"自然资源大宝库"。湖区有不胜枚举的湖沼和溪谷，各种风光交相辉映，曾被无数诗集和画册记载，传播到世界各地。一座座历史小城掩映在气势恢宏的大教堂之中。约克和达勒姆小镇中美丽的自然风光为小城平添了几分秀气。北部地区是工业革命的诞生地。曼彻斯特、利兹和利物浦等昔日无限荣耀的工业和港口城市，如今通过复兴已转变成为新型城市，城市面貌焕然一新。

Scot

❶ 卡莱尔
Carlisle　　p.156

卡莱尔位于英格兰北部，曾经是攻防苏格兰的大本营。小城富有历史传奇色彩，当地还有古罗马人建造的哈德良长城古迹。

❶ 卡莱尔

❸ 霍华德城堡
Castle Howard　　p.147

霍华德城堡位于约克市郊，是昔日贵族名流聚集的场所。城堡建筑呈现巴洛克风格，壮丽宏伟，是有名的电影外景拍摄地。

湖区
Lake District　　p.149

湖区自然风光变幻莫测，拥有数不尽的湖泊、沼泽、山岭和溪谷。最令当地人引以为豪的是，如此美丽的自然风光在英国也是屈指可数的。毕翠克斯·波特公墓和诗人华兹华斯的公墓是当地的重点保护人文景观，大师们在此静静地安息。温德米尔湖畔的鲍内斯田园风光一定会令您不虚此行！

❷ 湖区

❹ 曼彻斯特
Manchester　　p.142

曼彻斯特是工业革命的诞生地，是仅次于伦敦的大都市。依靠城市复兴政策，如今的市区活力四射，日益成为时尚潮流文化的新兴起源地。曼联足球队的主场便设于此。

利物浦

❺

利物浦
Liverpool　　p.140

1960年，披头士乐队在利物浦组团成立，之后在全球声名鹊起。市区和郊外有很多介绍披头士乐队的旅游景点。从18世纪到20世纪初，当地因海港贸易而曾经繁荣一时的码头和仓库街道，如今依靠城区河滨地区的再开发政策，已转变为市民的新型休闲场所。

⑥ 霍利岛
Holy Island `p.158`

岛上建有林迪斯芳修道院。海水退潮后会形成一条小道，可通往对岸。

⑦ 哈德良长城
Hadrian's Wall `p.157`

古罗马人修建的哈德良长城全长大约120公里，横跨卡莱尔城和东侧的纽卡斯尔。当年，古罗马人退败后很多古迹也随之消失，只有一部分遗迹保存至今。

⑧ 达勒姆
Durham `p.158`

绿色葱翠的达勒姆小城沿威尔河而建。小城山丘上耸立着12世纪修建的大教堂和主教居住城堡，均被列入世界文化遗产。

⑨ 霍沃斯
Haworth `p.143`

19世纪，作家勃朗特三姐妹在霍沃斯度过了一段恬静舒适的田园生活。由石砖铺设的街道两侧排列着坚固的石屋。小城不仅保存着她们姐妹一家曾居住过的住宅，就连迂回在荒原之中的勃朗特小道也宛如昔日情景，小说《呼啸山庄》里的场景在这里都会一一看到。

⑥ 霍利岛

诺森伯兰国家公园

德良长城

达勒姆 ⑧

约克郡山谷国家公园

❸ 霍华德城堡

⑨ 霍沃斯

⑩ 约克

⑪ 利兹

曼彻斯特

Central England

⑩ 约克
York `p.145`

约克城拥有2000年历史，先后居住过古罗马人和维京人等民族。旧城区城墙环绕，弥漫着浓郁的中世纪氛围。临街耸立的约克大教堂，是英国最大的哥特式建筑，在英国国教会中，其重要地位仅次于坎特伯雷大教堂。

⑪ 利兹
Leeds `p.148`

利兹是约克郡的中心城市，曾经的工业重地，如今已发展成为金融中心。当地有很多美术馆，也是不可错过的购物天堂。

位于栈桥头的建筑群是利物浦的地标性建筑

利物浦曾经是英国的重要港口，也是披头士乐队的故乡。而今得益于再开发政策，这个临海城市已散发出新的活力。

必看
- 🟡🟡🟡 马休大街
- 披头士乐队博物馆 🟡🟡🟡
- ⚠️ 艾伯特码头 🟡🟡
- 泰特美术馆 🟡🟡

🚌 **去往利物浦**
火车▶ 从伦敦乘坐火车大约2小时30分钟即可到达
汽车▶ 乘坐长途汽车大约5小时20分钟即可到达

ℹ️ **旅游信息服务中心**
🚉 从利物浦莱姆街车站步行5分钟即可到达
✉️ 08 Place, Whitechapel 🕙10:00~17:00、周日11:00~16:00 休12/25・26、1/1

人口 44.2万人

利物浦
Liverpool
世界遗产

地图 p.7-H

140

街区概观 ❓
about Liverpool

利物浦位于默西河畔，原本只是一个默默无名的小渔村。18世纪成为连接北美和非洲的奴隶贸易中转站。1807年英国下令废除奴隶贸易制度后，转而倚靠曼彻斯特等周边腹地的经济区，发展成连接欧洲和美洲新大陆的贸易港口城市。随着大英帝国的没落和经济衰退，利物浦几近丧失发展动力，面临着经济低迷和高失业率等困境。但是在20世纪60年代诞生了闻名世界的披头士乐队，一下增强了重振城市发展的气势。萧条沉寂的码头再度繁荣起来，城市面貌现在已焕然一新。

精彩看点 🚶
Highlight

利物浦在历史上曾是一座港口贸易城市，有很多相关的历史遗迹。另外来此一游的观光客，一定不要错过披头士乐队的诸多纪念场地。在此特别推荐**马休街和披头士乐队博物馆**。这两个景点均位于利物浦的中心地带，其余景点主要集中在火车站到码头的狭窄区域，只需漫步其中，便能大体参观完毕。艾伯特码头和栈桥头河滨区域经大规模重建后，也焕发新颜。

利物浦的纪念活动▶ 每年8月底会举行为期6天的披头士乐队纪念活动，届时整座城市都会沉浸在披头士乐队的歌曲中。

景点
Sightseeing

Mathew Street
马休街
🟡🟡🟡

地图 p.141-A

● 从旅游信息服务中心步行5分钟即可到达

🔍**亮点** 卡文俱乐部

马休街（Mathew Street）可谓见证了披头士乐队在最初尚未成名时的发展阶段。街道上装饰着披头士乐队的青铜像和磁带唱片模型，街道两旁排列着各式酒吧和披头士系列产品的专卖店。传说当年披头士乐队曾在**卡文俱乐部**（The Cavern Club）演出，酒吧至今还在营业，只是场地有了少许改变，不过氛围一如既往，富含年代感的石头墙上装饰着各种披头士乐队的宣传海报和照片。如果有人提出要求，现场的乐队就会演奏披头士的歌曲。

商店收藏着许多披头士的系列商品

Pier Head
栈桥头 ②
地图 p.141-A

● 从旅游信息服务中心步行20分钟即可到达

　　栈桥头区域是海港城市利物浦的地标性建筑，附近耸立着古香古色的海关大厦。大厦隔壁的高楼顶层处雕刻着展翅翱翔的"利物鸟"。两座栈桥横跨河岸，体积庞大，居世界之首，这里有驶向默西河的船只。沿河岸修建的散步小路一直延伸到艾伯特码头。来此散步将会度过一次愉快的海岸休闲之旅。

Albert Dock
艾伯特码头 ② ②
地图 p.141-A

● 从旅游信息服务中心步行18分钟即可到达

　　1972年，艾伯特码头完成最后使命之后，一直被搁置，变成废墟，直到近年才再度开发成时尚的市民休闲场所。环绕码头而建的建筑物有利物浦泰特美术馆、披头士乐队博物馆和餐厅等设施。

码头焕发出新的活力

文化小知识
披头士乐队的圣地

　　1962年披头士乐队首发唱片，之后席卷全世界，直到1970年乐队解散。乐队中的四位成员都是土生土长的利物浦人，小城里有很多场所都是以乐队的足迹和歌曲为主要背景，现在已然成为披头士粉丝的圣地。

　　曾创作100余首歌曲的词作家詹姆斯·保罗·麦卡特尼（James Paul McCartney）也出生于利物浦。当地今还保存着约翰·列侬和他姑母生活过的住所、教会和学校等场所。歌曲*Rain*和*Strawberry Field*中描写的孤儿院旧址也是粉丝向往的地方。披头士乐队成名前曾在卡文俱乐部演出，如今这里的气氛一如往昔，游客不妨在此侧耳聆听现场的披头士音乐吧！

　　除了上述景点之外，市区和郊外还有其他景致。可以搭乘"神奇魔幻之旅"的旅游巴士或乘坐出租车前往参观。可以申请导游讲解。

巴士观光事项
咨询电话：0151-236-9091
发车时间：14:10
观光费用：£14.95
休息时间：12/25、26、1/1

在乐队成员保罗居住过的家里还能购物

利物浦
Liverpool
0 ——— 200m

- 利物浦国际博物馆
- 沃克艺术画廊
- 海岸交通站点 🅑
- Titheban St.
- Moorfields车站 Moorfields Station
- 帝国影院
- 圣乔治大楼
- London Rd.
- 普瑞缪姆酒店
- Chapel St.
- 市政厅
- Dale St.
- Victoria St.
- Whitechapel St.
- 皇后广场公交站 🅑
- 利物浦莱姆街车站
- 利物浦大学
- 泊皇家酒店 🅗
- St. Nicholas Pl.
- 圣尼古拉斯教堂
- North John St.
- Castle St.
- Water St.
- Brunswick St.
- 假日快捷酒店 🅗
- Lime St.
- Russell St.
- Royal Liver Bldg.
- Brownlow Hill
- 马休街 p.140
- 旅游信息服务中心 ℹ
- 利物浦万豪酒店 🅗
- 桥头 p.141
- Cunard Bldg.
- Lord St.
- 卡文俱乐部 Cavern Quarter
- Parker St.
- Church St.
- 詹姆士街车站 James St. Station
- Port of Liverpool Bldg.
- 渡船码头
- 法院
- South John St.
- 车站 🅑
- 利物浦市中心车站 Liverpool Central Station
- Renshaw St.
- Metropolitan大教堂 🏛
- Mount Pleasant
- Strand St.
- Chavasse Park
- Paradise St.
- Hanover St.
- Bold St.
- Wood St.
- Seel St.
- Fleet St.
- Slater St.
- 圣安德鲁斯教堂
- 文约翰
- Berry St.
- Roscoe St.
- Rodney St.
- Hope St.
- 利物浦生活博物馆
- 默西河 River Mersey
- 默西赛德海洋博物馆
- 警察局 ✕
- Duke St.
- Suffolk St.
- Kent St.
- Nelson Street
- Leece St.
- S. Hardman St.
- Phiharmonic管弦乐演奏大厅
- p.142 利物浦泰特美术馆
- Blue餐厅 🅡
- 艾伯特码头 p.141
- Gilbert St.
- Park Lane
- 中国城 Chinatown
- 中华门
- 去往利物浦圣公会大教堂
- 假日快捷酒店 🅗
- 披头士乐队博物馆 p.142

博物馆开业剪彩的时候列侬夫人大野洋子也出席了

Beatles Story
披头士乐队博物馆 ②②②
地图 p.141-A

- 位于艾伯特码头区域
- 费用£12.95、9:00~19:00、11~3月10:00~18:00、12/25·26闭馆

🔍**亮点** ▶ 披头士乐队粉丝的必看景点

　　粉丝们从最初聆听披头士乐队每个成员的作品，直到关注乐队的成立，一路追随披头士乐队发展历程。对他们来说，披头士乐队博物馆更是必看的展览区。博物馆收藏着乐队的众多纪念物品，包括约翰·列侬遇难前一天使用的白色大钢琴等，当然也只有乐队诞生地才能拥有如此丰富的收藏品。还可以乘坐巴士体验"神奇魔幻之旅"。

Tate Liverpool
利物浦泰特美术馆 ②②
地图 p.141-A

- 位于艾伯特码头区域
- 免费参观，10:00~17:50、8月周四~周六21:00，9~5月周一、感恩节、12/24~26闭馆

　　利物浦泰特美术馆展示着穆尔（Henry Moore）和贾克梅蒂（Alberto Giacometti）等一些从近代到现代艺术家的作品。该馆收藏的艺术品档次完全不逊于伦敦的泰特现代美术馆（⇒p.50）。艾伯特码头区还设有海洋博物馆。

喜欢现代艺术的游客，这里是必看景点

"兄弟组合"的商品签有球队名字，令球迷垂涎三尺

Football

观光足球盛宴，畅谈足球文化
体验真正的曼联主场

　　在英国，足球运动受到人们无比的推崇。英格兰、苏格兰、威尔士和北爱尔兰各地都有自己的专业球队，而且各自都获得参加国际大赛的认可。美式足球"soccer"和英式足球"football"几近相同，是一项英国国民运动。

　　英国各地区拥有球队数量最多的莫过于英格兰。英国足球超级联赛在最高峰时期签约球队达20支，英超联赛下设有英甲联赛、英乙联赛和丙级联赛。英甲联赛有24支球队参赛，仅仅在英格兰地区的专业球队就达92个。

　　每个签约球队都是优秀团队，包括阿森纳、利物浦、切尔西等精英球队。其中，最成功的球队就是被称为"红魔"的曼联队。球队队服为红色，可谓人才辈出，拥有超人的战斗力。著名的球星大卫·贝克汉姆也曾效力于曼联队。

身处曼联球队的露天看台，亲自体验足球氛围

　　要想获得人气球队比赛球票非常难，不过参观曼联总部——老特拉福德球场看台（Old Trafford Stadium），也能亲身感受到英式足球的氛围。另外，还可以参观介绍球队历史的博物馆或是参加看台观光团。看台外有一家名为"兄弟组合"的足球专卖店，商品琳琅满目，这里也是球队俱乐部中公认的最大的商店。

　　曼彻斯特小镇以球队为支柱产业，工业革命后曾经一度是英国的产业大都市，战后经济萧条。20世纪80年代后，又诞生了摇滚巨明星。小城通过再开发和改革，如今已成为引领时尚潮流文化的主要城市之一。这里购物区面积广阔，街道上处处散发着生机和活力。

　　曼彻斯特产业博物馆是利用世界最早的客运火车站的建筑遗址改建而成的。曼联主场老特拉福德球场离临水区域很近。另外，位于开发区大街上的还有**大英帝国战争博物馆**。

- **前往曼彻斯特**

火车▶从伦敦尤斯顿站乘火车大约2小时10~20分钟即可到达。

从利物浦莱姆街车站乘火车大约50分钟即可到达。

- **前往曼联球队大看台**

▶从曼彻斯特车站乘坐路面电车大约12分钟，在老特拉福德球场下车即可到达。

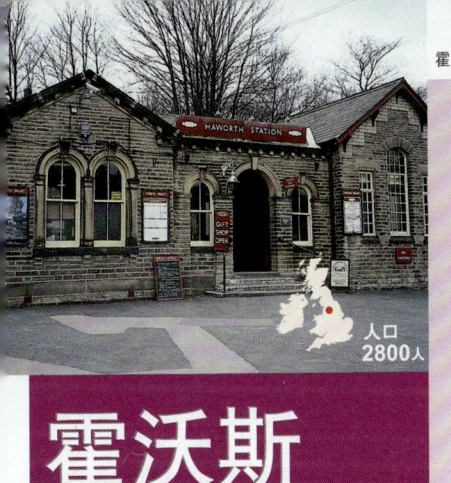

霍沃斯火车站停靠着蒸汽机车

通过勃朗特姐妹文学作品的描述，从而使这个深深烙印在英国文学史上的乡村为大众所熟知。

必看
- 勃朗特姐妹故居博物馆 ⊙⊙⊙
- 主街 ⊙⊙⊙
- 霍沃斯教区教堂 ⊙⊙
- 勃朗特小道 ⊙

去往霍沃斯
火车 ▶从伦敦乘坐火车到基斯利站，在利兹换乘，约3小时10分钟，再乘公交车大约10分钟可达。还可以在基斯利站乘坐蒸汽机车大约20分钟到达（除7、8月，平时只有周六、周日发车）

旅游信息服务中心
✉2-4 West Lane 🕐9:30（周三10:00~）~17:30、9~4月~17:00 🚫12/25~28

人口
2800人

霍沃斯
Haworth
地图 p.7-H

街 区 概 观 ❓

霍沃斯孕育了勃朗特三姐妹，它和诞生莎士比亚的斯特拉特福小城、产生推理小说女王阿加莎的康沃尔城，并称"英国文学圣地"。霍沃斯小山村拥有绵延的石板坡道，依然保持着19世纪前半期勃朗特姐妹生活时的场景。村子周围遍布荒野，生长着一片茂密的紫色植物，枝叶随风摇曳。仅仅参观勃朗特家的景点就能够领略英格兰北部的乡村风光，漫步于荒原尽头仿佛走进了《呼啸山庄》的世界。

从基斯利驶来的蒸汽火车

 *Sightseeing*

Brontë Parsonage Museum
勃朗特姐妹故居博物馆 ⊙⊙⊙
地图 p.144

● 从旅游信息服务中心步行5分钟即可到达
● 费用£6.50，10:00~17:30、10月~3月11:00~17:00（入馆时间截止闭馆前30分钟），12/24~27日和1月上旬~2月初休息

🔍**亮点** 深切追忆勃朗特姐妹的一生

博物馆曾经是勃朗特姐妹生活过的牧师馆。馆中不仅完好地保存着其父帕特里克·勃朗特的寝室、书斋等生活场景，还展示着三姐妹的遗物和遗稿等。1820年，勃朗特全家搬至山村和荒野交界处的这座房子里。不久，长女伊丽莎白和母亲玛丽亚相继去世，剩下的三姐妹和长子也年纪很轻就相继离世了。这里至今还保留着艾米丽去世时横躺的沙发。

勃朗特一家生活过的牧师馆

Parish Church
霍沃斯教区教堂 ⊙⊙
地图 p.144

● 从旅游信息服务中心步行5分钟即可到达
● 免费观光（接受捐助），9:00~17:00，无休

勃朗特姐妹的父亲帕特里克是一名牧师，全家跟随父亲在教会里度过了一段很长的时间。除了埋葬在斯卡伯勒（Scarborough）的安妮，其余的家人都埋葬于此，墓碑上刻着每位家族成员去世的日期。除高塔外，其余教会建筑群曾毁于1879年，之后

勃朗特一家长眠于此

经过重建复修几近完好。教堂对面是勃朗特兄弟姐妹幼年接受教育的"**星期日学校**"（Sunday School）。夏洛蒂、安妮和勃兰威尔长大后都曾在此执教。

主街
地图 p.144

●从旅游信息服务中心步行1分钟即可到达

亮点 勃朗特姐妹曾经走过的道路

石板铺筑的主街是一段坡道，街道两边排列着石砖建筑物，有酒吧、旅馆和商店等，沿途风景秀美，漫步于此也是别样的旅行。**玫瑰蔻店**（ROSE & Co）位于街道中间，当时鸦片尚未禁止，据说，勃朗特家的长子勃兰威尔曾经常来此吸食鸦片。一些纪念品商店的营业员身着当时的服饰招揽顾客。附近还有一家古典韵味十足的酒吧——**黑牛**（Black Bull），勃兰威尔也曾经不时光顾过。

主街的游客熙来攘往

玫瑰蔻店一如往昔

勃朗特小道
地图 p.144

●从旅游信息服务中心步行5分钟即可到达

位于霍沃斯郊外佩尼斯通山（Penistone Hill）的一片荒野被称作"呼啸山庄"，延伸在荒野中的小路也被称为"勃朗特小道"。这里常年强风劲吹，只有踏上小道或许才能体会到小说《呼啸山庄》里描写的场景。走完小路全程，往返需要3个多小时，从霍沃斯教区教堂到"**勃朗特瀑布**"和"**勃朗特大桥**"。勃朗特姐妹们都

寂静的小道延伸向远方的山冈

很钟情这两个地方。前往石制房屋**维新高地农舍**（Top Withens）的道路比较险陡，据说这座房屋是小说《呼啸山庄》中的创作原型，从村庄往返需要花费4小时。进行短途旅行时，最好准备运动鞋和雨具。

文化小知识

勃朗特三姐妹

曾经是牧师的帕特里克·勃朗特和妻子玛丽亚结婚后生下勃朗特兄弟姐妹，他们从小就生活在偏僻的霍沃斯山村。之前还有两个姐姐，可惜不幸夭折。

为了维持生计，三姐妹纷纷离开家乡，去别处当寄宿家庭教师。之后再次回到家乡。三姐妹很快对文学产生了兴趣，她们根据各自的生活经历，结合霍沃斯荒野景象，创作了各自的文学代表作品。其中，夏洛蒂创作了《简·爱》，艾米丽创作了《呼啸山庄》，安妮创作了《阿格尼斯·格雷》。

1847年《简·爱》出版问世，当时引起了强烈的社会反响。但是，《呼啸山庄》一开始却没有被认可，一直到数年后才被广大读者接受。夏洛蒂之后出生的勃朗特家长子勃兰威尔也是家庭教师，极具文学和绘画才能。可惜沉迷于鸦片，长期酗酒，致使英年早逝。兄弟姐妹4人的生活并不幸福，都是在年轻时就辞别了人世。

霍沃斯广阔、荒凉的风景

■夏洛蒂（1816~1855）
■勃兰威尔（1817~1848）
■艾米丽（1818~1848）
■安妮（1820~1849）

地图（右上）

Old White Lion酒店
Mytholmes Lane
West Lane
North St.
旅游信息服务中心
霍沃斯教区教堂 p.143
星期日学校
Black Bull餐厅和酒吧
玫瑰蔻店
勃朗特姐妹故居博物馆 p.143
去往佩尼斯通山方向
勃朗特小道 p.144
主街 p.144
Butt Lane
市区公园
Rawdon Rd.
Bridgehouse Lane
Station Rd.
Victoria Rd.
邮局
霍沃斯车站
去往基斯利&沃斯山谷铁路
霍沃斯
Haworth

教堂前耸立着君士坦丁大帝雕像

人口 199万人

约克城四周城墙环绕，是英国现存最古老的城墙建筑。市中心耸立着宏伟的大教堂，散发着中世纪的气息。

必看
约克大教堂 ???
古城墙 ???
谢姆伯古街 ???
克利福德塔 ??

🚌 **去往约克**
火车◑ 从伦敦乘坐火车约2小时即可到达
汽车◑ 从伦敦乘坐长途汽车大约5小时即可到达

ℹ️ **旅游信息服务中心**（约克车站内也设有）
🚶从车站步行15分钟 ✉️1 Museum St. 🕘9:00~18:00（周日10:30~17:00）、11~2月~17:00（周日10:00~16:00）🚫12/25・26、1/1

约 克
Y o r k
地图 p.7-H

---

a b o u t Y o r k
街 区 概 观 ❓

公元71年，古罗马人在约克建造堡垒，取名为"Erboracum"。之后，约克先后遭到撒克逊人和维京人、诺曼人的入侵，直至中世纪这些被破坏的建筑物才重新修复。约克城四周城墙环绕，中世纪气息浓厚，街道中残留着许多古罗马和维京时代的古建筑物。12世纪时英国国会主教区设在坎特伯雷大教堂，而约克大教堂的重要程度仅次于坎特伯雷大教堂，如今宏伟的约克大教堂是这个城市的标志性建筑。

H i g h l i g h t
精 彩 看 点 🚶

踏入**约克大教堂**，漫步在中世纪的谢姆伯古街上，可以充分感受到约克城的迷人魅力。还可以登上**古城墙**，欣赏约克城的各种美景。如果时间宽裕，不妨登临克利福德塔或者参观人气火暴的国家铁路博物馆。休闲时，可置身于约克最有名的河岸咖啡馆国王之臂（King's Arms），释放身心。街道中还有很多商店、餐厅和酒吧。

景点 *Sightseeing*

York Minster
约克大教堂 ???
地图 p.146

● 从约克车站步行5分钟即可到达
● 费用£8.00、9:00~17:00（最后入场时间）、11~3月9:30~、周日12:00~15:45、受难节、12/24・25休息

🔍**亮点** ● **世界最大的彩色玻璃窗**

约克大教堂始建于1220年，1472年正式完工，是英国北部的主教区，同时也是英国最大的哥特式建筑。教堂大东窗长23米，宽9米，是世界最大的彩色玻璃窗。大西窗被称为"教堂心脏"，窗户顶端的心形彩色玻璃窗华丽夺目。为了纪念"玫瑰战争"而设置的圆形玫瑰窗也是教堂不可错过的美景之一，还有修建于13世纪的八边形牧师会礼堂、中塔和古罗马时代的地下室都是著名的历史古迹，不妨前去观光。

哥特式建筑风格的约克大教堂

镜头里的风景

拍摄约克大教堂的最佳位置

想要拍摄如此庞大的教堂全景比较困难。最好从远处取景，登临克利福德高塔拍摄是不错的选择。在此只需转动手中的相机就可以将大教堂的威严和恢宏尽收眼底。古城墙也适合登高远望。

登临高塔一览美丽的小城风光

City Walls

古城墙

地图 p.146

●约克车站前或约克大教堂附近
●自由参观

古城墙最初由罗马人建造，现存的城墙主体大都修建于1327～1377年。城墙总长约为3.4公里，高为5～6米，途中几处城墙已断裂。沿阶而上，可一边散步一边欣赏城下景致。古罗马时期因使用横木"Bar"

可在古城墙下散步观光

关闭城门，所以城门被称作"Bar"。城墙设有5扇重要的城门，最高的是曼克城门，街道的西南边是麦克莱盖特城门，年代最古老的是布特汉姆城门，保存最好的是东侧的沃姆盖特城门。

Shambles

谢姆伯古街

地图 p.146

●从约克车站步行15分钟即可到达

亮点 漫步中世纪古街

谢姆伯古街是约克最古老的街道。古街的名字最早出现在1086年**征服者威廉**（⇒p.55）时进行的土地丈量记录中，是唯一一条保存至今、仍被使用的古街。在非常狭窄的石砖路两边，房屋是一层层叠加并往外突出的，这是它最大的特色。特殊

约克
York

0   200m

圣玛利亚教堂遗址
布特汉姆城门
Bootham Bar
曼克城门
Monk Bar
约克大教堂 p.1
约克郡博物馆
博物馆花园屋
旅游信息服务中心
石头街
Stonegate
乌斯河
R. Ouse
Blake St.
国家铁路博物馆
Leeman Rd.
Barker Tower
伦达尔桥
Lendal Bridge
Davygate
p.146 谢姆伯古
玛格丽特堂
约克车站
旅游信息服务中心
p.147 约维克维京中心
Station Rd.
Toft Green
Micklegate
Skeldergate
Piccadilly
Castlegate
p.147 约克希尔顿大酒店
Toft Tower
麦克莱盖特城门
Micklegate Bar
Queen St.
Nunnery Lane
古城墙
City Walls
p.147 克利福德塔
p.147 约克城堡博物馆
火车站和公交站

的构造使得这条街的阳光直射时间很短，非常适合保存肉类，所以这里曾经集聚了几十家肉铺。当然如今肉铺已经被一家家各具特色的酒吧和商店代替了。

在这里走走也不错

文化小知识

约克是美味甜点的诞生地

约克是英国糖果甜点产业开始的地方。英国两大糖果甜点制造商——以橘子造型巧克力而闻名的特里（terry's），以及以巧克力、果冻而闻名的朗翠（Rowntree's）都是于18世纪后半叶在约克创立的。虽然现在已经分别被纳入卡夫食品公司和雀巢公司的麾下，但约克的甜点产业依然在发展着。

在英国，除了巧克力还算口味正常外，其他点心整体上来说是非常甜的。连甜馅饼、水果蛋糕、胡萝卜蛋糕等盒装销售的点心也多是极甜的。其中布丁是英国地道的甜点，在圣诞节品尝加入了干果的圣诞布丁是一种传统。尽管如此，约克夏布丁因为是一种添加了烤牛肉的派一样的食物，所以严格意义上不能称作是点心。

terry's牌巧克力

Clifford's Tower
克利福德塔 ②②

地图 p.146

● 从约克车站步行15分钟即可到达
● 费用£3.50，10:00~18:00、10月~17:00、11~3月~16:00，12/24~26、1/1休息

不妨尝试登临塔顶

　　11世纪诺曼人修建了克利福德塔的主体建筑。1190年，克利福德塔曾发生了英国历史上极激烈的暴动事件，一些基督徒商人为了抵赖他们积欠犹太银行家的债务，竟然采取摧毁犹太社区的暴行，150名犹太人逃到克利福德塔原址的塔内避难，最后在此自杀。13世纪时，亨利三世将其扩建，如今已成为约克城标志性建筑之一。

York Castle Museum
约克城堡博物馆 ②

地图 p.146

● 从约克车站步行17分钟即可到达
● 费用£8.00，9:30~17:00，12/25·26、1/1闭馆

　　约克城堡博物馆是一座民俗博物馆，馆中不仅展示了过去600年间英国人民的生活史，还再现了19世纪到20世纪初维多利亚时期的城市景象。

National Railway Museum
国家铁路博物馆 ②②

地图 p.146

● 从约克车站步行10分钟即可到达
● 免费观光，10:00~18:00，12/24~26闭馆

　　国家铁路博物馆是世界最大规模的铁路博物馆，总共展出103辆机车和176辆客车，包括1938年7月世界上第一辆时速超过200公里的"野鸭（Mallard）"号蒸汽机车，还有新干线列车等众多车型。

Jorvik Viking Centre
约维克维京中心 ②

地图 p.146

● 从约克车站步行12分钟即可到达
● 费用£8.95，10:00~17:00（最晚入场）、11~3月~16:00，12/24~26闭馆

　　在约维克维京中心，游客可以乘坐电动车，亲身感受维京人统治约克小城时期的生活情景。这里还真实地再现了公元948年建造的圆筒大门。

深受游客欢迎的景点

加享 **ShortTrip** 之旅

融入田园之中的贵族城堡
霍华德城堡 Castle Howard

地图 p.7-H、p.137

　　霍华德城堡始建于1699年，历经100年建筑完成，至今霍华德家族仍居住在此。城堡建筑犹如一座宫殿，美丽的巴洛克建筑风格吸引了许多电影和电视剧制作人前来取景拍摄，从而也让这座美丽的庭院为世人熟知。城堡公馆对外开放，游客可以欣赏到绘画、雕刻、陶瓷、家具等大量美术品。城堡庭院占地面积广阔，大约50万平方米的庭院中有小河、喷泉、玫瑰花园、森林和水池等各种令人赏心悦目的风景。

让人流连忘返的庭院

● 去往霍华德贵族城堡
汽车▶从约克乘车大约需要40分钟（6~9月）
火车▶从约克乘车大约20分钟后在马尔顿（Malton）下车，再乘出租车10分钟即可到达
费用£13.00，10:00~16:30（建筑物~16:00）、11~3月只有庭院对外开放，费用£8.50

住宿　　*Stay*

▶ 城墙内／克利福德塔附近

Hilton York
约克希尔顿大酒店 ★★★

地图 p.146

HP http://www.york.hilton.com

交 从约克车站步行大约15分钟即可到达
£ S、D/T£119~　室 130间
☎ 01904-64-8111　FAX 01904-61-0317
✉ 1 Tower Street

快捷舒适的现代酒店

　　约克希尔顿大酒店是当地的高级酒店，酒店设施完善，客房设备齐全，便捷舒适，价格也很合理。著名的克利福德塔就在附近，在这里休憩娱乐再合适不过了。

昔日的英国工业城市现已转身成为金融中心。街道旁与日俱增的时尚名品店，为城市注入了全新的艺术气息。

必看
- 利兹美术馆 ??
- 亨利·穆尔研究协会 ?
- 皇家军械博物馆 ??
- 拱廊购物商厦 ??

去往利兹
火车◎从伦敦乘坐火车约2小时20分钟即可到达
汽车◎从伦敦乘坐长途汽车大约4小时20分钟即可到达

旅游信息服务中心
交 利兹车站内 ✉ The Arcade, City Station
开 9:00~17:30、周一~10:00~、周日10:00~16:00 休 12/25·26、1/1

148 利 兹
Leeds
地图 p.7-H

about Leeds
街 区 概 观 ?

历史上英国曾经被称为"世界工厂"，就在这一时期，利兹也成为英国纺织工业的重镇。1847年狄更斯曾这样描述道，"再也没有一座城市像利兹一样脏乱而又令人讨厌"。20世纪70年代后期，随着工业的衰退，城市中只剩下空旷的厂矿和仓库，经济萧条的阴霾一时难以消散。20世纪80年代，以一系列城市再开发政策为契机，利兹迅速转身成为英国的金融中心，昔日落魄的建筑物摇身一变，成为时尚的购物街。利兹被堪称是未来英国最具发展潜力的城市之一。

圆形谷物交易所现已成为购物区

景点 Sightseeing

Leeds Art Gallery
利兹美术馆 ??

●从利兹车站步行12分钟即可到达
●免费观光，10:00~17:00、周三12:00~17:00、周日13:00~17:00，12/24~26闭馆

美术馆中收藏着当地雕塑家亨利·穆尔（Henry Moore）的大量作品，此外还有创作于19世纪到20世纪的水彩画、油画等艺术品。利兹美术馆被称作是英格兰北部地区最重要的美术馆。亨利·穆尔研究协会与美术馆相邻，里面展出了不少穆尔的雕刻作品。

Arcads
拱廊购物商厦 ??

●从利兹车站步行10~15分钟即可到达

利兹的城市购物区通常是将维多利亚时代的建筑物和购物商厦相连。拱廊购物商厦便是利用原圆形谷物交易所独特的建筑特点，将这个100年前的建筑物改造成为可容纳800余家商店的拱形商厦。无论是时尚商品还是生活日用品，游客都可以在这里淘到心仪的纪念物品。

值得一去的拱形商厦

Royal Armouries Museum
皇家军械博物馆 ??

●从利兹车站步行15分钟即可到达
●免费观光，10:00~17:00，12/24~26闭馆

博物馆中陈列着从公元前5世纪到近现代各个时期的军械装备，其收藏价值堪称与伦敦塔的古董相媲美。馆中还展示了盔甲等丰富的军械装备。

各种军械装备琳琅满目

灵秀清幽的湖区景色

湖泊波光粼粼，山峰层峦叠嶂，湖区俊美的自然风光在整个英国都是独一无二的。过去众多诗集和画集中描写的自然景观依然美丽如昔。

必看
温德米尔和鲍内斯 ⚪⚪⚪
格拉斯米尔 ⚪⚪⚪
霍克斯海德 ⚪⚪
里德尔山脉 ⚪⚪

🚆 **去往湖区**
火车▶从伦敦到温德米尔约3小时30分钟（途中在奥克森霍尔姆换乘）即可到达

ℹ️ **旅游信息服务中心** 🚃温德米尔车站附近 **开**9:30~17:00（周日10:00~）、11~3月~16:30（周日~16:00）**休**12/25・26、1/1

街区概观 ❓

about Lake District

　　湖区风光旖旎，这里汇集了一切自然界能有的美丽风景：湖泊、河谷、平原、山峰。最美的当然还是星罗棋布、大小不一的16个湖泊，俊美的自然景色让人油然感叹大自然的鬼斧神工。湖区变幻多姿的风光，也成为英国独一无二的景致。

　　湖区迷人的自然景观在18世纪初期就吸引了许多旅行者前来观光。1847年开设温德米尔车站后，旅行者更是纷至沓来。湖畔附近开始不断建筑酒店，逐渐成为湖区的中心地带。湖区风光不仅受到很多诗人和作家的好评，同时艺术家们也向大众展示了湖区自然风光的魅力。20世纪初，随着传记电影《**毕翠克丝·波特的世界**》（*World of Beatrix Potter*）的问世，湖区开始享誉全球，成为国际著名旅游景点。幸运的是，当地至今仍保存着100年前波特生活时代的自然风光。

格拉斯米尔湖畔景观

精彩看点 🚶

Highlight

　　湖区是英国最大的国家公园。观光可以从**温德米尔**和湖畔小镇**鲍内斯**开始，这里湖泊被群山环抱，湖畔景色和

村落点缀在群山之间，体现出湖区的独特魅力。还可以去诗人华兹华斯待过的**格拉斯米尔小镇**和波特去过的**尼尔索里村**（Near Sawrey）和霍克斯海德小镇游览。此外，温德米尔湖北段还有安布尔赛德（Ambleside）和凯西克（Keswick）两座小镇，温德米尔与凯西克相距甚远，约有35公里。

湖区的美食▶汁水丰富、风味独特的坎伯兰香肠是湖区有名的特产。

湖区
Lake District
0 　10km
N

汽车博物馆 *p.153* 彭里斯
凯西克博物馆和艺术画廊 *p.153*
前往科内茅斯
德文特湖
凯西克 *p.153*
阿尔斯沃特湖
巴特米尔
巴特米尔湖　萨尔米亚湖
湖区国家公园
莱德山庄 *p.152*
格拉斯米尔 *p.152*
克尔克山口
格拉斯米尔
桥屋 *p.153*
Rydal
安布尔塞德 *p.153*
🏨洛伍德酒店 *p.155*
威利诺恩山口
温德米东湖
温德米尔 *p.150*
霍克斯海德 *p.151*
鲍内斯 *p.150*
科尼斯顿湖
🏨吉尔平·洛奇乡村别墅酒店 *p.155*
*p.151*毕翠克丝·波特艺术馆
尼尔索里
丘顶 *p.151*
肯德尔
*p.151*霍克斯·海德文法学校
🏨湖畔酒店 *p.154*
哈弗斯韦特

边走·边看
Sightseeing · Walking

SPECIAL POINT GUIDE

温德米尔/鲍内斯
Windermere/Bowness

地图 p.149

● 从温德米尔车站乘车10分钟到达鲍内斯
● 鲍内斯旅游信息服务中心：游船栈桥附近，9:30~17:30、11~3月10:00~16:30开，12/25·26、1/1休息

亮点
◎温德米尔湖游船
◎彼得兔童话世界——"毕翠克丝·波特的世界"

温德米尔湖长约17公里，是一条南北狭长的湖泊。鲍内斯位于湖泊中部，是观光船的起航位置。每当夏季旅游旺季来临，这里都会聚集许多来自全球各地的游客，热闹非凡。推荐乘坐湖泊游船畅游温德米尔湖，可以切身感受到大自然雕琢的旖旎风光。湖泊游船从鲍内斯栈桥出发，有不同的游览线路，包括环绕湖心的"环岛游"线路和围绕半岛的"半环岛游"线路。其中半周游览线路又分为往返至莱克赛德（Lakeside）和往返至北部安布

鲍内斯已成为温德米尔湖畔的观光根据地

尔赛德（Ambleside）附近的沃特海德（Waterhead）。

走进彼得兔之家

鲍内斯最受欢迎的景点当属"毕翠克丝·波特的世界"（The World of Beatrix Potter Attraction）（门票£6.75，10:00~17:30）、10月~复活节10:00~16:30，12/25休息），景点详细介绍了波特所创作的图书作品中出现的各种主人公形象，包括彼得兔等。走进"毕翠克丝·波特的世界"，首先会欣赏到一段介绍波特作品的短片，然后在展览室看到她的书中出现的各种动物造型。最后，还可以观看介绍波特生平的影片，通过这些画面可以再次感受到湖区风光的魅力。这里每天都会播放相关影片。

绘本中出现的各种人物造型

汇集了各式游船的蒸汽船博物馆

蒸汽船博物馆（The Windermere Steamboat Museum）位于鲍内斯北部的温德米尔湖畔。博物馆中收藏着大约100年前活跃在温德米尔湖畔的各种蒸汽

作为游船使用的小型蒸汽船

船和小型船舶，其中不乏湖泊游船，限12人乘坐的小型蒸汽船只在贝尔岛（Belle Lsle）周边环游，用时50分钟。不久前，博物馆又经过了一番重新装修。

温德米尔/鲍内斯
Windermere/Bowness
0　　300m

旅游信息服务中心
温德米尔车站
Birthwaite Rd.
去往坎达尔方向
New Rd.
温德米尔
Windermere
Longlands Rd.
Rayrigg Rd.
Park Rd.
Queen's Park
温德米尔湖
Windermere
St. John's Church
Thornbarrow Rd.
温德米尔蒸汽船博物馆 p.150
The Windermere Steamboat Museum
Meadow Rd.
Lake Rd.
R 墙洞酒吧 p.154
毕翠克丝·波特的世界 p.150
The World of Beatrix Potter Attraction
Helm Rd.
鲍内斯湾
Bowness Bay
展望台
H 麦克唐纳老英格兰酒店 p.154
H 贝尔斯菲尔德酒店
The Belsfiled p.154
鲍内斯·温德米尔湖畔
游船、栈桥
Bowness-on-Windermere
旅游信息服务中心
H 伯恩塞德大酒店（Burnside）

S P E C I A L   P O I N T   G U I D E

霍克斯海德
Hawkshead

地图 p.149

● 从温德米尔车站乘车后在安布尔赛德换乘，大约40分钟即可到达
● 从鲍内斯乘车经由山顶农庄大约40分钟即可到达

亮点
◎毕翠克丝·波特艺术馆
◎华兹华斯曾经就读的学校
◎波特生活过的房屋和农场

霍克斯海德小镇位于温德米尔湖西侧、埃斯韦特湖（Esith Waite Water）附近的山谷中。街道上并排着精致的白色房屋，春夏之际屋檐上还盛开着五彩缤纷的花朵。小镇保存着许多17~18世纪的古建筑物，呈现出一派美景如画的田园风光。小镇广场周围建有咖啡馆和酒吧，是人们旅途中稍作休憩的绝佳场所。

 畅享自由旅行时光

在此推荐一条轻快旅游路线——享受过温德米尔湖的游船之旅后不妨再体验一段新奇的蒸汽机车之旅。从

飞驰的蒸汽机车

鲍内斯的栈桥出发大约40分钟后到达温德米尔湖南端的莱克赛德。在此换乘蒸汽机车不到20分钟就可以到达海韦斯韦特（Haverthwaite），也可以即刻返回。莱克赛德附近有海洋馆和湖岸酒店，可以稍作休息再乘船返回鲍内斯。如果途中不去别的地方，往返大约仅需2小时40分钟，也算是一段短途旅行。可以在鲍内斯栈桥附近购买乘坐游船和蒸汽机车的联票。

● 乘坐游船和蒸汽机车的往返费用 £13.50、从鲍内斯开始往返的游船一天5次、11~3月蒸汽机车停止运行。

不容错过的毕翠克丝·波特艺术馆

毕翠克丝·波特艺术馆（Beatrix Potter Gallery）（门票 £4.40、10:30~17:00、周五和11~2月休息）位于霍克斯海德小镇，馆中展览着波特创作的原创手稿和水彩画作品。这里曾经是波特的丈夫威廉·黑力斯（William Heelis）的律师事务所，内部设置一如往昔。小镇还有诗人华兹华斯就读过的学校——**霍克斯海德文法学校**（Hawkshead Grammar School）（门票 £2.50、10:00~13:00和14:00~17:00、10月~15:30、周日13:30~17:00、11~3月休息）对外开放，如今已成为博物馆，一层保留着刻有华兹华斯姓名的书桌，二层陈列着一些和诗人相关的资料。

诗人华兹华斯曾经就读的霍克斯海德文法学校一景

波特名作诞生的房屋和农场

从霍克斯海德前往温德米尔湖畔方向不到3公里处有一个叫尼尔索里的山村，小山村和波特颇有渊源，这里建有**山顶农庄**（Hill Top）（门票 £6.50、周五庭院免费观光、10:30~16:30、周五房屋闭馆、12月下旬~2月上旬休息）。波特是在1950年买下这个农场和房屋的。房屋中摆设的家具、日用品和陶瓷器与波特去世时的场景一模一样，未作任何改动。

华兹华斯博物馆一景

格拉斯米尔
Grasmere

地图 p.149

● 从温德米尔车站乘车大约40分钟即可到达
● 从鲍内斯乘车经由温德米尔到达格拉斯米尔，大约50分钟即可到达

亮点
◎华兹华斯博物馆
◎华兹华斯长眠的教堂
◎华兹华斯最后的家

格拉斯米尔四周群山环抱，广阔的草地上不时出现白色的羊群，山村广场上排列着许多酒吧和杂货店。小村静谧安宁，每逢夏季，许多游客来此休闲度假，以远离世俗的尘嚣。格拉斯米尔湖就在村子附近，步行5分钟就可到达，湖畔绿树成荫，景色如画。

格拉斯米尔街角一景

诗集的诞生地——诗人华兹华斯的故居

从村子中心步行10分钟，会看到一个白墙灰瓦的老房子，这正是诗人**华兹华斯故居"鸽舍"**（Dove Cottage），

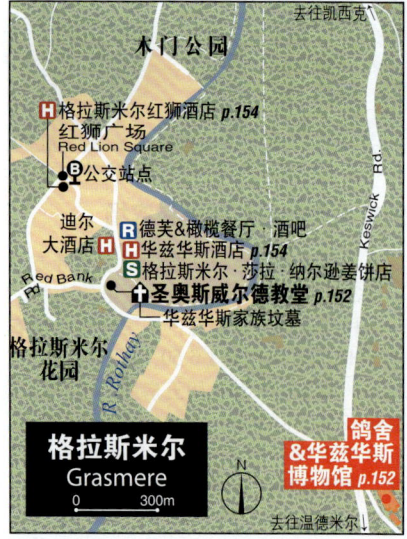

去往凯西克

木门公园

H 格拉斯米尔红狮酒店 p.154
红狮广场
Red Lion Square
B 公交站点

迪尔
大酒店
R 德芙&橄榄餐厅   酒吧
H 华兹华斯酒店 p.154
S 格拉斯米尔·莎拉·纳尔逊姜饼店
⛪ 圣奥斯威尔德教堂 p.152
华兹华斯家族坟墓

Keswick Rd.

格拉斯米尔
花园

Red Bank

R. Rothay

格拉斯米尔
Grasmere
0   300m
N

鸽舍
&华兹华斯
博物馆 p.152

去往温德米尔

现已成为**华兹华斯博物馆**（The Words-worth Museum）（门票￡7.50，9:30~17:00，11~1月~16:30，12/24~26和1月中旬~2月上旬休息）。1799~1808年，华兹华斯在这里生活，创作了许多有名的诗篇。这里至今依然保持着当时的家具摆设和华兹华斯家族使用过的其他物件。博物馆还展示着诗人创作的原稿及其遗物。

华兹华斯逝世后长眠于山村的**圣奥斯威尔德教堂**（St.Oswald's Church）。根据墓碑记录，陪伴诗人左右的还有其妻子和妹妹。教堂规模较小，其中部分建筑可以追溯到13世纪，唱诗班坐席边上立着华兹华斯的纪念碑。

村中最有名的莎拉·纳尔逊姜饼店

莎拉·纳尔逊姜饼店（9:15~17:30、周日12:30~，受难日和圣诞节休息）是这里旅行不容错过的甜点店之一。1854年，居住在格拉斯米尔的农夫妻子莎拉·纳尔逊用自己独特的配方烧烤姜饼后备受好评，之后独自开店经营。当年，华兹华斯也很钟情这家

很受游客喜欢的人气甜点店

面包店，店家至今仍使用着当初的调配秘方。店内狭小，以致容不下两个人，而店外游客总是排长龙，不妨来此品尝一下传说中的美味姜饼。

华兹华斯最后的家——莱德山庄

乘车从格拉斯米尔到温德米尔方向大约10分钟就来到了**莱德山庄**（Rydal Mount）（门票￡6.00，9:30~17:00，11~2月10:00~16:00，11~2月的周一、周二和12/25·26及1月休息）。1813~1850年，华兹华斯在此度过了他人生的最后岁月，享年80岁。现在山庄仍归华兹华斯家族所有，欣赏着房屋的内部摆设，仿

爬山虎盘绕的莱德山庄

佛可以感知到诗人后半生的生活气息。至今山庄仍保留着诗人当年自己设计的花园，每当春天来临，百花娇艳，诗人最爱的水仙花也开始朵朵盛开。

Ambleside
安布尔赛德 ❓

地图 p.149

● 从温德米尔车站乘车15分钟即可到达

　　安布尔赛德位于湖区北部，诗人华兹华斯把这里赞誉为"文学和艺术的宝库"。直到19世纪中期开设温德米尔火车站前，当地一直都是湖区的交通枢纽。现在的安布尔赛德是湖区最重要的徒步和攀岩基地，崎岖的山路中各种食宿旅馆、酒吧比肩而立。建在斯托克·吉尔（Stock Ghyll）河上的桥屋（Bridgehouse）是安布尔赛德的标志性

石板桥是街道的标志性建筑

建筑，这是一个建于17世纪的二层小型石板房。

Keswick
凯西克 ❓❓

地图 p.149

● 从温德米尔车站乘车1小时10分钟即可到达

　　凯西克位于德文特湖（Derwent Water）附近，是前往北部湖区的大门。在小镇的主要街道上，商店、咖啡馆和酒吧鳞次栉比，热闹繁华。街道上设有旅游信息服务中心（Market Square、9:30~17:30、11~3月9:30~16:30）。在此极力推荐观光德文特湖，湖面光滑如镜，从街道漫步10分钟左右就可到达。可以乘坐停泊在湖畔附近的游船畅游湖区一周，欣赏湖心七座栈桥的美景。

　　小镇还有其他景观值得前去参观。比如凯西克博物馆和艺术画廊（Keswick Museum & Gallery）（免费观光，10:00~16:00，周日、周一和11~2月闭馆）当地的汽车博物馆（Cars of The Stars Motor Museum）（门票£5.00，10:00~17:00，12月的周六、周日和12/25~复活节闭馆）中还展出了一些经常出现在电视剧、电影镜头中的名车。

德文特湖景色

✿ 文化小知识

华兹华斯——歌颂湖区美景的诗人

　　18世纪70年代，浪漫派著名诗人华兹华斯生于湖区的科克茅斯（Cockermouth）。在这里度过了大半生，留给后人许多杰作。《水仙》是诗人描写湖区美景的名作之一，清新淡雅，让人不觉联想起湖区风光，也可以说这首诗歌的创作源泉正是来自风景秀丽的湖区风光。

　　华兹华斯在霍克斯海德读小学时，在校长的指导下开始学习创作诗歌，之后进入剑桥大学深造。在革命热潮涌现的法国度过自己赤诚热血的青春时光，积淀了浪漫情怀。随后他回到家乡湖区定居，迎来了诗人创作的高峰期。

　　从1799年开始长达8年，诗人在"鸽舍"先后创作了自传体长诗《序曲》和《水仙》、《虹》、《孤独的收割人》等有名的诗作。华兹华斯后半生在莱德山庄度过，撰写了《湖区景点介绍》，全书倾注了诗人对湖区的热爱。73岁那年，华兹华斯荣获了英国诗人的最高奖项——"桂冠诗人"的称号。据说，当时华兹华斯接受王室授予荣誉称号的条件是不能强迫他在获奖现场做诗。

诗人华兹华斯长眠的教堂一景

▶鲍内斯

The Hole in't Wall
墙洞酒吧

地图 p.150

交 从鲍内斯旅游信息服务中心步行大约5分钟即可到达
✉ Lowside，Bowness-on-Windermere　☎ 01539-44-3488　营 11:00~23:00（周日12:00~22:30）休 无休

狄更斯曾经光临过的古典酒吧

　　酒吧于1612年创业，是鲍内斯最古老的酒吧。距离游船停靠点很近，夏天酒吧前的露台上人群熙攘。另外，酒吧的菜品也很美味。

▶温德米尔

MacDonald Old England ★★★
麦克唐纳老英格兰酒店

地图 p.150

HP http://www.macdonaldhotels.co.uk/oldengland
交 从鲍内斯旅游信息服务中心步行大约4分钟即可到达
£ S、D/T £104~　室 106间
☎ 0844-879-9144　FAX 01539-44-3432
✉ Church St. Bowness-on-Windermere

湖畔附近的豪华酒店

优雅的湖区建筑

　　酒店由维多利亚时代的私人豪宅改建而成,优雅奢华。附近有商店和购物商场，是旅游观光的最佳入住场所。

▶温德米尔

The Belsfield ★★★
贝尔斯菲尔德酒店

地图 p.150

HP http://www.corushotels.com/belsfield
交 从鲍内斯旅游信息服务中心步行大约3分钟即可到达
£ S、D/T £108~　室 64间
☎ 0844-736-8604　FAX 01539-44-6397
✉ Kendal Road，Bowness-on-Windermere

湖畔附近的白墙酒店

　　贝尔斯菲尔德酒店创立于19世纪，是一家名副其实的名门贵族酒店，以优雅的白墙著称。从酒店内可以远望到栈桥和湖畔风光。

▶格拉斯米尔

Wordsworth Hotel ★★★
华兹华斯酒店

地图 p.152

HP http://www.grasmere-hotels.co.uk
交 从格拉斯米尔车站步行大约5分钟即可到达
£ S、D/T £140~（含早餐）室 35间
☎ 01539-43-5592　FAX 01539-43-5765
✉ Grasmere

英式传统装饰风格的酒店

　　华兹华斯酒店内陈设着传统的英式家具，室内设计高档豪华。庭院对面设有暖房，内部氛围舒适宜人。

▶格拉斯米尔

Grasmere Red Lion ★★★
格拉斯米尔红狮酒店

地图 p.152

HP http://www.grasmereredlion.co.uk
交 从格拉斯米尔旅游信息服务中心步行大约4分钟即可到达
£ S£67~、D/T£133~（含早餐）室 47间
☎ 01539-43-5456　FAX 01539-43-5579
✉ Red Lion Square，Grasmere

幽静安宁、爬山虎蔓延的酒店

　　格拉斯米尔红狮酒店位于山村广场的汽车站对面，庭院宽阔，幽静安宁。酒店设施完善，还有专门为观光游客开设的各种休闲设施。

▶温德米尔湖南端

Lakeside Hotel ★★★★
湖畔酒店

地图 p.149

HP http://www.lakesidehotel.co.uk
交 温德米尔南湖区的游船停靠站
£ S、D/T £169~　室 75间
☎ 01539-53-0001　FAX 01539-53-1699
✉ Lake Windermere，Newby Bridge

位于湖畔的安静酒店

　　湖畔酒店位于温德米尔湖的南岸，四周绿树成荫，一片葱翠，是一家风格独特、设施完善的高级酒店。

※酒店的住宿费用随季节和时间的不同而变化。请在预约时确认最新价格。

温德米尔
Low Wood Hotel ★★★

洛伍德酒店

地图 p.149

HP http://www.elh.co.uk

交 从温特米尔车站乘车10分钟到达
£ S、D/T £90~（含早餐）**室** 110间
☎ 01539-43-3338 **FAX** 01539-43-4072
✉ Windermere

快捷舒适的休闲酒店

　　洛伍德酒店位于湖畔，从酒店远望可以欣赏到湖区美景。客房设施完善，游客可以享受到酒店提供的快捷舒适的休闲服务。

鲍内斯
Gilpin Lodge Coutry House Hotel ★★★★

吉尔平·洛奇乡村别墅酒店

地图 p.149

HP http://www.gilpinlodge.co.uk

交 从安布尔赛德旅游信息服务中心步行大约1分钟即可到达 **£** S、D/T 140~（含早餐）
室 20间 **☎** 01539-48-8058 **FAX** 01539-48-8818
✉ Lake Road，Windermere

好似隐居之地的优雅酒店

　　这个小巧、精致的酒店就像一个隐居之地。酒店里的菜品也因品质高而广受好评，很多游客都慕名前去。

充满图画色彩的湖区自然风光

毕翠克丝·波特的童话世界
彼得兔的诞生地——湖区

彼得兔诞生于湖区，拥有全世界各地的喜爱者

　　兔子彼得、小猫汤姆等都是毕翠克丝·波特创作的卡通形象。在她创作的图画世界里，湖区的自然美景难以用文字尽情表述。波特一生都在致力于湖区自然景观的保护，她对大自然动植物的热爱深深印刻在湖区的每一处土地上。

波特开创的文学形式——用绘画讲述故事

　　1886年，波特出生在一个英国贵族家庭。从孩童时代就对绘画动植物产生了浓厚的兴趣，为此饲养了许多兔子。起初，波特的家庭教师的儿子因病卧床，波特创作了图画故事书送给这个小孩，这也是图画书《彼得兔的故事》的最初模本。她的创作最初并没有引起出版商的兴趣，所以由波特自费出版。1902年，终于在波特36岁时她的作品实现了商业出版，一举成为最佳畅销书，以后每年波特都会创作2~3册图画书。

　　波特获得稿费后，在尼尔索里小山村中买下心仪已久的房屋和农场，并取名为"Hill Top"（山顶农庄）。波特一边经营农场一边创作童话故事。故事的背景大都设定在拥有美丽田园风光的湖区，有时候故事中也会闪现山顶农庄的生活片断。故事主人公都是以彼得兔为主的一群小动物形象。据说故事中出现的动物大部分都是波特曾经饲养的小动物。之后，波特还购买了湖区的多处农庄。47岁时，她和不动产律师黑力斯结婚。

　　波特50岁起停止绘画创作，直到1943年77岁去世的20多年里，一直全身心地投入牧羊农场的经营。她还致力于羊群品种的改良，比起"绘画作家"，波特更喜欢别人称她为"牧羊夫人"。波特去世后，根据她的遗嘱，其个人名下的15处农庄和土地、建筑一起赠与国家，以作为最后对她所热爱的湖区的报答。

石板民宅中装饰着湖区特有的鲜花

卡莱尔位于英格兰北部，与苏格兰相邻。小城中保存着古罗马人于公元2世纪修建的哈德良长城古迹。

必看
- 卡莱尔城堡 ② ② ②
- 卡莱尔大教堂 ② ② ②
- 博物馆&美术馆 ② ②
- 哈德良长城 ② ②

去往卡莱尔
火车◎从伦敦乘车大约需要3小时20~30分钟即可到达
汽车◎从伦敦乘坐长途汽车大约需要7小时即可到达

旅游信息服务中心 ✗从车站步行10分钟即可到达 ✉ Old Town Hall 开9:30~17:00（周日10:30~16:00）、7·8月~17:30、11~2月10:00~16:00 休9~4月的周日和12/25·26、1/1

人口 **10.5万人**

156

卡莱尔
Carlisle

地图 p.6-E

---

about Carlisle
街区概观 ❓

卡莱尔小城位于英格兰北部，早期是古罗马和苏格兰对峙的军事要塞。古罗马人难以抗击土著苏格兰人，为了坚守北部边疆，公元2世纪时修建了哈德良长城。从此，卡莱尔开始担当边疆城市的历史角色。之后为了争夺卡莱尔，英格兰和苏格兰之间不断交战，小城历经漫长的战争岁月。19世纪成为以纺织业为主的工业城市，繁忙的运河水路和密集的铁道运输网络推动了卡莱尔城市的繁荣。现在的卡莱尔成为参观苏格兰和湖区自然风光的入口。

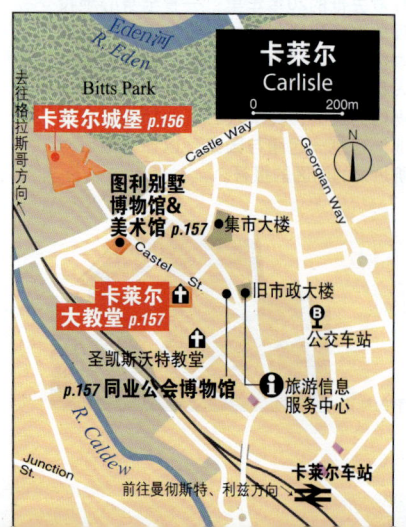

地图
卡莱尔
Carlisle
0   200m

R. Eden
Bitts Park
去往格拉斯哥方向
卡莱尔城堡 p.156
图利别墅博物馆&美术馆 p.157
集市大楼
Castle St
Georgian Way
Castle Way
卡莱尔大教堂 p.157
旧市政大楼
公交车站 🅱
圣凯斯沃特教堂
p.157 同业公会博物馆
旅游信息服务中心 ℹ
R. Caldew
Junction St
卡莱尔车站 🚆
前往曼彻斯特、利兹方向

Highlight
精彩看点 🚶

历数卡莱尔最著名的景点，莫过于**卡莱尔城堡**和**卡莱尔大教堂**。当然，小城里还有很多值得欣赏的建筑物。卡莱尔车站附近的两座高塔修建于16世纪，和**亨利八世**（⇨p.61）颇有渊源，现已成为卡莱尔市政大楼。进入旅游信息服务中心会看到修建于17世纪的旧市政大楼，市政大楼外的广场很宽敞，其历史可以追溯到古罗马时代。城市虽然规模不大，但历经2000多年的悠久历史，有很高的观光价值。

景点 *Sightseeing*

Carlisle Castle
卡莱尔城堡 ② ② ②
地图 p.156

● 从旅游信息服务中心步行7分钟即可到达
● 费用£4.80、9:30~17:00、10~3月10:00~16:00、12/24~26、1/1休息

🔍**亮点** 诺曼人的攻守城堡

1092年，卡莱尔城堡被用作抵御苏格兰的反攻要地。13世纪和苏格兰人作战时，**爱德华一世**（⇨p.55）经常在此居住。之后城堡被苏格兰人夺取。王朝复辟成功后，卡莱尔迎来了和平时期，伊丽莎白一世下令对城堡进行大规模修复。1568年苏格兰的玛丽女

卡莱尔城堡记录着曾经的历史恩怨

王曾被短暂囚禁在此。游客还可以参观建于中世纪的地下牢房和密室，它们是属于皇家边境军事博物馆的部分建筑。

Carlisle Cathedral
卡莱尔大教堂 ②②②
地图 p.156

- 从旅游信息服务中心步行2分钟即可到达
- £4.00接受捐赠、7:30~18:15（周日~17:00）、无休

🔍**亮点** 教堂内的彩绘玻璃

　　卡莱尔大教堂始建于1122年，到现在只有教堂西侧保存着诺曼样式的中殿。正堂背部的东窗有精美的彩绘玻璃，其中上部雕刻于14世纪，下部雕刻于19世纪。唱诗班席位上雕刻着15世纪中期特有的精美木雕。教堂天窗外观仿佛是一颗天体星球，更加突出了教堂的华丽气氛。

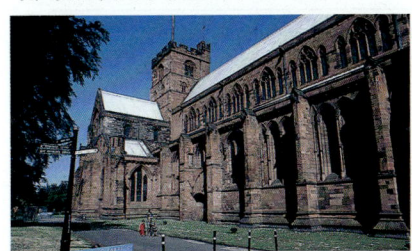
建造大教堂的原料取自古长城石块

Tullie House Museum & Art Gallery
图利别墅博物馆&美术馆 ②②
地图 p.156

- 从旅游信息服务中心步行4分钟即可到达
- 费用£4.00、10:00~17:00（周日12:00~17:00、7·8月周日11:00~17:00）、11~3月10:00~16:00（周日12:00~16:00）、12/25·26、1/1闭馆

　　博物馆中展示着哈德良长城的模型，再现了20世纪初客车的改进历程，从中可以轻松了解卡莱尔的历史。

如果没有时间参观哈德良长城，游客可以在此欣赏模型

Guildhall Museum
同业公会博物馆 ②
地图 p.156

- 从旅游信息服务中心步行1分钟即可到达
- 免费观光、12:00~16:30、11~3月闭馆

　　同业公会博物馆创建于15世纪，是卡莱尔现存最古老的建筑之一。最初被同业公会使用，19世纪时外部增添了新的建筑，部分内部建筑至今仍保留着中世纪的木质风格。

卡莱尔最古老的建筑之一——同业公会博物馆一景

🌀 文化小知识

哈德良长城 　世界遗产

　　哈德良长城（Hadrian's Wall）西起卡莱尔，向东延伸至纽卡斯尔，全长120公里，连绵不断。公元122年，古罗马皇帝哈德良下令从意大利半岛一直到遥远的大不列颠岛建造军事封锁线。当时长城的高度约为5米，每隔1英里（约1.6公里）建有一座碉堡。哈德良长城是防备北部敌人入侵的防御工事，但对于没有实现统一苏格兰的古罗马人来说，将帝国疆域向北部扩张的野心也就此被遏制。

　　古罗马人撤离后，长城从此无人管理。墙角的石块有的成为卡莱尔大教堂等建筑物的建造材料，有的被用于修建牧草地的避风墙。遗留至今的只是古长城的一部分。如今这个高度仅剩1米左右的哈德良长城已被列入世界文化遗产，并且得到了很好的保护。在罗马军事博物馆里，保存良好的波德斯沃德罗马堡垒向人们展示了古罗马时代的遗迹和历史资料。此外，在文德兰达还有复原的古罗马时代神殿，游客可以进入殿内参观游览。

- 罗马军事博物馆（Roman Army Museum）费用£4.50、10:00~18:00、10~3月10:00~17:00、11~2月中旬闭馆
- 伯德斯沃德游客中心（Birdoswald Visitor Center）费用£4.80、10:00~17:30、10月10:00~16:00、11~3月闭馆

长城脚下堆砌的碎石连绵不断

世界遗产

大教堂耸立的朝圣地
达勒姆 Durham

地图 p.137

从大教堂外远望达勒姆小城

达勒姆位于英格兰东北部，这一带山丘广布，威尔河在山丘之间勾画出一道巨大的弧线，形成一个三面环河的小半岛。世界文化遗产达勒姆大教堂和达勒姆城堡都坐落在这里，也是小城最负盛名的景点。达勒姆小城因大教堂而兴起，这里记载着修道士经历的漫长苦难史。

大教堂到城堡只有5分钟的行程。绿荫葱翠的威尔河两旁是观赏大教堂的最佳地理位置。

寻觅安身之地的苦难史

距离北部达勒姆大约100公里的地方有一座名为霍利岛（Holy Island）的岛屿。只有在退潮时小岛通往陆地的通道才会浮出海面，和对岸往来。公元635年，岛上修建了林迪斯芳修道院，并在此埋葬了圣卡斯伯特（St.Cuthbert）。但是公元875年维京海盗入侵小岛，苦于逃难的修道士们携带着圣卡斯伯特的圣骨逃往欧洲大陆。直到公元995年圣骨终于又回到了其安身之地——达勒姆小城。

漂浮在海面的霍利岛

中世纪，达勒姆有一位名叫威廉·圣卡莱的主教，拥有无上的权力，就连当时的权贵势力都得让其三分。他的住所就是达勒姆城堡。城堡现在是达勒姆大学所在地，至今仍是达勒姆大教堂的朝圣地之一。

漫步达勒姆，心旷神怡。在前往大教堂的途中，会看到一些分散在道路两旁的维多利亚时代的室内集市，整个小城散发着浓厚的古典气息。旅游信息服务中心位于集市附近。另外，从

林迪斯芳修道院

达勒姆大教堂
Durham Cathedral

●£5.00（接受捐助）、9:30~18:00（7月下旬~8月9:30~20:00、周日12:30~17:00)、无休

为了祭祀圣卡斯伯特的圣骨而修建的达勒姆大教堂，于1132年完成建设，13世纪改建局部建筑。大教堂基本保持了最初的建筑风格，被认为是诺曼建筑的杰作。圣卡斯伯特的墓碑位于中央礼堂内部，在宝物保管室中存放着7世纪的圣教棺木、圣骨和遗物等纪念物品。

达勒姆城堡
Durham Castle

●团体旅行观光费用£5.00，分14:00、15:00、16:00三个时间点参观（大学城放假期间，上午为观光时间）、10~3月的周二至周四、圣诞节期间闭馆（因大学活动会不定期闭馆）

达勒姆城堡修建于1072年，曾经是达勒姆主教的住所，18世纪历经改建最终落成。1836年当地创办大学，主教把城堡住所让给成立不久的大学，构成了大学城的最初模型。城堡内的礼拜堂至今仍保持着建筑初期的风格，如果参加团体旅行，可以进入礼堂内部观光。

城堡和大教堂都被评为世界文化遗产

●前往达勒姆
火车▶从伦敦出发大约需要3小时即可到达
汽车▶从伦敦乘坐长途汽车大约6小时20分钟~7小时30分钟即可到达

威尔士

卡那封
加的夫
伦敦

交通

● 从伦敦前往威尔士主要城市的交通

去往加的夫乘坐直达火车大约2小时即可到达
乘坐长途汽车大约3小时10~45分钟即可到
达

去往卡那封乘坐火车，途中经由切斯特、兰
迪德诺、班戈，大约9小时10分钟即可到达

去往康威乘坐直达火车大约3.5~4小时即可
到达

p.169 兰韦尔普尔
p.169 安格尔西岛
博马里斯 p.169
兰迪德诺 p.168
康威 p.168
班戈 p.168
p.167 卡那封
兰贝里斯 p.169
斯诺多尼亚国家公园 p.169
Snowdonia
National Park

曼彻斯特
利物浦
切斯特

爱尔兰海
Irish Sea

卡那封湾
Caernarfon
Bay

斯托克

威尔士
Wales

壮鲁斯伯里

卡迪根湾
Cardigan Bay

坎布里亚山脉
Cambrian
Mountains

新城
Newtown

英格兰
England

伯明翰

圣大卫 p.166
St. David's

阿博伦
Aberaeron

卡迪根
Cardigan

布雷肯山
国家公园 p.164
Brecon Beacons
National Park

海伊 p.166
Hay-on-Wye

布雷肯
Brecon

切普斯托

彭布罗克郡
海岸国家公园

Dan-yr-Ogof钟乳洞
p.164

p.165 斯旺西
Swansea

p.166 曼布尔斯
The Mumbles

p.164 科奇城堡

p.164圣费根国家历史博物馆

卡菲利城堡 p.164

加的夫 p.162
Cardiff

巴斯

布里斯托尔湾
Bristol Channel

布里斯托尔

N

0   30km

威尔士

凯尔特文化传承不息
自然历史资源很丰富

威尔士是大不列颠与北爱尔兰联合王国的一部分，在这里英语和威尔士语同时使用。作为凯尔特民族的后裔，威尔士人孕育和传承了其特有的古老文明。威尔士有幽静广阔的自然美景以及千变万化的地理景观，境内有斯诺多尼亚和布雷肯山两座国家公园。南海岸有加的夫和斯旺西港口城市，北部地区自古便是威尔士的要塞重镇，有卡那封和康威等城镇。西海岸相对偏僻，前往观光的游客不多，但在此恰恰可以真切感受到威尔士的原乡氛围。

❶ 康威

Conwy　　　p.168

康威城的护城墙修建于13世纪，城门和高塔等建筑基本保存完好。沿康威河岸坐落着康威城堡和中世纪建筑物等众多景点。

❷ 班戈

Bangor　　　p.168

班戈小城紧邻梅奈海峡，沿岸聚集着许多大学，是名副其实的大学城。小城热闹繁华，是前往斯诺多尼亚国家公园和安格尔西岛观光的门户。

❸ 安格尔西岛

Isle of Anglesey　　　p.169

安格尔西岛是一座海边休闲胜地，同时也是海鸟等各种野生生物的栖息地，备受瞩目。当地的博马里斯小镇距离班戈很近，拥有很多景色秀美的城堡，其中有一个世界上名字最长的村庄。

❹ 卡那封

Caernarfon　　　p.167

卡那封紧靠梅奈海峡西端，14世纪以来和王室的关系渊源颇深。城堡四周建筑群环绕，城中依旧古韵清香。

❺ 圣大卫

St. David's　　　p.166

圣大卫城位于彭布罗克郡海岸国家公园内，这里有一座为了纪念威尔士的守护神圣大卫而建立的大教堂。自中世纪以来就成为大主教巡礼地，可谓荣耀无限。

❻ 斯旺西

Swansea　　　p.165

斯旺西是威尔士的第二大城市，仅次于加的夫，同时也是前往高尔半岛观光布雷肯山和海边休闲胜地的必经之地。

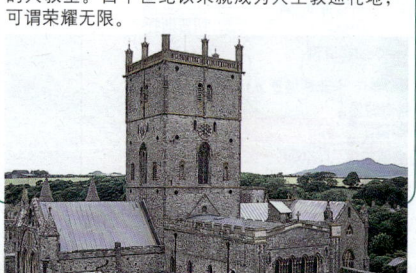

❸ 博马里斯
安格尔西岛

❼兰

❶康威

班戈

❷

❹
卡那封

斯诺
国家

❺ 圣大卫

● 彭布罗克郡海岸国家公园

斯旺西 ❻

曼布尔斯 ●

卡菲

科奇

圣费根国家历史博

Souther

7 兰迪德诺
Llandudno p.168

兰迪德诺是一座海边休闲小城，洋溢着维多利亚时代的气息。小说《爱丽丝梦游仙境》的作者曾常来此休闲度假。

8 斯诺多尼亚国家公园
Snowdonia National Park p.169

斯诺多尼亚国家公园地势明显高于周围地区，公园以威尔士最高峰海拔1085米的斯诺登山为中心。园中景色秀丽，突兀嶙峋的山峰错落有致、壮观雄伟，深谷小溪蜿蜒延伸。还可以乘坐由兰贝里斯驶来的山间小火车到达山顶。

9 海伊
Hay-on-Wye p.166

海伊小镇位于布雷肯山国家公园的东部，河道环绕。城中的"古书街道"建有30多家古书店，闻名全球。

10 布雷肯山国家公园
Brecon Beacons National Park p.164

布雷肯山国家公园以田园风光著称，丘陵和山间的草地上牧羊成群，茫茫湖水，碧波闪耀。游客不仅可以漫步园区，还可以体验骑马、滑翔等种类缤纷的人气旅游项目。布雷肯位于国家公园的北端，城中有建于11世纪的教堂。

9 海伊

雷肯山 家公园

卡菲利城堡美景

11 加的夫
Cardiff p.162

夫

加的夫是威尔士最大的城市，城区各式白墙建筑壮丽辉煌。市中心19世纪的拱廊建筑纵横交织。郊区和滨海区相隔不远，当地的大型户外展演中心很受欢迎。另外，近郊还有很多值得欣赏的古城。

加的夫
Cardiff

地图 p.7–K

人口 33.6万人

城市建设有序推进的加的夫

威尔士首府加的夫开设议会以来，城市发展日益焕发出新的活力。在城市复兴政策的引导下，昔日的港口区域焕然一新。

必看
- 加的夫城堡 ⓐⓐⓐ
- 加的夫国家博物馆 ⓐⓐⓐ
- 拱廊建筑城堡 ⓐⓐ
- 加的夫港湾 ⓐⓐ

前往加的夫的交通
火车 从伦敦乘坐火车大约2小时即可到达
汽车 从伦敦乘坐长途汽车大约3小时10~45分钟即可到达

旅游信息服务中心
从加的夫中心车站步行7分钟即可到达 The Old Library, The Hayes 9:30~17:30、周日10:00~16:00 12/24~26、1/1

街区概观 ❓
about Cardiff

加的夫小城的历史可以追溯到古罗马时代，一直到18世纪末这里还只不过是没落荒凉的小渔村。后来伴随着工业革命的兴起，小城迅猛发展。之后加的夫逐渐成为威尔士地区的煤铁矿产资源的集散中心，19世纪后半期以沿海贸易为主要经济增长点，城市日益繁华。1999年威尔士首次选举成立了地方议会。随后，确立加的夫为首府，开启了加的夫城市发展的新契机。20世纪中期一度沉寂的海港如今成为当地的滨海开发区，迸发出了新的活力。加的夫日渐成为一颗备受瞩目的城市新星。

精彩看点 🚶
Highlight

加的夫城小巧精致，15分钟就可以走遍市中心的东西或南北。市内现代化街道及建筑物与旧式街道、古老教堂并存。在高圣街、圣玛丽街的交界处有**加的夫城堡**、加的夫国家博物馆等公民中心建筑群。街道旁的新旧拱廊建筑纵横交错，维多利亚时代的**市区室内集市**尤为著名，驻足街角还可领略到威尔士千禧中心的魅力。推荐您一定要去市中心以南约1.5公里的新开发区观光，这里的**加的夫港湾**是不容错过的景点之一。

加的夫的纪念品▶ 爱情汤勺（参见p.170）是威尔士特有的工艺品。

景点 *Sightseeing*

Cardiff Castle
加的夫城堡 ⓐⓐⓐ
地图 p.163

● 从加的夫中心车站步行10分钟即可到达
● 费用£10.50，9:00~18:00（最晚入场17:00）、11~2月9:00~17:00（最晚入场16:00）、12/25·26、1/1休息，不仅可以实地参观，还可随团体旅游。

亮点▶ 豪华绚烂的内部装饰

加的夫城堡建于2000年前，是古罗马人的军事要塞阵地。17世纪以来护城的军事作用消失。从18世纪末到19世纪后半期，苏格兰比特家族重建城堡宅第，也成为现代城堡的雏形。凭借掌控加的夫海港的所有权，比特家族在发展港口贸易的同时积累了大量财富。最后家族倾其所有修筑了城堡宅第。宅第儿童房屋的墙壁上描绘着阿拉伯童话故事，内部装饰使用了各种镀金工艺和不同的大理石造型，极尽富丽奢华。

豪华的城堡值得前去观光

National Museum Cardiff
加的夫国家博物馆
地图 p.163

● 从加的夫市中心车站步行15分钟即可到达
● 免费观光，10:00~17:00，周一和12/24~27、1/1休息

　　加的夫国家博物馆收藏着拥有46亿年历史的海洋和森林古迹，游客在此还可以欣赏到法国印象派和后印象派的作品。博物馆位于20世纪初建成的公民建筑中心区。中心区整齐规划，除了博物馆之外，还有政府办公大楼、法院、大学等白色石造的新古典风格建筑群。**市政大楼（City hall）**位于博物馆附近，办公楼顶端雕刻着威尔士的象征——龙，神情仿佛俯视着整个城区。

市政大楼位于博物馆附近

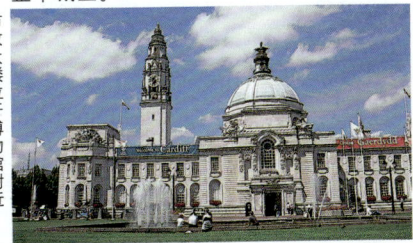

Castle Arcade
拱廊建筑城堡
地图 p.163

● 从加的夫市中心车站步行10分钟即可到达

美丽的拱廊建筑是不容错过的景点之一

　　加的夫市内坐落着6座建于维多利亚时代的拱廊建筑。在此介绍其中保存最完整、风景最迷人的拱廊建筑街。二层室内建筑与楼梯拐角处的走廊相连，天窗设置较高，易于阳光射入。其中，建于1856年的**皇室拱廊**是城堡中最古老的建筑。

Cardiff Bay
加的夫港湾
地图 p.163外

● 从加的夫市中心乘车5分钟即可到达

　　新开发区环绕加的夫港湾，2004年名为**威尔士千禧中心**的大型户外演出

威尔士大学
University of Wales College of Cardiff
North Rd.
Alexandra Grounds
p.163 市政大楼
比特公园 Bute Park
法院
Law Courts
Blvd. de Nantes
加的夫希尔顿大酒店
加的夫城堡 p.162
Cardiff Castle
加的夫国家博物馆 p.163
The Parc
拱廊建筑城堡 p.163
Castle Arcade
圣约翰教堂
圣大卫教堂
加的夫假日休闲快捷酒店
市区室内集市 Central Indoor Market
圣玛丽街 St. Mary St.
游客信息服务中心
163
Westgate St.
皇室拱廊 p.163
千年体育馆
米尔巷
玛莉霍特酒店
Wood St.
公交车站
加的夫市中心车站
去往加的夫海湾的方向 p.163
Park Place
Bute St.
Lloyd George Ave.

威尔士千禧年体育场

中心竣工落成，内部建有大型剧院和舞蹈室等设施。威尔士国立歌剧院等7个剧团和公司先后进驻千禧中心，并将公司总部设立于此。港湾对面的红砖瓦建筑是**栈桥大厦（Pierhead Building）**，这是一座修建于1897年的旧式大楼，曾经是比特公爵家族公司的总部。广场上经常举行各种活动，对面是**美人鱼码头（Mermaid Quay）**，是港湾地带的餐饮和购物区。沿港湾还排列着许多造型独特的建筑物，包括19世纪为挪威船员和教会服务而设立的**挪威教堂美术中心（Norwegian Church Arts Centre）**及建筑设计方案曾荣获大奖的**加的夫游客中心**等。

热闹繁华的栈桥大厦

St. Fagans National History Museum
圣费根国家历史博物馆 ❓❓❓
地图 p.159

●从加的夫客运站乘车20分钟即可到达
●免费观光，10:00~17:00，12/24~26、1/1休息

　　圣费根国家历史博物馆是位于加的夫西郊圣费根小村的露天博物馆。馆区面积宽阔，陈设了从威尔士各地搬移过来的17~20世纪初农家房屋、住宅、店铺等，各个建筑里摆放着不同时代的日常生活用品和家具，游客通过这些可以了解到威尔士的生活文化史。博物馆东侧的圣费根城堡重建于16世纪。

博物馆再现了威尔士的历史生活场景

Castell Coch
科奇城堡 ❓
地图 p.159

●从加的夫客运站乘车30分钟即可到达
●费用 £3.70，9:30~17:00，7·8月~18:00，11~2月10:00~16:00，周日11:00~，1月和12/24~26休息

　　科奇城堡始建于13世纪，是一座如童话般美丽的城堡。城堡周围森林葱郁，犹

城堡中耸立着圆形的高塔

如绘本中的插画一般秀丽无比。由于建造年代久远，曾一度荒废，之后由比特公爵家族改建修复。城堡装饰极为讲究，采用了地道的中世纪风格。城堡是比特家族梦幻蓝图的现实写真，如果用现代的视角欣赏，这里堪称一座宛如主题公园式的私家城堡。

Caerphilly Castle
卡菲利城堡 ❓
地图 p.159

●从加的夫客运站乘车50分钟即可到达
●费用 £3.70，9:30~17:00，7·8月~18:00，11~2月10:00~16:00、全年周日11:00~16:00，12/24~26、1/1休息

　　被湖水环绕的卡菲利城堡，是威尔士最大的城堡。在英国的众多城堡中，规模仅次于温莎城堡和多佛尔城堡。13世纪修建时用于城防要塞，就连湖区内的水池构造也很坚固。城堡西南角的高塔尽管有一部分被毁坏，但依然十分有名。

倾斜的高塔总感觉有几分悲情

加享 **Short Trip** 之旅

田园风光明媚的自然宝库
布雷肯山国家公园
Brecon Beacons National Park
地图 p.159

　　布雷肯山国家公园堪称是一座大自然宝库，园区东西长约70公里，南北宽约25公里。东西耸立着黑山山脉，中央的布雷肯山脉绵延不断。山峰和山脊草木茂盛葱郁，沼地绿草如茵。山谷里河流蜿蜒如带，山脚下村落和小镇点缀如画。从南威尔士到此的交通便捷，每逢夏季，热爱徒步、自行车旅行和自驾游的旅游者纷至沓来。此外，这里还有骑马、攀岩和滑翔等丰富多彩的游乐项目，园里经常传来欢声笑语。

　　布雷肯是一个坐落于洪崔河畔的小镇，在此可将布雷肯山国家公园的美景尽收眼底。小镇由诺曼人于11世纪修建，当

夏季公园风景秀丽，是漫步旅行和骑马训练的人气场所

时修建的修道院如今已成为布雷肯教堂（Brecon Cathedral）。小镇上石砌的小路旁耸立着很多修建于18世纪的宏伟建筑。

　　国家公园中有英国最大的钟乳洞——丹阿鲁奥格布（Dan-yr-Ogof）钟乳洞（门票 £13.50，10:00~15:00，11~3月休息），已历经3亿年岁月的雕琢了。此外，还有一处主题公园，再现了远古恐龙和铁器时代的山村原貌。

●前往布雷肯山国家公园
汽车 ◐从加的夫前往大约需要1小时20分钟
从斯旺西前往大约需要1小时30分钟
途中去往Dan-yr-Ogof钟乳洞需要55分钟

斯旺西码头的快艇

South Wales
绿野碧波交相辉映的新天地
南部城镇
Another Town & Spot
地图 p.159

圣戴维兹　布雷肯山国家公园　瓦伊河畔海伊
斯旺西
曼布尔斯　加的夫

　　威尔士南部城镇集聚分布在布雷肯山系和美丽的彭布罗克海岸线周边，其间还点缀着风景迷人的乡村。如果旅行时间宽裕的话，推荐前往以田园风光著称的布雷肯山国家公园。游览威尔士南部城镇，通常是以加的夫或斯旺西为起点，从伦敦乘坐火车或长途汽车就能很方便地到达目的地。

about South Wales
街区概观？

　　19世纪，作为产业城市的威尔士南部城镇得到快速发展。南威尔士煤炭资源丰富，是全国著名的煤炭业和钢铁业中心，大量劳动力涌入当地。据调查，19世纪中期南威尔士钢铁出口量占全国总量的一半。此外，这里的海运业曾经发展迅猛，尤其是港口城市急速成长。如今，曾繁华一时的煤炭开采业已全部衰落，但连绵不断的群山和蜿蜒曲折的海岸线风景依旧那么美丽。

Highlight
精彩看点

　　南威尔士的一些大都市，现代感十足。倘若您前往圣大卫教堂和非常有名的二手书之都——海伊小镇，悠然安宁的风光会让您感觉周围的一切都戛然而止，无限寂静。当地的布雷肯山国家公园自然风光独特，是您尽情漫步的最佳场所。放眼园区，牛羊觅食，置身于安宁的田园自然风光中，您会切身感受到威尔士的特有美景。

南威尔士的美食▶ 使用威尔士朗姆酒制作的煨炖菜、烤肉及海草烹制而成的海鲜甜点（参见p.170）。

彭布罗克海岸美景

景点 Sightseeing

Swansea
斯旺西
地图 p.7-J、p.159
●从伦敦帕丁顿车站（Paddington）乘坐火车大约3小时，乘坐长途汽车大约4小时30分钟即可到达

　　斯旺西是南威尔士仅次于加的夫的第二大城市，北部毗邻布雷肯山国家公园，西南邻近高禾半岛海滨休闲胜地。20世纪前期，当地诗人迪伦·托马斯活跃于诗坛，也提升了斯旺西的知名度。

斯旺西城堡曾经是攻打威尔士的军事据点

　　斯旺西城堡 始建于12世纪初，而今早已荒为废墟。城堡最初由英格兰建造，曾是攻打威尔士的军事据点，之后被用作市政厅和监狱等。斯旺西近郊城镇的陶瓷制造业颇负盛名，当地的**格林·维维安艺术博物馆**（Glynn Vivian Art Gallery）（免费观光，10:00~17:00，节假日及周一和12/25、26、1/1休息）中收藏了许多欧洲以及亚洲瓷器。博物馆的艺术藏品以地域为中心，游客通过瓷器可以寻觅到威尔士的历史文化痕迹。2005年夏

天，南部海岸建成了**国家滨海博物馆**（National Waterfront Museum）。如果想要购买当地特产、民间艺术品和美食，可以前往**斯旺西市场**（8:30~17:30、周日休息），一定会有满意的收获。

The Mumbles
曼布尔斯 ⓘ
地图 p.7-J、p.159

●从斯旺西乘坐汽车20分钟即可到达

从斯旺西去往海岸线连绵的高禾半岛途中，曼布尔斯是第一个映入眼帘的海滨城市。**奥伊斯特茅斯城堡**（Oystermouth Castle）（门票￡1.00，11:00~17:00，9月至复活节休息）耸立于高地之上。登临城堡可以远望大片美景，不仅有环绕城堡的绿色草地，还能欣赏到蔚蓝的海岸风光。城堡始建于13世纪，曾经是高禾家族的居住宅第，到了16世纪已经截然成为一片废墟。**爱情汤勺艺术馆**（10:00~17:30、周日休息）距离海岸很近，可以购买当地有名的艺术品——爱情汤勺。

耸立在山冈的奥伊斯特茅斯城堡

St. David's
圣大卫 ⓘⓘ
地图 p.7-J、p.159

●从斯旺西乘坐火车1小时30分钟，在西哈佛车站换乘汽车大约40分钟即可到达

圣大卫城位于威尔士西部，从中世纪以来成为主教的巡礼地而声名鹊起。圣大卫生于公元6世纪，他是治愈民间疾病、守护威尔士的圣人，逝世后其圣骨骨灰盒存放在教堂的圣三一礼堂。大卫在凯尔特语中写作"Dewi"，至今备受威尔士人尊敬。

街道中心的十字广场中耸立着凯尔特十字架，距离**圣大卫教堂**（St.David's Cathedral）

副主教住所的风景

（接受捐助。10:00~17:30、无休）很近。教堂始建于12世纪，16世纪进行改扩建，19世纪再经大幅改造。教堂后面已经荒废的建筑物——**圣大卫副主教住所**（St David's Bishop's Palace）（门票￡3.10，9:30~17:00、7·8月9:30~18:00、11~2月9:30~16:00、周日11:00~16:00，12/24~26、1/1休息）是在14世纪由亨利·D.高禾主教主持修建的。宫殿中保存着正殿和小礼堂的古迹，眼前景象会令人不由得退想当时主教拥有的至高无上的权力。

Hay-on-Wye
海伊 ⓘⓘ
地图 p.7-J、p.159

●从班戈乘坐汽车大约45分钟即可到达

瓦伊河畔的海伊小镇毗邻英格兰，位于布雷肯山国家公园东侧，沿瓦伊河附近的山间而建。当地因旧书收藏而闻名世界，单石板街道上就并排着30余家旧书店。每年6月都会举行书籍文化节，届时海伊小镇上汇集许多知名作家，街道人群熙熙攘攘。

一个叫理查德·布斯（Richard Booth）的传奇人物以独特的眼光将小镇打造成闻名世界的"二手书之都"。1961年，理查德·布斯开始着手旧书销售业，不仅推荐当地民众加入自己开拓的旧书店事业，同时还在美国等地大力宣传。理查德·布斯店藏书40万余册，是小镇规模最大的旧书店。位于小镇高地的**海伊城堡**（Hay Castle）始建于13世纪初，城堡的部分建筑内也有布斯书店的连锁店，城堡外屋书架并排，是当地独特的风景线。

街道两边整齐排列着许多古董店和优雅的餐厅，也是漫步休闲的理想去处。

海伊街道建筑错落有致

纪念威尔士守护神——圣大卫的大教堂

雄伟的卡那封城堡已被列为世界历史文化遗产

North Wales

古城交织的历史故里
北部城镇

Another Town & Spot

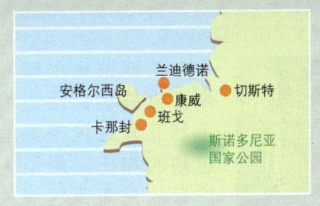

兰迪德诺
安格尔西岛　切斯特
康威
卡那封　班戈
斯诺多尼亚
国家公园

被斯诺多尼亚山脉环抱的北威尔士古城，犹如散落在海岸线上的粒粒玉珠。古城现已被列为世界历史文化遗产，保存完好的历史风貌值得一看。当地传统的威尔士文化根深蒂固，道路标志和车站等公共场所都标示着英语和威尔士语两种语言。英格兰的切斯特是前往威尔士北部城镇的起点。

---

about North Wales
街区概观❓

北威尔士和斯诺多尼亚山系相邻，沿岸坐落着许多古城，基本没有大型城市。13世纪时爱德华一世征服威尔士后，在当地修筑了8座筒状塔楼的城堡。威尔士北部的很多城镇由此演变而来。18~19世纪，斯诺多尼亚一带板岩产业兴起，安格尔西岛铜矿开采业繁荣发达。现在，斯诺多尼亚国家公园和安格尔西岛的大自然风光还吸引了许多游客前来观光。

Highlight
精彩看点 🚶

北威尔士众多城堡中，**卡那封城堡**和**康威城堡**这两处风光最为独特。斯诺多尼亚国家公园以威尔士最高峰**斯诺登山**为中心景点，自然风光最为出众。**安格尔西岛**是海鸟生息的自然宝库，海上风光秀美，每年夏天很多游客前来畅享舒适的海水浴和各种沙滩体育运动。班戈旅游景点不多，主要是威尔士北部的城市。

北威尔士的美食▶朗姆酒料理和安格尔西鸡蛋（参见p.170）。

北威尔士的纪念品▶有茶托等多种做工精细的板岩工艺品。

景点 *Sightseeing*

Caernarfon
卡那封
❓❓❓ 世界遗产

地图 p.7-G、p.168　　卡那封城堡

●从伦敦乘坐长途汽车大约9小时10分钟即可到达；从切斯特大约2小时45分钟即可到达；从班戈大约30分钟即可到达

卡那封古城墙环绕，漫步石板小道只需5分钟就可走到尽头。小镇最初由古罗马人和诺曼人修建，1283年

从城堡远望小镇风景

爱德华一世（⇨p.55）征服威尔士后修建了**卡那封城堡**（Caernarfon Castle）（门票£5.05，9:30~17:00、7·8月~18:00、11~2月~16:00、周日11:00~16:00、12/24~26、1/1休息）。历史上，著名的8座城堡被用作保护威尔士的军事堡垒，富含特别而深刻的意义。

爱德华一世的儿子爱德华二世就生于卡那封城堡，1301年他还接受皇室授予的"威尔士·奥维·亲王"的称号，这也成为英国皇室长子代代相传的名字的开端。1961年，现在的查尔斯王子也在卡那封城堡接受了伊丽莎白女王授予的"威尔士亲王"称号。现在，从梅奈海峡一侧远望城堡，景致非常漂亮优雅。

Conwy
康威　　　　　　　🟡🟡🟡 【世界遗产】
地图 p.7-G、p.159　　　　　　　　康威城堡

●从切斯特乘坐火车大约55分钟即可到达

康威城堡是世界历史文化遗产之一

13世纪末，爱德华一世在康威河畔修建城堡和街道，用作军事基地。15世纪初，这里曾爆发了威尔士暴动。17世纪时，又爆发了引发清教徒革命的保皇派和议会派之间的斗争。虽然历经多次战争劫难，城堡至今仍保持着旧时原貌，22座高塔和3座大门依旧气势恢宏。

1283年，开始动工修建**康威城堡**（Conwy Castle）（门票￡4.70，9:30~17:00、7·8月~18:00、11~2月~16:00、周日11:00~16:00，12/24~26、1/1休息），只用了4年之便完成全部工程。河岸的山丘守护着城堡，是天然的要塞。

小城历史遗迹众多，其中**艾博康威宅第**（Aberconwy House）（门票￡3.40，11:00~17:00，周二及11~2月休息）修建于

14世纪初，是至今保存最古老的私人宅第。另外，**袖珍宫殿**（The Smallest House）（门票￡1.00，10:00~18:00，11~3月休息）屋宽仅有1.8米，被称为最小的袖珍房间。

Llandudno
兰迪德诺　　　　　　　🟡🟡
地图 p.7-G、p.159

●从切斯特乘坐火车大约1小时10分钟；从康威坐汽车大约20分钟即可到达

话剧演出中的人偶房屋

兰迪德诺小城海岸曲折绵长，海边维多利亚建筑风格的酒店鳞次栉比，最引人注目的是蔚为壮观的石灰岩海角——大奥姆角（Great Ormes）。小城中的许多疗养院建于19世纪，备受游客青睐。小说《爱丽丝梦游仙境》的作者刘易斯·卡罗尔和故事主人公原型爱丽丝一家曾在此休闲度假。街道中有通往大奥姆角顶端的缆车。

Bangor
班戈　　　　　　　🟡
地图 p.7-G、p.159

●从切斯特乘坐火车大约1小时10分钟即可到达

班戈小城的历史可追溯到圣人德宁尔（St.Deiniol）于6世纪建造的班戈大教堂，19世纪当地因输出斯诺多尼亚开采的板岩而繁荣起来。现在小城成为前往安格尔西岛和斯诺多尼亚观光的门户。修建于19世纪的北威尔士大学位于高原地带的班戈大学城，校舍建筑气势恢宏。北威尔士大学和梅奈大桥是当地的标志性建筑。

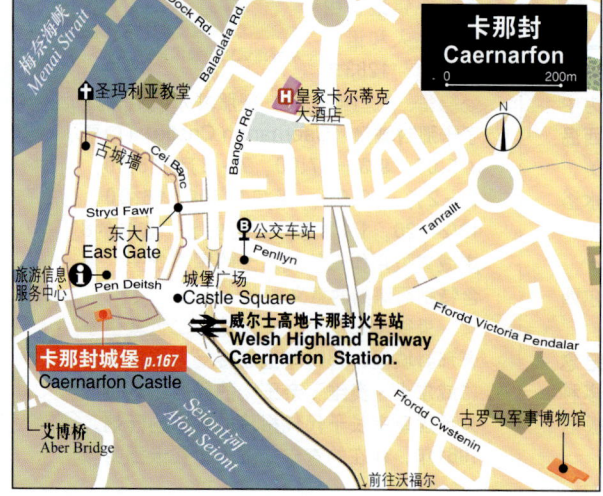

梅奈海峡 Menai Strait
Dock Rd
Balaclava Rd

卡那封
Caernarfon
0　　　　　200m

✝圣玛利亚教堂
🏨皇家卡尔蒂克大酒店
古城墙
Cei Banc
Bangor Rd
Stryd Fawr
东大门 East Gate
🅱公交车站
Penllyn
Tanralit
旅游信息服务中心
ℹ Pen Deitsh
城堡广场
●Castle Square
Ffordd Victoria Pendalar
卡那封城堡 *p.167*
Caernarfon Castle
威尔士高地卡那封火车站
Welsh Highland Railway
Caernarfon Station.
Seiont河 Afon Seiont
艾博桥
Aber Bridge
Ffordd Cwstenin
古罗马军事博物馆
前往沃福尔

北威尔士大学的校舍

安格尔西岛的博马里斯城堡也被列为世界历史文化遗产

The Isle of Anglesey

安格尔西岛

世界遗产

地图 p.7-G、p.159

博马里斯城堡

●从班戈汽车站乘车到博马里斯，大约30分钟即可到达

　　安格尔西岛位于威尔士西北部，长达200公里的海岸线连绵不断，来这里享受海滨度假的游客络绎不绝。

　　博马里斯（Beaumaris）隔梅奈海峡与对岸的班戈相望，风景迷人。临海房屋平行而建。漫步海岸，可以远望到班戈背后的斯诺多尼亚山脉雄风。1295年爱德华一世下令建造**博马里斯城堡**（门票£3.70，9:30~17:00、7·8月~18:00、11月至次年2月~16:00、全年周日11:00~16:00，12/24~26、1/1休

文化小知识

世界上名字最长的村庄

　　从班戈驶向安格尔西岛途中，会看到一座名为"兰韦尔普尔（Llanfairpwll）"的村庄。实际上村庄的官方名称用威尔士语标记为"Llanfairpwllgwyngyllgogerychwyrndrobwllllantysiliogogogoch"，总共有58个罗马字母，意思是"位于急流附近白榛树山谷中的圣马利亚教堂和红岩洞附近的圣田西路教堂"，如此长的地名堪称世界之最。就连当地民众也感觉地名过长，通常都用省略称呼。当地的车站和旅前悬挂着正式地名的标牌，已日渐成为游客照相的地标景点。当地的游客中心位于车站附近。

息）。城堡建筑群左右对称，映照在水渠中，景致别具一格。原本设计建设的高塔最终无果，由此城堡也少了一分压迫感，这里也被评为北威尔士最美的城堡之一。

蜿蜒起伏的溪谷深受攀岩爱好者的喜欢

加享 **Short Trip** 之旅

宏伟壮观、层峦叠嶂的山岳地带
斯诺多尼亚国家公园
Snowdonia National Park

地图 p.7-G、p.159

　　斯诺登山是威尔士最高峰，海拔1085米。虽然海拔不及苏格兰高地，但是高于英格兰的任何一座山峰。以斯诺登山为中心的山岳地带就是著名的斯诺多尼亚国家公园。园区崇山峻岭、怪石嶙峋，巍峨的山峰掩映在幽深的峡谷中，展现眼前的是一片河湖交错的壮丽景象。兰贝里斯（Llanberis）位于林区坦恩湖（Llyn Padarn）和林贝利斯湖（Llyn Peris）附近，是国家公园的登山入口，也是通往斯诺登山观光小火车的起点处。从湖畔还可以远望到斯诺登山和周围山区的美景。

乘坐观光小火车攀登斯诺登山

　　1896年，园区首次开通到达斯诺登山观光小火车（Snowdon Mountain Railway）（往返费用£18.00，9:00~17:00、周六15:30，11月初~3月中旬停运），游客可以乘坐小火车轻松到达斯诺登山山顶。如果

登至距离山顶8公里处，大约需要1小时，在山顶停留30分钟后乘坐相同列车返回，一次旅行大约需要2小时30分钟。列车横穿丛林，天气好的话可以俯瞰园区全景。只是，斯诺多尼亚天气多变、风力强劲，有时列车也很难升至山顶。沿观光小火车线路，徒步下山大约需要3小时。

色彩斑斓的观光小火车

●前往兰贝里斯
汽车►从班戈出发大约需要55分钟，从卡那封出发大约需要25分钟

曼布尔斯保存着奥伊斯特茅斯城堡古迹

Heritage

独特的传统文化生生不息
凯尔特王国

来到威尔士会发现无论是车站标志还是交通指示、观光手册都是双语标记，置身于此能够切身体会到威尔士散发出的独特魅力。威尔士人的祖先和苏格兰人、英格兰人一样，都是凯尔特人。经过了几千年的岁月，威尔士人依然传承着独有的语言文化。威尔士语中，"威尔士"写作"Cymru"，意思是"同胞居住的国家"。现在的威尔士不仅继承了先辈的语言，还发展传承了传统的民族音乐，古老的凯尔特文化在这里绽放异彩。

有双语标记的交通指示牌

威尔士语是凯尔特文化的核心

最初凯尔特人分布于世界各地，后来随着古罗马人和日耳曼人的崛起，凯尔特人逐渐退守到大不列颠岛和爱尔兰岛。但是，居住在大不列颠岛的凯尔特人又相继受到撒克逊人、维京人、诺曼人等群体的侵略。13世纪末威尔士被英格兰人攻陷，成为英国的附属领土，16世纪通过联合法令，威尔士正式并入英格兰。直到19世纪才兴起威尔士文化复兴运动。

威尔士文化的核心是威尔士语，以凯尔特语为语源，1967年被认可为当地的公用语言之一。虽然受到英语的深刻影响，但威尔士依旧致力于普及双语。当地规定每个公民都有义务学

威尔士的代表工艺品——爱情汤勺。17世纪以来，男士为了表达自己对心上人的爱慕之情，亲自雕刻汤勺送给对方。汤勺的爱心形状表示永恒维系彼此之间弥足珍贵的真挚情谊，镶嵌的玉石代表恋爱双方的灵魂相守一生一世

习、传承威尔士语。当地开设了多家播放威尔士语的电台，游客也有机会听到民众使用威尔士语进行日常交流。

亚瑟王传奇寄托着威尔士复兴的美好祈愿

古代凯尔特人信仰大自然，当时没有发明文字，民众以口传叙事诗的形式将过去人类与诸神以及妖魔之间的神话故事代代相传。中世纪后故事被改编为亚瑟王传奇，至今仍在威尔士各地传诵。相传约公元500年，亚瑟王英勇善战，率众战胜了撒克逊人等众多对手。亚瑟王传奇传承着威尔士人的美好愿望。自中世纪以来，在威尔士，红龙成为勇气和胜利的象征，绿白背景下的红龙也成了威尔士旗图案，此外，当地民族服饰也多采用红色。

威尔士美食以清新淡雅著称

威尔士的传统美食丰富多样——芝士烧烤的"威尔士奶酪"、加入香草烘烤的"格拉摩根香肠"(Glamorgan Sausage)，以及用洋葱、土豆、煮鸡蛋、芝士汁烹制而成的安格尔西岛鸡蛋。威尔士蛋糕通常是指坚硬的司康薄麦饼

威尔士当地的海鲜甜点是将煮熟的海草和海藻等海鲜产品烹制成的甜味食品。调理时只用盐，实际制作菜品时，需要再次加工才能食用

苏格兰

S c o t l a n d

交通

● 从中国去往苏格兰主要城市的交通

去往爱丁堡：乘坐飞机，中途在欧洲城市换乘，约14小时即可到达

● 从伦敦去往苏格兰主要城市的交通

去往爱丁堡：乘坐直达火车大约4小时15~45分钟到达

乘坐飞机大约1小时20分钟到达

乘坐长途汽车大约9小时40分钟到达

去往格拉斯哥：乘坐飞机大约1小时20分钟到达

乘坐直达火车大约4小时10~50分钟到达

乘坐长途汽车大约8小时55分钟到达

去往因弗内斯：乘坐飞机大约1小时45分钟到达

乘坐直达火车大约8小时10分钟~9小时到达

50km

N

哈博斯特
Habost

德内斯
Durness

约翰奥格罗茨
John O' Groat's

赫姆斯代尔
Helmsdale

外赫布里底群岛
Outer Hebrides

p.198 卡洛登古战场遗址

阿勒浦
Ullapool

因弗内斯机场

p.198 因弗内斯
Inverness

考德城堡 p.200

斯凯岛
Isle of Skye

p.199 尼斯湖展览中心

尼斯湖 p.199
Loch Ness

伊莲豆纳城堡
p.202

p.202 威廉堡
Fort William

奥古斯都堡 p.200
Fort Augustus

p.197 阿伯丁
Aberdeen

p.202 本尼维斯山
Ben Nevis

1343

p.202 格伦科
Glencoe

珀斯 p.193
Perth

圣安德鲁斯
p.190
St. Andrews

马尔岛
Isle of Mull

p.193 斯康宫殿

奥本
Oban

大西洋
Atlantic
Ocean

朱拉岛
Jura

罗蒙德湖
p.196

苏格兰
Scotland

爱丁堡 p.176
Edinburgh

爱丁堡机场

艾莱岛
Islay

格拉斯哥机场

波摩
Bowmore

格拉斯哥 p.194
Glasgow

斯特灵 p.192
Stirling

坎贝尔敦
Campbeltown

阿伦岛
Arran

艾尔
Ayr

阿宾顿
Abington

英格兰
England

斗尔雷恩
Coleraine

北爱尔兰
Northern Ireland

拉恩
Larne

斯特兰拉尔
Stranraer

哈德良长城

卡莱尔

苏格兰

淳朴美丽的自然风光
浓郁古老的传统风情

苏格兰在历史上曾是一个独立的国家，直到18世纪才并入英国版图。爱丁堡、斯特灵等南部低地城镇依旧保留着浓郁的苏格兰传统风情。北部高地自然风光大气壮美，雄伟的山脉、秀丽的山谷、恬静的湖泊、奔流的溪水、开遍石楠花的原野，以及一个个耸立在大大小小岛屿上的城堡遗址无不让人沉浸在大自然的神奇之中。当地严寒冷峻的自然环境孕育了苏格兰独具特色的羊毛纺织品和苏格兰格子花呢。

❶ 高地

Highland　　　　　　　p.202

高地中溪谷相间，置身其中能纵情品味淳朴的自然风光。因弗内斯是东部高地的中心，西部高地的大本营位于里恩湖畔的威廉，登高可以远望到英国最高峰本尼维斯山，每逢夏季有很多游客在高地周边徒步旅行。格伦科周边的溪谷风景映照出17世纪时悲凉的历史风情，散落在大自然中的古城堡和历史建筑物的废墟仿佛在诉说着昔日的辉煌。

❷ 因弗内斯

Inverness　　　　　　　p.198

因弗内斯位于尼斯湖畔，街道宽敞，是东部高地的大本营。近郊坐落着18世纪的卡洛登古战场遗址，就是在这苏格兰宣告放弃抵抗英格兰的统治。

❸ 尼斯湖

Loch Ness　　　　　　　p.199

尼斯湖形状狭长，全长40公里，当地流传的尼斯湖水怪传说闻名全球。湖畔耸立着厄克特城堡遗址，湖岸两侧山峰巍峨高耸，四周飘荡着神秘的气氛。在此可以尽情享受湖上漂流。

❹ 格拉斯哥

Glasgow　　　　　　　p.194

格拉斯哥是苏格兰地区的经济中心，兴盛繁华，是当地活力四射的大都市。"建筑设计一条街"显示了建筑师查尔斯·伦尼·麦金托什的建筑作品风格，吸引了许多游客前来观光欣赏。同时，街道上不断涌现出许多美味的餐厅和时尚的商场。

❺ 罗蒙德湖

Loch Lomond　　　　　　　p.196

洛蒙德湖毗邻格拉斯哥，全长40公里。南侧海岸宽广明亮，人气很旺，海上运动设施极尽完善。北侧海岸风光迥异，正如当地一首歌谣所描述的"妖魔盘踞北海"一样，即使白天依然弥漫着阴暗神秘的气息。

伊莲豆纳城堡
● 高地
❶

因弗内斯
尼斯湖
奥古斯都堡 ●

威廉堡 ●
▲ 本尼维
● 格

罗蒙德湖 ●

格拉斯哥

阿伯丁 ⑥

Aberdeen p.197

阿伯丁面朝北海，是苏格兰的第三大城市。新城区街道中整齐排列着威严的花岗岩建筑，旧城区石板路绵延，满城洋溢着淡静安宁的气氛。

珀斯 ⑦

Perth p.193

直到15世纪，珀斯一直是苏格兰王朝的首都，苏格兰国王曾在斯康宫殿中举行"命运之石"的王冠加冕仪式。

圣安德鲁斯 ⑧

St. Andrews p.190

圣安德鲁斯位于海滨，在爱丁堡东北部，是高尔夫运动的发源地。小城名字来源于苏格兰守护者的名字，得益于历代大主教的巡礼，这里日渐繁荣兴盛。现在的大教堂已经荒为废墟，当地还设有苏格兰最古老的大学。

考德城堡
库洛登古战场遗址

阿伯丁 ⑥

斯康宫殿
珀斯 ⑦

⑨

圣安德鲁斯 ⑧

爱丁堡 ⑩

斯特灵 ⑨

Stirling p.192

斯特灵城中有斯图亚特王室的宫殿，高耸巍峨的山岭环绕小城，石板街道开阔通畅。斯特灵周边耸立的烽火台，印刻着过去苏格兰人饱受英格兰侵扰的岁月。

爱丁堡 ⑩

Edinburgh p.176

爱丁堡是苏格兰的首府，苏格兰议会便设于此。壮丽宏伟的爱丁堡城堡耸立在陡峭的死火山岩顶上。城市建筑既体现了中世纪以来的古都风貌，又不失现代都市气息。每年夏天当地都会举行爱丁堡国际音乐节，世界各地的游客纷至沓来，城市街道一下变得熙熙攘攘、异常繁华。

苏格兰
历史和传统

不屈的抗争史催生了苏格兰人的民族自豪感

西部高地的荒野景色

174

如今的英国融合了不同地域的历史文化，身处其中犹如走进纷繁多样的"合众世界"。但苏格兰却依然保持着自己的特色，这里的城市别具一格，散发出独特的魅力。为了能更深切地感受苏格兰魅力，在此为您介绍一些和苏格兰相关的历史文化传统。

苏格兰——凯尔特人的故都

史前时期，古皮科特人从欧洲大陆迁徙至苏格兰高地，并定居于此。约公元5世纪，凯尔特民族的苏格兰人离开爱尔兰纷纷踏入苏格兰境内生活定居。之后逐渐击败皮科特人，成立新的王国。约公元850年，迁都至斯康，毗邻珀斯。在12世纪后半期的马尔科姆三世（Malcolm III）统治时期，统一的苏格兰政权雏形最终形成。

苏格兰人的祖先和爱尔兰人、威尔士人一样，都是凯尔特人。当地的通用语是夹杂着英语的苏格兰盖尔语。如今当地只有地名等专属名词用盖尔语标示，大约只有6万人真正会讲盖尔语，他们大都居住在斯凯岛（Isle of Skye）等地。苏格兰人的英语发音方言很重，很有当地特色。

道路标志也是双语标记

氏族制度——独立文化的支柱

深受凯尔特文化影响，氏族制度根植于苏格兰传统文化中。在盖尔语中，氏族制度（clan）表示"孩子或是拥有相同祖先的人群"。彼此之间以某种因缘紧密连接，拥有相同姓氏的人群就是共同体。此外，同一地域居住的氏族群体也称呼相同的姓氏，不一定必须是血缘连接。氏族群体中有很多"马克（mac）"和"迈克（mc）"的姓氏，表示"儿子"的意思，这些由氏族演变而来的姓令每个苏格兰人引以为傲。即使居住在国外，苏格兰人依然有很强的群体意识和团结信念。现在的苏格兰人口大约有510万人。据统计，美国人口中大约有1400万人的祖先是苏格兰人。

风笛——苏格兰传统文化的代表之一

许多游客在观光名胜时会被吹奏风笛的苏格兰男士吸引。风笛最早起源于中东地区，虽历经演变依然残留着昔日欧洲各地的乐器身影。苏格兰军队曾盛行风笛，旨在鼓舞士气，震慑敌人。风笛舞蹈

尼斯湖畔的风笛吹奏

跳动幅度大，最初是为了锻炼士兵的脚力和腰劲。原本只是男士舞蹈，现在女性也开始跳风笛舞。

若要通过一种活动了解苏格兰传统

文化，莫过于高地运动会。每逢夏季，苏格兰各地宽敞的城镇和山村中都会举办大型运动会。运动会期间，人们身着苏格兰短裙，吹奏风笛进行多种竞技比赛，包括高地舞蹈、投掷圆球、扔铁锤、拔河等，每项运动都极大地鼓舞了参赛者的运动热情。

苏格兰格子花呢

　　相传从远方迁徙而来的凯尔特人最早使用不同颜色的毛纺布编织苏格兰格子花呢。流传至今的花呢诞生于13世纪的高地境内。最初，各个自治地方都有权力制作独具特色的花纹，渐渐地仅是一个氏族或家庭就能决定自制的花纹特色。据说战争时期格子花呢有利于区分敌我双方，对战争形势判断发挥了巨大作用。苏格兰格子花呢在18世纪才大致形成现在的模样。目前大约有170种表示氏族或家庭的花纹图案，根据苏格兰格子花呢协会记录的正式花纹图案接近2700种。一旦在协会登记，都能成为正式花纹图案，所以当地的花纹数量依然在不断增加。

苏格兰短裙

　　苏格兰短裙已成为苏格兰男性的传统服装。原本只是用一块布围裹全身，扎束腰间部位即可，之后逐渐演变成苏格兰短裙。其正式的穿法还需要一条披肩，布匹也源自围裹全身的一块布。正式场合还需要佩戴山羊皮囊。

盖尔语——识别当地地名的关键

　　苏格兰有很多地名是直接使用盖尔语标记的。如果知道盖尔语的含义就能明白地名意思所指。如下所示。

Ben
"山"：Ben Nevis 本尼维斯山
Loch
"湖、湾"：Loch Ness 尼斯湖，Loch Lomond 罗蒙德湖，Loch Nevis 尼维斯湖
Glen
"峡谷"：格伦科峡谷 Glencoe
Inver
"河口"：因弗内斯河口 Inverness

●●●●●● 苏格兰王室的战争史和抗争史 ●●●●●●

　　苏格兰的历史堪称是与英格兰王室的抗争史。1296年，苏格兰遭受英格兰侵袭，王国迅速覆灭。之后由传奇英雄威廉·华莱士率领民众，掀起反抗英格兰的民族自卫战。终于在1314年，布鲁斯伯爵成功复辟，苏格兰重新独立。

　　16世纪斯图亚特王朝的玛丽女王时代，宗教改革引发国内叛乱，女王获得法国军队援助，与此同时，改良派则接受英格兰军队援助，遂引发苏格兰动乱。1603年英格兰伊丽莎白一世去世，因其没有子嗣，遂指定玛丽女王的儿子詹姆斯为皇位继承人。这样苏格兰国王詹姆斯六世即位为英格兰国王，史称"詹姆斯一世"，形成了"共主"的局面。

　　1688年"光荣革命"爆发，詹姆斯二世逃亡国外。以王室复辟为目标，斯图亚特王朝和民众支持者开始进攻英格兰，再次发生持

和皇室息息相关的斯康宫殿

续长达60余年的国内动乱。1707年，根据《联合法案》规定英格兰议会统领苏格兰议会，事实上已经将苏格兰并入英格兰版图。

王位加冕仪式中使用的"命运之石"

　　1715年，以詹姆斯二世的儿子弗朗西斯为主帅发动大规模战役。1745年詹姆斯二世的孙子——美王子查理·爱德华（⇒p.198）率领叛军攻占了爱丁堡等苏格兰大片领土，但第二年，在因弗内斯附近的卡洛登战役中被全面击败，从而宣告了苏格兰抗争史的结束。从此以后苏格兰当地民众被禁止穿格子花呢的服饰，直到19世纪前半期，才结束对苏格兰传统文化的管制。在历经了无数的镇压和抵抗中，酿就了苏格兰民族不屈的品质。

　　现在的苏格兰在使用英镑的同时拥有其独立的纸币，而且司法、教育制度也不同于英格兰。1999年又恢复召开了时隔300年之久的苏格兰议会。至今，民众要求苏格兰独立的呼声依旧强烈。

爱丁堡旧城区的建筑群古色古香

爱丁堡地处苏格兰高地，新旧城区风格迥异。旧城区的中世纪城堡，散发着浓郁的古都气息。新城区乔治风格的建筑群井然有序，更显繁华现代。

必看
- 爱丁堡城堡 ②②②
- 霍利鲁德宫殿 ②②②
- 皇室游艇"大不列颠"号 ②②
- 苏格兰美术馆 ②②

🚌 **前往爱丁堡**
✈ 飞机 从伦敦乘坐飞机大约1小时20分钟即可到达
🚂 火车 从伦敦乘坐火车大约4小时15~45分钟即可到达
🚌 汽车 乘坐长途汽车大约9小时40分钟即可到达

ℹ **旅游信息服务中心** ✉ 3 Princes St. 🕘 9:00（周日10:00~）~19:00，7・8月~20:00，4・10月~18:00，11~3月~17:00 休无休

爱丁堡
Edinburgh

世界遗产

地图 p.6-E

人口 47.8万人

---

about Edinburgh
街区概观 ❓

爱丁堡的历史最早可追溯到公元7世纪，撒克逊族的爱德温国王下令在此设城。12世纪麦尔肯三世统一苏格兰半岛，下令以原有的爱丁堡城为基础修建皇室寝宫。15世纪末期，斯图亚特王朝确立爱丁堡为苏格兰王国的都城，并建造霍利鲁德宫殿，从此爱丁堡成为苏格兰王国的政治中心，城市得到迅速发展。爱丁堡旧城区保持着中世纪的街道风情，许多建筑令人不禁想起逝去的历史岁月。1707年苏格兰划入英格兰版图，接受统一管理。虽然爱丁堡丧失苏格兰王国都城的行政功能，但是其一直坚守着苏格兰人自主独立的精神和特有的文化传统。1999年时隔300年在爱丁堡又重新召开苏格兰议会。

爱丁堡的城区街道已被列入世界文化遗产，色彩以黑灰色为主要基调。旧城弥漫着中世纪的古都风情，新城则现代文明发达，是先进文化的发源地。和伦敦相比城区面积虽然窄小，但是每条街道都是绿意葱茏，五彩缤纷，浓缩着其他城区难以媲美的魅力景致。

Highlight
精彩看点 🚶

一条东西走向的溪流横穿爱丁堡城区，溪水北侧是**新城**，南侧是旧城，新旧城区风格迥异。火车路线穿越谷底，**威弗利车站**（Waverley）位于街道中央，是爱丁堡的中心车站。观光一般以爱丁堡城堡所在的老城区为中心，以此为起点沿着皇家哩大道直到**霍利鲁德宫殿**，大道两侧石制建筑群整齐排列，分布着许多名胜古迹。

新城修建于18世纪，建筑群排列井然有序，街道风景美丽迷人，购物商场令人眼花缭乱，其中**王子街**堪称购物者的天堂。城市北侧的大海广阔明亮，利斯（Leith）海港至今仍保留着**"大不列颠"**号皇家游艇。坐落在海边的**皇家植物园**内百花盛开，园区散发的美感不同于老城区的历史凝重感，极尽清新自然之美。

爱丁堡的美食▶哈吉斯（Haggis，将燕麦、肉末以及香料搅拌而成的馅料塞满羊肚宝调而成）。

爱丁堡的节日活动▶夏天爱丁堡会举行丰富多彩的国际大型活动。

火车路线穿越谷底

市内交通

前往郊外的便捷交通
巴士 　　　　　　Bus

单程一次£1.20　全天联票£3.00

爱丁堡城区不大，步行便可大致游览城区景点，如果想要观光皇家植物园或其他郊外景点，乘坐观光巴士比较便捷。除了指定的停车站点，威弗利（Waverley）车站附近的王子街等数十个市内场所都设有乘车站点。运费单程£1.20（夜间巴士单程£3.00）。观光巴士的全天联票只有£3.00，非常便捷。

上下两层的巴士

上下自由的交通工具
观光巴士 　　Hop-on Hop-off

全天联票£12.00

爱丁堡城区有四家旅游巴士运输公司运营市内景点的观光线路，观光巴士上下自由，很方便。只有一个运输公司运营市区和利斯海港的旅游路线，其余三家巴士公司的线路范围基本相同。虽然在市内的主要街道设有站点，但是在威弗利桥均设有四家巴士公司的乘车站点。所有巴士公司联票都为£12.00。乘车时购买车票即可。

威弗利桥上并排着观光巴士

🏵 文化小知识

冰河移动造成了奇异的地形

威弗利车站是爱丁堡的主要火车站，车站横跨溪谷，穿越新旧两个城区。溪谷和爱丁堡城堡地形均形成于冰河时期，由于冰河的东移和水流冲刷四周坚硬的岩石而形成三面陡峭的悬崖和一个东向的斜坡。爱丁堡城堡耸立在130米高的防御山上，三面断崖环绕，成为天然的要塞。

◎ 畅享自由旅行时光

PLAN 1 漫步皇家哩大道

皇家哩大道穿越旧城区的东西两端，漫步其中可以深刻感受爱丁堡古都的魅力。特别推荐观光体验一下。大道全长1.6公里，笔直畅通，不用担心迷路。沿途有小型博物馆及面向游客的纪念品商店、咖啡馆、酒吧、餐厅等，各种建筑设施分布两侧。

PLAN 2 充分利用上下自由的巴士观光

如果想尽可能参观更多的景点，可以乘坐上下自由的观光巴士。这样既能节约时间，又能扩大旅游区域。在观光景点的车站下车，大致环绕景区后，再乘坐自由巴士向另一个景点进发。乘车结合散步，旅游效率很高。

PLAN 3 享受新城购物的乐趣

推荐前往王子街充分享受爱丁堡的购物乐趣。街道只有1公里，两侧的拱廊商厦热闹繁华。王子街北侧与乔治街并列，最早进驻于此的店铺都是英国高级名品专卖店。如果天气晴朗，不妨在王子街花园稍作休憩，远望雄伟的爱丁堡城堡建筑。

斯托克桥
Stock Bridge

Drummond

p.189 霍华德酒店 H

King St.

Nelson St.

Dublin St.

St. Stephen St.

Kerr St.

Circus Lane

Royal

St. Vincent St.

Great

Dundas

St.

桂林酒店

Aabercromby Place

Melville

N. W. Circus Place S.E.

Howe

Northumberland

公文

p.185 苏格兰肖像绘画艺术
Scottish National Portrait Galle

India St.

Doune Ter.

Circus

孟泰泰国料理餐厅 R

St. Bernard's
Well

Heriot Row

皇后街花园
Queen Street Gardens

Hanover

Thistle St.

Melville Monum

夏菲尼

St. A

Dean 花园
Dean Gardens

Gloucester Lane

Moray Place

St. Andrew & St. George

Sq

p.187 拉布里奇法式餐厅 R

p.188 乔治酒店 H

R 圆顶咖啡

Ainslie Place

St. Colme St.

Queen St.

Hill St.

新城
NEW TOWN

S 奥斯汀大道

Hard Rock 咖啡馆

p.189 老威弗

Young St.

George

Assembly
Rooms

p.188 杰娜斯百货店

●乔治宫 p.185
Georgian House

乔治街

S 伊爱咖

迈克&斯宾塞百货商店 S

巴士

夏洛特广场 p.185
Charlotte Square

Frederick St.

Rose St.

斯科特纪念塔 p.184

Queensferry St.

Melville St.

Hope St.

H 古苏格兰背包客

德本汗 S

p.185 苏格兰皇家学院

p.177 威弗利桥 Wave

p.184 苏格兰美术馆

玩者之家

王子街 Princes St.

王子街花园 p.184

皇家哩大道

West End
West End

Shandwick Place

St. John's
Episcopal

山丘上的博物馆（苏格兰银行）

p.181 布罗迪巷

p.181 作家博物馆

H 爱丁堡卡利多尼亚希尔顿大酒店 p.189

Rutland Square

凤凰城酒店（Clarendon）

p.180 格拉德斯通庄园

相机暗箱&世界魔术

城堡下的
巫术餐厅 p.1

King's Stables Rd.

苏格兰格子花呢纺织场&展览馆

Standard Life

Castle Terrace

p.180 苏格兰威士忌户外展览馆

Public Libra

Clydesdale Bank Plaza

Lothian Rd.

●穿越剧院

爱丁堡城堡 p.180

（Castle Rock Hostel）

摇滚之家

Cou

p.189 希尔顿大酒店&
水疗馆

●亚瑟大厦

Johnston Terrace

格拉斯市场 p.183
Grassmarket

p.182 忠大鲍比的
Greyfriars B

●拉伊夏姆

Grindlay St.

Spittal St.

Argyle
House

West Port

Lady Lawson St.

p.182 格雷·克里克教
Greyfriars Ki

爱丁堡国际会议中心
International
Conference Centre

Morrison St.

Edinburgh
文 College of Art

Keir St.

文 George
Heriot's
School

Scottish
Widows HQ

Lauriston

爱丁堡皇家医院
Royal Infirmary
of Edinburgh

Napier Univ. Halls

Lauriston Place

Chalmers

Earl Grey St.

Grove

Home St.

H 爱丁堡贝斯特
威斯特城市酒店

钟街
Tollcross

Fountainbridge

Fountain 桥
Fountainbride

Brougham St.

Lauriston Gardens

联邦运河
Union Canal

The Meadow

利斯河
Water of Leith

Dean Terrace

去往苏格兰现代美术馆方向

去往海伊市场车站方向

去往爱丁堡动物园、机场方向

A

E

I

F

J

Montgomery St.

希尔赛德
Hillside

Broughton

Union St.

Leith Walk

Hillside Crescent

London Rd.

Royal Terrace

Forth St.

H 评议院酒店

罗·圣乔治教堂

圣马利亚教堂
St. Mary's Cathedral

夏洛克·福尔摩斯雕像 p.186

R 柯南·道尔酒吧 p.187

皮卡迪广场酒店
Picardy Place

皇家露台花园
Royal Terrace Gardens

D 露台
皇家露台

Elder St.

Greenside

Greenside Row

Omni休闲中心
Omni Leisure Centre

卡尔顿山 p.185
Calton Hill

摄政花园
Regent Gardens

卡尔顿
Calton

卡尔顿峡谷 H

S 圣詹姆士中心

p.189 爱丁堡
斯国王大酒店 H

城市天文台
City Observatory

国家纪念馆
National Monument

Regent Terrace

Regent Road Park

R 豪伊餐厅 p.187

纳尔逊提督纪念塔 p.185
Nelson Monument

美国领事馆

Rd.

yal Bank of Scotland
Register
House

Waterloo Place

Crown Office Building

St. Andrew's
House

Regent

Abbeyhill

大不列颠皇家酒店
巴尔默勒尔酒店 p.188

Calton Rd.

Burns
Monument

Calton

Rd.

Calton New
Burial Ground

Queen Mary's
Bath House

旅游信息服务中心
步行街

坎农格特（墓地）
Canongate Churchyard

Queensberry
House

霍利鲁德宫殿 p.182

p.183 女王美术馆

burgh Waverley Station
旧城
OLD TOWN

H 卡尔顿大酒店 p.189

S 爱丁堡法奇软糖之家
p.188

背包客酒店

Market St.

North
Bridge

杰弗里男装裁缝店 p.188
约翰·诺克斯之家 p.182

Canongate

爱丁堡博物馆 p.182

Canongate Rd.

苏格兰议会
议事厅 p.183
Scotish Parliament
Building

动感地球展览馆

场专线停车站

G J

High St.

R 湖畔宾馆

儿童博物馆 p.182
爱丁堡雷迪森酒店 p.189

H

大众传奇博物馆 p.182

S 其乐（Clarks）专卖店

Canongate

iament
se

South Bridge

特拉贝罗治酒店 H

R 加油站酒吧·餐厅 p.187

H 爱丁堡宜必思中心酒店 p.189

wgate

圣加尔斯大教堂 p.181

Holyrood

Rd.

Queen's Drive

ional
ary

ambers St.

爱丁堡大学
文 Edinburgh Univ.

Drummond St.

Pleasance

Viewcraig Gardens

普利西斯体育中心
Pleasance Sports Centre

普利西斯剧院
Pleasance Theatre

霍利鲁德公园 p.183
Holyrood Park

皇家博物馆 p.183

苏格兰博物馆 p.183

节日剧院

德莱姆

Dumbiedykes

Nicolson St.

Potterrow

W. Richmond St.

Lothian Regional
Health Board

ot Place

麦埃文礼堂&
Reid音乐厅
McEwan Hall &
Reid Concert Hall

K

Chapel St.

Clerk St.

乔治广场 p.186
George Square

乔治广场剧院
George Square Theatre

大学图书馆
University Library

Buccleuch Place

Buccleuch St.

Crosscauseway

St. Leonards

L

St. Leonards St.

圣列奥纳多
St. Leonard's

爱丁堡城堡和旧城 ⓠⓠⓠ

Edinburgh Castle & Old Town

● 从旅游信息服务中心或爱丁堡威弗利车站步行10分钟即可到达皇家哩大道

🔍亮点
- ◎热闹繁华的皇家哩大道
- ◎欣赏价值很高的爱丁堡城堡
- ◎霍利鲁德皇家宫殿

皇家哩大道的道路标志

爱丁堡城堡巍然耸立在远处山顶上，古老的石制黑灰色建筑群仿佛填埋了山体的陡峭斜面。漫步**皇家哩大道**，犹如走进中世纪，给人以奇妙的感觉，整条街道弥漫着不可思议的气息。石板大道两侧的古建筑群，古朴雄壮，充满历史气息。大道全长约1.6公里，两端分别连接着**爱丁堡城堡**和**霍利鲁德宫**，它们都是苏格兰历史上重要的皇家居所。繁华街道彼此相连，大部分观光景点都集中在大道附近。

Edinburgh Castle
爱丁堡城堡 ⓠⓠⓠ
地图 p.178-F

● 从威弗利车站步行15分钟即可到达
● 费用£12.00，9:30~18:00（闭馆前45分钟停止入场）、10~3月~17:00，12/25、26闭馆

🔍亮点 不容错过的"**命运之石**"

爱丁堡城堡耸立在岩石山顶上，以岩石山为基体构筑成苏格兰皇室寝宫，历经岁月的洗礼。城堡建筑大部分都拥有数百年历史，由

耸立在山顶上的爱丁堡城堡

于当年和英格兰交战时很多建筑遭到毁坏，留存至今的大多是修复后的遗迹。其中，部分建筑早在16世纪末已修复。城堡内保存至今、最古老的建筑物是修建于12世纪的**圣玛格丽特礼拜堂**，此处不仅收藏着1540年专为乔治五世打造的王冠和苏格兰皇室宝物，还陈列着1996年重返苏格兰的"**命运之石**"（⇨p.193）。另外，城堡正殿里还保存着精美绝伦的横木天井和重炮等历史古迹。如果想要深刻了解城堡的历史，可以租用语音讲解器。

Scotch Whisky Experience
苏格兰威士忌户外展览馆 ⓠⓠ
地图 p.178-F

● 从威弗利车站步行13分钟即可到达
● 费用£12.00，10:00~18:00，7·8月~18:30（闭馆前1小时停止入场），12/25闭馆

在体验威士忌的户外展览馆中，可以通过乘坐酿酒用的酒樽形手推车，探寻威士忌酒诞生的谜底。通过体验展区游览项目，能够了解很多和威士忌有关的知识，包括酿造技术和酿造地区。路旁的商店

威士忌爱好者的天堂

里陈列着世界各地的威士忌酒，可以在此为亲朋好友选购礼品。

Gladstone's Land
格拉德斯通庄园 ⓠⓠ
地图 p.178-F

● 从威弗利车站步行10分钟即可到达
● 费用£5.50，10:00~17:00，7·8月~18:30（闭馆前30分钟停止入场），11~3月闭馆

格拉德斯通庄园位于爱丁堡旧城区，至今仍保留着17世纪的民居建筑风格，有极高的历史价值。庄园由当时财富显赫的巨商托马斯·格拉德斯通（Thomas Gladstone）建造，是一座拥有上下六层的大杂院。庄园博物馆再现了当时商人的生活情景。

城堡前合影留念的士兵们

作家博物馆是文学爱好者不容错过的景点

Brodie's Close
布罗迪巷 🅿
地图 p.178-F

●从威弗利车站步行10分钟即可到达

当地的"巷"（Close）通常是指位于街道尽头的窄小胡同。踏上皇家哩大道，满大街都是通往小巷的拱门。探身而入会很意外地发现内侧是一片安静的广场。现在这里是咖啡馆入口，但据说过去曾经是盗贼夜晚的住所。相传历史上有一位名为威廉·布罗迪（William Brodie）的人物，虽然在行业工会中身居要职，但是晚上会变成凶恶的盗贼，令城堡内的每个居民都胆战心惊。据说，著名作家罗伯特·路易斯·史蒂文森（Robert Louis Stevenson）创作的作品《化身博士》（Strange Case of Dr.Jekyll and Mr.Hyde）的主人公原型正是这个布罗迪。

独具特色的当地小巷

Writers' Museum
作家博物馆 🅿
地图 p.178-F

●从威弗利车站步行10分钟即可到达
●免费观光，10:00~17:00（8月的周日12:00~17:00），周日、12/25·26、1/1·2闭馆

作家博物馆坐落在皇家哩大道北侧的小巷深处，是一座小型博物馆。馆内收

藏了苏格兰的代表作家**沃尔特·斯科特**（⇨p.184）和曾创作《化身博士》的著名作家罗伯特·路易斯·史蒂文森的手稿以及其他一些苏格兰本土作家的遗作和遗物。

St. Giles Cathedral
圣加尔斯大教堂 🅿🅿
地图 p.179-G

●从威弗利车站步行10分钟即可到达
●费用£3.00（接受捐助），9:00~19:00（10~4月~17:00）、周六~17:00，周日13:00~17:00，12/25·26、1/1·2闭馆

圣加尔斯大教堂创建于1120年，保存至今的哥特式教堂建筑是1385年重建而成的。16世纪时宗教改革的先锋——约翰·诺克斯成为教堂神父后，在爱丁堡致力于新教的普及。每周日下午六点开始，博物馆内都会举行古典音乐会演。

壮丽恢宏的教堂建筑有很高的观赏价值

🕎 文化小知识

夏日里的节日之城

平日，爱丁堡城市气氛优雅淡定。可每逢夏天，大街小巷却弥漫着浓厚的节日氛围。7月下旬，爱丁堡爵士音乐节和爱丁堡边缘艺术节最早拉开帷幕，8月中旬到9月初，举行为期3周的**爱丁堡国际音乐节**。国际音乐节将爱丁堡的节日氛围推向高潮。

爱丁堡国际音乐节汇集了来自世界各地不同领域的艺术家，届时会在市区各地上演话剧、芭蕾、歌剧和古典音乐等一些高水准的艺术精品，同时还会有其他世界著名人士来此欢聚一堂。另外，爱丁堡边缘艺术节期间会有无数精彩值得游客期待。无论是媒体爱好者还是前卫艺术家，无论是老艺人还是新明星，不仅会出现在市内200所会场，还会现身街头。街区了充满未知的惊奇，改装而成的即席小剧院随处可见，连游客们都有点说不清楚剧目的上演时间和场所，因为处处有节日。

人气爆满的音乐游行活动

国际音乐节开幕之前，当地会举行各种文艺表演游行。届时王子街花园里会举行精彩的焰火表演，8月初会举办盛况空前的游行，还有为期3个月的爱丁堡军乐队分列式"Military Tatoo"。爱丁堡城堡前面有特设会场，以苏格兰当地酒吧的成员为主，编有世界各国的乐曲和舞蹈，夜晚还有长达2小时的梦幻表演。夏日的爱丁堡人彻夜都在享受美妙的北国之夜。

Museum of Childhood
儿童博物馆 ⑦

地图 p.179-G

● 从威弗利车站步行10分钟即可到达
● 免费观光，10:00~17:00（周日、节假日12:00~），12/25·26、1/1·2闭馆

　　儿童博物馆独一无二，馆中收藏了儿童成长过程中的各式玩具，此外还收藏来自世界各地花样不同的玩具，包括洋娃娃、铁皮玩具等珍贵物品。

John Knox House Museum
约翰·诺克斯之家 ⑦

地图 p.179-G

● 从威弗利车站步行10分钟即可到达
● 费用£4.00，10:00~18:00，7·8月的周日12:00~16:00，7·8月以外的周日、1/1闭馆

　　约翰·诺克斯之家位于皇家哩大道，是一座建于15世纪的古老建筑物。约翰·诺克斯是一位宗教改革者，在天主教盛行的苏格兰极力宣传新教。晚年的约翰·诺克斯曾居住在建筑物二层。颇具讽刺意味的是，热衷于天主教的玛丽女王的金饰铸造师同时期也在这里生活。现在作为博物馆对外公开，供游客观光。

古建筑群巍然而立

The People's Story
大众传奇博物馆 ⑦⑦

地图 p.179-H

● 从威弗利车站步行13分钟即可到达
● 免费观光，10:00~17:00，8月的周日12:00~17:00，周日、12/25·26、1/1·2闭馆

　　修建于1591年的市政办公楼经改建后成为现在的大众传奇博物馆。从18世纪到现在，一直通过展示人偶和实物等通俗易懂的形式介绍着历史。18世纪时，建筑物曾一度被用作监狱，其外观造型也非常独特。

Museum of Edinburgh
爱丁堡博物馆 ⑦

地图 p.179-H

● 从威弗利车站步行13分钟即可到达
● 免费观光，10:00~17:00（8月的周日12:00~），周日、12/25·26、1/1·2闭馆

　　爱丁堡博物馆曾经是16世纪的贵族官邸，馆中藏品不仅展示了从史前时代到现代与爱丁堡历史相关的珍贵资料和工艺品，还收藏了很多爱丁堡当地自制的银器和玻璃工艺品。

Palace of Holyroodhouse
霍利鲁德宫殿 ⑦⑦⑦

地图 p.179-H

● 从威弗利车站步行15分钟即可到达
● 费用£10.25，9:30~18:00（闭馆前1小时停止入场）、11~3月~16:30，12/24~26闭馆（女王莅临时不定期闭馆）

🔍 **亮点** 皇家住宅

✿ **文化小知识**

爱丁堡的忠犬鲍比

　　鲍比（Bobby）是爱丁堡最有名的忠犬，19世纪中期被一位名叫约翰·格雷的牧师饲养。主人去世后的10余年里小狗一直侍奉在主人墓旁。鲍比对主人的忠诚成为传奇故事，深受市民的喜爱。鲍比死后，人们在主人长眠的格雷·克里克教堂（Greyfriars Kirk）也给鲍比建立了一座墓冢。或许是讲述忠犬故事的图书出版的缘故，忠犬鲍比就变得非常有名，它的墓冢甚至比主人的墓冢气派得多。教堂旁边有一家以鲍比的名字命名的酒吧，酒吧前面矗立着鲍比的铜像。皇家哩大道的爱丁堡博物馆中还展示着鲍比的套圈和食物。

● 格雷·克里克教堂
地图 p.178-J

酒吧前面矗立着鲍比铜像

免费观光，从威弗利车站步行20分钟即可到达，10:30~16:30（周六~14:30），4~10月周日和11~3月闭馆

宫殿前厅的游客熙熙攘攘，络绎不绝

霍利鲁德宫是英国王室在苏格兰的正式宫殿，伊丽莎白女王也曾在此小住过。宫殿中的建筑物最早建于12世纪，原是霍利鲁德大教堂的礼拜堂。16世纪时改建成王宫，玛丽女王也曾在此居住过。和爱丁堡城堡的命运一样，霍利鲁德宫也难逃战乱纷争。1544年被英格兰军队攻占后宫殿几近毁坏，之后再度遭遇火灾。现在的建筑物改建于1671年。

宫殿建筑风格凸显了文艺复兴时期的高贵优雅气质，仅皇家住宅和庭院对外开放，供游客参观。宫殿旁边是**女王美术馆**（费用£5.00、开放时间和宫殿相同），馆内展示了皇家收藏品。宫殿前方的建筑物是**苏格兰议会议事厅**，建筑风格前卫，可以驻足观光游览。

Holyrood Park
霍利鲁德公园 ⑦
地图 p.179-H/L

●从威弗利车站步行20分钟可到达公园入口

公园位于霍利鲁德宫殿东侧，视线开阔。登上海拔253米的山丘顶端，不仅可以俯瞰到以爱丁堡城堡为首的建筑群，还可以眺望到小城北部的海景。步行登至山顶，大约需要30分钟。山路坡度很陡，建议事先做好准备。

Museum of Scotland/Royal Museum
苏格兰皇家博物馆和苏格兰博物馆
地图 p.179-K

●从威弗利车站步行10分钟即可到达
●免费观光、10:00~17:00、12/25闭馆

苏格兰皇家博物馆和苏格兰博物馆毗邻而建。苏格兰博物馆外观呈现近代建筑风格，馆内主要介绍了从史前时代到现代的

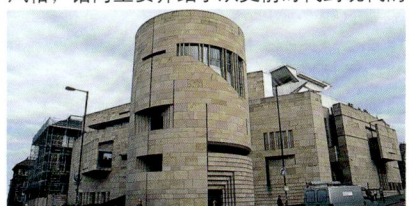
苏格兰博物馆外观呈现近代建筑风格

苏格兰
183
爱丁堡

文化小知识
霍利鲁德宫殿

基督教中有一种刑罚是将人绑在十字架上处死。霍利鲁德（Holyrood）原本是指承载刑罚的十字架。霍利鲁德宫殿始建于苏格兰国王都铎一世时期，当时为了纪念宫中逝去的生命，建立霍利鲁德教堂。之后，为了英格兰国王亨利七世的女儿——玛格丽特·都铎和詹姆斯四世的婚礼，1501年正式改建为皇家宫殿。1503年在新修的宫殿中举办了一场奢华的婚礼。这场政治联姻当初只是为了笼络苏格兰王朝，而后却引发了一场悲剧。据说这位和詹姆斯四世结婚的公主因深受政治婚礼的折磨而自杀身亡。

从卡尔顿山远望宫殿一景

苏格兰历史风情。皇家博物馆建筑古香古色，馆内展示的文物以自然科学为主，同时还有关于世界民族和历史等众多史料。

Grassmarket
格拉斯市场
地图 p.178-J

●从威弗利车站步行20分钟即可到达

不妨在此休息片刻，享受格拉斯古街的宁静安闲

从爱丁堡城堡往南走，会看到一条如广场般宽敞的街道，这里就是遐迩闻名的格拉斯市场。过去这里曾是枪决死刑犯的场所，现在已然成为一条热闹繁华的饮食街。街道两旁的商店鳞次栉比，有开放的酒吧、餐厅和独具特色的时尚精品店等。

边 走 · 边 看

Sightseeing
Walking

SPECIAL POINT GUIDE

爱丁堡新城和郊外

New Town & Suburbs 🌀🌀🌀

- 从旅游信息服务中心、爱丁堡威弗利车站到新城步行1分钟即可到达
- 可以利用前往郊外的巴士和出租车

亮点
- ◎ 卡尔顿山远景
- ◎ 斯科特纪念塔的内部构建
- ◎ "大不列颠"号皇家游艇

184

和老城区灰暗沉重的建筑物相比，新城区的街道更显井然有序，宽阔平坦。虽取名为"新"，但并不是新建住宅区，而是18世纪专为巨商和贵族打造的城区。新城区的东西大道和南北大道有序交错，规划整齐。这里的建筑物大都修建于乔治时代，坡地上西式露台房屋排列整齐，能够清楚地望到北面的大海。新城区的王子街是苏格兰最负盛名的购物街，大型商厦鳞次栉比。王子街北侧还聚集着高级女装精品店和博物馆等建筑群。从新城到海边距离很近，如果前去观光，一定会发现郊区风景和城区迥然不同。

从新城区可遥望到附近的大海

Scott Monument
斯科特纪念塔 🌀🌀
地图 p.178-F

- 从威弗利车站步行2分钟即可到达
- 费用£3.00，9:00~19:00、10~3月9:00~16:00（周日10:00~）、12/25·26、1/1·2闭馆

斯科特纪念塔修建于1844年，旨在纪念出生于爱丁堡的苏格兰代表作家**沃尔特·斯科特**（Walter Scott）。塔身周围雕刻着精美的图案，通往塔顶约有300级

斯科特纪念塔是当地的标志性建筑

石阶。沿途的展览室介绍一些和斯科特相关的历史文物。从高塔瞭望台远望，景色美不胜收。

Princes Street Gardens
王子街花园 🌀🌀
地图 p.178-E/F

- 从威弗利车站步行3分钟即可到达
- 免费观光，无休

王子街花园位于新旧两城区的山谷间，景色秀美。最初它只是新城区富裕阶层的私人花园，现在已成为普通市民的休憩场所。附近的山丘将苏格兰皇家学院和苏格兰美术馆分为东西两处建筑，西部的儿童乐园里，设有古老的喷泉建筑和旋转木马。花园中心伫立着著名的鲜花钟表，据称它是世界上最大、最古老的花钟。

园区四季如春，景色秀美

National Gallery of Scotland
苏格兰美术馆 🌀🌀
地图 p.178-F

- 从威弗利车站步行5分钟即可到达
- 免费观光（特别展收费）、10:00~17:00（周四~19:00）、12/25·26闭馆

美术馆内收藏有许多欧洲绘画名作，汇集了从文艺复兴时期到后印象派的美术作品，包括波提切利、委拉斯开兹、格列柯、莫奈、保罗·高更等名家作品。同时也收藏着苏格兰本土画家的作品，种类

沃尔特·斯科特
（1771~1832）
生于爱丁堡。诗人、作家。以苏格兰历史和传奇神话为题材创作了大量诗集和小说作品。代表作有《湖上丽人》（1810年）等。曾荣获王室授予的男爵称号。

丰富多样，有很
高的鉴赏价值。

耸立在山丘上的美术馆宛
如神殿一般，壮丽恢宏

Royal Scottish Academy
苏格兰皇家学院 ⓘ
地图 p.178-F

- ●从威弗利车站步行5分钟即可到达
- ●观光费用随展会不同而变化，10:00~17:00、周
  日~19:00，12/25·26闭馆

　　苏格兰皇家学院建于19世纪30年代。
之后经过内部改造，增建了新的地下展览
馆，2003年重新对外开放。学院内经常举
行各种会展。

Charlotte Square
夏洛特广场 ⓘ
地图 p.178-E

- ●从威弗利车站步行20分钟即可到达

　　在规划整齐的新城区，夏洛特广场依
旧别具一格，优雅别致。建筑师罗伯特·
亚当(Robert Adam)设计的公园建筑群沿
用了乔治时代的风格。位于广场北侧的**乔
治宫**（Georgian House）（费用£6.00,
10:00~17:00，7·8月~18:00、3·11月
11:00~15:00，12~2月休息）是一所介绍18
世纪乔治时代民众生活的博物馆，面向游
客对外开放。

八边形广场中铺筑的草地绿意葱翠

Scottish National Portrait Gallery
苏格兰肖像绘画艺术馆 ⓘ
地图 p.178-B

- ●从威弗利车站步行10分钟即可到达
- ●免费观光（特别展出收费）、10:00~17:00（周
  四~19:00）、12/25·26闭馆

　　和伦敦的英国国家肖像美术馆一样，
苏格兰肖像绘画艺术馆中展览的肖像画作
品，上至玛丽女王下至影视名人如肖恩·

📷 镜头里的风景
爱丁堡城堡和街道风景

　　如果想拍摄具有爱丁堡特色的照片，
推荐选择卡尔顿山为拍摄地点。从山顶向
西望去不仅可以看到爱丁堡城堡所在的旧
城区景致，还可以将王子街等新城区的美
景尽收眼底。考虑到太阳光线的角度，上
午是最佳拍摄时间，傍晚的夕阳风情也十
分曼妙唯美。

　　另一处拍摄地点位于王子街花园西侧
的喷泉附近。此处拍摄的图片中包含险峻
的断崖风景。即
使不去西侧山
顶，使用仰拍手
法将拍摄角度上
调至爱丁堡城堡
方向，照片中自
然会出现多角度
的画面感。

在喷泉的映衬下，爱丁堡城堡气势超群

康纳利（Shaw Connery），通过这些苏
格兰著名人物的肖像画，可以了解苏格兰
生活与历史。馆内还有一些肖像照片。

Calton Hill
卡尔顿山 ⓘⓘ
地图 p.179-C/D

- ●从威弗利车站步行30分钟即可到达

　　卡尔顿山虽然海拔只有110米，但是
如果登上山顶俯瞰市区，景致如同绘画
一般美丽。霍利鲁德宫位于山脚下，宫
殿傲然耸立在绿树丛中。视线向北转
移，能够领略到街道对面的利斯海港和
福斯湾的美景。山腹地带耸立着旧天文台
和**纳尔逊纪念塔**（费用£3.00，10:00~
18:00、周一13:00~、10~3月~15:00，周
日、12/25·26、1/1·2休息），供游人
观光游览。巍然耸立于山顶的苏格兰纪
念馆以雅典帕特农神庙为蓝本，纪念在
19世纪初拿破仑战争中阵亡的苏格兰士
兵。纪念馆开工后由于缺乏资金被迫停
建，何时完成
不得而知。

园内耸立着的纳尔逊
纪念塔

Royal Botanic Garden Edinburgh
爱丁堡皇家植物园 ❓
地图 p.177

● 从王子街乘公交大约10分钟即可到达
● 免费观光，10:00~18:00、11~1月~16:00、12/25、1/1休息

　　爱丁堡皇家植物园前身是开设于1670年的药草园。植物园规模庞大，收集了世界各地的植物，仅次于伦敦基尤皇家植物园。园区包括达威克树木园、因弗内斯克花卉植物园、马勒里古典宫花卉植物园3个附属园以及10余所温室种植园。园区设有园艺用品销售店和咖啡馆，可陪伴您度过快乐的植物园之旅。

铸铁建筑和温室建筑相得益彰

Royal Yacht Britannia
"大不列颠"号皇家游艇 ❓❓
地图 p.177

● 从王子街乘公交大约20分钟即可到达
● 费用£10.50、9:30~18:00、10~3月10:00~17:00、闭馆前1小时30分钟停止乘船游览，12/25、1/1闭馆

🔍 **亮点** 女王的船舱不容错过

　　1953年，"大不列颠"号游艇开启了处女航，其后长达44年间一直伴随着英国王室出访世界各地。退役后它停靠在利兹海

极力推荐参观女王船舱

港，船舱内部对外开放，有很高的观赏价值，游客可以观光游览，欣赏英国女王的办公室、休息室、船长室、操作室和引擎室。参观时可以租用语音讲解器。

Scottish National Gallery of Modern Art
苏格兰现代美术馆 ❓
地图 p.177

● 从海伊市场车站大约20分钟即可到达
● 免费观光（特别展出另行收费）、10:00~17:00（周四~19:00）、12/25、26闭馆

　　苏格兰现代美术馆中收藏了20世纪种类纷呈的艺术作品，包括勃纳尔、马蒂斯、布拉克·毕加索、培根、达米恩·赫斯特、大卫·霍克尼等艺术家的诸多名作。美术馆的分馆——青年美术馆中展示了达达派和超现实主义派的作品。

Edinburgh Zoo
爱丁堡动物园 ❓
地图 p.177

● 从海伊市场车站大约20分钟即可到达
● 费用£15.50、9:00~18:00、3·10月~17:00、11~2月~16:30、无休

　　爱丁堡动物园中大约有1000余种动物，是苏格兰最大的动物园。动物园里的苏格兰特有动物——高地牛，牛身毛体厚重，形矮粗壮，这也是只有在苏格兰才能看到的特色景致。

讨人喜欢的高地牛

🏵 文化小知识

踏入柯南道尔的故乡，追寻作家的足迹

　　出生于爱丁堡的著名小说家柯南道尔（Conan Doyle）创作了闻名全球的侦探小说《夏洛克·福尔摩斯》。1869年柯南道尔出生在皮卡第地区（Picardy Placed）11号。出生地现已不复存在，但是出生地对面的交通环岛附近建有小公园，园内耸立着福尔摩斯大型铜像，铜像下方的铜质板上注有作家的出生地介绍（地图p.179-C）。

　　铜像南侧是圣玛丽教堂，柯南道尔曾在此接受洗礼。面向交通环岛有一间名为"柯南·道尔"的酒吧（参见p.187）。过去一贫

如洗的柯南道尔一家曾经在爱丁堡大学附近的乔治广场（地图p.179-K）23号生活过，其住宅建筑至今仍保留着原貌。

　　柯南道尔在9岁时被送入耶稣预备学校学习，之后前往伦敦实现自己的医学梦。游客可以一边追寻柯南道尔的足迹，一边悠然快乐地漫步爱丁堡街头。

追随柯南道尔的足迹漫步爱丁堡

美食 *Eating*

▶ 皇家哩大道　苏格兰美食

The Witchery by The Castle
城堡下的巫术餐厅

地图 p.178-F

預 英

交 从威弗利车站步行15分钟即可到达
✉ 352 Castlehill, The Royal Mile ☎ 0131-225-5613
营 12:00~16:00、17:30~23:30 休 无休 £ £45~

历史悠久的传统美食店

18世纪70年代，英国作家萨缪尔·约翰逊博士（Samuel Johnson）曾在这里品尝过美食。餐厅内部装饰依旧保持着18世纪时的原型，店内的黑色屋梁残留着厚重的历史气息。店内除了重磅打造的苏格兰特色传统美食外，也有许多改良为现代风味的苏格兰菜品。不妨在此品尝一下其特色美食。

▶ 新城区　现代苏格兰美食

Howies
豪伊餐厅

地图 p.179-C

英

交 从威弗利车站步行10分钟即可到达
✉ 29 Waterloo Place ☎ 0131-556-5766
营 12:00~14:30、17:30~22:00 休 无休 £ £25~

风味鲜美、设计时尚的美食店

豪伊餐厅使用纯正地道的苏格兰食材，以经营现代苏格兰菜式为主，此外这里的欧洲菜肴也被加入了现代风味的元素。店内宽敞明亮，设计时尚。

▶ 新城区　咖啡屋&酒吧

The Dome
圆顶咖啡屋&酒吧

地图 p.178-B

英

交 从威弗利车站步行7分钟即可到达
✉ 14George Street ☎ 0131-624-8624
营 12:00~22:00、周四~周六12:00~23:00 休 无休

置身其中，仿佛时光倒流至19世纪

圆顶咖啡屋修建于维多利亚时代，历史上曾是银行建筑物。建筑物内有很多圆顶设计，现在用作咖啡屋和餐厅。楼梯的通风处还设有酒吧和用餐区。

▶ 新城区　法国美食

La P'tite Folie
拉布里奇法式餐厅

地图 p.178-B

英

交 从威弗利车站步行15分钟即可到达
✉ 61 Frederic Street ☎ 0131-225-7983
营 12:00~15:00、18:00~22:00 休 周日 £ £20~

轻松愉悦的法式小餐馆

店内弥漫着巴黎小餐馆的轻松氛围，味道正宗、价格实惠，在当地很受欢迎。餐厅内有套餐。

▶ 新城区　酒吧

Conan Doyle
柯南·道尔酒吧

地图 p.179-C

英

交 从威弗利车站步行10分钟即可到达
✉ 73 York Place ☎ 0131-557-9539 营 10:00~24:00（周五、周六~13:00）休 无休

福尔摩斯追随者必去的酒吧

酒吧位于柯南道尔故居附近，店内展示着很多和福尔摩斯相关的小物件。除此之外，酒吧还提供午餐，以传统美食为主。

▶ 皇家哩大道　酒吧&餐厅

The Filling Station
加油站酒吧&餐厅

地图 p.179-G

英

交 从威弗利车站步行10分钟即可到达
✉ 235-241 High St., The Royal Mile
☎ 0131-226-2488 营 7:00~23:00
休 周日上午 £ £20~

美式酒吧

初次踏入酒吧仿佛来到一家美式加油站。店内气氛热闹繁华，酒吧有哈吉斯等英格兰传统菜品。

※ 标有"无休"的餐饮店大都12/25前后和1/1休业。游客请留意相关信息。

▶皇家哩大道　苏格兰短裙

Geoffrey (Tailor)
杰弗里男装裁缝店

地图 p.179-G

交 从威弗利车站步行10分钟即可到达
✉ 57-59 High St. The Royal Mile
☎ 0131-557-0256　营 9:00~17:30、星期四~19:00、星期日11:00~17:30　休 无休

苏格兰短裙商店——厂家直销

　　这是一家苏格兰短裙和苏格兰格子花呢专卖店，无论是厂家直销的男士正装短裙、女士格子花呢短裙，还是店内经销的苏格兰鞋，品种、数量、号码等十分齐全。驻足在此欣赏传统的苏格兰短裙别有一番趣味。

▶皇家哩大道　羊毛制品

NESS
尼斯

地图 p.178-F

交 从威弗利车站步行10分钟即可到达　✉ 336-340 Lawnmarket,The Royal Mile　☎ 0131-225-8815
营 10:00~18:00(6.7月9:30~19:00、8月~21:00)　休 无休

时尚潮流的手工羊毛制品

　　尼斯羊毛制品店专营羊绒织物和羊毛制品。店内商品结合传统风情，又加入现代流行元素，每款商品都洋溢着独特的时尚感。商品品种丰富，除了销售毛衣、皮夹克之外，还出售箱包等小物件。

▶皇家哩大道　蛋糕店&咖啡馆

The Fudge House of Edinburgh
爱丁堡法奇软糖之家

地图 p.179-G

交 从威弗利车站步行12分钟即可到达
✉ 197 Canongate, The Royal Mile　☎ 0131-556-4172　营 10:00~18:00、周日11:00~　休 无休

甜食大本营

　　爱丁堡法奇软糖之家是当地特色法奇软糖（乳脂软糖）的专卖店，软糖品种多样、色彩缤纷。店内有十种以上口味的乳脂软糖，是赠送亲朋好友的最佳礼品。此外，店内还设有咖啡馆。
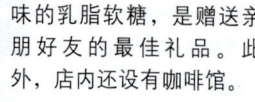

▶新城区　百货店

Jenners
杰娜斯百货店

地图 p.178-F

交 从威弗利车站步行3分钟即可到达
✉ 48 Princes St, New Town　☎ 0131-225-2442
营 9:30~18:00、周四~19:30、周五~18:30、周日11:00~　休 无休

老字号百货店——古建筑秉承传统风情

　　杰娜斯百货店创业于1838年，历史悠久。百货店建筑是苏格兰最古老的商厦建筑。其中2楼是不容错过的美食卖场，食品种类繁多，各种苏格兰特色美食应有尽有。

▶威弗利车站附近

The Balmoral　★★★★
巴尔默勒尔酒店

地图 p.179-G

HP http://www.thebalmoralhotel.com

交 从威弗利车站步行3分钟即可到达
£ S、D/T £215~　室 188间
☎ 0131-556-2414　FAX 0131-557-3747
✉ 1 Princes Street，New Town

代表爱丁堡特色的豪华酒店

　　巴尔默勒尔酒店是代表苏格兰特色的高级酒店。室内设计为现代建筑风格，古典中孕育着奢华。酒店设备完善，设有水疗养生馆等各种设施。

▶新城区

The George Hotel　★★★
乔治酒店

地图 p.178-B

HP http://www.edinburghgeorgehotel.co.uk

交 从威弗利车站步行7分钟即可到达
£ S£119~、D/T£129~　室 249间
☎ 0131-225-1251　FAX 0131-226-5644
✉ 19-21 George St.,New Town

乔治建筑风格的优雅酒店

　　酒店位于新城区的乔治大街，周围随处可见的精品女装店衬托出酒店的奢华气息。酒店内以乔治广场中矗立的乔治·亚斯雕像为原型设计的休息室，无论外观建筑还是内部设计，尽显高贵优雅。酒店餐厅的法国菜肴也非常美味。

新城区

The Caledonian Hilton Edinburgh ★★★★
爱丁堡卡利多尼亚希尔顿大酒店

地图 p.178-E

HP http://www.caledonian.hilton.com

交 从威弗利车站步行10分钟即可到达
£ S、D/T £154~　**室** 251间
☎ 0131-222-8888　**FAX** 0131-222-8889
✉ Princes St.,New Town

典雅内敛，尽显历史神韵

　　爱丁堡卡利多尼亚希尔顿大酒店创建于1903年，地位显赫，和巴尔默勒尔酒店齐名。室内设计雅致安宁，面向新城区大街，购物便利。从酒店东侧的客房远观爱丁堡城堡，景致绝佳。

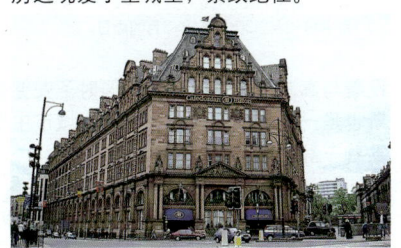

新城区

The King James ★★★
爱丁堡詹姆斯国王大酒店

地图 p.179-C

HP http://www.thistlehotels.com/edinburgh

交 从威弗利车站步行5分钟即可到达
£ S、D/T £98~　**室** 143间
☎ 0871-376-9016　**FAX** 0871-376-9116
✉ 107 Leith Street，New Town

设施完善的现代化酒店

　　爱丁堡詹姆斯国王大酒店位于卡尔顿山脚下，是一家设施完善的现代化酒店。酒店附近新建了一处购物广场，还临近车站，是不错的观光休憩处。

旧城区　　　　　　地图 p.179-G **爱丁堡雷迪森酒店** Radisson Blu Hotel, Edinburgh　★★★	**交** 从威弗利车站步行10分钟即可到达 **£** S、D/T £115~　**室** 238间　**☎** 0131-557-9797 **FAX** 0131-557-9789　**✉** 80 High Street，The Royal Mile **HP** http://www.radissonblu.co.uk	酒店位于皇家哩大道中心，是步行街上档次最高的酒店。室内设施齐全，交通便捷。
西城区　　　　　　地图 p.178-I **希尔顿大酒店&水疗馆** Sheraton Grand Hotel & Spa　★★★	**交** 从威弗利车站步行15分钟即可到达 **£** S、D/T £214~　**室** 269间　**☎** 0131-229-9131 **FAX** 0131-228-4510　**✉** 1 Festival Square，West Edinburgh **HP** http://www.starwoodhotels.com	酒店虽然离车站和市中心较远，但是地处安静地区，极尽奢华。
新城区　　　　　　地图 p.178-B **霍华德酒店** The Howard　★★★★	**交** 从威弗利车站步行10分钟即可到达 **£** S£110~、D/T£175~（含早餐）　**室** 18间 **☎** 0131-557-3500　**FAX** 0131-274-7405　**✉** 34 Great King Street，New Town **HP** http://www.thehoward.com	酒店精致豪华、服务周到、备受宾客好评。
旧城区　　　　　　地图 p.179-G **卡尔顿大酒店** The Carlton Hotel　★★★	**交** 从威弗利车站步行5分钟即可到达 **£** S、D/T £110~　**室** 189间　**☎** 0131-472-3000 **FAX** 0131-556-2691　**✉** 19 North Bridge,Old Town **HP** http://www.barcelo-hotels.co.uk/carlton	酒店位于观光和购物的最佳地段，内部设计时尚潮流，极富现代感。
新城区　　　　　　地图 p.178-F **老威弗利酒店** Old Waverley Hotel　★★★	**交** 从威弗利车站步行2分钟即可到达 **£** S£75~、D/T£89~　**室** 80间 **☎** 0131-556-4648　**FAX** 0131-557-6316 **✉** 43 Princes Street,New Town **HP** http://www.oldwaverley.co.uk	酒店建筑古色古香，位于车站对面的商业街附近，观光和购物十分便利。
旧城区　　　　　　地图 p.179-G **爱丁堡宜必思中心酒店** Hotel Ibis Edinburgh Centre　★★	**交** 从威弗利车站步行10分钟即可到达 **£** S、D/T £71~　**室** 99间 **☎** 0131-240-7000　**FAX** 0131-240-7007 **✉** 6 Hunter Square，off The Royal Mile **HP** http://www.ibishotel.com	酒店地处皇家哩大道观景的最佳地段，客房设计现代时尚，交通快捷便利。

※ 随季节和星期不同，酒店的住宿费有所变动。游客在预约时请留意价格变动。

高尔夫球场海风强劲，高尔夫爱好者也只能望而兴叹

圣安德鲁斯被誉为高尔夫运动的发祥地，当地的高尔夫运动场濒临大海，是世界高尔夫球迷的憧憬之地。城市中的大教堂和城堡遗址诉说着昔日的辉煌。

必看
圣安德鲁斯大教堂 ❓❓❓
圣安德鲁斯城堡 ❓❓
老赛场 ❓❓

🚌 **前往圣安德鲁斯**
火车 从爱丁堡乘坐火车大约1小时~1小时10分钟到达里查普站，换乘巴士15分钟即可到达
汽车 从爱丁堡乘车大约2小时10分钟即可到达

ℹ️ **旅游信息服务中心** ✕70 Market St. 开9:15~17:00（周日11:00~16:00）、7、8月~19:00，10月中旬~3月9:30~ 休10~3月的周日

圣安德鲁斯
St. Andrews
地图 p.6-E

---

about St. Andrews
街 区 概 观 ❓

圣安德鲁斯被誉为"高尔夫圣地"，历史上曾是苏格兰的宗教中心，是一座名副其实的"圣地"。城市地名来源于苏格兰守护圣人圣安德鲁斯的名字，13世纪建立壮丽恢宏的大教堂，15世纪创办了第一所苏格兰大学。自此，小城因宗教和学术而日益繁华。当地的高尔夫场地中有一段名为"Old Course"的老赛场，这里是高尔夫爱好者憧憬无比的运动天堂，英国全国境内都开设分赛场。小城有很多地名源自高尔夫，街道两旁开

设着与高尔夫相关的商店。同时圣安德鲁斯也是一座历史悠久的大学城，城市中散发着宁静优雅的学术氛围。

Highlight
精 彩 看 点 🚶

圣安德鲁斯的街道窄小，城市西侧是**老赛场**，一直向东走去，步行只需15分钟便可走到壮丽恢宏的**圣安德鲁斯大教堂**。

如果提前预约，可以尽情享受当地的高尔夫娱乐设施。旅游信息服务中心位于集市街（Market Street），周边有很多餐厅和商店。夏天，很多游客前往郊区的沙滩海岸嬉戏游玩，场面热闹无比。

圣安德鲁斯大学历史悠久

前往纪念球场方向
前往新赛场方向
（New Course）方向
西海岸 West Sands
Bruce Embankment
圣安德鲁斯湾 St. Andrews Bay

圣安德鲁斯
St.Andrews
0　　　　300m

老赛场 p.191
The Old Course
英国高尔夫博物馆 p.191
British Golf Museum
p.191 皇家古老高尔夫球俱乐部
Royal and Ancient Golf Club
圣安德鲁斯海底世界
圣安德鲁斯酒店
Old Station Rd.
The　　Links
斯科亚兹酒店
拉萨克斯酒店 Ⓗ
The Scores
圣安德鲁斯城堡 p.191
St. Andrews Castle
Pilmour Links
John Bumet Hall
City Rd.
电影影像中心
Macintosh Hall
North St.
圣安德鲁斯大学
St. Salvator's College
Castle St.
阿斯拉盖斯特酒店 Ⓗ
警察局
公交车站 🅱
Hope St. Rd.
St. Mary's Place
Market St.
圣安德鲁斯大教堂 p.191
St. Andrews Cathedral
金本公园 Kinburn Park
公共图书馆 Public Library
ℹ️ 旅游信息服务中心

安德鲁斯城堡已经变为一片废墟

St. Andrews Cathedral
圣安德鲁斯大教堂 🏅🏅🏅
地图 p.190

● 从旅游信息服务中心步行大约7分钟即可到达
● 费用£7.70，9:30~17:30，10~3月~16:30，12/25·26休息

临海的圣安德鲁斯大教堂始建于1160年。历史上，教堂规模曾居苏格兰之首。在英格兰，也只有诺里奇大教堂（Norwich Cathedral）能和它相提并论。但是历经数次暴风雨灾害、大火烧损，特别是在16世纪的宗教改革中遭到破坏，留存至今的只有昔日的城堡废墟。在海风的

教堂的废墟建筑诉说着曾的劫难史

吹拂下，教堂的废墟建筑仿佛吟唱着一曲曲悲怜的乐谱。站在教堂的圣安德鲁斯高塔，可以远观城市的街道风景和大海美景。

St. Andrews Castle
圣安德鲁斯城堡 🏅🏅
地图 p.190

● 从旅游信息服务中心步行大约7分钟即可到达
● 费用：采取和圣安德鲁斯大教堂联票收费

圣安德鲁斯城堡面向大海，1200年，为教主们居住修建了城堡。15世纪，苏格兰国王詹姆斯二世曾来此短暂居住，国王的王子也生于这个城堡。16世纪时城堡落入宗教改革派之手，之后又遭遇法兰西军队的攻打，城堡严重毁坏，留存至今的也只有荒凉的废墟建筑。

The Old Course
老赛场 🏅🏅
地图 p.190

● 从旅游信息服务中心步行大约12分钟即可到达

圣安德鲁斯老赛场是闻名全球的高尔夫运动场地。据说到这里的高尔夫爱好者总是懊恼于强劲的海风影响其自身球技的发挥。赛场的起点位于圣安德鲁斯的**皇家老高尔夫球俱乐部**（Royal & Ancient Golf Club），附近的很多观光游客被球场的"绿色海洋"所吸引。当地一共有6个球场，"Old Course"是首个赛场，最后一个是"Links"，只要提前预约，游客即可在这高品质的高尔夫球场体验一下。

British Golf Museum
英国高尔夫博物馆 🏅
地图 p.190

● 从旅游信息服务中心步行大约12分钟即可到达
● 费用£6.00，9:30~17:00（周日10:00~17:00），11~3月10:00~16:00，12月下旬~1月初休息

英国高尔夫博物馆中展示了历史上的高尔夫用具和相关产品，还有英国大赛中的历届优胜者的简介。如果是铁杆高尔夫球迷，这里的介绍一定不容错过。

文化小知识

圣安德鲁斯——高尔夫运动的发源地

传说高尔夫运动起源于牧羊人之间的一种木杆敲打石头的游戏。相传北海附近的牧羊人用木杆敲打石头来轰赶草地上食草的羊群，当然这也只是一种传说，没有确凿的证据。据说1400年左右，圣安德鲁斯城在现在的Links举行高尔夫比赛，之后高尔夫运动在苏格兰盛行。根据有关高尔夫运动的最初文献记载，由于当时民众热衷于高尔夫，而忽视了正常的军队训练，导致1457苏格兰国王詹姆斯二世对高尔夫运动颁发禁令，随后把足球也列入禁止运动的项目。如此反复，一共颁发了两次运动禁令。直到詹姆斯四世，因国王个人喜爱高尔夫运动，才于1502年解除了对高尔夫运动的禁令。之后，就连玛丽女王也经常参加高尔夫运动。

此后高尔夫球场逐渐成为社交场所。1754年，22位贵族和绅士组建了世界上最早的高尔夫俱乐部——圣安德鲁斯皇家老高尔夫球俱乐部。当时的高尔夫赛制要求22洞。1764年改制为18洞。由俱乐部统一制定高尔夫的比赛规则。19世纪高尔夫爱好者汤姆·莫里斯确立了完善的赛制规则。俱乐部和圣安德鲁斯一起培育了苏格兰高尔夫运动的发展。

1860年，在北英格兰普雷斯威克俱乐部召开了首届英国高尔夫公开赛。从1873年开始，由圣安德鲁斯等三个城市轮换举办公开赛，随后举办的城市也逐渐增多。圣安德鲁斯通常在老赛场举办比赛。

享誉全球的高尔夫圣地

在斯特林城堡内可以欣赏到驯鹰师娴熟的技法

斯特灵城堡是一处重要的军事要塞，其建筑宏伟壮丽，历史悠久。小城附近也是军事重地，一度主宰了王国的命运，颇有名气。

必看
- 斯特灵城堡 ? ? ?
- 斯康宫殿 ? ?
- 圣德鲁教堂 ? ?
- 华莱士国家纪念碑 ?

🚌 前往斯特灵

火车 ▶ 从爱丁堡乘坐火车大约50分钟即可到达；从格拉斯哥乘坐火车大约25分钟即可到达

汽车 ▶ 从格拉斯哥乘坐汽车大约45分钟即可到达

ℹ️ 旅游信息服务中心 🚉 斯特灵车站步行7分钟即可到达 ✉ 41 Dumbarton Rd. 🕐 9:00~17:00、周日 10:00~16:00（开放时间随季节变动而变化）🚫 9月中旬~5月的周日和12/25·26、1/1·2

斯特灵
Stirling

地图 p.6-E

人口 8.9万人

---

about Stirling
街区概观 ?

当地流传着一句有名的谚语"治斯特灵者，得天下"。历史上，斯特灵周边地带曾多次发生影响苏格兰命运的战役。1297年为了挽救屈服于英格兰的苏格兰王国，威廉·华莱士（William Wallace）率兵起义，大获全胜。1314年国王罗伯特一世在南部郊区的班诺克本（Bannockburn）大胜英格兰军队，开启了苏格兰王朝复兴之路。斯特灵城堡耸立在平原凸起的山丘上，地理位置优越，是当地重要的军事要塞。到了15世纪之后，城堡变成了苏格兰王室的宫殿。古镇街道在山体斜面延伸，青石板路两侧整齐地排列着古老的民居。小城西侧保留着一部分城堡建筑。

Highlight
精彩看点 🚶

斯特灵最大的观光特色是斯特灵城堡，大约只需花费半天时间就可以游遍整个城区。**圣鲁德教堂**位于城堡附近，在此可以一边观赏建筑风情，一边漫游古城街道。华莱士国家纪念碑较远，距离市区大约2公里。

宏伟壮丽的文艺复兴建筑

景点 Sightseeing

Stirling Castle
斯特灵城堡 ? ? ?

●从旅游信息服务中心步行大约20分钟即可到达
●费用£9.00、9:30~18:00、10~3月~17:00、闭馆前45分钟停止入场，12/25·26休息

历史上，斯特灵城堡曾是当地重要的军事重地，之后成为斯图亚特王室的宫殿。保存至今的大门宫殿和正宫修建于15世纪的詹姆斯四世时期。16世纪的詹姆斯五世沿用了文艺复兴时期的建筑风格，建造皇室宫殿，宫殿外壁的装饰图案最为突

出。玛丽女王出生不久便在宫殿加冕为王，并在此度过幼年时代。登上城堡远观，景致秀丽无比。

城堡内部的建筑也值得前去参观

Church of the Holy Rude
圣德鲁教堂 ? ?

●从旅游信息服务中心步行大约15分钟即可到达
●免费观光，11:00~16:00、10~3月不对外开放

1567年玛丽女王退位后不久，年幼的儿子詹姆斯六世于圣鲁德教堂即位，成为

文化小知识

历代传颂的民族英雄威廉·华莱士

威廉·华莱士1272年生于现在的格拉斯哥附近的艾尔德斯莱，长大后成为一名骑兵。1296年苏格兰王朝臣于英格兰国王爱德华一世。为此，威廉·华莱士率领渴望实现王国复兴的民众，组成一支反英格兰军队。第二年，在斯特林桥战役中大获全胜。1298年在福尔柯克战役中惨遭失败后，威廉·华莱士寄希望于苏格兰王室贵族，却没有获得支援。1305年华莱士被抓捕后，遭重刑惩处，国王还下令将其分尸八块傲以示众。不过之后华莱士被民众传颂，成为苏格兰争取独立自由的代言人。在当年的伦敦史密斯·菲尔德（Smith Field）施刑旧址建有英雄纪念碑，至今依然有很多民众前去祭奠献花。另外，电影《勇敢的心》正是以华莱士的英雄事迹为题材拍摄的影片。

纪念英雄华莱士的石雕

新的苏格兰国王。教堂因此颇负盛名。教堂的外围建筑和教堂高塔修建于15世纪，教堂的彩色玻璃窗尤为显眼，色彩缤纷，具有很高的观赏价值。

Old Town Jail
老城监狱

● 从旅游信息服务中心步行大约13分钟即可到达
● 费用£6.50，10:00~18:00、4·5月~17:30、10月~17:00、11~3月~16:00，12/25闭馆

老城监狱修建于1846年，现已成为一座展览馆，再现了当时的监狱场景。当穿过整栋黑暗的楼宇来到屋顶平台时，可以俯瞰到监狱的整体，风景别致独特，还可以乘坐通往监狱屋顶的升降梯游览。

National Wallace Monument
华莱士纪念碑

● 乘坐巴士或出租车大约10分钟即可到达
● 费用£6.50，10:00~17:00、7·8月~18:00、11~2月10:30~16:00，闭馆前45分钟停止入场，12/25·26、1/1闭馆

华莱士纪念碑矗立在山丘地带，傲然威严。纪念碑是为了缅怀苏格兰英雄威廉·华莱士而建的。内部展览馆中有相关资料，碑顶对外开放，可以在此登高望远。

在电影场景中出境后，华莱士纪念碑人气剧增

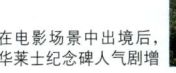
加享 Short Trip 之旅

苏格兰国王的戴冠故地和"命运之石"
斯康宫殿&珀斯 Scone Palace&Perth
地图 p.6-E、p.171

斯康宫殿是苏格兰历史上重要的城堡

斯康宫殿是苏格兰王室的皇宫，在此陈设着的"命运之石"，是历代英国国王加冕仪式的宝座。1296年英格兰国王爱德华一世从斯康宫中盗取"命运之石"，将它安置在西敏寺。之后的苏格兰国王只好在没有宝座映衬的情况下举行加冕仪式。从苏格兰国王詹姆斯六世即位成为英格兰国王詹姆斯一世到现今的伊丽莎白女王，其间所有的国王加冕典礼都是在"命运之石"的宝座前举行。1996年"命运之石"归还苏格兰后，陈设在爱丁堡城堡内，斯康礼堂前摆放着"命运之石"的复制品。

现在曼斯菲尔德（Mans-field）伯爵一家居住在这里，先祖莫雷（Murray）曾在17世纪接受国王封礼。19世纪时宫殿进行了大规模的补建。华丽的宫殿内部陈设着家具、生活用具、美术作品等，令人眼花缭乱。在此还可以欣赏到与玛丽女王和国王詹姆斯六世有关的家具和刺绣工艺品。

珀斯小城和斯康宫殿之间有河流相隔。直到15世纪中期，苏格兰王朝都建都在珀斯，也是历史上众多国王的王位加冕地。现在，当地的都城气息已渐渐消散，小城绿意盎然，安宁恬静。

● 前往斯康宫殿
火车 从爱丁堡前往珀斯大约需要1小时15分钟；从格拉斯哥前往珀斯大约需要1小时；从珀斯车站前往斯康宫殿乘坐出租车大约10分钟即可到达。
● 斯康宫殿
费用£9.60（庭院观光费用£5.50），9:30~17:30、周六~16:30（闭馆前30分钟停止入场）、庭院开放时间~17:45，11~3月闭馆

194

格拉斯哥
Glasgow
地图 p.6-D

人口 58.9万人

格拉斯哥城市街道中点缀着19世纪时期的古老建筑和缤纷时尚的新建筑，它正以全新的姿态迈向城市复兴之路。

必看
- 乔治广场和市政厅 ✓✓✓
- 格拉斯哥大教堂 ✓✓
- 格拉斯哥美术学院 ✓✓✓
- 现代美术馆 ✓

前往格拉斯哥
- **飞机** 从伦敦乘坐飞机大约1小时20分钟即可到达
- **火车** 从伦敦乘坐火车大约4小时10~50分钟即可到达，从爱丁堡乘坐火车大约50分钟即可到达

旅游信息服务中心 交 乔治广场11号 开 9:00~18:00（周日10:00~）、6、9月~19:00、7・8月~20:00（周日~18:00）休 10月~复活节的周日

街区概观 ?
about Glasgow

和恬静安宁的政治中心爱丁堡相比，格拉斯哥堪称苏格兰的经济中心，经济繁荣发达。小城历史最早可以追溯到6世纪，但是直到工业革命后才飞速发展成为工业城市。市中心街道规划整齐有序，壮丽恢宏的建筑群堪称19世纪中后期至20世纪初之间城市财富的象征。格拉斯哥诞生了建筑师查尔斯·伦尼·麦金托什（Charles Rennie Mackintosh），城市有许多建筑都是大师的作品，整个小城也被誉为"建筑与设计之城"。另外，格拉斯哥还是苏格兰歌剧院和苏格兰芭蕾团的故里。

精彩看点
Highlight

乔治广场位于城市中心，正对面是**格拉斯哥市政厅**，背面有**格拉斯哥大教堂**，都是游客观光的必选景点。格拉斯哥拥有很多大型博物馆和美术馆，景区不少。如果对建筑设计很有兴趣，推荐前去观光**格拉斯哥美术学院**等由建筑师查尔斯·伦尼·麦金托什设计的相关建筑群。布坎南大街（Buchanan St.）和亚皆大街（Argyle St.）都位于城市东部，是当地的时尚购物区。格拉斯哥大学和博物馆等文化建筑群位于**城市西部区**（West End），附近街道相连、绿树成荫、悠闲安宁。近

城市复兴后建造的麦金托什广场一景

年来街道中开设了许多时尚精品店和酒吧，城市尽头依旧热闹繁华。

从市中心的乔治广场到东南区的麦金托什广场区域的**商人城**（Merchant City）展现了格拉斯哥复兴后的城市新颜。18~19世纪经营砂糖和烟草的商店多集中在这里，当局对此进行了统一规划，进而改建街道两侧建筑。昔日的街道集市成为现在的购物中心，周边还新增了许多咖啡馆、餐厅。**克莱德河南岸**建有格拉斯哥科学中心等一些新兴开发工程，建筑外观新颖独特。只需漫步这些地方就可以领略格拉斯哥市中心的魅力，如果想参观郊区风光的话，还是乘坐地铁比较便捷。

查尔斯·伦尼·麦金托什

（1868~1928）生于格拉斯哥，曾就读于格拉斯哥美术学院，他所设计的建筑作品体现了英国新时尚潮流。19世纪末到20世纪初，大展风采，成为一名活跃于室内设计领域的建筑师。

景点
Sightseeing

George Square
乔治广场 ⓘⓘⓘ
地图 p.195-B

● 位于旅游信息服务中心附近
● 格拉斯哥市政厅：免费观光、团体旅游10:30或14:30出发，9:00~16:30，周六・周日・节假日闭馆

　　乔治广场位于市中心，是市民的休闲娱乐场所。广场中央的纪念柱上高立着苏格兰作家**沃尔特・斯科特**（⇒p.184）的雕像，斯科特创作的小说、诗歌等作品大都以苏格兰作为文学创作背景。**格拉斯哥市政厅**位于城市东区，1888年完成整体工程。建筑外观呈现文艺复兴的风格，气势恢宏。建筑内部的天窗和大理石台阶上有许多镶嵌工艺品，驻足欣赏即可感受到昔日这个城市的富足程度。

格拉斯哥市政厅建筑威风凛然

Gallery of Modern Art
现代美术馆 ⓘ
地图 p.195-B

● 从旅游信息服务中心步行大约2分钟即可到达
● 免费观光、10:00~17:00、周四~20:00、周五・周日11:00~、12/25・26、1/1・2闭馆

　　现代美术馆位于皇家交易中心（Royal Exchange Center）内，是一座艺术殿堂，这里曾经是皇室贸易谈判的场所。美术馆上下共有四层建筑，所收藏的美术作品大都源自苏格兰艺术家的创作。

Glasgow Cathedral
格拉斯哥大教堂 ⓘⓘ
地图 p.195-B

● 从旅游信息服务中心步行15分钟即可到达
● 免费观光、9:30~17:30（周日13:00~）、10~3月9:30~16:00（周日13:00~）、12/25・26、1/1・2闭馆

　　格拉斯哥大教堂始建于1136年，完成于14世纪。幸运的是，教堂躲过了16世纪时期宗教改革派的破坏，因而14世纪哥特式的建筑得以完整保存。教堂深处的

格拉斯哥大教堂是格拉斯哥的地标性建筑

地图

苏格兰皇家音乐戏剧学院
Royal Scottish Academy of
Music & Drama
Cowcaddens Rd.

Renfrew St.

格拉斯哥美术学院
查令十字车站 U

格拉斯哥歌剧假日酒店 H

布坎南公交车站
Buchanan

St. Mungo Ave.

Sauchiehall St.
马勒麦宗大酒店
杨柳茶室 R

Royal
Concert
Hall
布坎南Galleries广场 S

Bath St.

格拉斯哥大教堂 p.195

斯酒店
大酒店 H

Douglas
Blythswood St.
West George St.

布坎南街地铁站
Buchanan St.

王后大街车站

Cathedral St.
p.196圣蒙哥宗教生活艺术博物馆
St. Mungo Museum of Religious life&Art

St. Vincent St.

Bothwell St. H

Campbell St.
Wellington St.
Hope St.
Renfield St.
W. Nile St.

乔治广场 p.195

格拉斯哥市政厅 p.195

老城 p.196
Old Town

Duke St.

格拉斯哥万豪酒店 H
Anderston车站

格拉斯哥贝特韦斯特酒店

旅游信息服务中心
Royal Exchange Square

麦金托什广场 p.194

高速路车站

Argyle St.

Union St.

现代美术馆 p.195
Queen St.

City Hall

普莱米亚酒店 H

Buchanan St.

阿盖尔大街车站

格拉斯哥中心车站

Argyle St.

p.196光之城
The Lighthouse

圣
伊诺克地铁站
St. Enoch Sta.

Trongate

High St.

监狱钟塔

London Rd.

巴拉斯市场
Gallowgate

克莱德河 River Clyde

Broomielaw

Clyde St.

Stockwell St.

格拉斯哥 Glasgow
N
0　　300m
铁道（地上）站
U 铁道（地下）站
地铁
Castle St.

A
B

格拉斯哥科学中心

墓地修建于19世纪，仿巴黎贝尔·拉雪兹神父公墓而建。另外，大教堂和圣蒙哥宗教生活艺术博物馆相邻。大教堂以南的区域为老城区，是格拉斯哥的发祥地。格拉斯哥十字路口处耸立着建于17世纪的监狱钟塔，直到19世纪前半期，这里一直是当地街道的代名词。

The Lighthouse
光之城
地图 p.195-A

- 从旅游信息服务中心步行5分钟即可到达
- 费用£4.00、10:30~17:00、周二11:00~、周日12:00~、12/25闭馆

　　光之城由建筑师麦金托什设计，1895年建筑完成。现在只保留外观建筑，内部建筑已成为现代艺术空间展示场馆，同时也是苏格兰的建筑设计中心。场馆中除了展示麦金托什的设计成果外，还是建筑、室内设计和工业设计的展览会场。站在建筑物最顶层的瞭望台，可以将城市街景尽收眼底。

光之城是建筑爱好者的必游景点

Glasgow School of Art
格拉斯哥美术学院
地图 p.195-A

- 从旅游信息服务中心步行20分钟即可到达
- 费用£8.75、开放时间在10:00~17:00之内、一天接收7组旅游观光团、10~3月一天限2组观光团（5月末~6月开放时间、观光团数略有变化）、年末年初休息

 亮点　对建筑感兴趣的游客不容错过

　　格拉斯哥美术学院是建筑师麦金托什为母校设计的代表作，学院建筑分别在1899年和1909年分两期修建完成。学院窗户细长宽大，以植物为主题的铁制装饰花纹以及曲折悠长的楼梯外观彰显了独特的建筑风格。如果参团旅行，可以参观内部建筑。从室内家具到照明器具、拉门及门柱的细微之处都出自建筑师麦金托什之手，内部结构依然保持着最初的摆设。

相传附近居住着妖魔
罗蒙德湖 Loch Lomond
地图 p.6-D、p.171

　　罗蒙德湖全长约40公里，是苏格兰最大的淡水湖。湖泊北部狭长窄小，呈现三角吊钟形，湖区周边山地环绕，森林茂密，岛屿浮现在湖面上。湖泊南部距离格拉斯格只有30分钟的车程，宽广透亮的湖面聚集着许多享受水上运动的游客。湖区南北风光迥异，和南部的热闹繁华不同，北部湖区的两侧耸立着险峻的山峰，茂盛的森林环绕四周，即使白天也显得阴暗沉郁。相传森林中居住着妖魔神灵，充满了神秘的气息。

　　湖区南部的巴洛赫（Balloch）村庄停靠着观光游船，是观光湖区便利的交通工具。沿着湖区西岸一直往北是开车兜风的最佳路线，一路会欣赏到五彩缤纷的湖区风景。途中，还会领略到拉斯（Luss）和塔伯特（Tarbet）等湖畔乡村风光。其中，在塔伯特小村里也有驶向湖面观光的游船。

罗蒙德湖区呈现出一种神秘感

- 前往巴洛赫的交通
  火车 ▶ 在格拉斯哥国王大街车站乘车大约45分钟即可到达

住宿　　　　*Stay*

市区西部

Malmaison Hotel　　★★★
马勒麦宗大酒店
地图 p.195-A

HP http://www.malmaison.com

- 从旅游信息服务中心步行15分钟即可到达
- £ S、D/T £120~　室 72间
- ☎ 0141-572-1000　FAX 0141-572-1002
- ✉ 278West George Street

酒店设计新颖
　　马勒麦宗大酒店位于市区安静的一角，建筑外观散发着时尚气息，是格拉斯哥最好的酒店之一。酒店内的法国餐厅很受欢迎。

鲜花点缀的阿伯丁广场

阿伯丁街道两侧的建筑物大都由花岗岩堆砌而成。小城的旅游观光景点中不仅有历史悠久的老城，还有诱人的酿酒厂。

必看	阿伯丁美术馆 ② ②
	国王学院 ② ②
	圣·马可教堂 ② ②

🚌 **前往阿伯丁**
飞机 从伦敦乘坐航班大约1小时30分钟即可到达
火车 从爱丁堡乘坐火车大约2小时30分钟即可到达

ℹ️ **旅游信息服务中心**
🚌 火车站步行12分钟即可到达 ✉️ 23 Union Street 开9:30~17:00，7·8月~18:30，周日10:00~16:00 休9~6月的周日

about Aberdeen
街 区 概 观 ❓

　　阿伯丁面向北海，是苏格兰的第三大都市。中世纪以来和欧洲大陆各国间的贸易日益频繁，18世纪时开始兴起花岗岩开采业，19世纪时城市转变为以纤维加工业和造纸产业为主导的工业城市。城市街道中随处可见的花岗岩建筑似乎讲述着昔日的辉煌。阿伯丁大学所在的街道百花盛开，被誉为"苏格兰的鲜花街道"，这里曾经培养出著名诗人拜伦。市中心的阿伯丁新区毗邻港口，距离市中心北部的旧城区大约有3公里。

景点 *Sightseeing*

Aberdeen Art Gallery
阿伯丁美术馆 ② ②

● 旅游信息服务中心步行大约10分钟即可到达
● 免费观光，10:00~17:00，周日14:00~，周一、12/25·26、1/1·2休息

　　阿伯丁美术馆光线明亮，分上下两层。一层主要展示一些雕刻艺术品，二层展示苏格兰绘画、罗塞蒂（Dante Gabriel Rossetti）等拉斐尔前派画家的艺术作品和19~20世纪的英国绘画以及毕沙罗等印象派画家的作品。

从天窗射进美术馆的阳光温暖而又明亮

King's College
国王学院 ② ②

● 从旅游信息服务中心乘坐公交大约10分钟即可到达
● 游客中心：免费观光，9:30~17:30，周日~16:30，圣诞节至新年假期休息

　　创立于1495年的国王学院位于阿伯丁老城区，是一所天主教大学。国王学院是大学城中最古老的学院。学院礼堂也建于同时代，礼堂高塔是仿王冠的建筑。图书馆建于1870年，内部有游客服务中心。

当地最古老的大学学院——国王学院

St. Machar's Cathedral
圣·马可大教堂 ② ②

● 从国王学院步行大约7分钟即可到达
● 免费观光（接受捐助），9:00~17:00，11~3月10:00~16:00，无休

　　圣·马可教堂建于14世纪中期到16世纪初，是为纪念耶稣十二圣徒和收藏战利品而建的，教堂东侧的建筑毁于1560年的宗教改革派手中。教堂内有格洛弗家族的墓地。

格洛弗长眠在圣·马可大教堂

民间艺人在因弗内斯城堡内吹奏风笛

位于尼斯河口的因弗内斯是苏格兰高地地区的首府，也是苏格兰最北方的城市。这里丰富悠久的历史、壮观美丽的尼斯湖、浓厚的苏格兰风情让无数游客慕名而来。

必看
- 因弗内斯城堡 ②②
- 尼斯湖 ②②②
- 厄克特城堡遗址 ②②
- 卡伦顿古战场遗址 ②②

🚌 **前往因弗内斯**
✈ 飞机 ▶ 从伦敦乘坐飞机大约1小时30分钟即可到达
🚆 火车 ▶ 从爱丁堡乘坐火车大约3小时30分钟即可到达

ℹ **旅游信息服务中心**
✉ Castle Wynd 开 9:00~17:00（5月下旬~9月前半~18:00）、周日10:00~16:00（6月下旬~8月末9:30~17:00）休 无休

因弗内斯和尼斯湖
Inverness & Loch Ness
地图 p.6-B

人口 6.6万人

---

about Inverness & Loch Ness

街区概观❓

盖尔语中，因弗内斯的意思是"尼斯河河口"。正如词义，因弗内斯小城位于尼斯河河口处。12世纪中期成为苏格兰高地的中心城市，附近区域陆续修建了边防要塞工程和贸易港口，不断加强了高地和外部的密切联系。在郊外有**卡伦顿古战场遗址**，1746年高地人民军队在此对英格兰军队进行了最后的反击。

小城往南大约10分钟路程，便可到达**尼斯湖**岸的起始处，位于湖岸西部中间地带的德拉姆纳德罗希特（Drumnadrochit），从旅游信息服务中心驾车仅需30分钟左右就可到达。

景点 Sightseeing

Inverness Castle
因弗内斯城堡 ②②②
地图 p.199

● 从旅游信息服务中心步行1分钟即可到达

因弗内斯城堡的历史可追溯到12世纪，作为苏格兰高地重要的边防要塞，历经数次毁坏和重建。1746年在卡洛登战役中战败的苏格兰詹姆斯党人为了不让城堡落入敌手，亲手将城堡毁坏。如今的因弗

内斯城堡是1863年重建的。城堡地处高地，是俯瞰尼斯河美景的绝佳位置。在城堡前面矗立着弗洛拉·麦克唐纳（Flora MacDonald）的雕像，她曾经帮助卡洛登战役中战败了的**美王子查理·爱德华**逃亡至法国。

城堡对岸耸立着圣安德鲁斯大教堂（St.Andrews Cathedral Inverness）。沿着尼斯河畔还有许多古建筑，气氛很适合散步。

耸立在尼斯河畔的美丽城堡

Culloden
卡伦顿古战场遗址 ②②
地图 p.171

● 从因弗内斯乘车15分钟即可到达
● 卡伦顿游客中心观光费用£10.00，9:00~18:00、11~3月10:00~16:00，12/24~26、1月下旬休息

传说高地的苏格兰军队仅仅用1小时就将这里夷为战争平地，从荒凉的遗址中分布着的纪念碑和士兵墓碑

美王子查理·爱德华

（1720~1788）他是在光荣革命中被驱逐的詹姆斯二世的孙子。为了夺回王位，1745年从流亡地秘密回国，并一度收复了整个苏格兰，终因不敌强大的英格兰政府军的反击而失败。从此他流亡法国，后贫困潦倒客死罗马。

历史拾遗

再现战时民居建筑

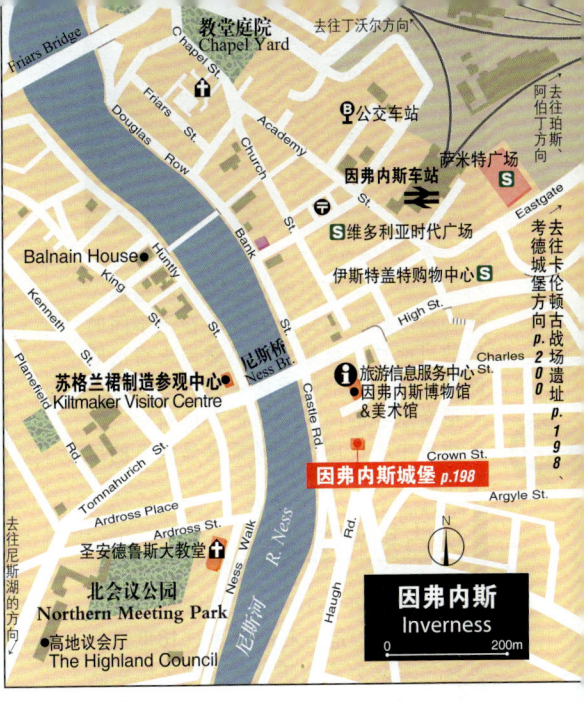

身穿苏格兰短裙的当地导游

来看，大致也可以想象出历史上两军对垒的惨烈场景。游客可以免费参观古战场遗址。2007年年末，这里又新建了**卡伦顿古战场游客中心**，可以通过大画面的战事展示台感受古战场中激烈的战争气氛。

地图内容（因弗内斯 Inverness）

- 去往丁沃尔方向
- 教堂庭院 Chapel Yard
- Friars Bridge
- Chapel St.
- Friars St.
- Douglas Row
- Academy St.
- Church St.
- 公交车站
- 因弗内斯车站
- 萨米特广场
- 去往珀斯、阿伯丁方向
- Eastgate
- Balnain House
- Huntly St.
- King St.
- Bank St.
- 维多利亚时代广场
- 伊斯特盖特购物中心
- 去往卡伦顿古战场方向 p.200
- 考德城堡方向 p.198
- Kenneth St.
- 苏格兰裙制造参观中心 Kiltmaker Visitor Centre
- 尼斯桥 Ness Br.
- High St.
- Charles St.
- 旅游信息服务中心
- 因弗内斯博物馆&美术馆
- Castle Rd.
- 因弗内斯城堡 p.198
- Crown St.
- Argyle St.
- Planefield Rd.
- Tomnahurich St.
- Ardross Place
- Ardross St.
- Ness Walk
- R. Ness
- 圣安德鲁斯大教堂
- 尼斯河
- 北会议公园 Northern Meeting Park
- 高地议会厅 The Highland Council
- Haugh Rd.
- 去往尼斯湖的方向
- 因弗内斯 Inverness
- 0 200m
- N

Loch Ness
尼斯湖
地图 p.171

● 在因弗内斯乘车即可到达

　　尼斯湖因地处断层地带，随着地表断裂而逐渐形成。其形状狭长，全长大约40公里，湖区最宽约为2公里。湖区中流传的像谜一般的尼斯湖怪兽闻名全球。或许是人为因素令湖区水怪越发神奇，河岸两侧的山峰高耸，身处其中也会莫名地感到神秘。由于冰河侵蚀，湖区最深处已达280米。游客可以在河岸西侧的小城德拉姆纳德罗希特和南侧的奥古斯都城堡乘坐湖区游览船。尼斯湖被称为"Loch Ness"，盖尔语中"Loch"就表示湖水的意思。

乘坐的游览船可以在湖畔停靠

Loch Ness Centre & Exhibition
尼斯湖展览中心
地图 p.171

● 从因弗内斯乘车大约30分钟即可到达
● 费用£6.50，4·5月9:30~17:00、6·9月9:00~18:00、7·8月9:00~18:30、11~3月10:00~15:30，12/25休息

　　尼斯湖展览中心是湖区最受欢迎的观光景点。展览中心运用视觉体验技术，

镜头里的风景

将神秘的尼斯湖和城堡遗址同时收入镜头

　　如果想要拍摄一组神秘的尼斯湖风光，以**厄克特城堡遗址**为背景拍摄的效果比较理想。如果参加尼斯湖团体游，厄克特城堡遗址一定是途中必看景点之一。站在城堡上通过调整取景角度，可以拍摄到不同风光，体会到无限乐趣。只是夏季旅游旺季时，游客拥挤在城堡周围，很难让人体味到湖区的神秘感。城堡到湖岸附近非常安静，也是拍摄湖面景色不错的地理位置。

尼斯湖和厄克特城堡遗址紧密相连

如果想要了解尼斯湖水怪传说，这里是必观景点

科学论证了关于尼斯水怪存在的根据、各种科学探查的结果以及存在于不同时代的可能性，当然目前仍然尚未得出明确的答案。当地的商店中摆放着各种关于尼斯水怪的商品，附近有尼斯湖的游客服务中心，周围一带都是淡绿色的尼斯湖水。

Fort Augustus
奥古斯都城堡
地图 p.171

●从因弗内斯乘车大约1小时即可到达

"Fort"是岩石的意思，18世纪初英格兰军队为了镇压来自高地人民军队的反抗，修建尼斯湖畔护城墙。沿着喀利多尼亚运河是一条商店、餐饮风情街。夏天环绕运河河岸的船只络绎不绝。河岸建于19世纪，附近有**奥古斯都修道院**。**氏族中心**（The Clansman Centre）位于运河沿岸，再现了17世纪高地氏族部落的日常生活情景。

奥古斯都城堡是观光尼斯湖的据点之一

文化小知识

谜一般的尼斯湖水怪传说

从古至今，一直流传着尼斯湖水怪的传说。公元前565年撰写的《圣库仑的一生》（Life of St. Columbo）中最早出现了关于水怪的记录。自1933年环绕湖岸建设高速公路后，来此探寻水怪的游客日益增多，同时也有很多目击者声称曾经确实目睹过水怪的风采。随后经过报纸等媒体宣传，尼斯湖水怪逐渐闻名全球。

证明怪兽存在的照片不断被登载，最终在1961年，当地成立尼斯湖现象调查团，直到1972年开始进行实地调查，依旧没有得出确凿的证据，最终不了了之。后继而运用先进的科学方法调查取证，得出一份报告表明：曾经利用超声波探明水中确有神秘怪物。但是1994年的一份调查报告又表明：1934年所拍摄到的露出水面的尼斯水怪的头部图像均属伪造。关于尼斯水怪的形状有多种说法，有的说像海豹，也有的说像超大个的兔子或是超大个的鲨鱼，至今依然是一团迷雾。不过，很多目击者大都声称是在厄克特城堡（Urquhart）附近看到尼斯水怪现身的。

当地至今仍流传着尼斯湖水怪的传说

加享 ShortTrip 之旅

戏剧《麦克白》的背景舞台
考德城堡 Cowdor Castle
地图 p.6-B、p.171

考德城堡是莎士比亚戏剧《麦克白》故事发生的背景舞台，戏中麦克白杀害苏格兰国王邓迪后成为城堡主人。但令人费解的是戏曲人物麦克白产生于11世纪，而城堡修建于14世纪。二者之所以能够联系大概也只是因为城堡的优雅外观比较贴近戏剧产生的舞台背景吧。城堡建筑群经过多次重修，现在是考德伯爵家族的住宅。内部陈设着家具、生活用品、美术作品和古董等美轮美奂的装饰品，从中可以感受到温暖的生活气息。城堡的花园、野外庭院等也是不容错过的观光美景。

对于花园爱好者，这是一座不容错过的魅力城堡

●前往考德城堡
汽车 ▶从因弗内斯前往大约需要40分钟
●考德城堡：£9.00、10:00~17:30、10~4月休息

ScotchWhisky

保存威士忌酒的橡皮桶

相遇幸福至极的醇香口感
威士忌品酒之旅

苏格兰的威士忌酒享誉全球。对于普通的苏格兰民众而言，威士忌酒自然是日常生活中不可或缺的。无论是喜庆的宴会还是庄重的葬礼，苏格兰人依旧开怀畅饮威士忌酒。苏格兰现在有120余所酒精蒸馏场所，许多都面向游客开放，有的蒸馏所专门接待旅游团体，游客还可以在现场品酒。对于根植于苏格兰的威士忌蒸馏厂，即使您不喜欢酒水也可以前去探究当地的风土人情，发掘一些新奇的历史文化现象。

当地的三种知名品牌威士忌酒

诞生于高地的"生命之水"

威士忌酒诞生于苏格兰高地。过去人们为了暖身而饮酒。英语威士忌（Whisky）的词源，来自拉丁语的"生命之水"，之后的盖尔语也取用相同含义，17世纪后威士忌这个词的含义得以确立，并逐渐普及使用。

关于苏格兰蒸馏酿酒的记录，最早可以追溯到15世纪。之后，普通民众开始大范围经营蒸馏酿酒。为此，1644年召开的苏格兰议会还专门讨论过民间酿酒政策。1707年在苏格兰和英格兰召开的联合议会上，决定对酿造蒸馏酒统一征收赋税。这一举措导致民间私酿威士忌酒的情况日渐增多，收税者和偷酿者之间展开了激烈的斗争。据说，产生纷争的原因也包含当地的苏格兰人对英格兰统治的一种抵抗，同时民间也开启了使用橡皮桶酿酒的历史。直到1823年，才得以降低酿酒制造税。现在，在苏格兰大街上随处都可见酒精酿造厂。

用于蒸馏酒精原液的大锅

人气日渐高涨的大麦麦芽威士忌酒

苏格兰的威士忌酒大致可以分为三种，分别是纯天然大麦麦芽威士忌，玉米或小麦与大麦麦芽合成的"谷物威士忌"，还有大麦麦芽威士忌和谷物威士忌混合的"混合威士忌"。制作大麦麦芽威士忌酒时使用燃烧的泥炭烘干麦芽，最后酿造的威士忌酒会散发一种独特的清香。这里比较有名的大麦麦芽威士忌酒酿造厂很多，其中知名的苏格兰威士忌酒品牌White Horse和Cutty Sark就是"混合威士忌"，这些酒都是由当地多家蒸馏厂制作的威士忌混合而成的。

当地著名的混合威士忌酿酒厂

环游高地威士忌酿酒厂

苏格兰高地的威士忌酒主要产地包含：斯特灵以北地区，南部低地和西部艾莱岛（Isle of Islay）、艾莱岛以外的群岛以及和西海岸坎贝尔敦（Campbelltown）。这些地区大都得益于良好的自然条件，其中淡水的味道起着决定性作用。产地不同，所产的威士忌酒味道也不尽相同，特别是位于艾莱岛上的Laphroaig等8家酿酒厂生产的威士忌酒享誉颇高，酒中散发着独特的泥炭清香。

高地地带的阿伯丁和因弗内斯之间有一条名为斯佩的河流，河岸周边聚集了50余所酿酒蒸馏厂，大都位于主干道路两侧，可称得上是"威士忌大道"。这里有很多不同于高地的酿酒蒸馏厂。斯佩河岸是大麦麦芽威士忌酒的故里，这里汇集了Glenlivent、Glenfiddich、Macallan等诸多名牌威士忌酒蒸馏厂。置身于高地雄伟的自然风光中，畅饮独特的麦芽威士忌，别有一番情趣。

知名威士忌品牌Glen-fiddich的酿酒厂

一派荒凉的原野自然景象

荒凉的北部自然风光和古城美景

高地西部 West Highlands

地图 p.6-A/D、p.171

　　高地西部层峦叠嶂，溪谷纵深，数不胜数的湖泊流向大江，一片绿色纯净的自然风光。附近耸立着英国最高的山峰——本尼维斯山，海拔1343米。因弗内斯是高地东部的主要城市，威廉堡是西部的中心城市。高地西部是从格拉斯哥和爱丁堡驶向斯凯岛和其他西部岛屿的中转站。

高地西部的主要城市

威廉堡 Fort William　⑦

　　林尼湖和本尼维斯山穿越整个小城，17世纪开始在此构筑边防要塞。小城只有一条购物大道，夏天有很多徒步旅行者来此观光旅游。**西部高地博物馆（West Highland）**（费用£4.00，10:00~17:00，周日~16:00，10~5月~16:00，7、8月以外的周日及12/25·26、1/1闭馆）中展示着一些关于高地人民革命军的历史资料。

●从格拉斯哥前往威廉堡，乘坐火车大约3小时45分钟

小城安宁恬静

烙印着悲惨历史的溪谷

格伦科 Glencoe　⑦⑦⑦

　　格伦科小山村依傍在利文河畔，距街道15公里的周边地带环绕着险峻的山峰。美丽的溪谷因"格伦科大屠杀"而闻名。历史上，威廉三世因难以致对高地人民革命反抗军，转而要求各个氏族部落发誓对国王表示忠诚。但是居住在格伦科的麦克唐纳部落（The MacDonalds）的分支家族没有在最后期限宣誓效忠。1692年，国王为了警示其他部落，命令坎贝尔部落

格伦科溪谷记录着曾经发生的历史悲剧

（The Campbells）对麦克唐纳部落进行杀戮。当地设有**游客服务中心**（费用£5.50，9:30~17:30、11~3月10:00~16:00，11~3月的周一~周三休息），介绍格伦科的历史风情和自然美景。

●乘坐汽车前往格伦科，从格拉斯哥出发大约2小时30分钟即可到达，从威廉堡出发大约30分钟即可到达

英国最高的山峰

本尼维斯山 Ben Nevis　⑦

　　本尼维斯山是英国最高的山峰。其人气指数可与尼维斯峡谷比肩，深受徒步旅行者喜爱。山上建有滑雪场，游客可以乘坐缆车登上尼维斯山脉（Nevis Range）。

●从威廉堡前往格伦科，乘坐汽车大约15分钟后在尼维斯山脉山脚下下车即可到达

●尼维斯山脉：往返（全天票价）£11.00，10:00~17:00

山间缆车在滑雪季节很受欢迎

伫立在湖畔的优雅古城

伊莲豆纳城堡 Eilean Donan Castle　⑦⑦

　　伊莲豆纳城堡周边山涧环绕，仿佛是一座耸立在湖面的优雅古城。城堡建于13世纪，曾在氏族同胞之间进行了无数次战斗后被攻陷，18世纪又陷入外敌手中。1932年，城堡昔日的主人麦克莱恩（Mac-Lane）一家的子孙着手恢复重建被弃置200余年的城堡。城内重新开放，为庆祝晚宴而进行准备的繁忙场景再现了城堡昔日的风采。

●从威廉堡出发乘坐汽车大约1小时40分钟可到达

●费用£5.50，10:00~18:00，7·8月9:00~，11~2月休息

伊莲豆纳城堡代表了高地的古城建筑特色

旅行信息

T r a v e l   I n f o r m a t i o n

出发前需要确认的行李清单 ☑

	确认	物件	重要程度	备注
随身携带的行李	☐	护照	◎	p.210
	☐	海外旅行意外伤害保险合同	◎	p.211
	☐	机票	◎	
	☐	团体游证件/机场登机牌	◎	
	☐	现金（人民币）	◎	p.212
	☐	现金（旅行地货币）	○	
	☐	银行卡	○	
	☐	旅行支票	△	
	☐	导游书/旅行会话集	◎	
	☐	洗漱用具/毛巾/纸巾	◎	
	☐	化妆品／生理用品	◎	
	☐	护照复印件/签证/证件照片（2张）	○	护照丢失时备用
	☐	计算器/纸笔	○	
	☐	雨具	◎	考虑到晴天雨的情况
	☐	封口塑料袋	○	随身携带化妆品时使用p.215
	☐	太阳镜	○	夏日太阳光强劲时备用
	☐	驾驶执照	△	
	☐	手机	△	p.228
	☐	相机/存储卡/充电器	△	
	☐	常备药品	◎	p.209
	☐	英文诊断书	△	p.215
托运的行李	☐	换洗衣服	◎	
	☐	内衣、袜子	○	也可以不用携带，旅行用品店内均有销售
	☐	手绢/纸巾	○	
	☐	洗发液/护发素	◎	普通酒店通常不会准备
	☐	吹风机/剃须刀	○	
	☐	变压器/转换器	△	p.215
	☐	洗衣用品	○	
	☐	塑料袋	○	
	☐	挖耳勺/棉棒	△	
	☐	毛巾	△	
	☐	拖鞋	△	普通酒店通常不会准备
	☐	方便食品	△	想念家乡美味时可以食用
	☐	小刀	△	进入机舱时严禁携带
	☐	闹钟	△	
	☐	缝补针线	△	

◎=绝对必要　　○=带去较为妥当　　△=因人而异，有的话比较方便

选择团体游的注意事项

团 体 游 的 类 型

团体旅行大致包括两种类型，一种由旅行公司推出的饮食+观光+住宿结合的"全程服务型团体旅行"，另一种是相对自由的团体旅行，只负责机场和酒店之间的接送，帮助游客预定住宿酒店。

参加的旅行团类型不同，旅行的方式也不尽相同。第一种团体游全程配备工作人员（抵达旅行地后有些还会有当地负责接待的工作人员），大都随同游客游览英国各地旅游景点。第二种团体游大多限定在一个城市里旅游，比如"伦敦6日游"。

相对于个人购买机票、安排住宿等较为复杂的程序，无论采用哪种团体旅游方式都十分经济划算。不妨灵活利用不同类型的团体游项目。

■首先确定旅行目的和观光内容

首先确定观光目的、观光城市、游览景点。如果只想观光"伦敦"或者"还想去伦敦郊外走走看看"，推荐选择第二种团体游。如果想要游览英国各地，视个人需要决定自由旅行还是参团旅行。如果在当地没有熟人提供住宿，还是建议选择第一种团体游比较安妥。

选 择 团 体 游 的 要 点

大致确定旅行目的和观光内容后，接下来就可以着手寻找最佳旅行团了。通过收集放置在旅行公司门前的宣传资料可以了解旅行团的相关业务，也可以上网查询公司网页。

■全程服务型团体游

如果选择全程服务型团体游，有些旅行公司会安排高级酒店住宿，酒店建有室外花园，当然随之附加值也会增多，但旅行价格也会提高。还有，遇国庆节、春节等黄金休假日，全程服务型团体游的价格也会增加。

一旦确定旅行日期、居住的酒店星级、大致的出发日期、旅行天数和预算等项目后，可以开始着手收集相关的团体游公司。不妨参照以下要点，详细核对具体内容。

Point❶观光方式

首先要确认前往的目的地是否有自己想要参观的特色风景。之后，一定要亲自确定想要观光的具体方式。有些宣传册上明确写明的三种观光方式大致有车内远观、下车近观、入场亲身体验。好不容易去国外旅行，只在车上远观是很难尽兴的。

Point❷同行工作人员

同行工作人员有多种随同方式，包括和游客一起从国内出发、抵达当地后专门的接机人员、之后的旅行中会有其他的服务人员相随。

Point❸航空公司

确认乘坐的航空公司名称，除了直飞航班之外还有欧洲国家境内换乘航班。虽然有本地工作人员相随比较妥善，但还要确定抵达当地后是否有接机人员。在完全陌生的国度换乘航班，对于不常出行的游客来说比较有挑战性。

Point❹旅行计划

游客白天大部分时间都在观光中度过，相对于交纳的旅行费用和预定的旅行天数，这样的旅行可谓性价比良好，但是要做好旅行紧张繁忙的思想准备。通常行程计划是在主要城市居住2天，自由观光时间只有半天或一天，建议安排一些悠闲的旅行计划比较好。

Point❺饮食安排

来到观光目的地，提供的饮食大部分是提前预订好的套餐。因为考虑到初到当地，寻找餐厅也比较困难，所以直接预订为套餐比较省事。但是和美食相遇也是愉快旅行中不可分割的一部分，如果有自由活动时间，不妨自己寻找当地的特色美食。

选择参团旅行时，什么样的旅游团体比较令人放心呢？对于这个问题的回答，也将决定了未来旅行的质量。因为团体游是"依赖他人"的旅行，所以一定要慎重选择旅行团体。

■相对自由型团体游

虽说是团体游，但是旅行公司只负责购买机票、预订酒店住宿。游客入住酒店后，一切时间均可自由活动。近来，这种团体游很有人气，各个旅行公司纷纷推出更多的组合计划。游客可以根据自己的旅行目的选择最佳旅行组合。

Point❶出发日期

很多旅行团体已经设定好具体的出游日期，但是参加相对自由型团体游可以自由选择出游日期。出游日期的不同也会迎来不同的旅游旺季，费用也不尽相同。即使是相同的旅行团，各个公司的费用安排也会不同，最好提前对比价格。

Point❷航空公司

很多相对自由型团体游已经指定好出行航班。直飞

比换乘费用高，而且，航空公司之间费用也可能有差异。如果参加"不含指定航空公司"的旅行团，出游价格会便宜很多。但需要注意的是，这样的旅行团临近出发才能确定乘坐的航班。保险起见，还是提早确定航班好。

Point❸酒店

大多数游客会选择预订二星、三星级酒店，还有没标明星级但实际相当于同等级别的酒店也可选。另外，还要做好充分的思想准备，有时候都已经快到旅行地却还依然没有确定住宿酒店，一般这种情况很少会发生。酒店的位置对于逛街和观光很重要。虽然有的酒店设置便宜的双人间，但只能室内淋浴，不能泡澡。提前确定酒店位置和设施以便决定是否入住旅行团指定的酒店，也可以申请住高级别的酒店。

注意事项

●入住酒店须知

游客应提前向旅行公司确认酒店的室内设备，确认室内是否有烘干机设备，浴室内除了淋浴是否有浴缸。英国已推行公共场所禁烟法令，全面禁烟的酒店日益增多。吸烟的游客不要忘记确定好指定吸烟室。

●注意确认旅游日期

跟团游标记的"为期×日游"，通常包含出发、返回的日期。比如："8日游"，实际在当地只停留6天。由于时差原因，依旧是当天到达目的地，旅行从第二天才正式开始。回国时很早就会来到机场候机，夜晚通常在机舱内度过。所以，真正的观光时间只有5天。

●提前确认航班，提早到达机场

最好出发前和旅行团的相关工作人员确认一下航班信息，出发时尽量提前2小时到达机场和团队其他人员会合。一般抵达机场后，需要办理的事情比较多而杂，比如找集合地点、办理登机手续、出国审查等，再碰上高峰期排队等候，都需要花费不少时间，所以最好提前到达机场。另外，出门在外，难免会发生其他料想不到的事情，留出富裕时间是比较保险的。

●团体游结合自由行

即使大部分时间是乘坐专门的旅游巴士周游英国各地，但还有一些需要徒步观光的景点。这时，会感到路途格外遥远。如果延长旅游天数，会更加疲惫不堪。所以，为了保持良好的身体状况，推荐参加自由团体半日游。

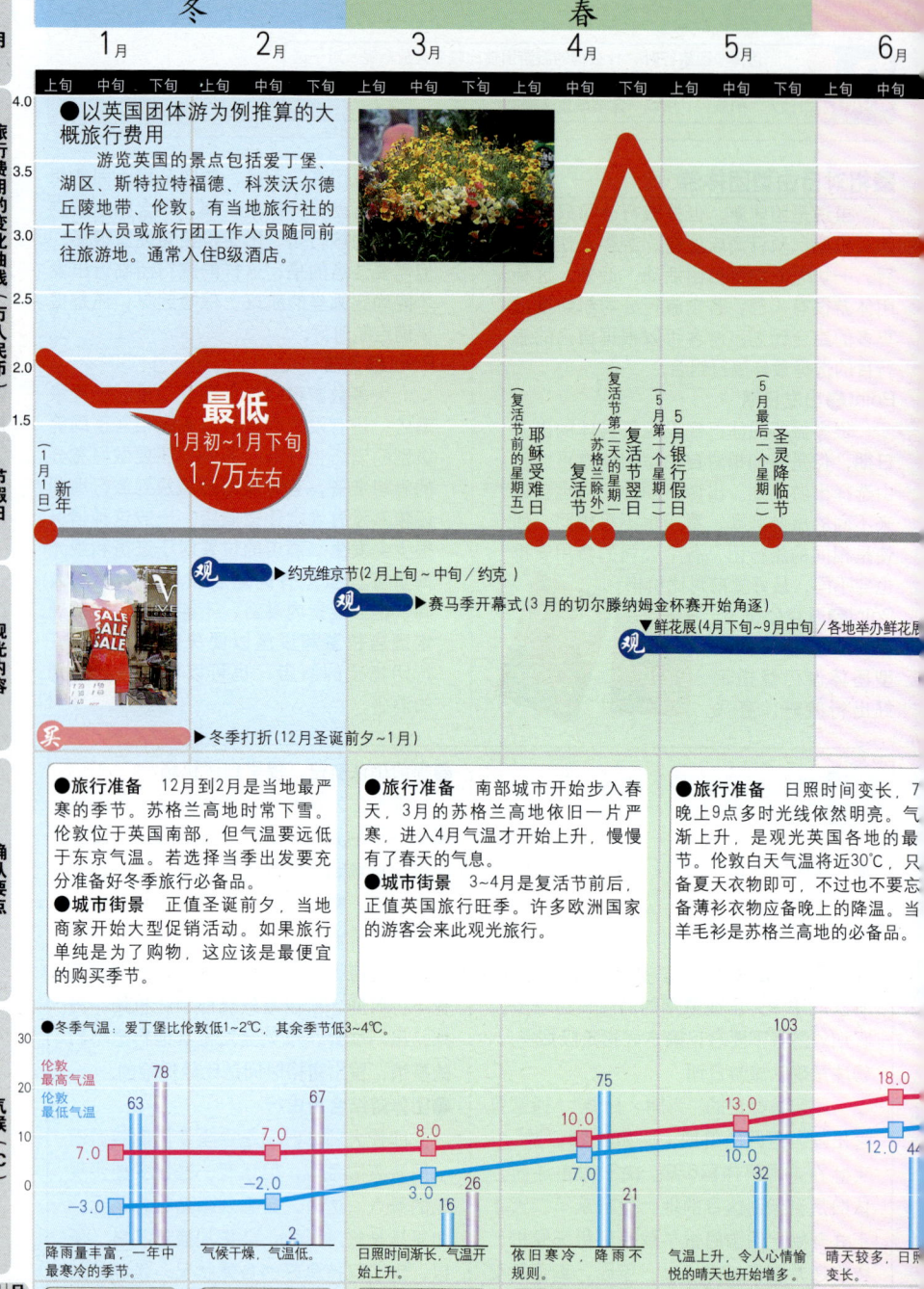

月	冬				春											
	1月			2月			3月			4月			5月			6月
	上旬	中旬	下旬	上旬	中旬	下旬	上旬	中旬	下旬	上旬	中旬	下旬	上旬	中旬	下旬	上旬	中旬

旅行费用的变化曲线（万人民币）

●以英国团体游为例推算的大概旅行费用

游览英国的景点包括爱丁堡、湖区、斯特拉特福德、科茨沃尔德丘陵地带、伦敦。有当地旅行社的工作人员或旅行团工作人员随同前往旅游地。通常入住B级酒店。

最低
1月初~1月下旬
1.7万左右

节假日

1月1日 新年

耶稣受难日（复活节前的星期五）

复活节

复活节翌日（复活节第二天的星期一／苏格兰除外）

5月银行假日（5月第一个星期二）

圣灵降临节（5月最后一个星期二）

观光内容

观 ▶约克维京节（2月上旬~中旬／约克）

观 ▶赛马季开幕式（3月的切尔滕纳姆金杯赛开始角逐）

观 ▶鲜花展（4月下旬~9月中旬／各地举办鲜花展）

买 ▶冬季打折（12月圣诞前夕~1月）

确认要点

●旅行准备　12月到2月是当地最严寒的季节。苏格兰高地时常下雪。伦敦位于英国南部，但气温要远低于东京气温。若选择当季出发要充分准备好冬季旅行必备品。
●城市街景　正值圣诞前夕，当地商家开始大型促销活动。如果旅行单纯是为了购物，这应该是最便宜的购买季节。

●旅行准备　南部城市开始步入春天，3月的苏格兰高地依旧一片严寒，进入4月气温才开始上升，慢慢有了春天的气息。
●城市街景　3~4月是复活节前后，正值英国旅行旺季。许多欧洲国家的游客会来此观光旅行。

●旅行准备　日照时间变长，7晚上9点多时光线依然明亮。气渐上升，是观光英国各地的最节。伦敦白天气温将近30℃，只备夏天衣物即可，不过也不要忘备薄衫衣物应备晚上的降温。羊毛衫是苏格兰高地的必备品。

气候（℃）

●冬季气温：爱丁堡比伦敦低1~2℃，其余季节低3~4℃。

伦敦最高气温
伦敦最低气温

	63	78		67		8.0	75		103	18.0
7.0			7.0				10.0	13.0		12.0 44
-3.0			-2.0	2	3.0 16	26	7.0	21	10.0 32	

降雨量丰富，一年中最寒冷的季节。

气候干燥，气温低。

日照时间渐长，气温开始上升。

依旧寒冷，降雨不规则。

气温上升，令人心情愉悦的晴天也开始增多。

晴天较多，时变长。

日出日落时间

| 8:04/16:04 | 7:38/16:51 | 6:44/17:42 | 6:35/19:35 | 5:33/20:24 | 4:50/21: |

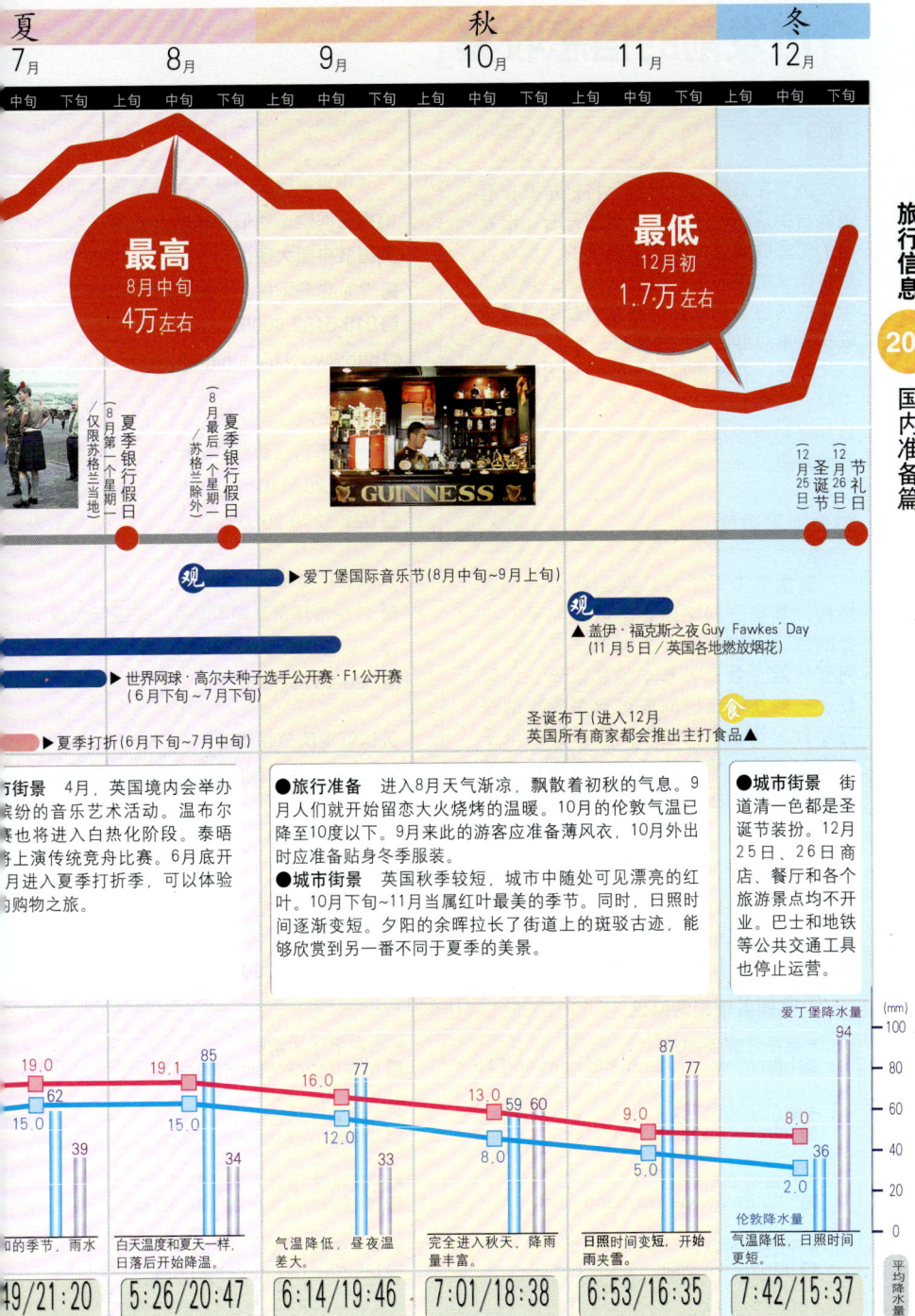

夏　7月　　　8月　　秋　9月　　10月　　11月　　冬　12月

中旬 下旬 上旬 中旬 下旬 上旬 中旬 下旬 上旬 中旬 下旬 上旬 中旬 下旬 上旬 中旬 下旬

最高
8月中旬
4万 左右

最低
12月初
1.7万 左右

夏季银行假日（8月第一个星期一／仅限苏格兰当地）

夏季银行假日（8月最后一个星期一／苏格兰除外）

节礼日（12月26日）

圣诞节（12月25日）

观 ▶爱丁堡国际音乐节（8月中旬~9月上旬）

观 ▲盖伊·福克斯之夜 Guy Fawkes' Day
（11月5日／英国各地燃放烟花）

▶世界网球·高尔夫种子选手公开赛·F1公开赛
（6月下旬~7月下旬）

食 圣诞布丁（进入12月
英国所有商家都会推出主打食品▲

▶夏季打折（6月下旬~7月中旬）

市街景　4月，英国境内会举办缤纷的音乐艺术活动。温布尔赛也将进入白热化阶段。泰晤上演传统竞舟比赛。6月底开月进入夏季打折季，可以体验的购物之旅。

●旅行准备　进入8月天气渐凉，飘散着初秋的气息。9月人们就开始留恋大火烧烤的温暖。10月的伦敦气温已降至10度以下。9月来此的游客应准备薄风衣，10月外出时应准备贴身冬季服装。

●城市街景　英国秋季较短，城市中随处可见漂亮的红叶。10月下旬~11月当属红叶最美的季节。同时，日照时间逐渐变短。夕阳的余晖拉长了街道上的斑驳古迹，能够欣赏到另一番不同于夏季的美景。

●城市街景　街道清一色都是圣诞节装扮。12月25日、26日商店、餐厅和各个旅游景点均不开业。巴士和地铁等公共交通工具也停止运营。

爱丁堡降水量 (mm)

19.0　　19.1　85　　16.0　77　　13.0　59 60　　87 77　　8.0　94
62　　15.0　　　12.0　　　8.0　　　9.0　　　36
15.0　39　　34　　33　　5.0　　2.0

伦敦降水量

的季节。雨水

白天温度和夏天一样，日落后开始降温。

气温降低，昼夜温差大。

完全进入秋天，降雨量丰富。

日照时间变短，开始雨夹雪。

气温降低，日照时间更短。

平均降水量

9/21:20　　5:26/20:47　　6:14/19:46　　7:01/18:38　　6:53/16:35　　7:42/15:37

[出发前的信息收集]

收 集 当 地 信 息

为了在有限的时间里，特别是要在有限的自由活动时间里玩得更加开心，出发前的信息收集工作是非常必要的。现在，很多国家的旅游局在自己的网址上登载了丰富的内容。用电脑待在家中就可以轻松收集大量对自己有用的信息。

此外，在出发前读一些和英国有关的书籍，欣赏一些当地的音乐、电影等都可以加深对旅游目的地的认识，从而增强旅行的乐趣。

■英国旅游局

英国旅游局是推广英国旅游的国家机构，其官方网站内容丰富，如果有机会的话请大家一定要去浏览一下。除了列有气候、景点等基本信息以外，还登载了一些在限定时间内可自由安排的旅行项目。在这个网站上还可以订阅电子杂志。此外，该机构还会免费提供《英国旅游手册》等资料，以方便旅行者获取相关信息。

英国旅游局

HP http://www.visitbritain.com

HP http://www.visitbritain.cn

英国各地旅游网站

● 英格兰旅游网站
HP http://www.visitengland.com/en/EN/

● 威尔士旅游网站
HP http://www.visitwales.com

● 苏格兰旅游网站
HP http://www.visitscotland.com

● 伦敦旅游网站
HP http://www.visitlondon.com

● 坎布里亚旅游网
HP http://www.visitcumbria.com

● 湖区旅游网
HP http://www.golakes.co.uk

● 科茨沃尔德官方旅游局网站
HP http://www.thecostswolds.org

● 爱丁堡官方旅游局网站
HP http://www.edinburgh.org

■英国驻中国大使馆及总领事馆

也可以向英国驻中国使领馆咨询旅游的相关问题，他们的联系方式是：

英国驻中国大使馆

✉ 北京市朝阳区光华路11号 (100600)

☎ 010-5192 4000

HP http://www.ukinchina.fco.gov.uk

英国驻上海总领事馆

✉ 上海市南京西路 1376 号上海商城西峰301室 (200040)

☎ 021-3279 2000

英国驻广州总领事馆

✉ 广州市环市东路339号广东国际大厦主楼7楼 (200040)

☎ 020-8314 3000

英国驻重庆总领事馆

✉ 重庆市渝中区邹容路68号大都会商厦28楼 (400010)

☎ 023-6369 1500

英国驻香港及澳门总领事馆

✉ 香港法院道1号

☎ 0852-2901 3000

208

[出发前的健康管理]

制定宽裕的行程

如果健康出现问题的话，难得的出国旅行就"泡汤"了。所以出发前做充足的准备是圆满完成旅行的关键。

对自己健康有顾虑的人，请尽量选择日程比较宽松的旅行方案。比起紧赶慢赶的行程，还是将自由时间定得充裕一些玩起来更开心。

不要忘记以下问题

- 旅行时当地气候如何？穿什么样的衣服比较合适？
- 每天预计何时出发，何时返回？
- 需要步行的路程较长时，考虑体力方面有没有问题？
- 倘若身体状况出现问题，旅行计划可否取消？
- 能否保证吃药时间？
- 有没有充足的方便时间？
- 如果去当地医院，需要准备哪些东西？

旅行方案确定后要准备

出发前由于准备工作比较繁杂，健康很容易受到影响。此时，就需要注意保持作息规律、睡眠充足以及营养平衡。

患有慢性病的人最好去医院接受医生的检查诊断，并咨询一些旅行时的注意事项。定期去医院做检查、需要每天坚持服药的人，一定要备齐旅行途中所需要的药品，最好多预备一个星期的药量，以应对旅程中出现延期的情况。

此外，牙齿有问题的人，最好出发前在国内治疗，因为治牙等一些医疗费不在海外旅行伤害保险的保障范围内。

对自己健康很自信的人，为防万一，最好也在出发前做一次全面的健康体检。在报旅游团时，很多旅行社都会要求填写健康状况调查表或者出示健康体检表。

出发前要准备

■保险和证件

万一在旅行时生病或者受伤，也只能前往当地的医院接受治疗。这种情况下，购买能够在一定程度上补偿医药费的海外旅行意外伤害保险就显得很重要了。如果不入这些保险的话，一旦去就医将会花费一笔高额的医药费。所以提醒大家最好考虑一下这种保险（详情请参照p.211）。但是这种保险不适用于对慢性病的治疗。

在海外时为了以防万一，一定要准备好看病时所需的证件。能够派上用场的证件有旅行用英文证件、英文病例、英文的药剂说明书等。这些可以请医生或者专业的旅行机构来出具。此外还有专门的机构收取一定费用将中文证件资料翻译成英文，如果有必要也可以前去咨询。切记，准备好的资料一定要随身携带。

■常备药品

需要随身携带的常备药品种类有：感冒药、镇痛药、腹泻药、肠胃药、便秘药、伤口消炎药等，最好是平日里常用的。提醒容易晕车的人不要忘记带晕车药。

如何应对时差困扰

- 最好在出发前每天都保持充足的睡眠，可能的话可在出发前一周尽量契合当地时间（中国和英国相差8小时），开始安排、调整个人生活作息规律。
- 登机后将手表时间调至当地时间，飞机内的用餐时间和熄灯时间是按照当地时间制定的，最好依此安排作息。而且，尽可能在机舱内保持充足的睡眠。
- 如果在清晨或上午到达英国当地，开始可能会有一些困倦，此时建议多进行一些户外活动，也利于调理身体。如果是晚上抵达英国，可饮少量酒后再安然入睡。

[旅行必备品]

护照

护照是由国家发行、国际通用的证明国籍和身份的证件。通俗一点说，护照在国外就相当于国内的身份证，所以去国外旅行，护照是第一必备品。我国护照分为普通护照、外交护照和公务护照三种，公民出境旅游，办理普通护照即可，其有效期为：护照持有人未满十六周岁的五年，十六周岁以上的十年。

■申办流程

准备材料 ▶ 填写申请表 ▶ 提交申请 ▶ 凭证领取

准备齐右边表格内的材料后，即可至本人户籍所在地的公安局出入境管理处办理。在工作人员审核完毕后，会收到一张标有日期的取证回执单，一定要好好保管，领取护照时会要求出示。一般，自收到申请材料之日起十五个工作日内就可以签发护照了。如果因合理紧急事由请求加急办理，公安机关出入境管理机构也会受理的。

领取注意事项

领取护照时最好由本人亲自前去，携带身份证或户口簿，凭取证回执单领取护照；如他人代领，须由代领人携带取证回执单、本人身份证、护照申请人身份证复印件领取护照；还可以采取付费邮寄的方式获取护照。

■换发或补发

护照有效期即将届满的、护照签证页即将使用完毕的、护照损毁不能使用的、护照遗失或者被盗的、有正当理由需要换发或者补发护照的其他情形，护照持有人可以按照规定申请换发或者补发护照。

此外，护照持有人所持护照的登记事项（包括护照持有人的姓名、性别、出生日期、出生地、护照的签发日期、有效期和签发机关）发生变更时，应当持相关证明材料，向护照签发机关申请护照变更加注。需要注意的是，如果身在国内，需由本人向户籍所在地的市、县公安机关出入境管理机构提出申请；如果身在国外，需由本人向中国驻外使馆、领馆或者外交部委托的其他驻外机构提出申请。

第一次申请所需的材料

❶ 居民身份证原件、复印件
❷ 本人户口簿、户口簿首页、本人资料页、变更页
❸ 填写完整的申请表原件
❹ 申换护照需附上原护照
❺ 近期2寸淡蓝色背景彩色证件照1张
❻ 与出入境事由有关的相应材料

◆办理费用与时限

收费标准：200元/本

办理时限：15个工作日

签证

想前往英国旅游，必须先办理英国签证，英国尚未加入申根协定，所以持申根签证无法进入英国领土。中国公民要申请英国签证应到距离居住地最近的英国驻华使领馆在辖区内所设的签证申请中心提交申请。目前，所有签证申请人，必须亲自到英国签证申请中心接受扫描指纹和拍摄数码照片。

英国签证按照目的分为几类，短期观光办理标准访问签证类别即可，其有效期为6个月。

申办护照和签证都需要至少1周时间，最好尽早办理。为了让旅途更加安心，尽量办理境外旅行意外伤害保险。

■具体程序

前往签证申请中心需准备填写完整并签名的签证申请表，此表格可从网上（www.uk.cn）下载。

▼

根据要求提交护照、照片、签证费和其他要求材料及有利材料。

▼

提交申请后，申请人会得到一个查询号码，可以在英国签证申请中心的网站上（www.ukvac.cn）在线查看签证申请的进展情况，或于2~3天后致电英国签证申请中心询问具体情况。一般来说，办理签证所需时间为4~5天，可自取或选择快递方式（需支付快递费用）。

申请签证时所需的材料

❶ 填写完整并签字的签证申请表
❷ 署名签字的护照
❸ 1张护照尺寸的照片
❹ 户口登记簿/户口卡
❺ 支付旅费的一方的资金证明
❻ 申请者单位在职和请假证明
❼ 旅行行程安排，包括机票和酒店的预订
❽ 签证申请费 835元人民币

海外旅行伤害保险

海外旅行伤害保险有很多种，分别对应伤害、疾病、财产赔偿、随身财物，等等。所以游客们要清楚了解保险的种类、内容和支付条件后再选择合适的加入。可以在保险公司、旅行社等地方进行申请购买。在购买前，可以先做一些了解，一般来讲，各个保险公司的保险内容差别不是很大，就看服务质量和信誉。推荐大家在负责组团旅行和购买机票的旅行社中申请，这样一来一旦出现意外，赔偿手续办理起来会比较方便顺利。

■英国签证中心

北京英国签证申请中心
✉ 北京市东城区水井胡同5号，北京 Inn，2号楼A座，9层A区，A901至919室（100010）
☎ 010-6418 5156　🕐 7:30~14:30

武汉英国签证申请中心
✉ 武汉市武昌区徐东路凯旋门广场A座1502室（430063）
☎ 027-8673 7092/8671 3717　🕐 8:00~15:00

沈阳英国签证申请中心
✉ 沈阳市沈河区团结路7-1号楼(华府天地1号楼)23层6室（110013）
☎ 024-8325 1777/8325 1000　🕐 8:00~15:00

济南英国签证申请中心
✉ 山东省济南市泉城路180号齐鲁国际大厦B10-15室（250011）
☎ 0531-8235 0566　🕐 8:00~15:00

上海英国签证申请中心
✉ 上海市黄浦区徐家汇路555号广东发展银行大厦1楼（200023）
☎ 021-6390 1288　🕐 8:00~15:00

杭州英国签证申请中心
✉ 杭州市下城区凤起路334号同方财富大厦503室（310003）
☎ 0571-8586 0123　🕐 8:00~15:00

南京英国签证申请中心
✉ 南京市中山东路18号南京国际贸易中心11层C4（210005）
☎ 025-8479 1011　🕐 8:00~15:00

广州英国签证申请中心
✉ 广州市天河区体育西路189号城建广场215室（510620）
🕐 8:00~15:00

深圳英国签证申请中心
✉ 深圳市福田区福华一路138号国际商会大厦A座二楼06-07室（518048）
🕐 8:00~15:00

福州英国签证申请中心
✉ 福州市鼓楼区五一中路18号正大广场御景台20层（350001）
🕐 8:00~15:00

重庆英国签证申请中心
✉ 重庆市渝中区青年路77号J.W万豪酒店国贸中心3楼3U-7（400010）
☎ 023-6370 4519　🕐 8:00~15:00

成都英国签证申请中心
✉ 四川省成都市青羊区顺城大街308号冠城广场16楼C2（610017）
☎ 023-6370 4519　🕐 8:00~15:00

旅行费用的准备

携带旅行费用的方式

■英国的通货币值以英镑为单位

英国的货币单位是英镑，辅助货币单位是便士。1英镑用英文表示为"1pond"，其复数形式为"ponds"。1便士的话用英文表示为"1penny"，从2便士开始货币单位使用复数形式"pence"。1英镑等于100便士。

※1英镑约合10多块人民币，1元人民币约合10便士。

■一般做法：现金+银行卡

在旅途中，一般使用现金或支付卡方式进行消费。国内银行和机场都可以兑换外币，也可以携带部分人民币前往英国本地兑换成英镑。如果有支付卡的话就可以不用携带大量现金，也不用担心旅行途中金钱被盗，即使出现意外情况也可以在当地取现。其中，使用范围最广的支付卡是维萨卡（VISA）和万事达（MASTER）支付卡。

支付卡的使用场所

○可以使用的场合

酒店、大型商店和餐厅、咖啡馆、车站售票窗口、超市购物、剧院购票窗口等

△可以使用的一些特殊场所

旅游景点和美术馆等特殊场所的入场券

×不可以使用的场所和情形

小商店和零售店、酒吧、公交车、出租车、古董收藏店、申请参加当地的团体旅游项目等

※可以在餐厅、商店等场所的入口处通过确认是否有银行标志，从而判断是否可以使用银行卡。另外，虽然有的场所可以使用，但如果是小金额的话一般是不太受欢迎，应事先准备好现金。

■使用国际借记卡也很方便

如果在自己的国际借记卡银行账户中存入足够的钱的话，也可以在英国当地的ATM中取现，不过此时取现是要被收取手续费的，而且取出的金额也是依照当地当日的外汇率换算后的金额（具体各个银行都不一样，可以事先咨询一下）。

国际借记卡

旅行支票

旅行支票通常是持有人签名后使用，是旅行者使用的消费票据。如果丢失还可以申请补办，使用很贴心。和现金的使用方法一样，可以在银行、汇率兑换处兑换英镑，也可以作为支付购物费用。和现金兑换机构的数量相比，英国有很多信誉良好的旅行支票兑换机构。但是，有的商店和地区不支持使用旅行支票，而且在兑换现金时会要求出示护照，所以最好随身携带护照。

■最初换汇选择哪里比较好

在英国当地和国内兑换英镑，多少会有一些差价。相对来讲，英国方面制定的汇率对国内旅行者不利，而且在当地兑换需要支付一定的手续费，所以最好在国内提前兑换一些英镑带往英国。不过，国内一般只能兑换到纸币，不可以兑换硬币，而且信用卡、旅行支票一般也只能提取纸币。建议还需抵达当地机场后兑换一些需要用到的硬币。如果抵达后没有时间兑换货币，经过希斯罗机场出口大厅时，可在领取托运行李的区域兑换到少量金额的英镑。另外，市内的专门换汇所、银行、邮局以及有些酒店的前台处都能兑换到所需的货币。

携带现金前往旅行目的地是一种危险的做法。最好使用信用卡或国际借记卡，这样比较安全。随身携带的银行卡和现金要分别存放，以避免一起被盗或丢失。

需要带多少旅行费用呢

■视自由活动时间自定消费金额

在当地需要准备的旅行费用，取决于自由活动时间里购买商品的金额。如果自由活动时间多的话，在这段时间里的餐费、交通费等都得自掏腰包。另外自行娱乐、购物时也会有所消费，所以预算要尽量富裕些。

一天中零花钱账本

1天自由观光伦敦市区大概费用（单位：英镑）

早晨支付房间清洁人员小费	1
购买当日公交车、地铁票	6.6
参观伦敦塔	18.7
购买纪念品	10
咖啡馆内买汉堡包和咖啡	10
矿泉水	1
参观圣保罗大教堂	12.5
喝一杯咖啡馆里的卡布奇诺咖啡	2.5
参观当地知名的美术馆	6
在唐人街吃午餐	20
到酒店附近的酒吧内喝一瓶啤酒	3.5

合计：91.8英镑

最低消费预算（单位：人民币）

1天团体游费用 ▶ ××元
半天自由观光费用 ▶ ××元 } ×日数
1日自由观光费用 ▶ ××元

＋

购物及买纪念品的费用

英国部分物价表（单位：英镑）
（价目时有变动，以实地消费为准）

物品名称	价格	备注
矿泉水	1	便利店的一般价格
罐装啤酒（500毫升）	2.5	酒店里的迷你酒吧大约是普通价格的3~4倍
酒吧的冰镇啤酒	3.5	一玻璃杯容量的葡萄酒是4英镑
咖啡馆里的一杯咖啡	1.5	和酒吧价格相差不多
午餐	10	酒吧的午餐价格是普通价格的5~6倍
下午茶	15~	酒店茶室的价格在20英镑以上
晚餐（普通餐厅）	20~	意大利餐厅和中国餐馆比较经济划算
晚餐（高级餐厅）	35~	可以品尝套餐组合，饮料的价位也很高
地铁票 公交车票	4 2.2	基本费用，持当日乘车票可以1天中多次使用
出租车	2.2	起步价是2.2英镑。去往伦敦市区大约消费10~15英镑
景点观光费用	1~20	有很高观赏价值的景点观光费用比较高
美术馆、博物馆	5~	公共组织运营的美术馆和博物馆免费开放
观光地的纪念品	不定	视购买物品而定，不过一般比国内的纪念品价格高
打往中国的国际电话	不定	视拨打时间而定，使用酒店房间的电话需额外付费

团体旅游中不包含的费用

- 国内自己从住所到机场的交通往返费用、住宿费。
- 当地机场和国内机场的机场税、海关税（申请团体游时一起支付）
- 小费
- 自由观光期间的消费
- 酒店内迷你酒吧的消费、客房服务费用、洗衣费用、电话费用等
- 用餐时个人额外追加餐饮费（一般不包含酒水饮料）
- 行李托运费
- 医疗费

服装和随身物品

气候与着装

英国属于温带海洋性气候，因有暖流经过，所以尽管气温不高，但是也不是太寒冷，冬天积雪量也不多，即使隆冬季节气温也很少会达到零度以下。只是，英国是南北狭长的国家，苏格兰和英格兰南部的气候特征大不相同。在苏格兰，夏季时，长袖的上衣和薄毛衣还是必需品呢。伦敦气候和北京相差不大，夏天也会出现多日30摄氏度以上的酷暑天，春末到夏初时节气温多在20摄氏度左右，比较舒适，利于出游。另外，英国天气变化无常，晴天的时候也时有太阳雨，提醒不要忘记随身携带雨具。总之，为了舒适地享受畅游英国的乐趣，就需要随时根据当地气候变化来准备出行的衣物。

● 春天/4月～5月。这段时间属于春天的严寒期转入初夏的升温期，气候往往多变。此时防寒上衣是出行必需品，如果选择这个季节去英国旅行，最好提前准备好应对各种天气的服饰。

● 夏天/6月～8月。天气晴朗时只需穿着一件T恤即可。但阴天或者傍晚时分，气温就有点儿转凉，最好外加一件夹克或薄毛衣。

● 秋天/9月～10月。8月下旬开始，英国进入初秋，到9月份时，薄毛衣就是出行的必备品了。

● 冬/11月～3月。度过短暂的秋天，真正的严寒就开始降临英国了。3月份时虽然日照温暖，但是气候变化无常，经常会遇到冰雨降临的寒冷天气。

■需要盛装打扮的情形

携带旅行的服装要视当地的气候来定，这是基本原则，不过有时也需要盛装打扮一番。例如，如果日程安排中有去高档餐厅用餐或者去剧院欣赏演出，最好准备晚礼服。如果身穿牛仔裤、短裤、短裙出入这样的场所，会给人留下一种不懂礼仪的感觉。如果没准备专门的晚礼服，男性最好着一套正装，女性也可以同样准备一套正装或者连衣裙，最好搭配衬裤或衬裙穿着，要注意不要露出过多的肌肤，颜色也不要太显眼。至于鞋子，最好能穿皮革质地的鞋，但如果实在没有的话，穿比较自然的休闲鞋也没问题。

■逛街休闲时的服饰

逛街时穿着休闲合身的服装即可，要提醒的是应该选择一双合脚舒适的鞋，以减轻旅途的劳累和辛苦。另外，如果身穿一些奢华服饰或佩戴名牌首饰，容易成为小偷盯梢的盗窃目标，所以最好慎选。再者，如果逛街时购买了一些名牌产品，用店里的原包装袋一般比较醒目，也容易成为盯梢目标，建议最好将物品转到其他普通包装袋里存放。

收拾行李

■预留行李空间

一般游客在整理行李时，总是想如果携带某件物品的话会比较方便，结果不知不觉一堆物品就塞满了整个行李箱。这里还是提醒游客，一定要认真确认物品明细，不妨分成以下3类来收拾行囊：必备物品、可有可无的物品、不带到当地也可以购买到的物品。如果乘坐经济舱，最多考虑到前往旅行地的诸多不便，不经意间往往会塞满很多行李。但是旅行结束时，一定会因为购买一些当地纪念品致使行李增多。所以旅行前准备行李时以必要和量少为基本原则。

重物放在下边，上边放一些轻便的东西

可以托运20千克的行李，而且回国时肯定还会购买一些当地的特色物品或者买给亲友的纪念品。所以，一定要提前预留返回时所购买物品的空间。

打包行李的方法

一般外出旅行，都会携带带轮子的拉杆箱，一定要注意搬运行李的时候有轮子的一面朝下，将重物、损毁后也不碍事的物品放在行李箱下方，上面放置一些轻便的服饰类行李。内衣和袜子等一些容易散落的小物品和服饰类区分放置，最好用包装袋独立收纳。整理行李时尽可

能做到少而精。

■准备服饰以"轻便"和"适用"为基本原则

当乘坐往返时间比较长的航班时，最好穿着舒适的服装，避免穿着像套装一样的贴身服饰。最好按照当地气候和习俗穿着，另外服饰的质地最好不容易褶皱，这样可以卷成一团放入行李箱，以节省空间。最好多准备一些内衣和袜子。内衣可以在酒店洗净，身穿的着装很难做到每天清洗。因此，游客最好准备塑料包装袋收纳换洗的服饰。

■逛街时要注意看管好随身物品

在外出观光时不妨准备一些轻巧便携、又不太醒目的包装袋，用来放置购买的小物件。贵重物品最好放在贴身且有封口的包中。虽说双肩背包可以解放双手，但很容易被小偷用刀划破，所以建议还是不要把贵重物品放入后背包中。也不推荐使用腰包，一来有时会忘了拉上包的拉链，二来也有点向盯梢者昭示自己游客的身份。

建议携带的方便物品

★变压器和转换器

英国的电压是240伏特，50赫兹，中国的电器不能直接使用。因此，有必要准备变压器和旅行用的BF插座。具有变压功能的电器只需要准备插座即可。

★常备用药和英文诊断书

虽然英国当地可以购买到常用药品，但是可能和国内服用习惯的药品的功用有所区别。可从国内携带一些治疗腹泻、止痛、治感冒的常用药品。另外，如果携带一份英文诊断书会在使用时更方便。

★储存卡、电池和充电器

如果大量使用数码相机、摄像机、智能手机等进行拍摄时，建议准备存储卡、电池、充电器等配套用品。

★计算器、备忘录和电子词典

需要用计算器计算汇率或者逛街购物进行比价、砍价时，可以发挥上述产品的威力。

★封口包装的塑料袋

用来封装易漏的液体或者怕沾水的物品时比较好用。

★多功能小刀

多功能小刀是旅游中的又一方便物品。不过，搭乘飞机时有规定禁止将刀具、指甲刀、缝纫用的剪刀等带入机舱，建议可放在托运行李中。

★其他一些便利品

雨伞收纳袋、个人洗漱用品、湿巾和拖鞋等物品。

出入境篇 [前往机场]

● 北京首都国际机场　官方微博 http://weibo.com/bjairport　E-mail: service@bcia.com.cn
www.bcia.com.cn　24小时客户服务 ☎86-10-64541100

■ **乘坐机场快轨前往 非常便捷！**

沿途共设4站，到达机场T3航站楼大约需20分钟。另外，机场快轨与地铁2号线的东直门站和10号线的三元桥站均有换乘站。单程票价为每人25元，发车间隔全天均为10分钟一班。运营时间为：T2：06:35~23:10；T3：06:20~22:50；东直门：06:00~22:30

■ **乘坐机场大巴前往 行李多也没关系！**

开设市区巴士和省际巴士。市区有方庄、西单、北京站、公主坟、中关村、奥运村、西客站、上地、亦庄、北京南站10多条线路。可就近选择停靠站搭乘。统一票价单程16元/人。周边城市旅客可选乘5条省际巴士线路。省际巴士则依距离远近价格有所不同。 机场巴士服务热线电话为010-64594375/76

■ **乘坐出租车前往 无须换乘，打表计价**

北京出租车的费用按跳表计算， 起跳价10元， 每公里加2元。夜间行驶时(23:00~次日5:00)计价器会自动加价20%。现在还需要多付3元的燃油附加费。正规出租车上均有收据打印机，下车前记得索取收据，上面有出租车公司的电话，若不慎在车上遗失物品还可打电话询问。

● 上海浦东国际机场　☎021-96990　www.shanghaiairport.com

■ **乘磁悬浮前往 无须换乘，非常便捷！**

在龙阳路地铁站可搭乘磁悬浮列车前往机场，分单程价格每人50元和往返价格每人80元（普通票）两种，运行时间为6:45~21:40，每日19:02前15分钟发一趟车，19:02后20分钟发一趟车。

■ **乘坐地铁前往 方便快捷！**

可以选择乘坐地铁2号线（绿色）到达或者离开浦东国际机场，不过需要在广兰路站进行换乘。注意，2号线地铁在机场与广兰路站之间的运营时间为6:00~22:00，每8.5分钟发一趟车，乘坐很方便。

■ **乘坐机场大巴前往 行李多也没关系！**

目前，浦东国际机场共有大巴专线8条，外加浦东机场环一线和浦东守航线，可就近选择停靠站搭乘。关于大巴具体线路及票价，可参见上海浦东国际机场官方网站查询。

■ **乘坐出租车前往 无须换乘，打表计价**

上海出租车的费用按跳表计算，起跳价12元，也有日间（5:00~23:00）行驶价格和夜间（23:00~次日5:00）行驶价格。正规出租车上均有收据打印机，下车前记得索取收据，上面有出租车公司的电话，若不慎在车上遗失物品还可打电话询问。

即使是配有导游的旅游团有时也需要自己前往机场。如何能够又准时、又经济顺利地到达机场呢？关键是需要选择合适的交通工具。

● **广州新白云国际机场**

咨询电话：020-86137273　　航班查询台：020-36066999
机场投诉电话：020-36066315　机场民航售票处：020-86130099（国际）
航站楼急救站：020-36062664　空港快线查询：020-86122102
行李寄存台：020-36066854　　机场行李查询：020-36066790（国际）
E-mail：sev@baiyunairport.com　　www.baiyunairport.com

■**乘坐地铁前往　非常便捷！**

　　乘坐地铁3号线的北延伸段（体育西路至机场南站）可往来机场与市区之间，机场地铁位于航站楼地下1层。

■**乘坐机场大巴前往　行李多也没关系！**

　　有两种，分别是空港快线与机场快线，1~4号大巴为空港快线，5~10号为机场快线。同时机场还有前往周边城市的直达班车，很方便。

■**乘坐出租车前往　无须换乘，打表计价**

　　机场设有两处出租车搭乘处，分布在航站楼两侧。一般从市区前往机场费用相对比较高，要100多元。

■集合时的注意事项

确认集合的航站楼

　　在首都国际机场内有1号、2号和3号3个航站楼。在出发前一定要跟旅行社确认是在哪个航站楼登机。从东直门可乘坐地铁到达2号航站楼和3号航站楼。万一抵达了错误的航站楼的话可以乘坐免费的区间车（需15分钟）前往另一个航站楼，所以也不用过于担心。此外，上海浦东国际机场也有2个航站楼。广州新白云国际机场只有1个航站楼，这一点一定要注意。

提前多少时间到达机场

　　大多数旅游团都是在飞机起飞前2~3小时在机场集合。

　　即使抵达机场后，找集合地点也要花费不少时间，这样算上办理登机手续所用时间，再碰上高峰期排队等候、出国审查等，提前3小时到也不算早。尤其出门在外，难免会发生什么意外或者麻烦，所以留出点富裕时间是最保险的。

　　另外，虽说报了旅行团，但是从自己的住所到机场这一段的交通费还是要自理。如果出现因列车晚点而延误航班的事，那和交通运输部门及旅行社都没有关系，所以也不要指望旅行社会返还旅费。一旦出现了赶不上集合时间的情况，要立刻与旅行社的相关人员联络，以商讨善后之策，看能不能改签飞机票，不过最好不要出现这样的情况。

■如何妥善搬运行李

利用快递把行李运到机场

　　把行李箱这样重的行李运到机场是一件很艰苦的事情。如果没有专人送站，不妨考虑用快递服务，其费用根据距离、重量会有相应变化，花些钱可以省去不少麻烦，回来时也同样可以采用这样的方式运送行李。最好提前1天预约，在快递人员取行李时，一定要收拾好。另外也不要忘了问清楚在机场的什么位置取行李。

[乘飞机&出国]

善 用 机 场

■不花时间就能够兑换货币的方法

在北京首都国际机场、上海浦东国际机场、广州新白云国际机场里都设有外币兑换所，可以很方便地把人民币兑换成外国货币。

随着时代的发展、技术的更新，现在的服务种类也是多种多样，比如北京首都国际机场内就设有自动货币兑换机，只要按照操作步骤进行，就方便快捷地兑换到自己所需要的外国货币了，即使不懂怎么使用，还可以咨询机器旁的工作人员。

不过在出游高峰时节，即使是自动货币兑换机前还是会排起长长的队，这时不妨去有些银行设在机场内的营业网点办理相关业务。

在北京首都国际机场就有中国银行设立的北京首都机场分行，里面设有专门窗口来处理兑换货币和办理旅行支票的业务，所以在别的兑换地都很繁忙的时候就可以来这里了。

此外，一般在到达口的兑换窗口一般人都比较少，而出发窗口的货币兑换所总是很繁忙。

■使用触摸屏来获取目的地的信息

一般机场内都有可以浏览目的地信息的触摸屏电脑，可以利用它获取自己感兴趣的相关信息。如果在登机前还有空闲时间的话不妨去看一看。

■尽快办理出境手续，然后放松一下自己的身体

一般机场都设有休息室，不过只有在接受完出国审查后才可以进入。所以可尽快办完出境手续，然后为长时间的旅途做好准备！

■可以把在免税店买的东西寄回家

机场免税店都可以应旅客的要求将买到的酒、巧克力等寄回家。旅客可以在出发前选好商品，然后指定日期让商店寄送。这样既可以全心享受境外旅行，又可以免去回国时报关的麻烦。寄送的具体费用请咨询免税店。

出境中国携带液态物品须知

乘坐从中国境内机场始发的国际、地区航班的旅客，其随身携带的液态物品每件容积不得超过100毫升（ml）。盛放液态物品的容器，应置于最大容积不超过1升（L）的、可重新封口的透明塑料袋中。每名旅客每次仅允许携带一个透明塑料袋，超出部分应托运。婴儿随行的旅客携带液态乳制品，糖尿病或其他疾病患者携带必需的液态药品（凭医生处方或证明），经安全检查确认无疑后，可适量携带。

218

POINT 注意 办理登机手续所需的时间约为1~2小时。如果不是旺季的话可能会快一点。手续的流程各个机场都是大同小异。如果想在免税店购物，要尽早办理出境手续！

登 机 手 续

● 办理登机手续

在旅行社指定的集合窗口领取机票后，就可以办理登机手续了。在窗口出示护照和机票（电子机票）。然后办理托运手续，领取行李票和登机牌。

及早完成购物

购买旅行用品和日用品、兑换货币这些事情都要在接受安检前完成。在接受安检后，就不能再回到有众多商店的出发层了。在安检后只有小商店和咖啡厅还可以进入。

出 国 手 续

● 安检、通关

首先是对随身携带的物品进行检查，同时使用金属探测仪对身体进行检查，如果随身携带着手表等金属制品的话就需要放到托盘上交给工作人员。

检查随身携带的物品

近年来，受恐怖袭击事件的影响，各大机场的安检越来越严格。而托运的行李因为会受到X光的强烈照射，即使是放入胶卷保护袋中，胶卷也会感光。所以在带有胶卷的情况下一定要随身携带，并接受目视检查。

如果身上携带的现金金额超过5000元人民币，一定要申报海关。

● 候机

通过安检后，查看登机牌上的登机口编号，找到与登机口对应的候机厅。每个候机厅的位置，机场都会有显示屏显示，不清楚可以问机场服务人员。时间早的话，可在候机厅休息，等广播通知登机。进入隔离厅后，在登机牌显示的登机区域候机，可以把身份证件、机票放置保管好，只留登机牌登机。

● 登机

登机时间一般在起飞前的20～30分钟。起飞前5分钟（无托运行李的旅客）、起飞前10分钟（有托运行李的旅客）不能到达登机口的旅客，将不能登机。登机后找到自己的座位坐下，扣上安全带，起飞前要关掉手机。

注意长距离飞行所引发的静脉血栓症

长时间保持坐姿不动会使下半身血流不畅，血管内的血液凝固引发病症。不过，只要保证充足的水分摄入、站起来走走都可以缓解症状。

[入境英国]

抵达英国，办理入境手续

●接受入境检查 *Immigration*

飞机抵达目的地后，首先要接受当地海关的入境检查。此时应准备好护照、入境登记表等资料。入境登记表通常是在登机后不久在飞机上有航班工作人员发放的，可以在飞行途中填写好收起来，抵达目的地后再取出来以备海关检查。可参照p.221填写的入境登记表格式范例，工整填写。英国办理海关检查的窗口分为欧盟国家和其他国家，中国人在其他国家窗口办理。检查时通常会被提问入境目的、逗留时间等问题，可参照下页的"简单会话"进行回答。

●领取行李 *Baggage Claim*

结束入境检查后可以前去提取自己托运的行李。一般，行李会根据飞机班次从不同的行李带上运出，在领取行李时最好提前确认登机牌和行李牌上记载的班次和编号，注意不要误取行李。另外，行李抵达会花费一些时间，不妨利用这段时间处理一些其他事情，如兑换当地货币等。

●海关检查 *Customs*

领取行李后，可前往海关登记处接受检查。如果携带的行李中有需要缴税的物品，会领到一张红牌卡；如果携带的物品中没有需要缴税的物品则会发放一张绿色卡。只要不携带十分明显的大件行李时，一般是不会检查行李的。另外，还要考虑到物品申报手续的事情，个人携带的物品最好在免税品范围内比较省事。

通过海关安检后前往入境大厅。如果有当地工作人员接机，最好将有团体旅游名称的标志放在醒目处以便被识别。

希斯罗机场

POINT 注意

大部分团体游的出入境城市是伦敦或爱丁堡。从中国直飞往伦敦大约需要11个小时左右，如果选择中转换乘，那航行时间会更长。

入境登记表的填写示例

❶ Family name　姓氏

❷ First name　名字

❸ Sex　性别（男性填写M，女性填写F）

❹ Date of birth　出生年月（按照日、月、年顺序填写，每格填写两位数字）

❺ Town & country of birth　出生地（城市名和国家名）

❻ Nationality　国籍

❼ Occupation　职业（家庭主妇HOUSEWIFE、公司职员OFFICE WORKER、退休人员RETIRED）

❽ Contact adress in the UK　在英国期间的居住地（入住酒店的名称和地址）

❾ Passport no.　护照号

❿ Place of issue　护照发行地

⓫ Length of stay in the UK　在英国逗留的时间

⓬ Port of last departure　最后返程的机场

⓭ Arrival fright　搭乘航班（机票上标记的英文和数字）

⓮ Signature　签名（签名要和护照签名一致。可以用汉字签名。）

■英国主要的机场

●伦敦希斯罗机场

从中国出发，有4家航空公司可以直飞英国伦敦，其中乘坐中国国航、中国东航和维珍航空公司的航班是在3号航站楼，乘坐英国航空公司的航班在5号航站楼。航空公司不同，抵达伦敦的时间也不相同，最好出发前加以确认。

从英国机场到市区，如果游客参加团体游可以乘坐专门的接机巴士。如果是个人前往，游客可以乘坐希斯罗机场快车到达英国市区西部的爱丁堡车站，大约15分钟。也可以乘坐出租车前往，大约45分钟，花费50英镑。如果乘坐地铁前往市中心大约1小时，花费5英镑。

●爱丁堡机场

爱丁堡机场位于英国市区中心以西15公里的地方。只有一个航站楼，1层是航班抵达大厅，2层是出发大厅。从机场到市区大约30分钟，每隔10分钟会有一趟机场巴士运行。

简单会话

●你来英国的目的是什么？

What's the purpose of your visit？

●观光。

Sightseeing.

●你打算逗留几天？

How long are you going to stay？

●4天。

Four days.

●你要住在哪里？

Where are you staying？

●我要住在ABC酒店。

I'll stay at ABC hotel.

※如果乘坐中国航班前往英国，入境登记表可以使用中文填写。

[回国]

从英国搭机回国

● 收拾行李

收拾行李时，最好分成托运、随身携带两部分。首先要确保护照和签证随身携带并放在方便拿出的地方，然后将相机、摄像机等贵重物品及办理登机手续时需要申报的免税品都放在随身行李里。而水果刀等刀具则一定要托运。免税品在接受完出境检查后可以拿到，所以记得也要随身携带。

托运行李的重量限制

根据航空公司、线路、机票种类的不同限制重量也不一样。一般在乘坐英国的经济舱时，允许携带1件重量不超过23kg的行李。超出标准的部分需要支付高额的罚金，所以一定要事先在旅馆把超出标准的部分用国际快递寄回国，详情参见p.229。

● 酒店退房

在跟团旅游时，一般要求在飞机起飞前2小时抵达机场。注意早上的航班一定不要迟到。此外，不要忘记办理诸如酒店附加服务、在前台寄存贵重物品等相关手续。

一定要早点出发

如果是自助游的话至少要提前2小时到达机场，事先要对交通状况和路上所需时间进行估算。如果需要办理免税手续的话，就要更早一点儿出发了。如果是早上出发的航班，尽量在前一天晚上就在前台预订好出租车。

● 登机、出境手续

抵达机场后首先是办理登机手续。需要托运行李，领取登机牌、行李牌等，尽量早一点完成登机。

在出境窗口会有工作人员提醒准备护照、签证、ETA卡、登机牌、出境卡，在查验完毕、出境官员盖上印章后手续就算办完了。

兑换人民币

如果手头还剩下没用完的英镑，那么在接受完出境检查后就可以去兑换成人民币了。因为在国内不能够兑换硬币，所以在回国前尽量把它们都花光。

此外，机场建设费要在上飞机前使用英镑缴纳，不过如果乘坐英国航班的话，机场建设费就已经包含在机票价格内了。

● 乘机回国

POINT 注意

伦敦希斯罗机场比较繁忙，有很多乘客在此登机，所以机场内总是一片拥挤。仅办理登机手续就要花费1小时，这种情况并不少见。回国的时候请尽量空出充裕的时间办理相关手续。

●免税手续

在海外旅客购买商品时，可以返还一部分（14%）消费税（VAT）。免税手续详情请参照p.231。

申请退税的方法

①在当地机场的退税窗口申请英镑退税。

②在商店索要退税专用信封，填写支付卡账号后投入邮筒中。之后退税会以汇款的形式返还。

③在国内机场的退税窗口可以接受人民币现金的退税。

入境中国时的免税范围

酒精饮料	2瓶（12度以上，1.5升以下）
烟草制品	
香烟	400支
雪茄	100支
烟丝	500克

禁止进境的物品

1	各种武器、仿真武器、弹药及爆炸物品；
2	伪造的货币及伪造的有价证券；
3	对中国政治、经济、文化、道德有害的印刷品、胶卷、照片、唱片、影片、录音带、录像带、激光视盘、计算机存储介质及其他物品；
4	各种烈性毒药；
5	鸦片、吗啡、海洛因、大麻以及其他能使人成瘾的麻醉品、精神药物；
6	带有危险性的病菌、害虫及其他有害生物的动植物及其产品；
7	有害人畜健康、来自疫区的以及其他传播疾病的食品、药品和其他物品

●回国后要接受入境检查

在到达国内机场后，手持护照前往入境检查窗口。在接受完检查后，按照自己的航班号领取行李。万一出现找不到自己行李的情况，可以拿着行李牌向机场工作人员咨询。领到行李后需要接受海关的检查。如果身上携带的物品处在免税范围内可以直接走出绿色检查台，如果超出规定部分需要在红色检验台接受检查。

如果身上携带有需要检疫的动植物制品的话先要前往海关前的检疫台检疫。

携带物品、寄送物品申报单

在旅途中，乘务人员就会提前分发报关单。如果身上携带着超过免税范围商品的话，需要填写报关单。此外，还有寄送行李报关单，在填写完毕后需要交给寄送行李报关窗口。

※衣料、衣着、鞋、帽、工艺美术品和价值人民币1000元以下的其他生活用品，属于自用合理数量范围内的可免税，其中价值人民币800元以上、1000元以下的物品每限限1件。

※进境居民旅客携带在境外获取的个人自用进境物品，总值在5000元人民币以内（含5000元）的；非居民旅客携带拟留在中国境内的个人自用进境物品，总值在2000元人民币以内（含2000元）的，海关予以免税放行，单一品限隶自用、合理数量，但烟草制品、酒精制品以及国家规定应当征税的20种商品等另按有关规定办理。

火　车

铁路交通起源于英国，当地的铁路网基本覆盖了英国境内的所有领土。英国颇有历史的国有铁路公司现已民营化，统称为"大不列颠火车运营公司"，旗下有20余家民营铁路分公司。英国民众对于火车老化引起的车辆故障和铁道补修工程等问题已经习以为常。即便如此，火车还是人们出行的便利交通工具，

英国列车快捷又舒适

而且英国还面向游客实施了一些优惠的乘车制度。（可参考右下方框里的内容介绍）

■列车种类

特快列车 InterCity

特快列车连接主要都市，负责中长距离的旅客运输。车型主要有两种，分别是时速为125英里（200公里）的InterCity列车和时速为140英里（225公里）的新型InterCity列车。两种车型都不需要另加特快费，除了旅游旺季和一些人气旅游路线外，一般也不需要提前预订火车票。特快列车车厢分为一等和二等，即使二等也是宽敞的双人座，内设简易餐车。如果乘坐设有小型会客室的Pulman Car车型，需要提前预约，费用相当于一等车厢的票价。

地方列车

地方列车是连接伦敦近郊和地方城市之间的主要列车干线。列车会在每个站点停靠，也设有特快车厢。如果游客想要惬意十足地观光英国各地的话，地方列车是个不错的选择。

卧铺车 Sleeper

卧铺车是连接伦敦和苏格兰及英格兰西南部之间的长途列车。如果想要乘坐，需要提前预订，也可以事先在车站的购票窗口购买卧铺票。这种卧铺车的一等车次是单人间，二等车次是双人间。乘坐卧铺车，可在舒适的休憩中抵达目的地，是一种比较享受的旅行体验，想进行个人自助游的游客不妨坐坐英国的卧铺车，畅享一段舒服的旅行时光。

■火车票的种类和票价

英国火车票分为一等车票和二等车票，一等车票的票价相当于二等车票的1.6倍。需要注意的是，每周五和夏季的周六，当地都会提高票价。每种规格的车票都有单程票和往返票之分。如果想参加一日游，还是购买往返票比较划算。虽说特快列车的车票不像国内那么抢手，但提前预订的话还是比较妥当放心。随着不同的时间和不同的路线，车站还会出售各种打折车票，不妨多加利用。

也可以在车站自动售票机前购买车票。只需输入目的地、张数、车次级别、往返或单程，放入需要的钱数，就会自动出票。购买时还可以使用信用卡付车票钱，很是方便。购买一日游的往返票时，不要忘了操作返回指示键。

英国列车车票

当日、当月往返的打折票

如果返程时避开早高峰，可以很顺利地买到便宜的当天回程票，票价基本可以低至五折。不过，打折票只限乘坐往返80公里以内的二等车次时才能使用。

当月回程票是1个月以内的往返打折票，也是只限乘坐往返80公里以内的二等车次时才能使用，平时高峰时段不能用。另外，还有当月回程超级票等多种票类，虽然价格便宜不少，但多是有日期限制的。

英国火车月票

购买火车月票周游英国境内非常便利。只要在有效期内，游客即可随便乘坐英国全线火车车次。月票种类不同，可以设定使用日期，比如购买2个月有效期的月票，也有只限在伦敦近郊通用的月票等。当地还发售各种欧洲通用打折票，对于喜欢乘坐火车旅游的人来说，购买不同的月票会给旅行增添异样的愉悦。只是，无论哪种月票都不能在目的地购买，出发前需事先咨询一下相关部门。

POINT

英国的交通网络便利发达。如果打算前往一些适合悠闲漫步的地方城市，可以选择乘坐抵达当地的列车或长途汽车，也可以乘坐英国国内短途航班，以实现高效率旅行。

汽　车

长途汽车 Coach

英国长途汽车和铁路一样，基本连接各地城市，网络覆盖全国，且价格合理，其票价只有火车票价的一半。伦敦维多利亚车站附近的长途客车站有发往英国各地的长途汽车。因为每个城市中心都设有长途汽车站，所以如果想游玩附近城市的话，乘坐长途汽车还是比较便利的。再者，英国拥有完善的高速公路网，相信途中也不会花费很长时间，这点可以放心。

车票种类

长途车票大致有四种，包括单程票、当日往返票、6个月有效的普通返程票以及有时间限定的经济往返票。和火车票价相同，购买往返车票价格能够便宜一半。

租　车

英国道路设施完备，如果要享受自驾旅行乐趣的话，可以考虑将租赁来的汽车作为主要的交通出行工具。现在通信网络发达，办理这项业务很方便。如果对租车指南上介绍的车辆没有把握，可提前在国内预约办理，而且有时提前预订，价格会更便宜些。不过，要注意租赁汽车必须要满足当地规定的汽车租赁资格条件，另外还须准备信用卡、驾照及护照等资料。

■英国的交通情况

"M"表示高速道路，英国机动车道限速每小时70英里（大约112公里），不征收路费。干线道路是A国道，二级道路的B国道有三种。A、B国道限速每小时60英里（大约96公里），市区行驶限速在30英里以下，另有更多详细的划分规定。

英国当地的汽车方向盘在右，左侧通行，交通标志依照国际标准设置。尤其是左侧通行和国内右侧通行的规定有所不同，对国人来说多少有点不习惯，需要一段适应时间。还有一些在国内不是很常见的交通规则，比如在没有设置Roundabout（环岛行驶）的广场中可以环绕交叉穿行，如果选择租车自驾旅行的话，最好事先了解一下当地的交通规则再上路。

英国航班路线图

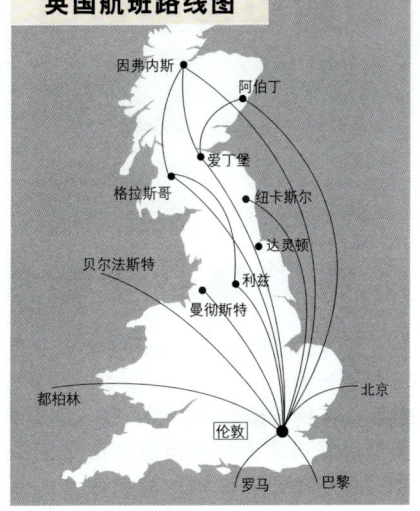

飞　机

英国国土面积不大，但是考虑到远距离出行的劳顿及时间成本，还是乘坐飞机比较方便、划算。参团旅游时可以在伦敦换乘飞往爱丁堡的航班。英国国内航线也很发达，主要的城市一般都建有机场。通常利用最多的航班线路莫过于从伦敦飞往爱丁堡的航线，单是希斯罗机场每周就有140多次航班往来运行。承担运送旅客的航班公司主要有英国航空公司（BA）、英国中部航空公司（BD）和价格便宜的易捷航空公司（Easyjet）。前往当地的航空公司办事处即可购买到机票。

目的地	飞机	火车	长途汽车
因弗内斯	1小时45分钟	8小时10分钟	12小时30分钟
格拉斯哥	1小时20分钟	4小时10分钟	8小时55分钟
爱丁堡	1小时20分钟	4小时15分钟	8小时40分钟
约克	——	2小时	5小时
牛津	——	1小时	1小时40分钟
卡的夫	——	2小时	3小时10分钟
埃克塞特	——	2小时	4小时30分钟

※伦敦—爱丁堡的夜间长途汽车需要9小时40分钟。

货币和兑换

通 用 货 币 的 种 类

226

英国的通货单位是英镑（£），辅币是便士（p）。1£=100P。

纸币： 英镑纸币有50、20、10、5四种类型。纸币表面均为伊丽莎白女王头像，币值不同，纸币的颜色和大小也不同。苏格兰当地有独立发行的英镑纸币，可以在当地通用。

硬币： 硬币种类除了1、2英镑硬币之外，还有50、20、10、5、2、1便士硬币。

兑 换 货 币 有 窍 门

■在哪里兑换货币比较划算

国内各银行之间的兑换比率大致相同，英国却大不相同。在英国，不同兑换机构之间的外汇兑换率也不相同。伦敦和爱丁堡这样的大都市中有各种专门的货币兑换机构，但是兑换率却各不相同。即使很大的货币金融公司，也会因机构不同兑换率也不同。

兑换率最划算的莫过于位于玛莎百货店的兑换处或者邮局，不仅兑换率高，而且不收取手续费，治安相对安全。如果准备在伦敦和爱丁堡兑换货币，推荐来此兑换。伦敦柯文特花园火车站前的商店内和爱丁堡的王子街分别

设有玛莎兑换机构。

银行

机场银行24小时营业。市内银行营业时间是9:30～16:00，周六、周日休息。需要注意的是并不是哪家银行都可以兑换到货币，有的银行开设有兑换窗口，有的则没有。

货币兑换处

专门的货币总换机构的兑换率也不尽相同，这点也需要注意。有的机构兑换率高，手续费也相当贵。不过，这类的专门机构，一般营业时间都是从早上一直到深夜。

酒店

有些酒店内24小时接受货币兑换业务，只是比率很低。如果不是该酒店入住客人的话，有的还会另外加收手续费。

■确认金额

兑换后，一定要当场确认递交到自己手中的货币金额和花费的手续费。

■查看汇率的方法

兑换货币时，需要确认店内的当天汇率表。大致可以通过国旗了解每个国家的当日汇率信息。确认时请注意标记有"BUY"的地方。1英镑可以兑换的

简单会话

●请问在哪里可以兑换货币？
Where can I exchange money?

●请帮忙兑换成英镑，最好是一些小额零钱。
Please exchange this to cash with some small coins?

●请问手续费是多少？
How much is your commission ?

●好像钱数不对。
I don't think the amount is correct.

人民币金额越低，越不划算。一般的旅行支票比现金汇率高。兑换时手续费可作为一个参考因素，认真查看对比后再选择最佳兑换机构。

街道上货币兑换机构前的汇率表

■ATM自动取款机

如果持有国际银行卡，一天24小时都可以利用英国境内任何一个标有"PLUS"或者是"Cirrus"（无论哪种标记，都写在银行卡上）的ATM自动取款机提取现金。城市银行发行的银行卡可以在同行内的自动取款机和"PLUS"自动取款机上免费提取现金。

每种银行卡当日的取现都是有限额规定的，而且每次取现还收取一定的手续费。ATM自动取款机大都设在酒店和银行，另外一些商业大厦处也设有ATM机。虽然取款非常方便，但出于安全考虑，还是尽量避免在室外的ATM取款机上提现。如果万分不得已，取钱时先不妨注意一下周围的治安状况。

信用卡也同样可以使用ATM取款机取现。急用时可以使用信用卡取现，但会有限额还需要收取利息及手续费。

ATM自动取款机的操作方法

可按照ATM机的英语提示操作取钱。根据右侧提示的英语关键词尝试着操作取钱。操作顺序会因ATM机的种类有所差异，但基本步骤都可以按照右侧的指示进行。

常见的ATM自动取款机

步骤	英语标志	操作方法
1	Insert Your Card Enter Card	<插卡> 插卡后可以选择操作语言，没有中文的话，选英文
2	Enter PIN Number	<输入密码> 按数字键输入密码。
3	WITHDRAWAL (CASH ADVANCE)	<选择取款> 选择取款金额，使用信用卡时请选择预支现金
4	SAVING ACCOUNT (CASH CARD)	<银行账户> 选择普通储蓄卡。使用信用卡时选择Cash Card。
5	AMOUNT	<金额> 大约会出现6种金额选项，选择自己需要的。(也有要求输入其他金额。或者要求选择英文"Other"后输入自己想取的钱数。)
6	TAKE CASH	<取走现金>
7	Another Transaction?	<继续/结束> 画面出现是否继续的提问，结束的话，一定要撤"NO"再离去。
8	Take your card and receipt	<取回银行卡和取钱凭证> 最后千万不要忘记取回卡。

※PIN＝Personal Identification Number　密码
※ATM取款机种类会有所不同，有些也可能没有第3项和第4项。

通信和邮政

228

电　话

■酒店内

可以直接使用酒店的室内电话拨打英国市内和海外的电话。如果使用室内电话，会追加通话费和其他手续费，最好事先确认后再决定是否使用。

拿起话筒 ▶ 拨打外线电话 ▶ 拨打对方号码 ▶ 【市内通话】拨打时不加区号　【市外通话】拨打时要加区号

■公用电话

英国当地的公用电话种类多样，既有投币电话，也有可用银行卡拨打的公用电话，还有支持网络的新式电话机。

使用投币电话时，投入币值包括10、20、50便士和1英镑，不设置找零。如果拨打市内电话，使用投币的公用电话即可。但是，如果和国内联系，还是使用信用卡或者当地通信公司销售的预付费电话卡比较划算，而且在没有现金零钱的情况下也可以打电话，比较方便。

公用电话的使用方法如下：

拿起话筒 ▶ 投入硬币（使用预付卡时，按照语音提示进行逐步操作。） ▶ 拨打对方电话号码（使用银行卡时，刷卡后要等待出现相应的操作画面再继续后面的操作步骤。）

■手机

使用手机拨打电话时，要注意是否开通了国际漫游业务，而且费用不低哦！

国 际 长 途 电 话

利用直拨电话拨打国际长途

●英国→中国

从英国打电话回国的方法上文中也介绍了不少，具体花费标准也不一样，最好先弄清楚计费方式再拨打。一般顺序是先拨国际冠码"00"（注意：如果使用酒店房间内的电话，首先要拨外线号码），接下来是中国国际代码"86"，然后是中国区域号码"10"（北京），最后是对方的电话号码。

例如拨打北京电话10-1234-5678时

00 ⇨	86 ⇨	10 ⇨	1234 5678
国际冠码	中国代码	北京区号	电话号码

●中国→英国

从中国打电话到英国的方法基本差不多，先拨国际冠码"00"，接下来是英国国际代码"44"，然后是英国区域号码"20"（伦敦），最后是对方的电话号码。需要注意，如果英国区域号码和电话号码前面有"0"的话，要先去掉不用拨。

例如拨打伦敦电话20-1234-5678时

00 ⇨	44 ⇨	20 ⇨	1234 5678
国际冠码	英国代码	伦敦区号	电话号码

通过接线员通话的类型

通过接线员与对方取得联系的电话，有以下三种：

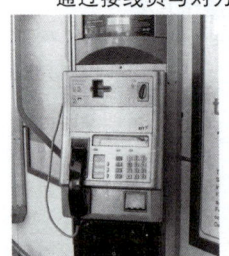

❶Station call／通过对方的电话号码取得联系

❷Personal call／通过指定某人接电话来取得联系。如果要找的人不在，不收费

❸Collect call／通过对方付费来取得联系

很容易找到的是BT公司的磁卡电话

POINT 注意

从旅行地向国内拨打电话时，使用预付卡能享受到特价优惠。无论普通电话机还是公用电话都支持使用电话卡拨打。如果在通话时没有要求通过接线员与对方取得联系时，话费还会更便宜。

传　真

可以在入住酒店的前台接收个人传真。也可以去当地邮局发传真，注意需要交纳一定的邮费。

邮　寄·快　递

■书信·明信片

如果用航空邮寄，邮件通常一周左右就可以到达中国。可以在邮局窗口、自动售票机以及车站前的商店中购买邮票。寄往中国的书信投递至邮筒"阜外"处（First Class and Abroad）。也可以拜托酒店前台投递邮件。

信封的书写方法

往中国寄送邮件时，只需用英文标注China就行，其他的详细地址可以用中文书写。也不要忘记标上"AIRMAIL"（航空信件）的字样。

■小包裹与国际快递

邮局设有邮寄小件包裹的窗口。选择加急方式（Date Post）邮往中国的小件包裹大约3～4天就可抵达，普通航空邮件大约需要7～10天，经济型货轮邮递大约需要1个半月左右。可以寄送大件物品，但是由于手续复杂，所以易碎品之类最好不寄为妥。另外，邮寄费也很昂贵。

通常在购买商品的店内或酒店前台都设有国际快递服务，非常便捷。如果邮寄中途产生物件丢失和损坏，快递公司会做相应的处理，所以可安心地选择国际快递服务。

英国邮政局

邮局营业时间：9:00～17:30、星期六9:00～13:00。商店中设有邮局分店，在城市街道之中也随处可见。平时，英国的大城市中也有营业到晚上19:00或20:00的邮局。

国际快递公司

UPS
HP www.ups.com
☎ 800 888 9098

TNT
HP www.tnt.com
☎ 800 820 9868

FedEX
HP www.fedex.com
☎ 800 988 1888

DHL
HP www.dhl.com
☎ 800 810 8000

■申报寄送物品

寄送物品的收件人必须是已经回国的本人，在邮件的外包装上一定要写清楚"寄送物品"的字样。如果是从特产店寄出的话，不要忘记提醒店员写上这一字样。在回国时，需要向海关提交携带品、寄送物品报关单，检验合格后会盖上两个确认印章，这张单子在取行李时是必需的，所以一定要好好保管。在寄送物品抵达国内后，会收到从海关和航空邮件代理处寄出的取货通知单。如果外包装上没有标记"寄送物品"字样，或者是忘记报关、丢失了报关单等情况，就会被海关当成一般的贸易货物来对待，需要办理一系列的手续。所以一定不要忘记写清"寄送物品"字样。

申报寄送 ▶ 填写寄送申报表 ▶ 提交海关 ▶ 收到签收通知单 ▶ 领取物品

生活习俗·礼仪

旅行之前最好事先了解当地居民的生活习俗，为了打造一次愉悦的异国之旅，不妨提前做足相关功课。

■洗手间

在英国，餐厅等场所的洗手间（toilet）通常设在地下或第2层，饮食区通常设在其他楼层。公共洗手间主要设在车站、人群聚集的广场以及观光地。多数情况下是免费的，若有收费，标准是每次收费0.2英镑。逛街时万一内急，可以选择到附近的酒店洗手间，实在不便也可以借用酒吧或者麦当劳等场所的洗手间。

■生活饮用水

英国的自来水可以直接饮用。在餐厅等场所要求上"白水"喝时，店家会免费提供加有柠檬的冰水。只是水质含大量的石灰岩，肠胃不好的游客最好还是饮用瓶装水或矿泉水。另外，当地还有碳酸饮用水和非碳酸饮用水，便利店等商店的售价通常是每瓶1英镑，容量为500毫升。

■电压

电压：220伏或者240伏，50赫兹。
电器插座：BF型

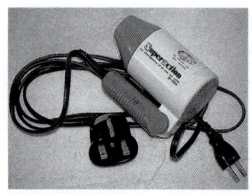

在英国使用中国电器制品时，需要使用变压器和插座适配器。海外旅行使用的吹风机等电器产品内含变压器，还有连接适用于各国的插销。国外有很多数码相机适配器，需要提前确认。

BF型插座

■吸烟礼仪

禁烟已成为全世界的趋势。从2007年7月开始，英国开始禁止在餐厅、酒店大厅、办公室等所有的公共场所吸烟。现在，很多酒店也做出规定，禁止在酒店内的所有场所吸烟。游客可以在酒店室外的桌椅边、公园长椅等场所吸烟，但是禁止随地乱扔烟头，这点需要注意。最好遵守当地的吸烟规定，即使在可以吸烟的场所，也要征询一下身边的人是否介意自己吸烟。

■时差

英国和中国的时差相差8个小时，即当地时间比中国晚8个小时。但是从3月的最后一个周日开始到10月的夏制时间，两国的时差缩至7个小时。

■博物馆和美术馆

英国的很多博物馆和美术馆都是供市民免费参观的。当然，也可以通过捐助的方式留一些钱。还有，很多场所是允许拍摄的，拍摄时也可以使用闪光灯和三脚架。

■小费

关于小费的支付标准并没有严格的规定。国外有给小费的习惯，所以要入乡随俗。接受服务时，原则上尽量先选择一些不用支付小费的，但是如果接受了特殊的服务时，最好还是支付一定金额的小费比较礼貌。

小费的大致标准

★酒店住宿费用已包含服务费，基本不需要支付小费。但是，如果服务员将您送至客房时，需要支付客房服务生大约1英镑或2英镑的小费。如果要求打扫客房、搬运行李时，支付服务生大约1英镑的小费即可。枕钱（小费放在枕头边的一种称呼）大致1英镑即可。

★餐厅消费不包含小费时，一般支付的小费标准是消费金额的10%。

★乘坐出租车，司机帮忙搬运行李后大致需要支付消费金额10%的小费。

★剧院、酒吧、咖啡馆等场所不需要支付小费。

饮食·购物

除了当地传统的老字号店铺外，现在越来越多的商店和餐厅已经没有休息日了，不过圣诞节前后有些商家会停业。

■餐厅礼仪

有必要预约吗

大多数很有名的高档餐厅还是需要预约的，可以选择自己预约或拜托酒店及旅行社来预约，这样会比较省事。

进入餐厅等待领位

在餐厅入口处告知服务生自己是否已经预约，然后等待店内的服务生引领到指定的餐桌前。

点餐从酒水开始

一顿正式的英式大餐，通常由酒水饮料、配菜、主菜、甜点组成。首先点饮料，一般饮品为葡萄酒。既可以消费瓶装葡萄酒，也可以单点杯装葡萄酒。如果想要喝水，也可以与酒水一起点。一般的菜式有汤、清淡口味的配菜和主食套餐。甜点可以在饭后点用。

需要注意的餐桌礼节

在英国，喝汤发出声响、碰撞餐具、打嗝等都是有违餐桌礼节的行为。就餐时，要避免端起盘子吃饭，也不要大声说话。汤水洒落时，示意服务生处理即可。

在席位上付费即可

一般就餐完毕后可在餐桌前示意结账。如果餐厅消费单里没有包含服务费，最后应额外支付消费金额的10%，作为小费。用银行卡支付时，既可直接刷卡支付小费，也可以用现金另外支付。

简单会话

●我要预约7点钟、2个人的晚餐。
I would like to book a table for 2 people at 7 p.m.

●这不是我点的菜品。
This is not what I ordered.

●请埋单！
Can I have the bill please?
Check, please.

■商店购物

英国商店的营业时间一般是10:00～18:00。有很多商店都会延长星期三和星期四的营业时间。现在，还有不少商店开始选择星期日营业，不过有些老字号名品店通常还是星期日休息。

英国餐厅用餐后既可以现金支付也可以刷卡消费，有的商店也接受旅行支票。但小城镇的商店很少能刷卡消费，街道集市只能使用现金消费。

■免税手续

在英国消费，除去购买饮食消费品和生活必需品之外，会追加17.5%的增值税（VAT）。但是欧洲以外的国外旅行者如果办理相关手续，可以免去消费税（扣除手续费后返还消费税的14%）。

通常消费者回国时可在当地办理退税手续，即可领取返还费用。也可以在回国前将盖有海关印章的证明材料放入购物时提供的专用信封内投递出去。通常1～2月后，扣除手续费的税金会通过转账方式返回，此时即是兑换成人民币的返还金额。即使当时是用现金购物，也可以使用现金支票或银行卡转账返回免税金额。

填写免税购物单
（免税店提供免税购物单）

※在免税店（TaxFree Shopping）消费时，出示护照就可提供免税购物单。
※每家店消费低于50英镑时，不提供免税单。

海关（Customs）盖章证明

※非欧盟国家的游客只需回国时在机场海关处盖章即可。

持有盖章的免税购物单可以领取免税金额
Tax Cash Refund
※携带在商店填写的购物信息凭证、护照以及购买物品。

[健康管理]

如 何 保 持 身 体 健 康

■保证睡眠和休息

旅行中，如果睡眠不足会加剧时差及旅途劳累带来的不适感，所以一定要注意休息时间，以保证充足的睡眠。感到身体乏困时，就应该及早就寝休息，不要勉强硬撑。

■摄入充足的水分

旅行时，有人担心摄入大量水分后要频繁地去洗手间，会很麻烦，所以有意识地控制个人饮水量。其实，饮水不足也很容易导致某些旅途疾病，尽量保持正常饮水量——每日摄入2升左右的水。建议最好随身携带瓶装水。外出旅行时，可以提前和随行工作人员确认一下途中可以使用的洗手间地点，这样就可以确保安心饮水了。

■控制一日三餐的饮食

早上大量食用熏肉或其他高脂肪的食品，容易造成肠胃不适或者晕车。如果前一晚吃的是当地的特色大餐或高蛋白食物时，次日清晨最好吃些比较清淡的饭菜。建议晚餐也最好少吃些，不要让肠胃负担过重。计划好每日三餐的食谱后，还要稍微注意自我节制一些，避免一次过量食用其他美味料理。

■注意空调温度

旅行途中，还应该注意搭乘巴士车厢内及入住酒店房内的空调温度。为了应对车内空调温度过低的情况，不妨随身携带一件容易折叠的开襟衣衫备用。一般，酒店里开空调的房内都比较干燥，不妨临睡前在浴池中准备适量的水或者在暖气片上覆盖湿毛巾以增加空气中的水汽。

■保持体力要紧

患有慢性疾病的人千万不要忘记随身携带常备药品和英文诊断书。

身体健康的人也不能忽视一些旅途中的发热、困乏等不适症状。而且，一旦感觉自己身体不适，除了及时服用药物外，不妨考虑暂缓旅行，静养一下，以便保持体力继续后面的旅程。

方便有效的健康物品

- ★退烧贴：发烧时有效
- ★口罩·润喉药：预防干燥和感冒有很好的疗效
- ★运动型粉末药剂：能够迅速补给缺失的水分
- ★浴药：活血化瘀、温暖身体
- ★贴敷药：适用于脚步疲劳等症状

紧 急 情 况 下 的 解 决 对 策

■英国的医疗概况

英国当地医院有公立和私立之分。公立医院实行保险制度，救护车通常会免费将病人运送至公立医院的急救室。即使是海外游客也可以免费接受急救治疗，只是超过急救措施的费用需要自行承担。因为在英国不能使用国内的医疗保险本，所以即便是轻微的盲肠炎，入院一周也会花掉高额的住院费，所以建议还是行前购买海外健康保险比较划算。

另外，也可以在私立医院就医，但是费用要远高于公立医院。以下介绍一下英国私立医院的大概治疗费用，以免因当地高额的医药费用难以支付而处于尴尬境地，还是建议最好在出发之前购买海外健康保险比较稳妥。

英国的医疗大概费用

发烧和腹痛等初级诊疗费用：£70
腹痛B超费用：£70～90
治疗发烧和腹痛等药费：£30～50
住院1日费用：£300～1000
盲肠炎手术·住院1周费用：£5000～

由于时差问题可能会引起身体不适，加之过度紧张的旅行计划也会使人疲惫不堪，诸如此类情况会影响身体健康。旅行中应该把健康作为第一优先考虑的要素，有时需要下决心果断地取消后续旅行计划。

■接受医生治疗

突发重病

如果突发心肌梗死、脑卒中等疾病，可拨打急救电话999呼叫救护车。此时若不会说英语，可请随团导游或者酒店服务人员帮忙拨打。此外，无论是在急救时还是在接受诊断治疗时都需要出示护照，所以去医院时一定不要忘了带上身份证明文件。如果入了海外旅行健康保险，可携带保险证明联系当地的保险分公司帮忙联系就诊地点。

自己联系就医

如果出现腹痛、感冒等症状，吃了带过去的常备药依然没有好转迹象，或者不小心受伤又不能自行包扎，就需要去当地医院或者诊所寻求专业人士的帮助了。最好拜托同行工作人员或者酒店相关工作人员介绍酒店医生。也可以请他们推荐附近的诊所，甚至还可以找当地华人开设的诊所，毕竟语言相通，沟通起来顺畅，可以准确告知医生自己的病情及时得到诊治。如果身上没有携带现金的话还可以先用信用卡透支服务功能来付费。另外，出发前在国内入旅游保险时，就应和当地的保险分公司取得联系以备后用。尤其是个人自助旅行时，更有必要保存海外保险分公司的联络方式，以便出现不适就诊时对方可提供指定就医诊所的信息，还可以代理联系就医地点。旅行地的所有保险分公司一般都是24小时营业，还可使用中文进行对话，十分便利。

在当地买药

在英国，药店被称为"PHARMACY"，大街上随处可见，因此在当地买药十分方便。注意，如果没有医师开具的处方是不能购买抗生素药物的，感冒药、退烧药、止咳药、肠胃药、维生素等药物没有处方也可以购买。甚至在化妆品店或者销售药物的杂货店内也可以购买到这类药物。外国药品，在药效上可能和国内有所不同，在服药时一定要先看清楚说明书上写的用量，如果不能确定，建议老人和小孩及体弱者用药量最好比标准量稍微少些。

在英国当地的就医流程

联系保险公司在当地的分支机构	直接前往诊所
▼	▼
	诊断、治疗
前往指定诊所	▼
	治疗完毕，支付治疗费用（领取发票和诊断书）
▼	▼
	回国后向保险公司申请保险金额
诊断、治疗	▼
▼	
接受治疗·完成手续办理	完成手续办理后·领取保险金

※ 上述流程适用于自行就医。急救时可拨打"999"，等急救完成后再办理诊所治疗手续。

简单会话

●请叫医生（救护车）。
Please call a doctor (an ambulance).

●我需要就医。
I would like to see a doctor.

●我头疼（肚子疼）。
I have a headache (stomachache).

●我入了海外旅行意外保险。
I have travel insurance.

应对意外情况

预 防 意 外

一般情况下，英国当地的治安状况比较好，重大恶性犯罪事件极少发生。不过，和世界其他国家一样，在这里也会发生一些针对游客的犯罪活动。最好的防范手段就是要有防范意识。在公共场所，如人群聚集的观光地、顾客熙攘的商店、行人混杂的地铁车厢内等地方，一定要警惕扒手。

■酒店内

开门时最好先通过门孔确认来客，保险起见，在应答对方时可以挂着门锁链。另外，在酒店大厅或者餐厅里时，最好不要让随身物品离开自己的视线范围。

■街上

如果一边看地图一边行走，那无疑就是告知周围的人自己是外来游客了，所以尽量在出行前把路况信息整理好。还有逛街时，不要携带大量的现金，即使带了现金，也要和银行卡分开存放。如果携带的是旅行支票，先不用填收款人姓名。即使用此消费，也最好把存根另作保留，记录下当日使用的支票编号和金额。

预防意外的3个注意事项

❶ 避免深夜独自行走。夜晚如果外出，一定要多约几个人随同，还要尽量选择灯光明亮的场所。

❷ 外出尽量少带东西。"轻装上阵"会省去很多麻烦。如果随身携带背包，最好要做到"包不离手"。另外，一般名品店的包装袋很容易被盗贼盯上，安全起见，最好将购得的商品转移至其他的购物袋。

❸ 贵重物品要妥善保管。护照、返程机票、现金等一定要存放在安全的旅行包，方便的话不妨存在酒店的保险箱内，以防丢失。

处 理 意 外 的 措 施

■拨打应急电话

在英国，警察、急救和消防的电话号码都是"999"。当电话接通后，首先会听到"警察、消防还是急救？"这样的询问，选择应答后再详细告知相关情况。注意，首先要报告自己所在的具体位置，之后按照"地点、时间、当事人、发生事件"等要素来说明发生的情况。因没有特别应对中文的服务，所以在说明情况时最好用英语。如果不会说英语，身边有导游、当地陪同人员或者酒店服务人员的话，那么可以请他们帮忙联络。如果对自己的英语口语不是特自信，可先告知对方自己是中国人，请求放慢语速，这样就比较容易听清楚对方的提问。

紧急联络方式

拨打电话999

公用电话不用投币也可以使用

接通电话后要求尽快部署相应的急救

警察：Police

急救车：Ambulance

消防：Fire

回答对方提问

包括姓名、所在地点等

说明距离事发地最近的车站

讲明事发的具体情况

■丢失或被盗

万一遭遇财物被盗窃或者不慎丢失时，要立即到最近的警察局报案，填写被窃、丢失的证明材料。如果是在酒店丢失的话，可通过酒店获取物品丢失申报材料。要妥善保管申报证明材料。丢失的现金可能难以追回了，但是如果护照、返程机票等也一起被盗的话，补办时必须要出示丢失证明材料。此

234

POINT 注意 在海外，瞄准游客下手偷窃的犯罪情况也不少，所以一定要留意自己的随身行李，再者，尽量不要选择晚上外出。不幸遇到意外时也要冷静应对。

外，在报警的同时，可以联络中国驻英国大使馆或领事馆，以补办相关证件。

紧急联络方式

警察、急救、消防 999

[大使馆、领事馆]

● 中国驻英国大使馆

✉ 49 Portland Place, London W1B 1JL, U.K.

☎ 020-7465-6500

● 中国驻爱丁堡领事馆

✉ 55 Corstorphine Road, Edinburgh, EH12 5QG Scotland, U.K.

☎ 020-7465-6565

● 中国驻曼彻斯特领事馆

✉ Denison House, 71 Denison Road, Rusholme,Manchester M14 5RX, U.K.

☎ 0161-2489304

简单会话

小偷！扒手！抢劫！
Robber! Pickpoket! Bag snatcher !

● 我的信用卡丢了。
I've lost my credit card.

● 我的包被偷了。
My bag has been stolen.

● 我的护照和现金丢了。
I have lost my passport and money.

● 我应该到哪里报案呢？
Where should I report it to ?

● 能帮我开一份被盗（丢失）证明吗？
May I have a report of theft (loss)?

● 请帮我联系中国大使馆（领事馆）！
Call The Chinese Embassy（Consulate）.

丢失·被盗时的办理程序

护照	机票	现金·贵重物品	银行卡
		▼	
向警察报案			联系发卡行
▼	▼	▼	▼
出具被盗·丢失证明材料			办理挂失

提交中国大使馆（领事馆）
需要准备的材料有：居民身份证原件、复印件；本人户口簿、户口簿首页、本人资料页、变更页；填写完整的申请表原件；近期2寸淡蓝色背景彩色证件照1张；工本费用200元人民币。

办理机票挂失
如果不是电子机票，可联络搭乘航空公司在当地的办事处，办理登记挂失，并索取一份机票遗失证明，以便补办机票。注意，补票时需要加收手续费。

回国后，向保险公司提交物品丢失证明材料
附上个人财物被窃·丢失证明材料要求保险公司赔偿。只有行李在受保范围之内，现金不属保险赔偿。

迅速联系银行驻当地分行办理挂失，告知银行卡号、有效期限和最近的使用情况（使用日期、银行名称、使用金额）等信息。

▼	▼	▼	
重新补发新护照	补办机票	领取保费	重新办卡

重新补发新护照
其程序和第一次申办护照一样。如果时间紧急，可以获取旅行证以便回国使用。

补办机票
最简单方便的就是再重新购买"替代机票"，再办理退款手续。注意，某些优惠机票是无法退款的。

领取保费
以时价为基准计算支付的赔偿金额。不受理现金和支票的保险赔偿。

重新办卡
银行不同，重新获取银行卡的天数也不相同。可以在当地直接领取，来不及领取的也可以回国再领取。

景点 Sightseeing

238

乐游全球丛书
翻译委员会

丛书翻译统筹
潘寿君

翻译审订（以音序排名）
陈燕生　程长善　侯　越　潘寿君　王　怡
谢立群　张文颖　张志军　周　洁

翻译成员（以音序排名）
陈　晨　迟晓春　董娜娜　宫　静　郭攀霞　郭文雅　韩佳梅
黄叶清　黄奕纬　凌　艳　刘东婧　刘　芳　柳慕云　罗芳芳
满新茹　潘　丽　裴　玺　任二青　王丽珠　吴媛媛　徐　超
徐　琳　徐珊珊　阎婷婷　杨　欢　张静超　张　楠　张亚林
张　永　张　玉　赵　丽　钟萍萍　周　微　宗文玉

Staff

制作
編集事務所M²
　最上真美子
　守屋　浩
大場智雄
菅原逸子
NNA EUROPE LTD
写真撮影
ピーター・シュナイター
源石美代子
最上真美子

デザイン
㈱エス・アンド・ピー
　野沢清子
　石神由起子
　米澤美枝
　谷内直子
　岡島　陽
アイ・デプト
伊藤明彦
イラスト
岡本倫幸

カバー・表紙デザイン
下川雅俊
カバー写真
JALフォトサービス
地図デザイン
㈱チューブグラフィックス
地図制作
㈱千秋社
協力
英国政府観光庁
仲野美樹

北京市版权局著作权合同登记图字：01-2011-1606
审图号：GS（2012）213号

总策划：刘 权 冉 颖
执行策划：冉 颖 梁 爽 陈凤玲
责任编辑：陈凤玲

图书在版编目（CIP）数据

英国/实业之日本社海外版编辑部编著；陈燕生，徐珊
珊，任二青译.—北京：旅游教育出版社，2013.2
（乐游全球.跟团游系列）
ISBN 978-7-5637-2477-2

I.①英… II.①实… ②陈… ③徐… ④任… III.①旅游指
南—英国 IV.①K956.19

中国版本图书馆CIP数据核字（2012）第203429号

乐游全球 跟团游系列

英 国

实业之日本社海外版编辑部 编著

陈燕生 徐珊珊 任二青 译

出版单位：旅游教育出版社
地 址：北京市朝阳区定福庄南里1号
邮 编：100024
发行电话：（010）65778403 65728372
　　　　　65767462（传真）
本社网址：www.tepcb.com
E-mail：tepfx@163.com
印刷单位：北京博海升彩色印刷有限公司
经销单位：新华书店
开 本：880mm×1260mm 1/32
印 张：7.5
字 数：352千字
版 次：2013年2月第1版
印 次：2013年2月第1次印刷
定 价：40.00元

（图书如有装订差错请与发行部联系）